LES COMÉDIES
À LA FRANÇAISE

Éditions Fetjaine 2011
Une marque de La Martinière Groupe

ISBN : 978-2-35425-275-5
Imprimé en France en septembre 2011
Dépot légal : octobre 2011

GILLES VERLANT PRÉSENTE

CHRISTOPHE GEUDIN & JÉRÉMIE IMBERT

LES COMÉDIES
À LA FRANÇAISE

250 films incontournables du cinéma comique français !

PRÉFACE DE
Pierre Richard

LES COMÉDIES À LA FRANÇAISE
SOMMAIRE

Préface de Pierre Richard	7
Introduction	8
Comédies françaises des années 50	14
Les autres comédies marquantes des années 50	30
Comédies françaises des années 60	32
Les autres comédies marquantes des années 60	80
Comédies françaises des années 70	82
Les autres comédies marquantes des années 70	144
Comédies françaises des années 80	146
Les autres comédies marquantes des années 80	174
Comédies françaises des années 90	176
Les autres comédies marquantes des années 90	196
Comédies françaises des années 2000	198
Les autres comédies marquantes des années 2000	226
Box-office	228
Bibliographie	234
Index	235
Crédits photographiques	240

PRÉFACE DE PIERRE RICHARD

Pas facile de parler de la comédie française, moi dont les seules références furent celles du burlesque américain ! Eh oui, mes maîtres à jouer furent Charlie Chaplin, Buster Keaton, Jerry Lewis – et Jacques Tati en France. J'y ai rajouté quelques petites touches personnelles : le burlesque poétique et dénonciateur, mais mes armes étaient comme les leurs, celles de l'expression corporelle avant tout : « Je tombe donc je suis ! »

Alors, la comédie française ? Ses qualités, sa spécificité tiennent essentiellement, selon moi, à l'originalité des situations, et plus encore, aux dialogues. Dialogues savoureux, insolents, narquois, jouissifs, absurdes, poétiques, déjantés : « Je cause donc je suis ! »

Merci Prévert, Pagnol, Guitry, Audiard, Dabadie et Veber (une mention spéciale pour lui qui a su, en ce qui me concerne, allier tout à la fois la situation, le dialogue et le burlesque).
C'est avec eux et avec les prodigieux acteurs qui les ont servis, Blier, Jouvet, Raimu, Serrault, Depardieu et Carmet, que s'est distinguée une comédie française qui, ma foi, n'a rien à envier à celle des autres. Et puis tout de même, n'oublions pas la nouvelle génération, Emmanuel Mouret, Toledano et Nakache pour ne citer qu'eux. C'est drôle, spontané et si actuel…

Que j'aime la comédie à la française, car il faut bien le dire, elle est sacrément intelligente !

INTRODUCTION

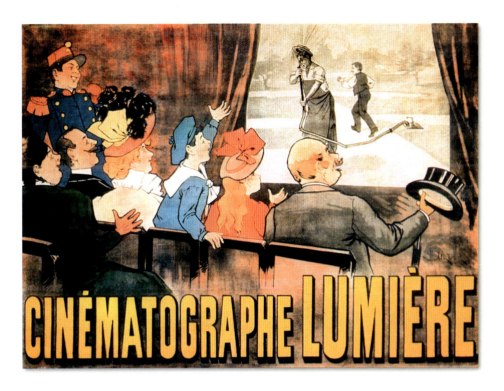

 Au temps du muet : Lumière, Méliès, Max Linder et les autres...

Tout commença par un problème de tuyauterie. Par une belle journée d'hiver de l'an de grâce 1895, un jardinier arrosait tranquillement ses plantes lorsqu'un garçonnet vint placer son pied sur le tuyau d'arrosage, bloquant ainsi l'arrivée d'eau, le tout devant la caméra de **Louis et Auguste Lumière**. Le jardinier interloqué tourna l'embout du tuyau vers lui et le garnement relâcha le pied, provoquant un jet qui éclaboussa le visage du pauvre homme. C'est ainsi que naquit la première comédie de l'histoire du cinéma : *L'Arroseur arrosé*.

La première projection publique payante d'un programme composé de dix de leurs films est organisée par les frères Lumière le samedi 28 décembre 1895 au Salon indien du Grand Café à Paris. Seuls trente-trois spectateurs (dont deux journalistes) assistent à cette projection aujourd'hui mythique : *La Sortie de l'usine Lumière à Lyon*, *Le Repas de bébé* et *Le Jardinier* (*L'Arroseur arrosé* était titré ainsi pour cette première). Une semaine plus tard, le bouche-à-oreille a fait son effet : la file d'attente s'allonge de jour en jour.

Les frères Lumière tourneront toutes sortes de films courts mettant en scène des membres de leur famille, mais aussi des figurants et autres quidams pris dans la foule. Entre reportages, scènes de genre, vues pictorialistes et recherche esthétique pure, leur travail est principalement documentaire. Pourtant, une catégorie vient s'intercaler dans ce catalogue a priori sérieux : les « vues comiques ». De nombreuses situations très bon enfant sont mises en scène dans le but de faire rire les spectateurs. Les titres de ces films courts tournés entre 1896 et 1897 sont, à cet effet, particulièrement évocateurs : *Boxeurs en tonneaux*, *Joueurs de cartes arrosés*, *Le Faux Cul-de-jatte*, *Une farce à la chambrée*, *Poursuite sur les toits*, *Un prêté pour un rendu*, *Querelle de matelassières*, *Colin-Maillard au baquet*, *Les Tribulations d'une concierge*, *L'Amoureux sans perruque*... Premier « gag » de l'histoire du cinéma, *L'Arroseur arrosé* continue d'être imité et parodié dans le cinéma mondial. En 2009, Bart Simpson rejoue même la scène avec son proviseur dans l'épisode *Au nom du grand-père* de la saison 20 des célèbres Simpson.

Ci-dessus : Louis et Auguste Lumière.
Page de gauche : *L'Arroseur arrosé*.

Au royaume des frères Lumière, les opérateurs captent le réel et témoignent ainsi de leur époque. À l'inverse de cette démarche, **Georges Méliès**, surnommé le « Premier Magicien du Cinéma », envisage ses films comme des moyens de divertir un large public. « Il fut le premier à concevoir le film comme l'espace de la fantaisie et du conte de fées », déclarait le réalisateur canadien Norman McLaren, un des maîtres du cinéma d'animation mondial. Méliès est le premier à utiliser les truquages les plus inventifs et farfelus au service d'histoires fantastiques, poétiques et burlesques. Les soldats ou les gendarmes se font arroser (*La Douche du colonel*, 1902), les personnages apparaissent ou disparaissent (*Escamotage d'une dame chez Robert-Houdin*, 1896), Méliès lui-même se déguise (*Le Roi du maquillage*, 1904), joue avec son corps (*Un homme de tête*, 1898) ou forme à lui seul les membres d'un orchestre (*L'Homme orchestre*, 1900). Et lorsqu'il envoie un groupe d'astronomes sur la Lune, celle-ci se prend la fusée dans l'œil et fait la grimace. Film de référence, *Le Voyage dans la Lune* (1902) symbolise encore aujourd'hui la fantaisie d'un homme qui a su transformer le cinéma en un magique divertissement.

Dès la fin du XIXe et le début du XXe siècle, pendant que Méliès continue d'enchanter le public en projetant ses œuvres dans son Théâtre Robert-Houdin, deux nouvelles compagnies de production et de distribution de films entrent en concurrence avec la Star Film du cinéaste-magicien : Gaumont et Pathé. Première réalisatrice de l'histoire du cinéma, **Alice Guy** œuvre à la maison Gaumont. D'abord sous l'influence de Lumière (*L'Aveugle fin de siècle*, 1898) et de Méliès (*Scène d'escamotage*, 1898), Alice Guy s'affirme peu à peu grâce à des scènes comiques aux scénarios plus élaborés (*Une histoire roulante*, 1906, *Le Matelas épileptique*, 1906).

Face à la demande de plus en plus pressante des spectateurs, les deux célèbres firmes produisent un nombre incalculable de films comiques (Charles Pathé crée la marque Comica), et engagent des artistes issus du théâtre ou du music-hall pour leur habileté gestuelle face à des salles entières de spectateurs en délire. Devant les caméras, ces pionniers du rire sont lancés à toute berzingue dans des séries de films comiques aux situations cocasses et déjantées, agrémentées de poursuites et d'acrobaties souvent impressionnantes. Tandis que les réalisateurs fournissent du gag au kilomètre, la mode bascule et voit apparaître de nouveaux héros dont le public suit les aventures chaque semaine. Chez Gaumont, les facéties de Bébé puis de Bout de Zan, mis en scène par **Louis Feuillade**, font de Clément Mary et René Poyen des enfants stars. Éclair, une firme cinématographique d'importance secondaire, lance elle aussi un bambin de cinq ans et demi, d'origine anglaise : Little Willy. Pour Pathé, **Roméo Bosetti**, célèbre mime et dresseur d'animaux, met en scène des personnages dont les noms évoquent déjà la drôlerie : Calino, Rosalie, Patouillard, Gavroche, Casimir, Pétronille, Bigorno... **Jean Durand** est l'un des plus importants créateurs de cette école française comique : poursuivant la série des Calino de Bosetti avec sa troupe de comiques cascadeurs, les Pouics, le réalisateur impose son style loufoque et absurde avec la série des *Zigoto* (incarné par Lucien Bataille) et des *Onésime*, dont le personnage va faire la gloire d'un véritable homme-caoutchouc : Ernest Bourbon. Considéré comme le père du cinéma burlesque en France, Durand aura une influence considérable sur Mack Sennett et René Clair.

Dans cette période d'avant-guerre où fleurissent les acteurs comiques, certains noms se distinguent. Issu du cirque et du café-concert, André Deed apparaît sous le nom de Boireau dans une série de films pour Pathé de 1905 à 1908. Son personnage d'acrobate, casseur de vaisselle et receveur de tartes à la crème, le rend célèbre à travers le monde. De son côté, Charles Petit-Demange brille dans le personnage de Rigadin (préfiguration de Fernandel) sous la direction de **Georges Monca**, tournant en dix ans presque six cents films ! Le public raffole de son personnage de don Juan tyrannisé par ses conquêtes. Mais le plus célèbre d'entre eux reste **Max Linder** qui, avec son élégance de dandy désinvolte et coureur de jupons, devient la première star internationale du cinéma muet. Dans les films qu'il écrit et réalise lui-même la plupart du temps, il est tour à tour patineur, professeur de tango, médecin, toréador, champion de boxe, bandit, jockey, cuisinier, cocher... Max, son personnage au chapeau de soie et à la fine moustache, créé en 1910 dans *Les Débuts de Max au cinéma*, fait la gloire de Pathé jusqu'en 1914, lorsque la guerre éclate. Les troupes du cinéma comique français rejoignent celles des appelés sur le front. La production cinématographique est bloquée, car les matières premières servant à fabriquer la pellicule sont entièrement réquisitionnées pour l'effort de guerre. Gravement blessé, Max Linder est réformé et part en Amérique ; il accepte l'offre des studios Essanay qui lui proposent de remplacer Charlie Chaplin en partance pour un autre studio. Max devient alors le principal rival de Charlot. Néanmoins, les deux hommes ne tarissent pas d'éloges l'un envers l'autre. En témoigne cette dédicace : « Au seul et unique Max, le professeur, de la part de son disciple, Charlie Chaplin », à laquelle répondra publiquement le comique français : « Chaplin a bien voulu m'affirmer que c'était la vue de mes films qui l'avait incité à faire du cinéma. Il m'appelle son professeur, mais j'ai été bien heureux quant à moi de prendre des leçons à son école. » Mais Linder tourne peu et finit par rentrer en France.

Sous la houlette de Mack Sennett, le cinéma comique américain (ou *slapstick*) détrône peu à peu la suprématie du cinéma comique français. Baptisé « King of Comedy », Mack Sennett fonde le studio Keystone et y réalise plus d'un millier de comédies dans lesquelles les gags s'enchaînent à une vitesse frénétique. Les « Keystone Comedies » de Sennett ont vu débuter les futurs

Ci-dessus à droite : Charlie Chaplin et Max Linder.

stars du burlesque comme Buster Keaton, Harold Lloyd, Harry Langdon, Fatty Arbuckle et même Charlie Chaplin. Au lendemain de la guerre, les films américains constituent 80 pour cent des entrées dans les salles de l'Hexagone. En 1921, Max Linder retourne en Amérique et réalise trois films dont deux chefs-d'œuvre : *Sept ans de malheur*, qui comprend la fameuse scène où un homme mime les gestes de Max pour qu'il ne s'aperçoive pas que le miroir est brisé (reprise par les Marx Brothers dans *Soupe au canard* en 1933), puis *L'Étroit Mousquetaire* (1923), une parodie pleine d'anachronismes de l'œuvre de Dumas. Max Linder se suicidera le 31 octobre 1925, après avoir réalisé un dernier film en Autriche : *Le Roi du cirque* (1924). Fin d'une époque, fin d'un règne.

1920

Dans les années 1920, le cinéma français emprunte une autre direction. Finis, les désopilantes courses-poursuites, cascades et autres délires burlesques. Autour de Louis Delluc et en réaction au cinéma commercial se crée un mouvement de cinéastes constituant la « première avant-garde » : Jean Epstein, Germaine Dulac, Marcel L'Herbier, Abel Gance et René Clair, qui veulent se démarquer des adaptations littéraires et théâtrales grand public, écrivent des scénarios ambitieux conçus spécialement pour le grand écran. Né en France, le cinéma comique tombe peu à peu dans l'oubli, et il faudra attendre la fin de la Deuxième Guerre mondiale et les films de Jacques Tati pour goûter à nouveau aux joies du burlesque français et en redécouvrir ses créateurs. Mack Sennett rendra un hommage mérité à ces pionniers du rire : « Pendant longtemps, j'ai été considéré comme l'inventeur du comique cinématographique, dit *slapstick*, mais il est temps que je confesse la vérité : ce sont les Français qui en sont les inventeurs et je les ai imités. Je n'ai jamais pu m'aventurer aussi loin qu'eux, parce que si vous donnez à un Français l'opportunité d'être comique, il ira jusqu'au bout. J'ai volé mes premières idées aux frères Pathé. »

Ci-dessus : Les frères Pathé. Ci-contre à droite : Max Linder.

1930 Le parlant : Guitry, Fernandel et les autres...

Avec l'avènement du cinéma parlant, la tradition du boulevard connaît un nouvel essor sur grand écran et les adaptations de succès du vaudeville et du comique troupier prolifèrent. La décennie est traversée d'œuvres peu ambitieuses, tournées rapidement, qui se contentent de capter le jeu des comédiens sans se préoccuper de l'aspect esthétique. Quelques films se distinguent pourtant et parviennent à faire oublier leur théâtralité grâce aux talents de comédiens exceptionnels. *L'Habit vert* (Roger Richebé, 1937) et sa pléiade de personnages savoureux et cabotins, d'Elvire Popesco à Jules Berry, en passant par Pierre Larquey, Victor Boucher et André Lefaur. *Messieurs les ronds-de-cuir* (Yves Mirande, 1936), d'après Courteline, avec Arletty, Lucien Baroux, Saturnin Fabre, Pierre Larquey, Jean Tissier, Gabriel Signoret. *Fric-Frac* (Maurice Lehmann et Claude Autant-Lara, 1939), d'après la pièce célèbre d'Édouard Bourdet, avec Fernandel, Arletty, Michel Simon et une mémorable scène de cuite. À la même époque, **Noël-Noël** devient une des figures marquantes du cinéma comique en créant notamment le personnage populaire d'Ademaï dans *Ademaï au Moyen Âge* et *Ademaï aviateur* (1934). En 1931, **René Clair** obtient un succès international avec deux comédies devenues des classiques : *Le Million* et *À nous la liberté*, qui inspirera *Les Temps modernes* (1936) de Chaplin. Considérant le film comme un hommage, René Clair refusa de soutenir l'attaque pour plagiat lancée par la Tobis, qui détenait les droits du film, à l'encontre du cinéaste américain. De son côté, Jean Renoir tourne *On purge bébé* (d'après la pièce de Feydeau), avec Michel Simon et Fernandel, avant de réaliser *Boudu sauvé des eaux* (1932), d'après la pièce de René Fauchois, chef-d'œuvre d'humour grinçant dans lequel Simon explose en clochard squatteur.

Dans les années 1930, **Michel Simon** tourne une quarantaine de films, dont quelques comédies dans lesquelles sa gouaille légendaire éclate : *Drôle de drame* (Marcel Carné, 1937), comédie burlesque et policière écrite par Jacques Prévert, avec Louis Jouvet et son célèbre « Bizarre, bizarre », Françoise Rosay, Jean-Pierre Aumont et Jean-Louis Barrault ; *Circonstances atténuantes* (Jean Boyer, 1939), où il campe un procureur qui s'encanaille, aux côtés de Dorville, Robert Arnoux, Andrex et Arletty. Simon n'est pas à proprement parler un comique, mais, à l'instar d'un Raimu, sa personnalité à la fois physique et verbale apporte, même dans les moments les plus graves, une légèreté qui déclenche le sourire et même le rire. Les années 1930 voient aussi apparaître

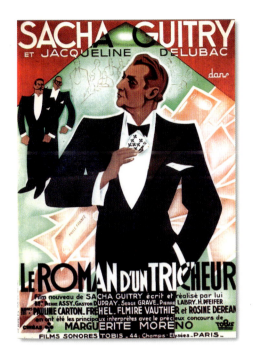

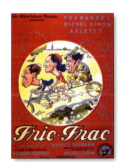 

des dialoguistes qui vont marquer de leur empreinte l'esprit français du cinéma. **Henri Jeanson** commence à écrire pour le cinéma en 1933. On lui doit notamment les savoureuses répliques d'*Entrée des artistes* (Marc Allégret, 1938) et d'*Hôtel du Nord* (Marcel Carné, 1938). Même s'il n'est pas affilié à la veine comique, ses mots prennent une dimension humoristique évidente quand ils sortent de la bouche du grand Jouvet. Essentiellement au service de films plus dramatiques, le burlesque poétique des frères Prévert étincelle dans *Drôle de drame* (1937). Quant aux dialogues pittoresques de Michel Duran dans *Fric-Frac*, ils préfigurent déjà ceux de Michel Audiard.

Tandis que certains cinéastes (Jean Boyer, André Berthomieu, Roger Richebé, Yves Mirande, Émile Couzinet, Maurice Cammage...) alimentent les salles de comédies plus ou moins réussies, un homme est en train de bâtir une œuvre qui va bouleverser le cinéma : **Sacha Guitry**. Fils du célèbre comédien Lucien Guitry, Sacha est acteur et auteur de nombreuses pièces de boulevard qui ont fait sa renommée. Adaptant certaines de ses propres pièces sur grand écran – *Mon père avait raison* (1936), *Faisons un rêve* (1936), *Désiré* (1937), *Quadrille* (1938) – il lui a été souvent reproché de produire du théâtre filmé. Scénariste, dialoguiste, réalisateur et acteur, il devient l'un des premiers auteurs complets au cinéma à partir de 1935, quand il réalise le méconnu *Bonne chance*, se mettant en scène au côté de sa jeune épouse, Jacqueline Delubac. Déjà présent dans cette première œuvre, le génie comique de Guitry est fondé sur une grande liberté de ton, où la finesse et la drôlerie des dialogues sont portées par sa virtuosité de comédien. Durant quatre années, le cinéaste peaufine son style plein d'acidité, de fantaisie et de tendresse dans une dizaine de longs-métrages, dont certains sont passés à la postérité : *Ils étaient neuf célibataires* (1939), et *Le Roman d'un tricheur* (1936) dans lequel il invente la narration en voix off. Souvent dessoudées par la critique, les œuvres de Guitry n'ont cessé et ne cessent encore d'influencer la comédie à la française, et le cinéma tout court.

De toutes les nouvelles têtes apparues sur grand écran, la plus célèbre est celle de **Fernandel**. Première superstar du parlant, l'acteur flanqué de son irrésistible tronche chevaline débute sa carrière cinématographique en 1930 aux côtés de Raimu dans une adaptation par Sacha Guitry de sa pièce *Le Blanc et le Noir*. Au cours de la décennie, il tournera une cinquantaine de films, dont certains titres marquants : *François Ier* (Christian-Jaque, 1937) où Fernandel se retrouve dans la cour du roi et subit le fameux supplice de la chèvre ; *Ignace* (Pierre Colombier, 1937), écrit par Jean Manse d'après son opérette, une comédie entraînante portée par les fidèles Saturnin Fabre, Alice Tissot, Charpin et Andrex, dans laquelle Fernandel chante naturellement *Ignace... Ignace... c'est un petit, petit nom charmant...* Dans *Raphaël le tatoué* (Christian-Jaque, 1938), comédie pleine de quiproquos, Fernandel joue le double rôle de Raphaël et de Modeste, le frère jumeau qu'il s'invente pour éviter son renvoi d'une usine d'automobiles.

Le comédien est souvent associé à un autre Marseillais célèbre : **Marcel Pagnol**. D'une filmographie plutôt orientée vers le drame, le cinéaste tourne deux comédies marquantes : *Cigalon* (1935) et surtout *Le Schpountz* (1938), un chef-d'œuvre où le génie comique de l'acteur est décuplé grâce aux dialogues du cinéaste marseillais : « Le rire est une chose humaine, une vertu qui n'appartient qu'aux hommes et que Dieu, peut-être, leur a donnée pour les consoler d'être intelligents. »

En avril 1939, le magazine *Pour vous* publie un palmarès des comédiens les plus populaires : Fernandel est deuxième derrière Jean Gabin, ce qui énervera Michel Simon, classé dixième, et attisera un peu plus les relations exécrables qu'il entretient avec l'acteur marseillais depuis le tournage de *Fric-Frac*. Durant la Deuxième Guerre mondiale, Fernandel signe un contrat avec la Continental, société de production française financée par des capitaux allemands, créée par Joseph Goebbels en 1940. Il y tourne une quinzaine de navets, se retrouve derrière la caméra (*Simplet*, 1942), et traverse ainsi les années d'occupation allemande dans une relative insouciance. Après la guerre, il poursuit sa carrière avec succès (*Pétrus* de Marc Allégret, 1946, *L'Armoire volante* de Carlo Rim, 1948) avant de connaître la gloire avec le personnage de Don Camillo, une des premières créations incontournables de la comédie à la française. ★

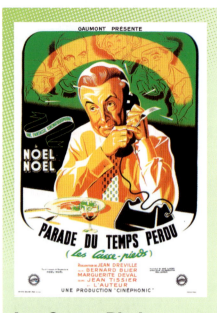

Les Casse-Pieds
(Parade du temps perdu)

JEAN DRÉVILLE (1948)

Distribution
Noël-Noël (le conférencier)
Bernard Blier (lui-même, l'importuné)
Jean Tissier (lui-même, l'importun)

Sujet et dialogues : Noël-Noël

Box-office : 4 328 290 spectateurs

Noël-Noël tient une conférence sur les raseurs les plus typiques.

Suite au triomphe du *Père tranquille* (René Clément, 1946), la grande vedette de l'époque venue du music-hall, Noël-Noël, dont le scénario avait été refusé par de nombreux producteurs, parvient à intéresser le jeune producteur Alain Poiré : « L'œuvre qu'il me présentait était plus risquée. S'inspirant des *Fâcheux* de Molière, il voulait montrer que le progrès a multiplié les fâcheux, les raseurs, en un mot les emmerdeurs. Il avait imaginé quelque chose de très insolite, une conférence truffée d'effets spéciaux et de trucages. L'idée me plaisait par sa nouveauté. »

Tournée entre janvier et août 1948 aux studios de Saint-Maurice (Val-de-Marne), cette fantaisie cinématographique s'articule autour d'un conférencier dressant le portrait satirique des différentes catégories de casse-pieds sur son « tableau radioactif de démonstration », vague ancêtre de l'iPad en taille XXL. Hérités de la tradition des *Caractères* de La Bruyère, sont ainsi dépeints sous forme de sketches : les fâcheux au théâtre, les fâcheux indifférents, la dame qui conduit mal, les raseurs (la mondaine, le documentaire, la tragédie), les petits raseurs individuels (au téléphone, dans la rue), le postillonneur, l'inconnu connu, le blagueur... Le conférencier utilise toutes sortes de techniques délirantes : dessins, photos vivantes, ombres chinoises, appareil de télévision, documents journalistiques, projections de cinéma, théâtre de Guignol. Noël-Noël interagit en permanence avec ses outils de diffusion. À la manière du Keaton de *Sherlock Jr.*, il traverse l'écran, en ressort, hèle les personnages qui s'y trouvent, et ainsi de suite. Avec son flegme et son humour anglo-saxon, Noël-Noël est tantôt observateur, tantôt victime des fâcheux. Dans l'épilogue, il réalise qu'il est lui-même en train de raser son interlocuteur. Moralité : nous sommes tous le casse-pieds de quelqu'un.

D'abord intitulé *Les Fâcheux modernes* puis *Parade du temps perdu* à la demande de Noël-Noël, le film est rebaptisé *Les Casse-Pieds*, à la grande joie des producteurs, et le matériel publicitaire est entièrement réimprimé. Sorti le 26 novembre 1948, le film est un succès immédiat, excepté dans les campagnes, ce qui, selon Noël-Noël, s'explique facilement : « Il n'y a pas de casse-pieds dans les villages car il n'y a pas de surpopulation ; les paysans ont d'autres problèmes à résoudre que ceux d'importuner leurs voisins. »

Un an plus tard, le film ressort, enrichi de trois sketches. Les casse-pieds ne disparaîtront jamais, il suffit de regarder autour de soi... ou dans un miroir ! ★

Bonus

→ *Les Casse-Pieds* obtient le prix Louis Delluc 1948, le Grand Prix du cinéma français 1948, le Prix du meilleur scénario à Knokke-le-Zoute 1948 et le prix du Festival mondial à Bruxelles en 1949.

→ En 1992, Yves Robert a réalisé une nouvelle version du film, intitulée *Le Bal des casse-pieds*, écrite avec Jean-Loup Dabadie.

> **Le conférencier :**
> *Les humains qui prennent du café quotidiennement meurent plus tôt, prétend-on. Eh bien, je soutiens que nous tous, qui ingurgitons du fâcheux, du raseur, du casse-pieds tous les jours, abrégeons notre vie d'autant !*

Jour de fête
JACQUES TATI (1949)

Distribution
Jacques Tati (François, le facteur)
Guy Decomble (Roger)
Paul Frankeur (Marcel)
Santa Relli (la femme de Roger)
Maine Vallée (Jeanette)
Delcassan (la commère)
Roger Rafal (le coiffeur)

Scénario original
Jacques Tati et Henri Marquet
(avec la collaboration de René Wheeler)

Box-office : 6 679 608 spectateurs

Après avoir vu un film sur les postiers en Amérique, le facteur d'un petit village français entreprend, sur sa vieille bicyclette, une tournée « à l'américaine ».

En 1943, pendant l'Occupation, Jacques Tati se réfugie durant quelques mois avec son ami, le scénariste Henri Marquet, dans une ferme proche d'un petit village du centre de la France : Sainte-Sévère-sur-Indre. Quatre ans plus tard, à la demande de René Clément, qui avait dirigé le comédien dans *Soigne ton gauche,* Tati réalise à son tour un court-métrage intitulé *L'École des facteurs,* le brouillon de *Jour de fête* dans lequel apparaît pour la première fois le personnage de François le facteur. En mai 1947, tenant la promesse qu'il avait faite aux villageois de revenir un jour, Tati débarque à Sainte-Sévère-sur-Indre avec son équipe d'acteurs et de techniciens pour y tourner la suite des aventures de François. Les habitants du village sont heureux et fiers d'être mis à contribution par le cinéaste. Certains sont engagés comme figurants ou même comme acteurs, d'autres aident l'équipe, fournissent des accessoires et ouvrent grandes les portes de leur maison. La fête peut commencer.

« J'avais imaginé de trouver cette petite place très sombre, j'avais habillé les paysans et les paysannes en noir, comme un dimanche, pour que justement il n'y ait presque pas de couleur »,

Sur le tournage, le réalisateur Jacques Tati avec ses jeunes figurants.

racontait Tati. Et c'était l'arrivée des forains avec tous leurs accessoires qui apportait la couleur sur cette petite place. En ouvrant les panières, que ce soient les panières de la loterie ou celles du manège de chevaux de bois, la couleur arrivait et c'est cet apport de couleur qui donnait de l'importance à la fête. La fête terminée, on ouvrait de nouveau les panières et on remettait la couleur dans les chariots, les voitures des forains repartaient, quittaient ce petit village un peu noir et blanc, sépia, et emmenaient la couleur.

Un tournage en couleurs

Il était initialement prévu de tourner le film en couleurs grâce à un procédé expérimental mis au point par la société Thomson-Houston. Mais le chef opérateur Jacques Mercanton suggère au réalisateur de filmer avec une seconde caméra afin d'assurer une version de sécurité. Tati tourne donc avec deux caméras, l'une avec une pellicule couleur, l'autre en noir et blanc. Dans ce film, Tati rompt avec les mécanismes du vaudeville et apporte une modernité à la comédie d'antan. La première partie du film est basée sur un comique d'observation : Tati décrit avec minutie les comportements et habitudes des villageois (que nous découvrons à travers les commentaires de la commère), et l'euphorie qui s'installe à nouveau dans les campagnes. Tourné deux ans seulement après la fin de la guerre, le film illustre à sa manière un sentiment de liberté retrouvée, et une joie de vivre communicative, amplifiée par la partition nostalgique de Jean Yatove. Observant, depuis la fenêtre du bistrot, la foule en liesse au son de la fanfare, la silhouette en ombre chinoise de François n'évoque-t-elle pas celle du général de Gaulle ? Emmenée à toute berzingue par un cycliste survolté, la seconde partie s'inscrit dans la tradition des grands comiques du muet, à l'image des Charlie Chaplin, Buster Keaton, Harry Langdon. N'arrivant qu'au bout d'une

Jacques Tati dans le rôle de François, le célèbre facteur en mouvement perpétuel.

dizaine de minutes, le facteur, en mouvement perpétuel, est doué d'une vitalité gestuelle qui n'a rien à envier aux grandes figures du burlesque américain : il ne s'arrête que lorsqu'il est trop saoul pour continuer à pédaler, ou lorsqu'il effectue un plongeon forcé dans le canal. Tourné en ridicule par deux forains qui le font boire, l'homme à la sacoche tournante pédale comme un dératé sur son vieux vélo, dépassant même un groupe de coureurs cyclistes en pleine course, dans une séquence hilarante maintes fois imitée, notamment dans *Les Vacances de Mr. Bean* (2007), dont le titre est également un hommage à M. Hulot. Dans *Jour de fête*, Tati ébauche un thème qu'il développera dans toute son œuvre : le personnage séduit par la modernité. Encouragé par les habitants du village à faire sa tournée postale « à l'américaine », François se prend au jeu de la vitesse, provoquant ainsi des gags en cascade. Le film est truffé d'images poétiques (l'enfant qui suit les forains) et insolites (la guêpe enquiquineuse), qu'accompagne la riche et exigeante bande-son, véritable signature de l'univers de Tati.

François : *Hélicoptère !*

Difficultés à l'atterrissage

Au lendemain de la fin du tournage, qui s'est déroulé entre mai et novembre 1947, le film rencontre certaines difficultés. Après de nombreuses recherches, le laboratoire ne parvient pas à tirer de copies en couleurs. Par ailleurs, raconte Tati, « le film a failli devenir quatre courts-métrages car personne ne voulait le distribuer ». *Jour de fête* est donc projeté en noir et blanc, et remporte un succès phénoménal partout en France. Pourtant, Tati est déçu qu'aucune solution n'ait été trouvée pour projeter le film en couleurs. En 1961, Bruno Coquatrix propose au cinéaste de monter *Jour de fête à l'Olympia*, spectacle mélangeant des numéros de music-hall avec des extraits projetés du film.

Le réalisateur profite de cette occasion pour coloriser au pochoir certains éléments du film. Trois ans plus tard, il tourne de nouvelles scènes avec un nouveau personnage, le peintre, justifiant les apports de couleurs dans l'image noir et blanc. Le long-métrage est entièrement resonorisé. Cette seconde version est projetée le 27 novembre 1964 à l'Arlequin à Paris. En 1987, François Ede et Sophie Tatischeff, la fille de Tati, commencent le travail de restauration de la version couleur. Après un travail acharné, le film est enfin projeté le 11 janvier 1995 dans la version voulue par le cinéaste.

Premier triomphe du cinéma comique d'après-guerre, ce classique incontournable, qui continue de faire rire les spectateurs de tous âges, n'a pas fini d'être célébré en France, dans le monde et surtout à Sainte-Sévère-sur-Indre, qui a élevé une statue de François le facteur et créé en 2003 la Maison Tati, musée dédié au tournage de *Jour de fête* et à l'œuvre du cinéaste. ★

Bonus

→ *Jour de fête* a obtenu le Prix du meilleur scénario au festival de Venise en 1949 et le Grand Prix du cinéma à Paris en 1950.

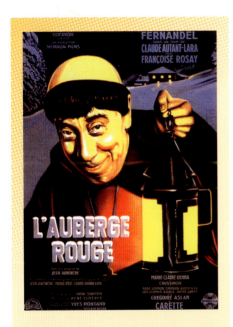

L'Auberge rouge
CLAUDE AUTANT-LARA (1951)

Distribution
Fernandel (le moine)
Julien Carette (Pierre Martin)
Françoise Rosay (Marie Martin)
Marie-Claire Olivia (Mathilde Martin)
Jacques Charon (Rodolphe)
Lud Germain (Fétiche)
Didier d'Yd (Jeannou)
Jean-Roger Caussimon (Darwin)
Andrée Vialla (la marquise Caroline)

Scénario original : Jean Aurenche
Adaptation cinématographique et dialogues : Jean Aurenche, Pierre Bost et Claude Autant-Lara

Box-office : 2 662 329 spectateurs

Perdu dans la montagne, un moine trouve refuge dans une auberge tenue par une famille d'assassins.

Une comédie noire, un conte de Noël macabre où les bonshommes de neige cachent de lourds secrets, mais aussi une farce burlesque dans laquelle Claude Autant-Lara, futur réalisateur de *La Traversée de Paris* (1956) et de *La Jument verte* (1959), vante son anticléricalisme et se joue des conventions sociales. Dans *L'Auberge rouge*, Fernandel enfile la soutane (plus une tonsure factice) pour déjouer les sombres projets d'un couple d'aubergistes détrousseurs et assassins de voyageurs égarés. Le sinistre établissement est tenu par les époux Martin, interprétés par les immenses Julien Carette et Françoise Rosay, grande dame de la comédie à la française, de Marcel Carné à Michel Audiard.

Un soir d'hiver particulièrement rude, un groupe de voyageurs trouve refuge dans ce lieu perdu des montagnes ardéchoises. Le moine ne tarde pas à découvrir les monstrueux agissements des aubergistes lors d'une scène de confession marquée par le génie burlesque de Fernandel et les déclarations accablantes de l'épouse Martin. « Dans l'escalier, c'est le marteau, dans la chambre, c'est le couteau », avoue la femme de l'aubergiste lors de sa confession émise derrière… une plaque de gril ! Déchiré entre le secret du confessionnal et sa volonté de sauver les voyageurs, le moine va tenter par tous les moyens d'empêcher un nouveau massacre.

Un scénario inspiré de faits réels

Inspiré de faits réels survenus en Ardèche aux alentours de 1830, *L'Auberge rouge* a fait l'objet de trois versions filmées. La première, réalisée par Jean Epstein en 1923, met en scène deux jeunes médecins sous la Restauration et s'inspire de *L'Auberge des Adrets*, le conte d'Honoré de Balzac. En 2007, Gérard Krawczyk a basé un piteux remake sur la comédie horrifique de Claude Autant-Lara, avec Gérard Jugnot dans le rôle de l'ecclésiastique et Christian Clavier et Josiane Balasko dans le rôle des tenanciers meurtriers. Dans la version qui nous occupe, le rire et l'horreur se frôlent en permanence dans une comédie « plus drôle qu'un film comique et plus effrayante qu'un film d'épouvante », selon la bande-annonce de l'époque. Le tournage de *L'Auberge rouge* fut perturbé par des tensions sur le plateau entre le réalisateur et sa vedette, choquée par l'aspect anticlérical du scénario, où la foi du moine est soumise à rude épreuve, et se voit même brutalement brocardée lors de la séquence finale. À l'issue des prises de vue, Fernandel annonce d'ailleurs qu'il « ne tournera plus dans un film d'art ». Il aura cependant l'occasion de se réconcilier avec ses convictions personnelles en enfilant la soutane de Don Camillo l'année suivante. ★

Bonus

→ La complainte du générique est interprétée par Yves Montand.

> Le moine :
> *Il vaut mieux mille pattes pour aller au ciel que deux pour aller en enfer.*

Le Petit Monde de Don Camillo

JULIEN DUVIVIER (1952)

Distribution
Fernandel (Don Camillo)
Gino Cervi (Giuseppe Bottazzi, dit « Peppone »)
Franco Interlenghi (Mariolino Brusco)
Sylvie (Mme Christina)
Véra Talchi (Gina Filotti)
Luciano Manara (Filotti)
Leda Glorio (Maria Bottazzi)
Manuel Gary (le délégué)
Armando Migliari (Brusco)
Jean Debucourt (la voix du Seigneur)

Adaptation cinématographique et dialogues
Julien Duvivier et René Barjavel,
d'après le roman de Giovanni Guareschi

Box-office : 12 790 676 spectateurs

Dans un petit village du nord de l'Italie, un curé et un maire communiste s'affrontent sous le regard de leur communauté.

Au lendemain de la Seconde Guerre mondiale, Brescello, un petit village de la plaine du Pô, est le théâtre de l'affrontement de deux idéologies. D'un côté, Don Camillo, le curé du village, veille sur ses ouailles avec la bénédiction du Seigneur, avec lequel il s'adonne à de fréquentes conversations. Face à lui, Giuseppe Bottazzi, alias « Peppone », le maire de Brescello, gère ses administrés sous les couleurs communistes. La genèse du plus grand succès commercial de Julien Duvivier, une des plus hautes figures du cinéma français de l'époque, prend racine dans les nouvelles de Giovanni Guareschi, lui-même inspiré par l'antagonisme bien réel entre le curé Don Rino Davighi et le maire Carini dans la petite ville de Polesine. Le succès du feuilleton de Guareschi, paru dans les journaux nationaux entre 1946 et 1949, suscite l'envie des producteurs, mais deux années s'écouleront avant la mise en chantier du premier long-métrage d'une série qui comptera six épisodes. À l'instar de Jésus, le troisième larron du film, la saga cinématographique de Don Camillo suivra son propre chemin de croix.

Gabin, Brasseur et Tati pressentis

Le choix de l'acteur principal pose un premier problème. Jean Gabin et Pierre Brasseur déclinent d'abord l'invitation. Jacques Tati, le roi du comique burlesque, est également pressenti pour le rôle-titre, mais il déclare forfait en raison de l'abondance des dialogues. La production se rabat alors sur Fernandel, au grand désarroi de Giovanni Guareschi, qui ne reconnaît pas le personnage massif et autoritaire qu'il avait imaginé. Une partie du public italien et les autorités religieuses s'indignent également à l'idée de voir un « clown » interpréter un représentant de Dieu. Et pendant que le Vatican gronde, Vittorio De Sica refuse de signer la mise en scène du film, par peur d'une arrivée au pouvoir des communistes, peur qui plane sur l'Italie du début des années 1950. À l'époque, on raconte même que la CIA redoute la propagation du virus rouge en cas de succès du long-métrage ! La coproduction franco-italienne règle finalement la question en proposant à Julien Duvivier, un Français au statut neutre, de réaliser Le Petit Monde de Don Camillo. Grâce à son empathie naturelle et son aisance verbale, Fernandel s'impose dans le rôle du curé turbulent de Brescello. En opposition à Don Camillo, Gino Cervi, comédien transalpin de formation classique, incarne un Peppone à la moustache stalinienne mais au cœur aussi grand que celui de son adversaire en soutane. L'opposition entre le rouge et le noir atteint des sommets de dérision mais, bien plus que les dogmes politiques et religieux, c'est l'humanisme qui triomphe dans la comédie de Duvivier. De situations cocasses en provocations verbales hautes en couleur, nos compères de la guerre froide contredisent tour à tour leurs convictions profondes.

Entre rires et émotions

Lors de l'enterrement de Mme Christina, l'institutrice, c'est le drapeau royaliste qui orne le cercueil pendant la procession funèbre, avec l'aval de Peppone, et Don Camillo renverse une table avec grand fracas dans le bureau de l'évêque. La rencontre finale de Don Camillo et de Peppone sur un quai de gare conclut le long-métrage sur une note émouvante. En mêlant les éclats de rire à l'émotion pure (la tentative de suicide de Mariolino et Gina, les « Roméo et Juliette » du scénario, a été coupée en Italie), Julien Duvivier est parvenu à réaliser

Don Camillo :	*Alors, comment on va l'appeler ce petit ?*
Peppone :	*Liberio Antonio… Camillo.*
Don Camillo :	*Tu l'appelles Camillo ?*
Peppone :	*Oui.*
Don Camillo :	*Alors, tu peux ajouter aussi Lénine. Avec un Camillo à côté, ces gens-là n'existent plus.*

Fernandel et l'acteur italien Gino Cervi tourneront ensemble six épisodes de la série des Don Camillo.

une comédie chaleureuse et riche en contrastes. Le public ne s'y méprendra pas : l'affrontement « pour rire » entre le curé et son maire communiste triomphera au box-office et sera complété par quatre suites et une paire de remakes. Don Camillo donnera aussi à son acteur fétiche un aller simple pour le paradis. À l'issue de la première, Fernandel déclare : « Je crois que je tiens le rôle de ma vie. » Il ne s'était pas trompé. ★

Bonus

→ *Le Petit Monde de Don Camillo* a été suivi de quatre autres films interprétés par Fernandel : *Le Retour de Don Camillo* (Julien Duvivier, 1952), *La Grande Bagarre de Don Camillo* (Carmine Gallone, 1955), *Don Camillo Monseigneur* (Carmine Gallone, 1961) et *Don Camillo en Russie* (Luigi Comencini, 1965).

→ Fernandel est décédé le 26 février 1971 après trois semaines de tournage de *Don Camillo et les contestataires*, un sixième épisode inachevé réalisé par Christian-Jaque. Dans une autre version, réalisée par Mario Camerini, le film sortira pourtant sur les écrans l'année suivante (et dans l'indifférence générale) avec Gastone Moschin dans le rôle principal.

→ Orson Welles a doublé la voix américaine du Seigneur dans la version « export » du *Petit Monde de Don Camillo*.

Les Vacances de M. Hulot

JACQUES TATI (1953)

Distribution
Jacques Tati (M. Hulot)
Nathalie Pascaud (Martine)
Michèle Rolla (la tante)
Raymond Carl (le serveur)
Lucien Frégis (le propriétaire de l'hôtel)

Scénario original, adaptation et dialogues
Jacques Tati et Henri Marquet, avec la collaboration de Pierre Aubert et Jacques Lagrange

Box-office : 4 945 053 spectateurs

M. Hulot s'installe pour les vacances dans un hôtel de bord de mer. Sa présence sème involontairement le trouble chez les vacanciers.

Deux ans après le triomphe de *Jour de fête*, et ayant refusé à son producteur Fred Orain de tourner une suite des aventures de François le facteur, qu'il trouve « trop lié à son métier, un peu trop conventionnel, et excessivement français », Jacques Tati s'apprête, sans le savoir, à faire entrer une figure emblématique au panthéon du cinéma français : M. Hulot, un personnage qui lui a été inspiré par un compagnon de service militaire. Plus réservé que François, le chaleureux facteur du village de Sainte-Sévère-sur-Indre, « Hulot n'est pas drôle en soi, écrit Claude Beylie, il sert de révélateur au ridicule des autres ». L'homme à l'imperméable, au pantalon trop court, aux chaussettes rayées, à la pipe et au chapeau, débarque pour les vacances d'été dans sa voiture pétaradante, trop étroite pour sa grande silhouette. Le séjour commence fort ! Durant une heure et trente minutes, la présence de cet homme sans prénom va perturber l'équilibre général et contaminer le quotidien paisible des vacanciers. Interprétés par des inconnus, les personnages de cette galerie estivale sont décrits avec tellement de précision dans leur gestuelle, leur accoutrement et leur façon de s'exprimer qu'ils semblent bel et bien réels. Tati confirme dans ce second long-métrage son approche si unique du burlesque, à mi-chemin entre muet et parlant. « Le mérite de Tati est immense parce qu'il évoque Linder sans jamais l'imiter ou le démarquer », écrivait Georges Sadoul en 1953. Ce sont les gags visuels qui prédominent : le cuisinier coupant les tranches de rôti selon le gabarit des clients du restaurant, le tapis en renard accroché et entraîné par l'éperon de la botte d'Hulot, la chambre à air de son auto transformée en couronne mortuaire, les traces de pas qu'il laisse derrière lui… « Le propre de M. Hulot semble être de n'oser pas exister tout à fait. Il est une velléité ambulante, une discrétion d'être. Il élève la timidité à la hauteur d'un principe ontologique ! » écrivait André Bazin, qui saluait *Les Vacances de M. Hulot* comme « l'œuvre comique la plus importante du cinéma mondial depuis les Marx Brothers et W.C. Fields ».

Souvenirs d'enfance

Les séquences balnéaires sont inspirées de l'enfance du cinéaste à Mers-les-Bains en 1916, de même que le mobilier qui habille la demeure de la tante de Martine, reproduit d'après les souvenirs de la pension bourgeoise où il séjourna en 1926. On rit devant l'innocence d'Hulot qui, croyant bien faire, botte les fesses d'un père de famille qu'il prend pour un voyeur. Bien que pétri des meilleures intentions, Hulot provoque de petites catastrophes sans grandes conséquences, à l'image du courant d'air dévastateur à son arrivée à l'hôtel ou de l'homme coincé dans le coffre de sa voiture suite au coup de pied d'un cheval récalcitrant que tente de contenir Hulot. Mais il est également victime de ses maladresses : craquant une allumette pour y voir clair dans une cabane sombre, il amorce les fusées destinées au traditionnel feu d'artifice estival. Comme dans *Jour de fête*, l'ombre des années 1939-1945 plane sur le film, que ce soit le moteur explosif de Hulot, les commentaires très « Ici, Londres » jaillissant du poste de radio, ou l'ancien commandant qui raconte aux pensionnaires ses faits de guerre. Mais Tati dédramatise par le gag, et tandis que les pensionnaires écoutent religieusement les commentaires politiques à la radio, Hulot, déguisé en pirate, monte le son de l'électrophone et continue de faire danser la charmante Martine, tout sourire, sous l'œil du vieux promeneur attendri.

C'est le peintre Jacques Lagrange qui découvre Saint-Marc-sur-Mer, petite station balnéaire dépendante de la ville de Saint-Nazaire, en Loire-Atlantique, « qui ressemble à un studio à ciel ouvert », selon les mots de Tati, et où auront lieu les prises de vue. Le cinéaste décide pourtant d'apporter quelques modifications au décor naturel de la station. La maison de la tante de Martine, la boutique de souvenirs, l'entrée de l'hôtel et la fenêtre de la chambre de M. Hulot sous les toits sont construites sur place par l'équipe de décoration. Le film fourmille de détails moqueurs sur le tourisme de masse qui opère depuis les premiers congés payés de 1936. « Mon métier, c'est de regarder un peu ce qui se passe », explique Tati en 1967. Effectivement, le cinéaste filme ce qu'il a observé, sans ajouter de chute au gag, préférant laisser au spectateur le soin d'en imaginer la suite.

Plébiscite public

Tourné entre juillet 1951 et octobre 1952 à Saint-Marc-sur-Mer puis dans les studios de Boulogne-Billancourt, *Les Vacances de M. Hulot* sort sur les écrans en février 1953 et triomphe dans les salles. Neuf ans plus tard, le cinéaste remanie son œuvre : il retire certains dialogues, supprime trois scènes (le début de la partie de tennis, le curé endormi et le baise-main dans les vagues), fait réorchestrer la musique par Alain Romans et remixe le tout.

Tati confirme dans ce second long-métrage son approche si unique du burlesque, à mi-chemin entre muet et parlant.

Au printemps 1978, impressionné par *Les Dents de la mer*, de Steven Spielberg, Tati décide de filmer une séquence esquissée dans le scénario d'origine, mais qui n'avait pas été tournée à l'époque : le kayak qui se plie en deux et se transforme en mâchoire de requin géant, faisant fuir les plagistes affolés. ★

Bonus

➜ Le film a obtenu de nombreuses récompenses en 1953 : prix Louis Delluc, Prix de la critique internationale au festival de Cannes, prix Femina, prix du festival de Berlin. Il obtient également le Golden Laurel Award au festival du film d'Édimbourg en 1955, et est élu meilleur film de l'année à Cuba en 1956. La même année, il est nommé aux Oscars pour les catégories meilleure histoire et meilleur scénario.

➜ Dans la version anglaise intitulée *Mr. Hulot's Holiday*, c'est le comte Dracula en personne, alias Christopher Lee, qui double le film entier.

➜ À partir des *Vacances*..., le personnage de M. Hulot apparaîtra dans tous les films de Tati : *Mon oncle* (1958), *Playtime* (1967) et *Trafic* (1971).

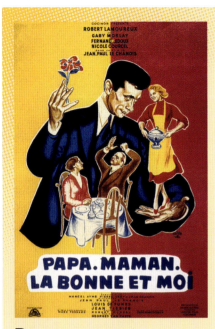

Papa, maman, la bonne et moi
JEAN-PAUL LE CHANOIS (1954)

Distribution
Robert Lamoureux (Robert Langlois)
Gaby Morlay (Gabrielle Langlois, la mère)
Fernand Ledoux (Fernand Langlois, le père)
Nicole Courcel (Catherine Liseray, la bonne)
Louis de Funès (M. Calomel, le voisin)
Madeleine Barbulée (Marie-Louise, la première bonne)
Yolande Laffon (Madeleine Sautopin, l'amie de maman)
Gaston Modot (le mendiant violoniste)
Robert Rollis (Léon)

Scénario : Marcel Aymé, Pierre Véry et Jean-Paul Le Chanois
Dialogues : Jean-Paul Le Chanois

Box-office : 5 374 131 spectateurs

Un jeune étudiant en droit fait engager la femme dont il est amoureux comme bonne par ses parents, chez qui il vit.

J'suis d'nationalité française / Et bien qu'étant née à Paris / Maman est de souch' bordelaise / Papa est natif du Berry / Et vraiment d's'app'ler Lamoureux / Pour un garçon c'est merveilleux / Papa, maman, la bonne et moi / Des gens comm' nous y en a des tas...

Ainsi commence la chanson de Robert Lamoureux, écrite en une heure sur le trône d'un lieu intime, et qui devient un quasi-hymne national en cette année 1950. Vedette de la radio, du music-hall et du cabaret, où il chante et dit des monologues bien avant la mode du stand-up, Lamoureux démarre sa carrière au cinéma en 1951. Quelques années plus tard, le producteur Robert Dorfmann propose à Jean-Paul Le Chanois de tourner un film d'après les personnages de la chanson de Lamoureux. Le cinéaste écrit avec Marcel Aymé et Pierre Véry l'histoire d'une famille de petits-bourgeois dans le quartier de Montmartre, au sommet de la Butte. Tourné du 24 mai au 15 juillet 1954 dans les studios parisiens de Billancourt, le film devient rapidement un témoignage précieux sur la vie à Paris dans les années d'après-guerre, et les spectateurs s'identifient aux membres de cette sympathique famille Langlois, obligés de cohabiter dans un minuscule appartement. « Une des raisons pour lesquelles il a bien marché, je crois, je suis même sûr, c'est le véritable caractère de petite bourgeoisie française un peu ridicule mais tellement attachante qu'on trouve tout au long du film », explique Robert Lamoureux à la sortie du film. Comédie sympathique et sans prétention où l'on sourit plus que l'on rit, *Papa, maman, la bonne et moi* propulse Lamoureux, et sa voix unique, au rang de vedette de cinéma.
« Mon seul talent, si j'en ai, ça consiste à vous ressembler, c'est d'être un peu Monsieur Tout-le-Monde, déclarait Robert Lamoureux en 1956, c'est cette espèce de ressemblance qui fait que les gens m'ont admis, il me semble... je peux me tromper ! »
Parmi la troupe de comédiens exceptionnels, Louis de Funès tire son épingle du jeu en voisin nerveux et bricoleur.

> **Léon :**
> *Ouais ben le grand amour, pour moi, c'est comme les revenants : on en parle toujours, et on ne le voit jamais.*

De bas en haut : Robert Lamoureux, Nicole Courcel, Gaby Morlay et Fernand Ledoux.

Sorti le lendemain de Noël 1954, le film est un des trois plus gros succès de l'année, et incite les producteurs à réaliser une suite un an plus tard. Reprenant les mêmes personnages, *Papa, maman, ma femme et moi* rencontre un franc succès (3 791 342 spectateurs), même si le filon s'essouffle. Vittorio De Sica conseille au réalisateur de faire un troisième opus, mais Le Chanois lui répond : « Les bonnes choses doivent avoir une fin. »
Construit sur une trame simple sans être simpliste, le film enchante encore aujourd'hui, évoquant avec nostalgie une époque de reconstruction débordante d'espoir. ★

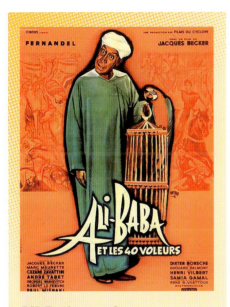

Ali Baba et les quarante voleurs

JACQUES BECKER (1954)

Distribution
Fernandel (Ali Baba, serviteur de Cassim)
Dieter Borsche (Abdul, le chef des voleurs)
Samia Gamal (Morgiane, la belle danseuse)
Henri Vilbert (Cassim, le riche marchand)
Édouard Delmont (le père de Morgiane)
Gaston Orbal (le mufti)

Adaptation : Jacques Becker et Marc Maurette d'après *Les Mille et Une Nuits*, avec la collaboration de Cesare Zavattini
Dialogues : André Tabet

Box-office : 4 117 641 spectateurs

Ali Baba : *Sésame, ouvre-toi !*

Soudainement riche, Ali Baba décide de racheter à son maître la belle Morgiane dont il est amoureux, et de faire le bien autour de lui.

La genèse du scénario d'*Ali Baba* est une épopée à elle seule. Après que Jean Renoir a envisagé de l'adapter dans les années 1930, ayant même choisi son casting, une nouvelle adaptation est écrite en 1943 par Jacques Becker et Pierre Véry, futur coscénariste de *Papa, maman, la bonne et moi*. Dix ans plus tard, le scénario ressort du tiroir de Becker et plus d'une dizaine d'adaptateurs y travaillent tour à tour, à plus ou moins grande échelle (Roger Nimier, Maurice Griffe, Annette Wademant, Antoine Blondin...), même si leurs noms n'apparaissent pas au générique.

Influencé par les comédies italiennes, Becker voulait, à l'origine, engager Henri Salvador dans le rôle-titre et tourner tout le film en Afrique du Nord. Les producteurs refusant Salvador, le cinéaste obtient Fernandel et tourne six semaines au Maroc, puis sept semaines dans les studios de Billancourt. Les financiers montent le film autour de la superstar. Les exigences du comédien s'élèvent à la hauteur de son statut : il impose un droit de décision permanent sur le scénario, le tournage et le montage. Il impose également son équipe, notamment son beau-frère parolier, Jean Manse. *Ali, Ali, Ali Baba / De la mosquée à la casbah / Quand on m'aperçoit ce n'est qu'un cri / Bonjour Baba, adieu Ali / Toujours content, jamais pressé / Je n'ai qu'à me laisser pousser / Et quand par hasard ça ne va pas / Je me dis « Mektoub inch'Allah »*. On imagine aisément la tête qu'a dû faire Jacques Becker en filmant Fernandel et son accent marseillais, en plein désert marocain, à dos de mulet, adressant ces paroles à la caméra.

Nouveau triomphe pour Fernandel

Cinéaste habituellement exigeant, Becker tourne *Ali Baba* afin d'effacer ses dettes. Tiraillé entre son désir de réaliser un film humain, s'attardant sur les visages et les attitudes des personnages, et les impératifs comiques liés à la personnalité de Fernandel, Becker filme honorablement les aventures d'un héros connu de tous, grimaces comprises. Plaidant au passage pour la liberté de la femme, le film pose une vraie question existentielle : que faire lorsqu'on devient riche du jour au lendemain ? Ne cédons pas à la cupidité, soyons amoureux et généreux ! Finalement, Walt Disney aurait pu produire cette comédie-farce inoffensive en Eastmancolor dans laquelle un gentil héros, accompagné d'un perroquet farceur et d'une jolie danseuse du ventre, redistribue les trésors qu'il a dérobés aux quarante voleurs et finit par trouver le plus beau des trésors : l'amour de Morgiane. « Un film obligatoire aux moins de seize ans et indispensable aux plus de seize ans », proclame la bande-annonce. Sorti la veille de Noël 1954, *Ali Baba* est un nouveau triomphe pour Fernandel. Il est à ce jour un des films les plus diffusés à la télévision française. ★

Le Triporteur
JACK PINOTEAU (1957)

Distribution
Darry Cowl (Antoine Peyralout)
Béatrice Altariba (Popeline)
Roger Carel (le paysan)
Pierre Mondy (le gendarme)
Jean-Claude Brialy (Jean-Claude)
Mario David (Dabek)
Pierre Doris (l'automobiliste)
Grégoire Aslan (Mouillefarine)
Christiane Muller (l'éprise d'Antoine)

Scénario et adaptation : Jack Pinoteau et Jacques Vilfrid (avec la collaboration de Jean Aurel), d'après le roman de René Fallet
Dialogues
Jacques Vilfrid

Box-office : 4 888 151 spectateurs

Un garçon-livreur traverse l'arrière-pays niçois en triporteur pour assister à la finale de la Coupe de France de football, à laquelle participe l'équipe de son village.

De Sacha Guitry à *Mon curé chez les Thaïlandaises*, les six décennies de carrière de l'inoubliable Darry Cowl se caractérisent par une filmographie où les nanars l'emportent largement sur les productions de qualité. Après avoir fait ses preuves sur les planches des cabarets, le plus célèbre bafouilleur du cinéma français effectue ses débuts sur grand écran sous l'égide d'André Berthomieu et de Sacha Guitry. On l'aperçoit dans les deux derniers films du maître, *Assassins et voleurs* (1956) et *Les trois font la paire* (1957). *Le Triporteur*, réalisé la même année par Jack Pinoteau (le frère de Claude, qui signera plus tard *La Boum*), constitue le sommet de la filmographie étendue de Darry Cowl. Dans ce *road movie* cycliste tourné dans l'arrière-pays niçois, Antoine Peyralout, garçon-livreur maladroit et supporter invétéré de l'équipe de football de Vauxbrelles, décide de ramener la Coupe de France dans son village. Son fidèle triporteur customisé l'entraînera jusqu'au stade du Ray, à Nice, où ses exploits footballistiques lui offriront une gloire inespérée. En chemin, Antoine va croiser une foule de personnages pittoresques, dont un gendarme distrait (Pierre Mondy), une famille de paysans emmenée par Roger Carel, mais surtout la dénommée Popeline (!), l'objet de son affection, interprétée par Béatrice Altariba, alors fiancée de Darry Cowl.

Antoine Peyralout : *Petit canaillou !*

Tel un Zébulon aux répliques souvent incompréhensibles, Darry Cowl traverse le film en empilant une série de cascades burlesques et farfelues dans une frénésie comique digne des Marx Brothers. Le premier quart d'heure plonge le spectateur dans la « déjante » totale et l'absurde lors d'une incroyable série de catastrophes hallucinogènes, une avalanche de gags à la *Buster Keaton* et de séquences montées en accéléré. « Sachant que je souffrais du vertige, cet énergumène de Pinoteau avait coupé les freins de mon triporteur dans la séquence où je dévale une rue pour aller m'éclater sur la façade de la pâtisserie. Pour être vrais, les cris que je poussais étaient authentiques », se souvenait Darry Cowl. Flirtant avec la bande dessinée (les onomatopées apparaissent à l'écran), bucolique par endroits (quoi de plus ravissant que le Midi ensoleillé ?), *Le Triporteur* repousse également les limites de l'absurde lors de l'opération « à boyaux ouverts » du moyen de transport atypique du héros. Il est à noter, comme l'indique un insert lors du générique, que les triporteurs du film ont été fournis par les établissements Charles Juery. Non content d'inventer le personnage comique le plus extrême de l'époque, Darry Cowl venait d'introduire le placement de produit dans le cinéma français ! ★

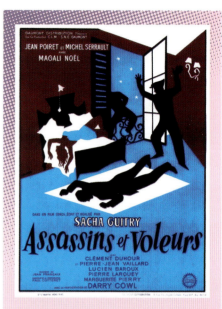

Assassins et voleurs
SACHA GUITRY (1957)

Distribution
Jean Poiret (Philippe d'Artois)
Michel Serrault (Albert le Cagneux)
Magali Noël (Madeleine Ferrand)
Clément Duhour (Jean Walter Ferrand)
Darry Cowl (Jules-Henri Lardenois)
Pauline Carton (la refoulée « violeuse »)
Lucien Baroux (le médecin-chef de la clinique)
Pierre-Jean Vaillard (l'imaginatif « violé »)
Pierre Larquey (le maître-nageur secouriste)

Scénario et dialogues
Sacha Guitry

Box-office : 1 461 362 spectateurs

Un cambrioleur se retrouve face à l'assassin qui l'a laissé se faire condamner à sa place à dix ans de prison. Pris de remords, l'homme offre au voleur beaucoup d'argent s'il accepte de le tuer.

Maître incontesté de la comédie raffinée, aussi bien au théâtre qu'au cinéma, Sacha Guitry est accusé d'avoir rouvert le Théâtre de la Madeleine sous l'Occupation, et d'y avoir joué ses pièces. Il est arrêté le 23 août 1944, puis incarcéré durant soixante jours. Mais en l'absence de preuves de collaboration, il est relâché et obtient un non-lieu trois ans plus tard. De cette période douloureuse va naître le scénario d'*Assassins et voleurs*, écrit pour Michel Simon et lui-même. Un matin de février 1956, Jean Poiret reçoit un coup de téléphone, dont Michel Serrault rapporte les propos dans son autobiographie : « Je suis bien chez M. Poiret ? Ici, c'est Sacha Guitry, je vous ai vu hier soir à la télévision dans un de vos sketches, et j'aimerais beaucoup vous rencontrer avec M. Serrault. » Poiret pense que le chansonnier et imitateur Jean Valton lui fait une plaisanterie. Le téléphone sonne à nouveau : c'est bien Guitry ! Les deux humoristes se rendent alors chez le cinéaste, qui leur propose d'être les interprètes de son nouveau film et se met à leur lire le scénario. « Jean et moi étions comme deux enfants de chœur devant l'archevêque », raconte Serrault. Y croyant à peine, le duo accepte.

La drôlerie du film vient de son ton cynique et de son aspect immoral. « Immoralité d'un scénario et d'un texte cyniques glorifiant l'adultère, le vol, l'injustice et l'assassinat », précise François Truffaut dans Les Cahiers du cinéma en avril 1957. Guitry s'inspire de sa propre arrestation pour conter celle d'Albert le Cagneux à la place du vrai coupable, Philippe d'Artois. Ce dernier raconte comment il en est arrivé à cette situation, sans savoir que son interlocuteur n'est autre que l'homme qu'il a fait accuser à tort.

Sacha Guitry à bout de forces

Le tournage débute le 22 juin dans un hangar de la porte de Versailles. En écoutant attentivement, on peut entendre le bruit que font les machinistes sur le plateau. Filmée à deux caméras pour respecter la continuité théâtrale, la scène d'ouverture satisfait le maître, malgré le trac des deux comédiens, peu habitués à jouer sans public. Pourtant, suite à une erreur d'axe de caméra, la scène est inutilisable et sera tournée de nouveau en fin de tournage. « Le tournage d'Assassins et voleurs fut, hormis cette première journée, une suite de beaux moments. Ce qui nous assombrissait, c'était de voir Sacha Guitry à bout de forces, de plus en plus rongé par la maladie, prisonnier de la souffrance, raconte Michel Serrault. On lui faisait jusqu'à trois ou quatre piqûres de morphine par jour, il se nourrissait comme un oiseau, d'un peu de riz à l'eau et de quelques grains de raisin. Mais il tenait. Superbe. Volontaire. Il nous impressionnait aussi pour cela : cette manière suprêmement élégante d'affirmer qu'il serait jusqu'au bout serviteur du spectacle et du public. »

La voix off habituelle du grand Sacha laisse place ici à celle de Jean Poiret qui, non content de remplacer le maître, rajeunit le tricheur du Roman, imprimant avec une insolence naturelle son sourire à la Guitry dans chacune des paroles de l'aristocrate assassin : « Notre aventure à trois venait de commencer par un mensonge à deux, et voilà un homme qui, sans être cocu encore, était déjà trompé. »

Dans cette farce subversive pleine de fantaisie (le couple Philippe-Madeleine qui se laisse enfermer dans un magasin de matelas, les pensionnaires fous de la maison de repos), et truffée de phrases à double sens, le dialogue est transcendé par l'audace d'une jeune génération de comédiens prometteurs.

Outre l'abattage de Poiret et Serrault, la finesse de jeu de Clément Duhour, producteur de Guitry depuis 1953, et la beauté naturelle de Magali Noël, Darry Cowl révèle, avec la bénédiction de Guitry, ses talents d'improvisateur en témoin bégayeur, dans une séquence désopilante au tribunal, où les figurants et Serrault lui-même se retiennent d'éclater de rire. Producteur délégué du film, Alain Poiré résume l'ambiance sur le plateau durant les cinq semaines de tournage : « Détente, chaleur humaine, absence d'impatience chez tout le monde. Il est même arrivé qu'on soit obligé de reprendre une fin de prise où on entendait des rires qu'avait déchaînés Sacha par une répartie comique inattendue. »

Achevé le 1er août 1956, le film sort le 8 février 1957, réconcilie Guitry avec la critique, et obtient le prix Jean Vigo 1962. Assassins et voleurs, « malgré le cynisme de l'entreprise, ses imperfections, symbolise le film sainement produit, conçu et réalisé, c'est-à-dire dont le charme naît malgré le manque de moyens », écrit François Truffaut. « Il faut absolument le voir pour comprendre que l'art cinématographique n'est régi par aucune loi et qu'un film bâclé en quelques jours peut devenir une œuvre cinématographique importante. » Sacha Guitry s'éteindra le 24 juillet 1957, non sans avoir laissé à sa dernière épouse un texte qu'elle publiera quelques années plus tard : « Je vous salue, public, et vous fais mes adieux. Les uns diront déjà, d'autres diront enfin, mais ils ne seront sincères ni les uns ni les autres. » ★

Le duo Poiret-Serrault sur le plateau de Sacha Guitry : « Deux enfants de chœur devant l'archevêque ».

Bonus

→ Michel Serrault reprendra en 1997, sous la direction de Christian de Chalonge, le rôle qu'avait créé Guitry en 1948 dans l'adaptation de sa pièce Le Comédien.

Walter (à Philippe) :	*Méfie-toi du mariage, ou fais comme moi, interdis-toi d'être jaloux, et ne prends pas ta femme trop au sérieux. Faut avouer qu'elles sont interchangeables.*
Une dame :	*C'est toujours agréable d'entendre ces choses-là…*
Walter :	*Non, madame, nous parlons des femmes, et non des dames.*

Mon oncle

JACQUES TATI (1958)

Distribution
Jacques Tati (M. Hulot)
Jean-Pierre Zola (Charles Arpel)
Adrienne Servantie (Mme Arpel)
Alain Bécourt (Gérard Arpel)

Scénario, adaptation et dialogues
Jacques Tati (avec la collaboration artistique de Jacques Lagrange assisté de Jean L'Hôte)

Box-office : 4 945 053 spectateurs

M. et Mme Arpel habitent une maison moderne dans un quartier aseptisé. Leur fils Gérard s'ennuie dans cet univers triste, jusqu'au jour où son oncle débarque, venant perturber ce bel équilibre.

Une grue, des immeubles en construction, le bruit des marteaux-piqueurs, puis tout à coup quelques notes de piano, un lampadaire, une bande de chiens errants, une inscription à la craie sur un mur en pierre : le décor est planté, nous allons rencontrer Mon oncle. Après le triomphe de ses deux premiers films, Jour de fête et Les Vacances de M. Hulot, Jacques Tati fonde en 1956 sa société de production Specta Film, et se lance dans sa troisième aventure cinématographique. Souhaitant une reconnaissance internationale, le cinéaste tourne en parallèle deux versions originales du film avec les mêmes acteurs : une en français (Mon oncle) et une en anglais (My Uncle). Certaines scènes seront intégrées aux deux versions. Tati filme deux mondes qui s'interpénètrent constamment : d'un côté le vieux quartier chaleureux où vit M. Hulot avec son marché et ses habitants pittoresques, de l'autre le quartier résidentiel un peu froid où vivent les Arpel. Pour accentuer l'opposition entre deux façons de voir le monde, les scènes situées dans le vieux quartier sont tournées en extérieur à Saint-Maur-des-Fossés, tandis que celles qui se déroulent chez les Arpel sont tournées aux studios de la Victorine à Nice. Désireux d'authenticité, le cinéaste, qui ne veut pas de chiens dressés, va les chercher à la fourrière. « Je me suis occupé de ces chiens pendant tout le tournage, et ils restaient très naturels. » À travers le regard de M. Hulot, Tati se moque des travers de la nouvelle société de consommation dans laquelle les humains ont du mal à communiquer entre eux, à l'image des rapports quasi inexistants entre Charles Arpel et son fils Gérard. La nouvelle petite bourgeoisie est devenue matérialiste, comme le montrent les installations de la maison Arpel. Tati filme toute une panoplie d'inventions technologiques délirantes qui bien entendu ne fonctionnent pas comme elles devraient : un poisson cracheur d'eau, un steak qui se retourne comme une crêpe d'un coup de télécommande, un pichet qui rebondit comme un ballon, des tuyaux en plastique qui deviennent des saucisses, une porte de garage automatique récalcitrante, etc. Toutes ces trouvailles sont nées de l'imagination débordante de Tati et de ses collaborateurs, Jacques Lagrange et Pierre Étaix.

Impressionné par Les Vacances de M. Hulot, ce dernier décide de tenter sa chance et monte à Paris. Il parvient à rencontrer le cinéaste, à qui il montre ses dessins. Engagé comme assistant sur Mon oncle, Étaix dessine des décors, conçoit des accessoires qui serviront aux gags. Il hérite même du rôle du facteur, clin d'œil à Jour de fête. Inspiré par les travaux de Robert Mallet-Stevens et Le Corbusier, le peintre Jacques Lagrange conçoit une habitation moderne qui joue un rôle central dans l'élaboration du scénario. « Avec des revues d'architecture internationale et des ciseaux, j'ai pris des éléments à droite et à gauche, des hublots, des pergolas idiotes, des chemins sinueux pour faire croire que le terrain est plus grand, on fait un 6 ou un 8 pour arriver jusqu'à la maison. » La maison Arpel est un pot-pourri d'architecture. Selon l'architecte Jean Nouvel, « Tati a introduit chez les architectes un doute, une sorte de peur de la caricature absolue ».

Un long tournage

Après une longue préparation et en raison du perfectionnisme de Tati, le tournage s'étale sur neuf mois, auxquels s'ajoute une année de doublage et de montage. Pour la version anglaise, Tati choisit de monter des prises différentes de celles de la version française, donnant ainsi au spectateur l'impression de voir deux films bien distincts. Par ailleurs, restauré en 2004, My Uncle dure cinq minutes de moins que Mon oncle, certaines scènes ayant été coupées (la démonstration du vendeur de bretelles, celle du vendeur

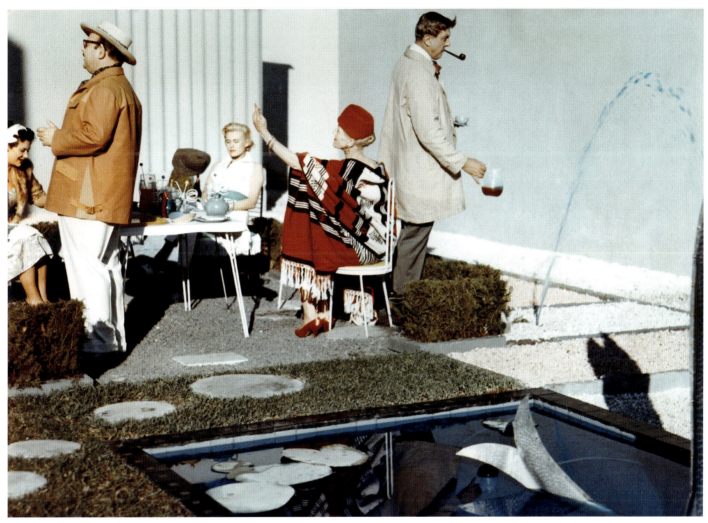

Jacques Tati filme la nouvelle petite bourgeoisie devenue matérialiste, comme le montrent les invraisemblables installations de la maison Arpel.

de voitures, le dialogue de sourds entre les époux Arpel), d'autres allongées (le repas de Gérard où aliments et couverts sont préalablement stérilisés par sa mère en tenue de chirurgien). Pierre Étaix raconte que Tati, toujours dans un souci d'exporter son film outre-Atlantique, a supprimé du scénario un gag sur les mots croisés, car les Américains ne les pratiquaient pas.

À sa sortie, Mon oncle offre un nouveau triomphe à Jacques Tati. Et lorsque certains journalistes lui reprochent d'être contre l'architecture moderne, le cinéaste répond qu'il ne critique pas la villa Arpel mais le comportement des personnages dans cette villa. Mon oncle impressionne tellement les Américains qu'il reçoit un Oscar à Hollywood. Tati y rencontre Buster Keaton, qu'il admire plus que tout, mais aussi Harold Lloyd, Mack Sennett et Stan Laurel. Le cinéaste français est sur un nuage et ne sait pas encore que des jours plus sombres se profilent au loin. Du film, il reste aujourd'hui cette douce nostalgie d'un monde à jamais disparu, hanté par des silhouettes joyeuses, et bercé des mélodies envoûtantes d'Alain Romans. Vive Mon oncle ! ★

Bonus

→ À la fin du tournage, pour éviter que les chiens ne soient renvoyés à la fourrière, Tati passe une annonce dans le journal, permettant ainsi aux vedettes canines de trouver une famille adoptive.

→ Le film a obtenu de nombreuses récompenses dont le Prix spécial du jury au festival de Cannes et l'Oscar du meilleur film étranger.

→ Une des scènes coupées du montage de Mon oncle où M. Hulot est suspendu à un arbre au-dessus du portail des Arpel a été finalement intégrée dans Trafic.

→ La séquence où Hulot et son neveu Gérard, déguisé en Indien, perturbent la garden-party sera reprise par Francis Veber dans Le Jouet en 1976.

Babette s'en va-t-en guerre

CHRISTIAN-JAQUE (1959)

Distribution
Brigitte Bardot (Babette)
Francis Blanche (le commandant Obersturmführer dit « Papa Schultz »)
Jacques Charrier (le lieutenant Gérard de Crécy-Lozère)
Ronald Howard (le colonel Fitzpatrick)
Jean Carmet (Antoine)
Noël Roquevert (le capitaine Gustave Brémont)

Scénario original
Raoul J. Lévy et Gérard Oury
Adaptation cinématographique
Jean Ferry et Jacques Emmanuel
Dialogues : Michel Audiard

Box-office : 4 657 610 spectateurs

Sous l'Occupation, la jeune et jolie Babette est chargée par la Résistance d'enlever un général allemand. Le redoutable Schultz, le chef de la Gestapo, entend contrecarrer ses plans.

Coécrit par Gérard Oury sept ans avant *La Grande Vadrouille*, *Babette s'en va-t-en guerre* est réputé pour être le premier film français à traiter de la Seconde Guerre mondiale sur un mode humoristique. Roger Vadim était prêt à réaliser le film, mais suite au refus de Martine Carol pour le rôle de Babette, Brigitte Bardot est contactée. N'aimant pas le scénario, elle le renvoie à l'auteur, qui découvre que toutes les pages sont barrées en rouge, excepté la dernière où l'on peut y lire un mot de la star : « Je ne tournerai jamais une merde pareille. » Appelé à la rescousse, Gérard Oury réécrit le scénario, et Bardot l'accepte. Pour éviter à la comédienne d'être dirigée par son premier époux, dont elle est divorcée depuis deux ans, Raoul Lévy fait appel à Christian-Jaque.

Un tournant de carrière pour Bardot

Tourné du 15 janvier au 4 avril 1959 dans les studios Franstudio de Joinville et Saint-Maurice et en extérieurs à Sète, puis à Londres à la mi-avril, le film marque un tournant dans la carrière de Bardot qui, désireuse de prouver qu'elle n'est pas qu'un sex-symbol, endosse l'uniforme militaire et s'engage dans la Résistance auprès de son partenaire Jacques Charrier, qui va devenir son mari deux mois plus tard. Pendant le tournage, la star est victime de deux accidents d'avion sans gravité. Même si son histoire d'amour affole la presse de l'époque et fait de la publicité au film, c'est la présence de Francis Blanche dans le rôle de l'inénarrable chef de la Gestapo Papa Schultz qui rend le film inoubliable. Écrits par Michel Audiard, les dialogues entre B.B. et le génial comique, qui prend pour l'occasion un accent germanique improbable, sont irrésistibles. Réservée à un public d'enfants et d'adolescents, la première du film en présence de Brigitte Bardot et de son nouvel époux a lieu le 21 septembre 1959 et attire beaucoup plus de monde que prévu. Deux mois et demi plus tard, le film fait un triomphe partout en France. Moralité : même habillée, Bardot est au sommet ! ★

Bonus

→ Le futur réalisateur Philippe Clair joue le rôle d'un résistant.

→ Le personnage de Francis Blanche est inspiré du sergent Schulz de *Stalag 17* (Billy Wilder, 1953).

> Schultz (à Babette) :
> ***Essayez donc de faire avouer à un Japonais qu'il est juif. Vous verrez si c'est facile !***

Francis Blanche et Brigitte Bardot.

Les autres comédies marquantes des années 1950

Fanfan la Tulipe
CHRISTIAN-JAQUE (1952)
Avec Gérard Philipe, Gina Lollobrigida, Noël Roquevert, Olivier Hussenot.

Le parcours rocambolesque d'un séducteur qui, pour échapper au mariage, s'engage dans l'armée du roi et finit par capturer l'état-major ennemi et épouser la belle Adeline, une charmante diseuse de bonne aventure. Une comédie de cape et d'épée virevoltante menée tambour battant avec le charme de Gérard Philipe et la beauté sensuelle de Gina Lollobrigida. Prix de la mise en scène au festival de Cannes 1952.

Les Hussards
ALEX JOFFÉ (1955)
Avec Bernard Blier, Giovanna Ralli, Bourvil, Georges Wilson, Louis de Funès.

Durant les guerres napoléoniennes, un brigadier et un soldat français sont accusés à tort d'être des déserteurs. Malgré une prise de bec entre Bernard Blier et Alex Joffé, à qui le comédien n'adresse plus la parole dès le deuxième jour de tournage, et un autre conflit d'ego entre Blier et Bourvil, cette comédie antimilitariste tirée de la pièce à succès de Pierre-Aristide Bréal s'avère réjouissante grâce aux pitreries du duo Blier-Bourvil et au casting magistral, avec notamment Louis de Funès en bedeau italien.

La Poison
SACHA GUITRY (1951)
Avec Michel Simon, Germaine Reuver, Jean Debucourt, Pauline Carton.

Film tourné en douze jours, *La Poison* constitue une renaissance dans l'œuvre de Guitry. Le cinéaste s'attaque à l'institution

judiciaire et filme avec beaucoup d'ironie les tronches inoubliables de Michel Simon et Germaine Reuver, un couple qui ne peut plus se supporter, chacun tentant d'assassiner l'autre. Dialogues incisifs, pléiade de seconds rôles décapants (dont Louis de Funès), cette comédie de mœurs est un sommet d'humour macabre. Jean Becker en a fait un remake avec Jacques Villeret et Josiane Balasko (*Un crime au paradis*, 2001).

Cadet Rousselle
ANDRÉ HUNEBELLE (1954)
Avec Bourvil, François Périer, Dany Robin, Christine Carère, Madeleine Lebeau.

Cadet Rousselle a trois compagnes qui le mèneront du tribunal aux champs de bataille...

Dans la trépidante comédie d'action d'André Hunebelle, dotée d'une réjouissante galerie de seconds rôles (dont Noël Roquevert, Jean Parédès et René Génin), Bourvil interprète un malicieux trouble-fête de la Révolution. Un des premiers triomphes populaires du comédien normand, et une des premières productions en couleurs du cinéma français.

La Traversée de Paris
CLAUDE AUTANT-LARA (1956)
Avec Bourvil, Jean Gabin, Louis de Funès, Jeannette Batti, Jacques Marin.

Dans le Paris de l'Occupation, deux individus transportent clandestinement dans leurs valises un cochon débité par les bons soins d'un épicier pros-

père du marché noir. « Jambier ! Jambier ! »... Grâce à la plume impitoyable d'Audiard, le personnage interprété par un de Funès encore méconnu dans cette comédie dramatique est devenu le plus célèbre résident de la rue Poliveau, dans le 13e arrondissement de Paris.

Édouard et Caroline
JACQUES BECKER (1951)
Avec Daniel Gélin, Anne Vernon, Jacques François, Jean Galland.

N'écoutant pas les protestations de son époux, Caroline découpe sa robe et se rend

à la soirée organisée par son oncle, faisant sensation auprès des invités. Malgré les restrictions de budget et seulement cinq semaines de tournage, Becker réussit son pari : il égratigne la société mondaine des années 1950, observant avec une précision diabolique la moindre attitude empruntée de ses personnages de classe sociale élevée. Le duo glamour Gélin-Vernon mène la danse de cette comédie élégante et joyeuse qui capte la vérité d'une époque.

L'Impossible Monsieur Pipelet
ANDRÉ HUNEBELLE (1955)
Avec Michel Simon, Louis de Funès, Gaby Morlay, Etchika Chourreau, Noël Roquevert.

Dans un immeuble d'un quartier populaire de Paris, la fille des concierges annonce son mariage avec le fils des pro-

priétaires. Dans la lignée de *Papa, maman, la bonne et moi*, Hunebelle filme l'affrontement de deux mondes : les bourgeois et le peuple d'en bas, représenté par Michel Simon et son irrésistible gouaille. Tournée à Montmartre et dialoguée par Jean Halain, fils du cinéaste, cette sympathique comédie de mœurs témoigne avec légèreté du fossé qui sépare les classes sociales, dix ans après la fin de la guerre.

La Vache et le Prisonnier
HENRI VERNEUIL (1959)
Avec Fernandel, René Havard, Ingeborg Schöner, Bernard Musson.

Inspiré d'un fait réel, le *road movie* tendre d'Henri Verneuil retrace le périple de Charles Bailly, un prisonnier de guerre qui traverse l'Allemagne en compagnie de Marguerite,

une vache qui lui sert de laissez-passer et de confidente. L'absurdité de la guerre est dénoncée dans une comédie émouvante dominée par la prodigieuse humanité de Fernandel. À noter que Claude Autant-Lara, qui souhaitait tourner la même histoire avec Bourvil, avait dû s'incliner par décision de justice.

Fernandel dans *La Vache et le Prisonnier* d'Henri Verneuil (1959).

Michel Audiard.

Comédies françaises des années 60

Nouvelle décennie, nouveaux visages. Au moment où le souffle de la nouvelle vague s'étend au-delà des frontières hexagonales, un rajeunissement des cadres et des thèmes abordés caractérise le cinéma international. Grâce à l'allègement des dispositifs techniques, les méthodes de tournage et de prise de son s'améliorent. Désormais, la France s'amuse en Technicolor et ses comédies révèlent de nouveaux talents, tout en continuant à célébrer les vedettes de la décennie précédente. **Fernandel**, encore auréolé du triomphe de la série des *Don Camillo*, partage l'affiche avec **Bourvil** dans *La Cuisine au beurre* (Gilles Grangier, 1963) et décroche un nouveau succès au box-office. Le *buddy movie* réunissant l'acteur fétiche de Pagnol et le troubadour normand demeure pourtant l'un des derniers coups d'éclat de la filmographie étendue de Fernandel, un fourre-tout où se télescopent les westerns camarguais (*Dynamite Jack* de Jean Bastia, 1961) et le théâtre de boulevard filmé (*Relaxe-toi chérie* de Jean Boyer, 1964). Bourvil s'en tire mieux en diversifiant son image à l'écran. On le retrouve aussi bien dans les films de cape et d'épée particulièrement en vogue au début des années 1960 (dont *Le Capitan* d'André Hunebelle) que dans les comédies acides d'un jeune acteur passé à la mise en scène nommé **Jean-Pierre Mocky**. « À l'époque, les scénarios étaient insipides », se souvient le réalisateur de *La Grande Lessive* (!) (1968). « C'était de la comédie cheap, avec de mauvais scénarios, où les comédiens ajoutaient parfois des choses. Raoul André qui était un bon technicien n'était pas drôle du tout. Jean Girault non plus. C'étaient des gens assez sinistres dans la vie et on leur demandait de faire des comédies avec des amuseurs de seconde zone. On les a groupés dans des films comme *Poussez pas grand-père dans les cactus*. Les gens se repaissaient de ça. Je me rappelle que, quand mai 68 est arrivé, au lieu de faire la révolution, les gens sont allés voir *Ces messieurs de la famille*. Ils étaient tellement emmerdés par la révolution qu'ils préféraient se distraire en allant voir une connerie. »

Un drôle de paroissien entame en 1963 une collaboration de quatre films entre Mocky et Bourvil, l'un des grands triomphateurs de la décennie grâce aux hyper-comédies de **Gérard Oury**. *Le Corniaud* (1964), *La Grande Vadrouille* (1966) et *Le Cerveau* (1969) pulvérisent les records d'entrées et imposent une autre figure incontournable du cinéma comique français des années 1960 : après de nombreuses années de vache maigre, **Louis de Funès** atteint le haut de l'affiche en alignant deux succès populaires de taille en 1964 : *Le Gendarme de Saint-Tropez*, réalisé par Jean Girault, et *Fantômas*, d'André Hunebelle. Dès lors, chaque production bénéficiant de la présence de l'ancien membre de la troupe des Branquignols sera couronnée de succès, du *Corniaud* à *Hibernatus* (Édouard Molinaro, 1969) en passant par *La Grande Vadrouille*, le plus grand triomphe populaire du cinéma français de la décennie avec plus de dix-sept millions d'entrées.

L'avènement de Louis de Funès s'accompagne de promotions variées pour ses anciens camarades de music-hall. La troupe des Branquignols voit plusieurs de ses membres infiltrer le grand écran après avoir écumé les planches des cabarets, dont **Michel Serrault**, **Robert Dhéry**, **Jacqueline Maillan** et **Francis Blanche**, une autre figure marquante des années 1950, qui passe des canulars radiophoniques aux seconds rôles marquants, dont celui de l'inoubliable commandant Obersturmführer Schultz dans *Babette s'en va-t-en guerre* de Christian-Jaque en 1959. Mais c'est chez **Georges Lautner** que l'acolyte de Pierre Dac va définitivement inscrire son faciès patibulaire et sa diction nasale au panthéon des seconds rôles du cinéma comique hexagonal. Francis Blanche explose dans le personnage de maître Folace, le notaire aux nerfs fragiles des *Tontons flingueurs*, bientôt relayé par sa performance délirante d'assassin soviétique colombophile dans *Les Barbouzes* du même Lautner, l'année suivante.

Malgré des critiques assassines, *Les Tontons flingueurs* s'inscrit comme la première comédie culte du cinéma français. Le film noir parodique de George Lautner appartient à une longue liste d'adaptations comiques de littérature policière, caractérisées par la présence récurrente de « gueules » du cinéma d'après-guerre (impossible de passer à côté de Bernard Blier, Robert Dalban ou Jess Hahn) et l'usage de dialogues percutants mêlant l'argot des faubourgs et les mots d'auteur. C'est dans ce registre qu'excelle **Michel Audiard**. Le dialoguiste – et accessoirement scénariste, écrivain et, bientôt, metteur en scène – illumine de ses saillies gouailleuses une grande majorité des comédies de l'époque, de *La Métamorphose des cloportes* (Pierre Granier-Deferre, 1965) à *Un idiot à Paris* (Serge Korber, 1967) sans oublier *Ne nous fâchons pas* (Georges Lautner, 1966), une formidable passerelle entre les polars à la papa et la pop culture du milieu des années 1960.

À la même époque, le cinéma doit affronter un nouvel ennemi de taille : la télévision. Apparu dans les foyers français à la fin des années 1940, puis se démocratisant au cours de la décennie suivante, le poste de télévision et sa chaîne unique représentent un rival poids lourd pour une industrie du cinéma fragilisée. Soumises à la rude concurrence du divertissement gratuit et à domicile, les recettes faramineuses engrangées par les films au cours des années 1950 s'effondrent et les centaines de salles de quartier construites à la même époque se vident à toute vitesse. En France, les exploitants misent sur la mise en chantier de comédies à bas coût pouvant entraîner des suites. Cette nouvelle donne encourage l'arrivée d'une nouvelle génération d'acteurs, de metteurs en scène et de dialoguistes. Au moment où le nouvel Hollywood de Dennis Hopper et Peter Fonda déboulonne les statues des *moguls* de l'âge d'or du cinématographe, le cinéma comique français traverse les événements de mai 1968 et se prépare à entamer une décennie qui sera dominée à son tour par des bidasses en folie, des bronzés, un grand blond avec une chaussure noire et même une paire de valseuses.

Zazie dans le métro
LOUIS MALLE (1960)

Distribution
Philippe Noiret (l'oncle Gabriel)
Catherine Demongeot (Zazie)
Vittorio Caprioli (Trouscaillon)
Antoine Roblot (Charles)
Carla Marlier (Albertine)
Yvonne Clech (la veuve Mouaque)
Hubert Deschamps (Turandot)
Jacques Dufilho (Ferdinand Grédoux)
Annie Fratellini (Mado)

Adaptation
Louis Malle et Jean-Paul Rappeneau
(d'après le roman de Raymond Queneau)

Box-office : 861 396 spectateurs

Une fillette de dix ans débarque à Paris et veut voir le métro, qui est en grève. Elle va découvrir la folie parisienne en compagnie de son oncle.

Suite au succès des *Amants* en 1958, Louis Malle part en repérages pour son nouveau film avec Jean-Paul Rappeneau. Les deux hommes écument les plages de Saint-Jean-de-Luz à Calais mais, de retour à Paris, Malle décide d'abandonner son projet pour adapter *Zazie dans le métro*, roman de Raymond Queneau qui a fait rire la France entière dès sa sortie en 1959 et obtenu le Prix de l'humour noir. Problème : le producteur Raoul Lévy en a acheté les droits et il est déjà prévu que René Clément le réalise. Ce dernier renonce finalement au projet, et le producteur Napoléon Murat rachète les droits pour Louis Malle.

Catherine Demongeot et Vittorio Caprioli.

Adapter une œuvre réputée inadaptable excite le cinéaste, qui a l'ambition de proposer une critique du langage cinématographique, comme Queneau l'a fait avec le langage littéraire. Le travail sur le scénario dure six mois. Le tournage également. « On s'est tellement amusés à l'écrire, lui s'est tellement amusé à le tourner », se souvient Rappeneau. Prévu initialement en noir et blanc, le film est tourné en pellicule couleur, ce qui double le budget. L'équipe occupe deux plateaux des studios de Joinville (l'appartement de Gabriel, la boîte de nuit, le café de Turandot...), mais tourne aussi en extérieurs dans des endroits souvent difficiles d'accès. Dans une scène impressionnante située dans la tour Eiffel, Philippe Noiret joue au funambule et se balance sur la structure métallique du colosse d'acier : vertige garanti !

Inracontable, le film, comme le roman, décrit l'initiation d'une jeune provinciale dans le tourbillon de la vie parisienne. Obsédée par le métro, Zazie est plongée dans le monde des adultes de manière violente. Louis Malle : « Zazie porte sur les adultes un jugement terrible mais qui est mérité. Elle a toujours raison, les autres ont toujours tort. C'est le seul personnage qui soit rigoureux, pur, intact. Sa violence n'est jamais gratuite et dénonce l'absurdité de notre monde. » Guidée par son tonton toujours tiré à quatre épingles, qu'elle soupçonne d'être « hormosessuel » sans connaître la signification du mot, elle rencontre une ménagerie de cinglés et, lorsque sa mère lui demande ce qu'elle a fait pendant son séjour à Paris, la fillette répond : « J'ai vieilli. »

> Zazie :
> *Tu causes, tu causes, c'est tout c'que tu sais faire !*

Adepte d'Ionesco et du *nonsense*, le cinéaste met au point avec toute l'équipe les techniques qui lui permettront de trouver une équivalence filmique aux délires linguistiques de Queneau. « Nous avons gardé les personnages, les situations et, en grande partie, le dialogue, ce qui peut paraître surprenant parce que ce dialogue est très cru, raconte le cinéaste. Mais nous avons essayé de faire entrer tout cela dans une sorte de ballet burlesque, de comédie tout à fait folle, tout à fait absurde, en essayant par certains côtés de retrouver la tradition du cinéma comique américain muet de la Belle Époque, en insistant beaucoup sur une réalité qui se dégrade. »

En ce début des années 1960, en plein cœur des Trente Glorieuses, la France baigne dans une effervescence à la fois économique et créatrice qui s'est peu à peu répandue dans toute l'Europe. Même si Louis Malle ne fait pas partie du mouvement créé par Godard, Truffaut et leurs confrères des *Cahiers du cinéma*, l'émergence de la nouvelle vague apporte un vent de liberté cinématographique où tout est permis. Le cinéaste adopte la parodie, le pastiche, mais aussi les trucages et autres procédés utilisés dans les dessins animés de Tex Avery, à l'image de la scène de poursuite entre Trouscaillon et Zazie : ralenti, accéléré, changement de vitesse à l'intérieur du plan. Au passage, il rend hommage au peintre Norman Rockwell en mettant en scène sa fameuse toile *Gossips*. Suivant les conseils artistiques du photographe William Klein, Malle utilise des focales courtes qui déforment l'image, et emploie la couleur de façon systématiquement irréaliste : dès qu'un décor ne plaît pas au réalisateur, une palissade colorée y est placée afin de conserver une unité visuelle. Pendant le tournage, le cinéaste fourmille d'idées qu'il filme aussitôt. Les gags s'enchaînent à une vitesse supersonique. Dénichée à l'École du spectacle, la petite Catherine Demongeot crève l'écran et garde un souvenir émerveillé de cette expérience, durant laquelle elle fut chouchoutée par toute l'équipe.

Le public dérouté

La veille de sa sortie, Louis Malle déclare à un journaliste qu'il aimerait dédier ce film à Charlie Chaplin : « Il n'avait pas lu le roman et il ne parle pas le français, donc il n'a pas compris le dialogue, et il a été vraiment, au sens littéral du mot, bouleversé par l'image terrible que donne le film de la vie moderne, cette vie de Paris chaotique, absurde, ces personnages ballottés. Il a été très sensible à ça et a trouvé que c'était tout à fait relié à son œuvre récente. C'est tout à fait ce qu'il veut dire lui-même. [...] J'espère beaucoup, et je crois que les gens riront, mais je serais bien content si, au-delà de ce rire et en sortant de la projection, les gens étaient impressionnés et d'une certaine façon avaient peur. » Sorti le 31 octobre 1960, le film déroute le public. Dans *L'Express* du 7 octobre 1960, Raymond Queneau déclare : « En même temps que je reconnais *Zazie dans le métro* en tant que livre, je vois dans le film une œuvre originale dont l'auteur se nomme Louis Malle, une œuvre à l'insolite et à la poésie de laquelle je suis moi-même pris. » ★

Bonus

→ Aujourd'hui, Catherine Demongeot est enseignante. Comme Zazie qui, dans le film, dit à son oncle qu'elle veut être institutrice « pour faire chier les mômes », avant de lui déclarer qu'elle sera astronaute.

Hubert Deschamps, Catherine Demongeot et Philippe Noiret.

Gabriel : *Mais enfin Zazie, si ça te plaît de voir vraiment les Invalides et le tombeau véritable du vrai Napoléon, je t'y conduirai.*
Zazie : *Napoléon mon cul ! M'intéresse pas du tout, c't'enflé avec son chapeau à la con.*
Gabriel : *Qu'est-ce qui t'intéresse alors ?*
Charles : *Mais oui, qu'est-ce qui t'intéresse ?*
Zazie : *Le mé-tro.*

Les Vieux de la vieille

GILLES GRANGIER (1960)

Distribution
Jean Gabin (Jean-Marie Péjat)
Pierre Fresnay (Baptiste Talon)
Noël-Noël (Blaise Poulossière)
André Dalibert (Anselme Poulossière)
Mona Goya (Catherine)
Yvette Étievant (Louise)
Hélène Dieudonné (la directrice de l'hospice)
Robert Dalban (Jérôme Ardouin)
Jean-Pierre Rambal (l'arbitre)
Guy Decomble (le chauffeur du car)

Adaptation : René Fallet, Gilles Grangier et Michel Audiard (d'après le roman de René Fallet)
Dialogues Michel Audiard

Box-office : 3 477 455 spectateurs

Une bande de joyeux retraités sème la panique dans leur village et l'hospice local, dont ils décident de s'évader.

Dans *L'Équipée sauvage,* de Laszlo Benedek, en 1953, une bande de blousons noirs terrorise une paisible bourgade du Middle West américain. Sept ans plus tard, un fait divers (presque) similaire est constaté dans le village vendéen de Thioune. Mais si les conséquences sur la population locale s'avèrent aussi désastreuses, les malfrats ont sauté une génération. Célibataire endurci et bricoleur discutable, le Marlon Brando de la bande est un sexagénaire répondant au nom de Jean-Marie Péjat (Jean Gabin). Son acolyte Baptiste Talon (Pierre Fresnay, que Gabin imposa à la place de Fernandel) est un retraité de la SNCF, tandis que Blaise Poulossière (Noël-Noël), le troisième larron, est un marchand de cochons brocardé par sa propre famille. Le café du bourg, lieu de belote contrée et de persiflage, et l'hospice peu accueillant de Gouyette sont le théâtre de leurs méfaits. Adapté du roman de René Fallet publié en 1958, *Les Vieux de la vieille* bénéficie d'un lot d'atouts en or : une trame imaginée par l'auteur truculent de *Paris au mois d'août*, les répliques virtuoses d'Audiard et un trio d'acteurs qui définit la sainte Trinité des acteurs comiques de l'après-guerre. La rencontre au sommet de Jean Gabin, Pierre Fresnay et Noël-Noël, farceurs invétérés partageant un goût commun pour le litron de rouge et la haine de la jeunesse, entraîne la comédie de Grangier vers un joyeux jeu de massacre intergénérationnel. Des arbitres de football fédéraux (« des merdaillons en pantalons courts qui jouent avec des sifflets », dixit le père Péjat) aux bonnes sœurs de l'hospice de Gouyette, personne n'est épargné par la gouaille acide des trois sacripants. Leurs épaisses cuirasses dissimulent pourtant des cœurs tendres, comme l'indique l'évocation collective de souvenirs romantiques à l'occasion d'une veillée à la belle étoile. Bucolique et nostalgique, *Les Vieux de la vieille* peut aussi se savourer aujourd'hui comme une chronique pittoresque de la France rurale du début des années 1960, une société aux allures de monde englouti où l'amitié demeure la plus sûre des valeurs. ★

> Baptiste Talon :
> *Si vous y allez aussi vite que j'vous emmerde, pour une fois vous serez en avance sur l'horaire !*

Bonus

→ *Les Vieux de la vieille* est la cinquième collaboration entre Gabin et Gilles Grangier, qui ont tourné dix fois ensemble de 1953 à 1969. *Archimède le clochard* (1959) et *Le Gentleman d'Epsom* (1962) font partie de leurs plus grands succès.

> Baptiste Talon :
> *Dans la vie, faut toujours se fier aux apparences. Quand un homme a un bec de canard, des ailes de canard et des pattes de canard, c'est un canard. Et c'qui est vrai pour les canards l'est vrai aussi pour les p'tits merdeux.*

Jean Gabin, Noël-Noël et Pierre Fresnay.

Lebrac : *De toute façon, dans la vie, le chef c'est celui qu'a l'plus grand zizi !*

La Guerre des boutons

YVES ROBERT (1961)

Distribution
André Treton (Lebrac)
Michel Iselta (l'Aztec des gués)
Martin Lartigue (Petit Gibus)
François Lartigue (Grand Gibus)
Jacques Dufilho (le père de l'Aztec)
Yvette Étievant (la mère de Lebrac)
Michel Galabru (le père de Bacaillé)
Michèle Meritz (la mère de l'Aztec)
Jean Richard (le père de Lebrac)
Pierre Tchernia (le garde-champêtre)
Pierre Trabaud (l'instituteur)

Adaptation et dialogues : François Boyer (d'après le roman de Louis Pergaud)

Box-office : 9 877 144 spectateurs

Comme à chaque rentrée des classes, les écoliers de Longeverne commandés par Lebrac déclarent la guerre à ceux de Velrans. À la première bataille, Lebrac et sa bande arrachent les boutons et confisquent les ceintures et les bretelles des « prisonniers ».

En 1959, désireux de liberté artistique et d'indépendance financière, Yves Robert et son épouse Danièle Delorme créent une société de production qu'ils baptisent La Guéville. Le cinéaste souhaite réaliser un film sur l'enfance et s'intéresse à deux romans : *Les Garçons de la rue Paul*, de l'écrivain hongrois Ferenc Molnár et *La Guerre des boutons*, de Louis Pergaud, que le cinéaste considère comme « un des plus grands bouquins sur l'enfance, écrit par un instituteur qui avait vécu à la campagne et savait ce que c'était que les luttes entre villages » (le livre était paru en 1912). Le 20 août 1960, La Guéville achète les droits du best-seller aux éditions du Mercure de France pour une somme importante, puis Yves Robert part s'isoler pour tenter d'en faire une première adaptation.

« J'avais supprimé tous les adultes, raconte le cinéaste. Le maître d'école était représenté par une règle ou un doigt pointé, le père par une main qui gifle, la mère par une main qui dépose une assiette de soupe... Je me suis aperçu que j'étais en train de faire un film expressionniste, c'était les enfants du Dr Mabuse ! »

Durant cette période, le cinéaste cherche un financement mais se heurte à des refus. Il propose alors à l'auteur de *Jeux interdits* (René Clément, 1952) de collaborer au scénario. François Boyer accepte avec beaucoup d'enthousiasme. Les deux hommes actualisent l'histoire, et laissent de côté la verve anticléricale du roman. Grâce à l'argent mis de côté par Yves et Danièle pendant la tournée de *La Bagatelle* (pièce de Marcel Achard qu'ils interprètent aux côtés de Pierre Mondy), et à l'avance sur recettes obtenue par La Guéville, le tournage va pouvoir commencer.

Un casting déterminant

Le choix des enfants étant déterminant, Yves Robert organise un casting au Studio des Champs-Élysées pour trouver les heureux élus qui vont se battre à l'épée de bois et arracher les boutons des vêtements de leurs adversaires : « Je voulais qu'ils jouent à jouer, je voulais tester leur goût, leur sens du jeu. Je leur proposais des improvisations, des gestes, des sensations à imaginer. » Pour le personnage de Petit Gibus, le cinéaste fait appel à Martin Lartigue, à qui il avait donné un petit rôle dans *La Famille*

Petit Gibus : *Oh ben mon vieux, si j'aurais su, j'aurais pas venu !*

Jacques Dufilho et Martin Lartigue.

Fenouillard un an auparavant, et engage son frère François pour jouer Grand Gibus. Martin Lartigue deviendra célèbre grâce à la scène mythique où Petit Gibus, tout nu avec son épée à la main et un lance-pierres autour du cou, s'exclame : « Oh ben mon vieux, si j'aurais su, j'aurais pas venu ! » Pour le rôle du charismatique Lebrac, Yves Robert choisit André Treton pour sa beauté et sa démarche animale.

Une vraie colonie de vacances

Début juillet 1961, toute l'équipe s'installe chez Yves et Danièle, au Moulin de la Guéville. « On aménagea les granges en cuisine, réfectoire et infirmerie, se souvient Danièle Delorme. Adultes et enfants pique-niquaient et se baignaient dans la pièce d'eau dans une atmosphère de vacances, de rires et de chants. »

Les enfants du village de Saint-Hilarion sont engagés comme figurants. « Les enfants dormaient sous des tentes Trigano, raconte Yves Robert. On organisait des activités, des jeux, comme dans une colonie de vacances. Ça me rappelait un peu les auberges de jeunesse. Il y avait un instituteur pour dix garçons, et ils étaient cent. Moi j'étais obligé de faire un peu le dirlo. »

Le groupe est soudé grâce à la joie de vivre du metteur en scène, qui chaque matin embrasse chaque enfant : « Un baiser sur chaque joue, multiplié par cent, ça prend un temps fou ! C'est aussi la garantie qu'ils m'écouteront toute la journée. »

Grâce à l'appui financier d'un couple d'amis, le réalisateur peut achever son tournage. Sur le plateau, aucun incident à déplorer, malgré la bonne volonté que mettent les enfants à se battre dans le sable ou dans la boue, à courir pieds nus dans la forêt, à s'insulter… Le groupe se défoule sous l'œil bienveillant d'Yves Robert et de l'instituteur. « On interdit toujours tout aux enfants, on appelle cela les élever… Gifler un enfant, comme je le montre dans le film, est un acte criminel, preuve de la faiblesse de l'adulte. Qu'on leur donne des coups de pied au cul, au moins c'est joyeux, c'est clownesque […] L'instituteur ne juge pas, ne se justifie pas. Il ne fait pas, j'espère, dans la démagogie. » Le tournage s'achève en octobre, laissant des souvenirs impérissables aux enfants et à toute l'équipe.

Le plus gros succès de l'année

Une fois les images mises en boîte, une autre difficulté attend Yves et Danièle : personne ne veut distribuer le film. Finalement, le patron de la Warner leur propose un contrat de distribution. Le film sort le 18 avril 1962 pour deux semaines d'exclusivité, obtient le prix Jean Vigo et, grâce au bouche-à-oreille, reste vingt-huit semaines dans les salles, devenant le plus gros succès français de l'année. Symbole du film, Petit Gibus incarne « l'innocence de l'enfance, et non pas la naïveté », selon Yves Robert, et il n'est pas étonnant qu'aujourd'hui encore, les enfants se reconnaissent en lui et continuent de plébisciter La Guerre des boutons. ★

Bonus

→ La Guerre des gosses, la première adaptation tournée en 1937 par Jacques Daroy, avait été un échec.

→ En 1995, le réalisateur John Roberts a tourné un remake intitulé War of the Buttons, dont l'action se déroule en Irlande.

→ Malgré le refus catégorique de Danièle Delorme de céder les droits de La Guerre des boutons, deux nouvelles adaptations du roman de Louis Pergaud sont sorties en 2011 : celle de Yann Samuell (avec Mathilde Seigner, Eric Elmosnino, Alain Chabat, Fred Testot) et celle de Christophe Barratier (avec Kad Merad, Gérard Jugnot et Laetitia Casta).

Le Soupirant

PIERRE ÉTAIX (1962)

Distribution
Pierre Étaix (le jeune homme)
Karin Vesely (la Suédoise)
Claude Massot (le père)
France Arnel (Stella)
Laurence Lignères (la jolie femme)
Denise Péronne (la mère)

Scénario
Pierre Étaix et Jean-Claude Carrière

Box-office : 1 513 512 spectateurs

Un jeune homme d'excellente famille part à la recherche d'une épouse…

Un soir de 1956, Pierre Étaix frappe à la porte de Jacques Tati et lui montre des dessins qu'il a réalisés : « Tati m'a dit en voyant mes dessins : "vous avez un sens de l'observation et un goût pour le gag. Si vous voulez, vous pouvez travailler avec moi pour trouver des gags et les dessiner." » Étaix met alors son talent de gagman au service de *Mon oncle*. Chez Tati, il croise Jean-Claude Carrière, qui partage la même passion que lui pour le *slapstick* américain.
De cette rencontre naît *Rupture*, un court-métrage diffusé en première partie de *La Guerre des boutons* d'Yves Robert. Ainsi apparaît pour la première fois sur grand écran le personnage créé sur scène par Pierre Étaix, qui découvre à cette occasion l'art du montage.
« L'essentiel pour nous était de trouver un personnage dans la peau duquel il se sente à l'aise, par rapport à son physique, à l'étonnante élasticité de son corps, et à l'extraordinaire précision de ses gestes », raconte Jean-Claude Carrière. Des gestes qui lui viennent évidemment du music-hall, de la prestidigitation, de tout ce qu'il a fait avant.

Un mois plus tard, Étaix récidive avec *Heureux anniversaire*, affinant son personnage dans un Paris embouteillé où les gags s'enchaînent sans arrêt durant douze minutes. Ce bijou burlesque obtient l'Oscar du meilleur court-métrage à Hollywood en 1963. Le 15 septembre 1961, les deux compères proposent au fidèle Paul Claudon, le producteur des deux courts, une idée de long-métrage sur laquelle ils travaillent depuis plus de deux ans autour du personnage d'Étaix.
« Le principe même du film comique tel que nous l'avons conçu – et nous ne sommes pas les premiers, nous étions dans une tradition –, explique Carrière, c'est d'avoir une situation extrêmement simple et le moins de scénario possible. *Le Soupirant* : un jeune homme veut se marier. Ce qui compte, c'est comment nourrir cette situation. »

Un budget serré

Après six mois passés sur le découpage puis trois mois de préparation, le tournage démarre enfin le 5 juin 1962. Malgré un budget d'un million de francs, l'équipe ne compte que douze personnes. Carrière s'improvise même perchman. Avec Étaix, ils préparent le décor et tous les accessoires qui auront un rôle prépondérant : des boules Quies, une bague, un briquet, une silhouette féminine en carton, un service à thé… Durant quatorze semaines, Étaix passe devant et derrière la caméra avec un souci du perfectionnisme inspiré de ses modèles (Keaton, Laurel et Hardy, Tati, etc.). « Dans les films de Pierre, le montage est prévu dès l'écriture », raconte Carrière. Étaix dessine tout, des mouvements de caméra aux visages des personnages tels qu'il les voit : pratique pour le cadreur et le maquilleur !

Le profil d'un inadapté

Son personnage commence à se préciser. Les parents du soupirant tentent de comprendre ce que leur fils a dans la tête et sa mère aimerait bien qu'il se marie. Vivant enfermé dans ses rêveries, il quitte le monde de sa chambre pour s'initier au monde extérieur. Le comique va naître du rapport quasi vierge entre le personnage et la société. Inadapté, il a du mal à communiquer verbalement et s'exprime par le geste : danse et acrobaties pour marquer sa joie, immobilité et démarche de robot quand il tombe amoureux. Dans la lignée des films de Tati, la bande-son du *Soupirant* se compose de musique, de beaucoup de bruitages et de très peu de dialogues. Clin d'œil irrésistible d'ironie lorsque sa mère entre dans sa chambre, elle constate les dégâts puis, alors qu'il n'a pas prononcé un seul mot, lui déclare : « Est-ce que tu ne pourrais pas faire un peu moins de bruit ? »

Pierre Étaix et Claude Massot.

Aucune chance de pouvoir citer des phrases cultes, car tout est visuel dans le film d'Étaix. Quand il s'imagine accueillant des femmes chez lui, les actrices apparaissent et disparaissent au détour d'un mouvement de caméra, comme par magie. Quand il part s'initier à l'art de la séduction dans les rues de la capitale, la « perversion comique » surgit : alors qu'il pense voir une chevelure blonde dans une décapotable, il se retrouve nez à nez avec un chien. Lorsqu'il propose à une charmante jeune fille de lui porter ses courses, elle le remercie puis l'abandonne avec la véritable propriétaire des cabas, beaucoup plus âgée.

L'apport de Jean-Claude Carrière

Toujours très élégante, la mise en scène est basée sur une richesse et une précision des effets. Étaix a choisi un comique à base d'observation : « Le détail qui paraît anodin pour celui qui ne sait pas observer peut être une source de gags, à condition que le personnage soit attachant. S'il n'est qu'une silhouette mêlée à des gags mécaniques, il ne peut pas convaincre et défendre une situation dramatique. » Néanmoins, le regard de Jean-Claude Carrière est nécessaire au cinéaste pour tester ses idées comiques. « Nous ne sommes que deux, confiait Carrière en 1968, et si on se rappelle la façon dont travaillait Harold Lloyd, Keaton et les autres acteurs-auteurs comiques de cette époque, il y avait des équipes de gagmen qui leur cherchaient des sujets, et à l'intérieur de ces sujets, leur cherchaient des gags. Il est certain que si Étaix et moi avions des gens qui viennent nous apporter des gags, cela nous aiderait énormément, mais nous n'en connaissons pas. » À deux, ils imaginent une galerie de personnages extrêmement touchants qui provoquent des catastrophes, souvent malgré eux. Le père a mis au point une méthode ingénieuse pour fumer au lit en cachette de son épouse, mais au réveil brusque de celle-ci, il fourre sa pipe dans un tiroir, provoquant un début d'incendie. La jeune Suédoise qui ne comprend pas le « Voulez-vous m'épouser ? » du jeune homme le pousse... à aller chercher une épouse ailleurs.

Plébiscité par la critique, *Le Soupirant* obtient en 1963 le prix Louis Delluc, le Grand Prix du film comique de Moscou et le Grand Prix du festival international d'Acapulco, et reste à ce jour le plus gros succès du cinéaste. ★

Bonus

→ Pierre Maguelon, Patrice Laffont et l'écrivain Robert Sabatier effectuent de courtes apparitions dans le film.

Un drôle de paroissien
JEAN-PIERRE MOCKY (1963)

Distribution
Bourvil (Georges Lachesnaye)
Francis Blanche (inspecteur Cucherat)
Jean Poiret (Raoul)
Jean Yonnel (Mathieu Lachesnaye)
Jean Tissier (inspecteur Bridoux)
Véronique Nordey (Françoise Lachesnaye)
Bernard Lavalette (préfet de police)

Adaptation
Jean-Pierre Mocky (d'après le roman de Michel Servin *Deo Gratias*) avec la collaboration de Michel Servin et d'Alain Moury
Dialogues : Alain Moury

Box-office : 2 371 855 spectateurs

Fils d'une grande famille bourgeoise ruinée, et se croyant investi d'une mission divine, Georges Lachesnaye décide de piller méthodiquement les troncs des églises de Paris, se livrant à un subtil jeu de cache-cache avec la police.

Après le succès des *Dragueurs* et l'échec de *Snobs*, deux films subversifs ayant divisé la critique, Jean-Pierre Mocky se lance dans un film entièrement dédié aux femmes, *Les Vierges*, avec la complicité de Jean Anouilh. Succès mitigé. En ce début des années 1960 où fleurissent les comédies sans scénario et sans argent, reposant uniquement sur la gouaille de comédiens synonymes de franche « poilade », le jeune cinéaste refuse de s'engouffrer dans cette voie, et veut tourner un gros film. C'est alors que Claude Autant-Lara lui téléphone : « Il paraît que tu veux faire un film comique. J'ai lu un livre qui est pas mal, c'est l'histoire d'un type qui pille des troncs : *Deo Gratias*. Tu devrais le lire. » Mocky se rend chez l'éditeur René Julliard et récupère le livre, qui a obtenu le Prix international du premier roman : le roman était inspiré de l'histoire vraie d'un ingénieur chimiste catholique qui, quand il était petit, allait à l'église donner de l'argent aux pauvres, mais une fois adulte se retrouva ruiné, et vint à son tour réclamer des sous pour lui et sa famille. Face au refus du curé, il commença à piller les troncs. À la fin, il ouvrit une usine de cierges avec l'argent récolté. Autant-Lara ajoute : « Moi je ne peux pas le faire parce que les catholiques vont me tomber dessus. Fais-le, toi ! » René Julliard vend les droits au cinéaste pour 50 000 francs. Mocky en fait l'adaptation avec Michel Servin, l'auteur du roman, et Alain Moury. Ils ajoutent au roman une intrigue policière.

Fufu déclare forfait

« Brusquement je rencontre de Funès qui me dit : "Je veux faire un film avec toi." Je lui dis : "Tu es un personnage méchant, donc tu vas faire le policier, mais qui va jouer le rôle du pilleur de troncs ?" Il me répond : "Demande à Bourvil". Je vais donc voir le comédien un midi avec mon scénario. Une heure plus tard, Bourvil me téléphone, me dit : "Je le fais", et accepte d'être en participation pour m'aider à monter le projet. J'appelle Fufu et lui dis que Bourvil a accepté. "Et toi, tu acceptes ?" Il répond : "Oui". » Mais de Funès a un agent intraitable qui demande une somme tellement énorme que le producteur Henri Diamant-Berger et Mocky décident d'engager Francis Blanche et Jean Poiret à sa place. « C'est ainsi que je n'ai jamais fait de film avec de Funès. J'aurais dû normalement être le premier à réunir le duo Bourvil-de Funès. »

Chantage pour tourner dans les églises

Quand le cinéaste demande à l'évêché de Paris l'autorisation de tourner dans des églises une histoire de pilleur de troncs, l'archevêque refuse. Quelques années plus tôt, un fait divers avait défrayé la chronique, l'affaire du curé d'Uruffe : un prêtre catholique avait tué puis éventré une fille de dix-neuf ans pour lui enlever l'enfant qu'il lui avait fait.

« Notre histoire de pilleur de troncs ne plaisait pas au clergé, alors j'ai dit : "Écoutez, monsieur l'archevêque, puisque vous ne m'autorisez pas à tourner dans les églises, je vais faire un film sur le curé d'Uruffe à la place." L'homme a pris peur, et ils m'ont donné l'autorisation, sous la réserve qu'à la fin du film Bourvil échappe à la police avec l'aide du curé. »

Jean Poiret et Bourvil.

> Georges Lachesnaye :
> *Les troncs d'églises sont faits pour les pauvres. Or, je suis pauvre et j'ai une famille à nourrir. Je ne pille pas les troncs, je prends ma part.*

Mocky tourne dans une vingtaine d'églises parisiennes avec Léonce-Henri Burel, un grand chef opérateur du muet, qui s'adapte à la rapidité de tournage du cinéaste. « Il tourne un peu vite, racontait Bourvil, mais il y a un avantage, c'est la spontanéité qui n'existerait pas si on recommençait la scène vingt fois. » À la fois satirique et poétique, *Un drôle de paroissien* doit une grande partie de son succès à l'interprétation tout en finesse du comédien, qui pratique un humour grinçant à l'anglo-saxonne cher au cinéaste.

« Bourvil représente le Français moyen type, et comme je fais des histoires qui sortent un peu de l'ordinaire, il me fallait un acteur comique auquel le public s'identifie. Bourvil est un comique humain. »

La caution de Bourvil

Au-delà des rires qu'il procure, ridiculisant une police en sureffectif et employant un langage châtié, très onctueux, Georges Lachesnaye suit sa mission divine avec beaucoup de sincérité.

« J'ai eu beaucoup de chance que Bourvil m'ait fait confiance. Sans lui, je n'aurais peut-être pas atteint une aussi large audience. Son amitié m'a permis de choisir des sujets qui, sans lui, auraient fait peur aux distributeurs. Il a été mon alibi. Parce que le public venait voir Bourvil. »

Autour de la star, de Francis Blanche et de Jean Poiret, fourmille une irrésistible bande de gueules plus cocasses les unes que les autres : Jean Tissier, Bernard Lavalette, Marcel Pérès, Rudy Lenoir, et surtout Jean-Claude Rémoleux, qui devient l'acteur fétiche du cinéaste.

Sorti le 28 août 1963, le film est un énorme succès. Il fait le tour du monde et triomphe au festival de Berlin, en présence de Bourvil et Mocky. Peu avant sa mort, l'acteur déclare au cinéaste devant les caméras de télévision : « Je travaille avec vous parce que vous avez toujours des sujets originaux, et que vous me faites jouer des personnages qui ne ressemblent pas aux autres. Avec vous, on ne fait pas rire pour faire rire, il y a toujours un sujet assez profond. » Bel hommage d'une immense star à un jeune cinéaste irrévérencieux, qui signe avec *Un drôle de paroissien* l'un de ses meilleurs films. ★

Les Tontons flingueurs

GEORGES LAUTNER (1963)

Distribution
Lino Ventura (Fernand Naudin)
Bernard Blier (Raoul Volfoni)
Jean Lefebvre (Paul Volfoni)
Francis Blanche (maître Folace)
Claude Rich (Antoine Delafoy)
Sabine Sinjen (Patricia)
Robert Dalban (Jean)
Horst Frank (Théo)
Venantino Venantini (Pascal)
Charles Régnier (Tomate)
Jacques Dumesnil (Louis le Mexicain)

Adaptation : Albert Simonin
d'après son roman *Grisbi or Not Grisbi*
Dialogues : Michel Audiard

Box-office : 3 321 121 spectateurs

Un ancien truand reconverti dans le commerce de machines agricoles est chargé de reprendre les affaires et de surveiller la nièce d'un ex-camarade mourant. Les hommes de main de celui-ci feront tout pour lui barrer la route.

Le 22 novembre 1963, John Fitzgerald Kennedy tombe sous les balles d'un *sniper* à Dallas. Cinq jours plus tard, au moment où l'Amérique pleure son Président, la France s'écroule de rire devant le feu nourri des silencieux de mafieux en imperméables. *Plop !* Huitième long-métrage de Georges Lautner, s'inspirant librement de *Grisbi or Not Grisbi*, un roman de la Série noire d'Albert Simonin publié en 1955, *Les Tontons flingueurs* transposent en mode comique un récit ultra-classique de polar mettant en scène une rivalité meurtrière entre caïds du milieu. Mais chez Lautner, les pontes du grand banditisme offrent leurs postérieurs aux piqûres des infirmières, les Cadillac deviennent des Peugeot 404 et les règlements de compte n'ont pas lieu au Caesar Palace de Las Vegas, mais au bowling de La Matène, à Fontenay-sous-Bois.

Le Terminus des prétentieux

Initialement intitulé *Le Terminus des prétentieux*, *Les Tontons flingueurs* doit une grande partie de son succès à la verve de Michel Audiard. Pour sa première collaboration avec Lautner, celui qu'on surnommait « le petit cycliste » applique au scénario d'Albert Simonin sa science du dialogue imagé. Audiard, qui déteste l'argot (« C'est un langage inventé, complètement littéraire. Je n'ai jamais entendu un voyou parler l'argot »), applique une langue colorée aux protagonistes de l'adaptation parodique de l'ouvrage du romancier. L'alchimie explosive des *Tontons flingueurs* repose sur le décalage permanent entre le stoïcisme apparent des truands et les tirades pétaradantes de Michel Audiard, qui participera, par la suite, à plusieurs longs métrages réalisés par Georges Lautner, des *Pissenlits par la racine* (1963) jusqu'à *La Cage aux folles III*, « *elles* » *se marient*, son dernier scénario (1985).

Le casting *all-stars* des *Tontons flingueurs* est une autre clé de la prodigieuse réussite de la comédie policière du trio Lautner-Audiard-Simonin.

Jean Gabin un temps pressenti

Un temps envisagé pour interpréter le rôle de Fernand Naudin, ex-truand rangé des affaires et négociant prospère de machines agricoles du côté de Montauban, Jean Gabin est écarté ; l'interprète de *Pépé le Moko* avait souhaité

Maître Folace :
Touche pas au grisbi, salope !

Lino Ventura, Bernard Blier, Francis Blanche et Robert Dalban.

apporter dans ses bagages sa propre équipe technique, mais Lautner résiste et parvient à imposer ses partenaires. Avec l'accord d'Alain Poiré, producteur de la Gaumont, c'est finalement à Lino Ventura et à son physique d'ancien catcheur qu'échoit la tête d'affiche.

« Pour moi, Lino était un colosse. Il me foutait la trouille, mais je l'ai tout de suite adoré. Lino, c'était le Grand Meaulnes, un homme tout-puissant de générosité et de bonté », se souvient Lautner.

Pour le rôle des frères Volfoni, les sbires malintentionnés de Louis le Mexicain (interprété par Jacques Dumesnil), le débonnaire Bernard Blier et le pleutre Jean Lefebvre perpétuent la tradition des grands duos comiques. Maître Folace, le notaire bourru au langage fleuri est incarné par l'inégalable Francis Blanche. Les seconds rôles déterminants de cette coproduction franco-germano-italienne réunissent quelques têtes connues de la comédie à la française : Venantino Venantini en porte-flingue tiré à quatre épingles, le non moins impeccable Robert Dalban en majordome dévoué, et Théo, alias « l'ami fritz » (Horst Frank), un distillateur d'alcool de contrebande amateur de citations aussi frelatées que son tord-boyaux. Une paire de jeunes premiers complète la distribution avec Sabine Sinjen dans le rôle de Patricia, la nièce de Louis le Mexicain et l'objet de toutes les attentions de Fernand Naudin, et Claude Rich dans celui d'Antoine Delafoy, son prétendant. Outre Paul Meurisse qui s'est trompé de film en apparaissant dans la tenue du Monocle, les banjos rieurs de Michel Magne jouent également un rôle non négligeable dans la réussite des *Tontons*.

La scène culte de la cuisine

Tourné en quarante-deux jours au studio Éclair d'Épinay-sur-Seine, en extérieurs à Rueil-Malmaison (la villa de Louis le Mexicain), Fontenay-sous-Bois et à l'église Saint-Germain-de-Charonne, dans le 20e arrondissement de Paris, *Les Tontons flingueurs* atteignent leur apothéose

Bernard Blier et Jean Lefebvre.

Raoul Volfoni :

Non mais t'as déjà vu ça ? En pleine paix. Y chante et puis crac, un bourre-pif ! Mais il est complètement fou ce mec ! Mais moi, les dingues j'les soigne. J'm'en vais lui faire une ordonnance... et une sévère ! J'vais lui montrer qui c'est, Raoul. Aux quatre coins de Paris qu'on va le retrouver, éparpillé par petits bouts, façon puzzle. Moi quand on m'en fait trop, j'correctionne plus, j'dynamite, j'disperse, j'ventile.

zygomatique au cours de la mythique scène de la cuisine. Lors de la première mouture du scénario, Michel Audiard avait tout simplement oublié d'écrire une scène aussi culte que celle de la douche dans le *Psychose* d'Hitchcock. C'est l'insistance de Lautner qui rétablira l'oubli du dialoguiste, dans un hommage à peine dissimulé à une séquence de *Key Largo* de John Huston, quand Humphrey Bogart et Edward G. Robinson évoquent le bon temps de la prohibition. Culminant avec l'insurpassable « Touche pas au grisbi, salope ! » de Francis Blanche, la séquence réunit Ventura, Blier, Lefebvre et Blanche, confinés dans une cuisine en train de beurrer les toasts lors de la surpatte organisée par la nièce Patricia. Les capos du milieu évoquent leurs faits d'armes en dégustant une concoction qualifiée de « vitriol », du « bizarre, du curieux, une boisson d'hommes dont on a dû arrêter la fabrication, car y avait des clients qui devenaient aveugles, alors ça faisait des histoires », ce qui n'empêchait pas une certaine « Polonaise d'en boire au petit déjeuner ». Un breuvage peu recommandable dont se serait bien passé Jean Lefebvre, contraint d'avaler une véritable mixture décapante (cognac-whisky-poire et poivre) préparée en coulisses par Lautner et Francis Blanche, grands farceurs devant l'éternel. Regardez bien l'expression humide du comédien : ce jour-là, l'immortel interprète d'*On n'est pas sorti de l'auberge* n'eut pas besoin de trucage pour pleurer à chaudes larmes.

Les Tontons flingueurs sort sur les écrans parisiens le 27 novembre 1963. La concurrence est rude en cette période de Noël dominée par la présence de poids lourds du box-office comme *La Cuisine au beurre* et *Bébert et l'omnibus*. L'accueil critique ne joue pas non plus en faveur de nos tontons, flingués par les plumitifs de *Combat* (Henri Chapier évoque « un cinéma de

> Fernand Naudin :
> **Les cons, ça ose tout. C'est même à ça qu'on les reconnaît.**

de Michel Audiard resteront éternellement gravés au burin dans l'inconscient collectif rigolard des millions de neveux adoptifs des tontons, des cons qui osent tout aux victimes de *nervousse brèquedônes* qui n'auraient jamais dû quitter Montauban.
« Je ne m'explique pas le succès des *Tontons*, conclut Lautner. Peut-être que le petit Jésus était coproducteur… » ★

Bonus

➔ Le 17 novembre 2002, *Le Journal du dimanche* ironise sur les retrouvailles de deux gâchettes de l'UMP, Charles Pasqua et Philippe Séguin. Le titre du JDD ? *Le retour des Tontons flingueurs*. Pan !

chansonnier sauvé de l'enfer par deux gags ») et une partie du « conseil des dix » des *Cahiers du cinéma*, où Jacques Rivette n'accorde qu'une seule étoile au polar parodique de Georges Lautner.
« Je n'aime pas les critiques. Citez-m'en des bons, commente le réalisateur. Je ne faisais pas de nouvelle vague. Je faisais le cinéma de Georges Lautner. »

Des dialogues gravés dans l'inconscient collectif

Malgré les tirs de quelques critiques isolés, *Les Tontons flingueurs* s'envoleront vers un destin national. Les 50 000 aficionados de la première semaine d'exploitation parisienne verront leurs rangs grossir au fil des ans. Les rediffusions télévisées (dont une relecture colorisée à oublier), la parution du film en VHS puis en DVD viendront accroître l'aura d'une comédie dont les dialogues

La Cuisine au beurre

GILLES GRANGIER (1963)

Distribution
Fernandel (Fernand Jouvin)
Bourvil (André Colombey)
Claire Maurier (Christiane Colombey)
Andrex (Pelletan)
Anne-Marie Carrière (Gerda)
Mag Avril (Mme Rose)
Henri Arius (le maire)
Gaston Rey (Espinasse)
Laurence Lignères (Marinette)
Michel Galabru (Maximin)

Scénario, adaptation et dialogues
Pierre Lévy-Corti, Jean Levitte, Jean Manse et Raymond Castans

Box-office : 6 396 439 spectateurs

De retour de la guerre après quatorze ans d'absence, un restaurateur marseillais découvre que sa femme s'est remariée avec un cuisinier normand.

« Pour la première fois réunis, les deux géants du rire », promet l'affiche de *La Cuisine au beurre*, le plus grand succès comique d'une riche année 1963 qui compte aussi *Les Tontons flingueurs*, *Un drôle de paroissien* et *Pouic-Pouic* à son palmarès. On doit la rencontre de Fernandel, la vedette incontestée du cinéma comique français des années 1950, et de son successeur Bourvil au producteur Robert Dorfmann. Ce dernier contacte Gilles Grangier, le réalisateur du *Cave se rebiffe,* lors du tournage du *Voyage à Biarritz*, dont Fernandel assure le premier rôle. Il donne rapidement son accord, et Pierre Lévy-Corti, un membre de la « bande » de Jacques Prévert, est chargé d'écrire le scénario qui réunira Fernandel et Bourvil. En découvrant la trame de *La Cuisine au beurre*, toutes les parties tombent d'accord : celle-ci ne vaut pas grand-chose. Mais il en faudrait bien plus pour décourager le producteur. Gilles Grangier : « Lévy-Corti a développé son truc, mais ça ne tenait pas la route. Nous avons donc commencé à tourner avec quelque chose qui n'était pas achevé. Dorfmann m'a dit : « Tu fais les extérieurs en Provence, je me débrouille pour trouver un petit endroit marrant pour faire l'auberge et on commence le tournage. » Gilles Grangier pose donc ses caméras à Martigues pour filmer le retour de Fernand Jouvin (Fernandel), prisonnier de guerre resté volontairement depuis quatorze ans dans les bras de Gerda (Anne-Marie Carrière), sa bienfaitrice tyrolienne. En arrivant sur place, l'ancien restaurateur découvre avec stupéfaction que son enseigne, *À la vraie bouillabaisse*, a été remplacée par un nouvel établissement culinaire : *À la sole normande*. Pire : Christiane, son épouse interprétée par Claire Maurier, s'est remariée avec André Colombey (Bourvil), un brave cuisinier normand. Le choc des cultures entre les valeurs méridionales (siestes, anisette et parties de pétanque) et leur équivalent normand (cidre et rude labeur) éclate bientôt entre les époux rivaux, sans toutefois tenir toutes ses promesses. Certaines situations amusent, mais les performances des deux comiques semblent bridées. Sur le plateau, Bourvil est déçu par l'attitude hautaine de Fernandel, qu'il vénérait pourtant depuis l'époque où il reprenait ses chansons.

Lorsque *La Cuisine au beurre* sort sur les écrans en décembre 1963, la critique n'est pas tendre non plus. « Le ménage à trois, sauce Pagnol. Mais le beurre est rance », peut-on lire dans *Les Cahiers du cinéma*. Qu'importe : grâce à la présence de ses deux vedettes, la comédie de Gilles Grangier remporte immédiatement un immense succès populaire. ★

> André Colombey :
> *Le mari de ma femme, c'est moi !*

Le Gendarme de Saint-Tropez

JEAN GIRAULT (1964)

Distribution
Louis de Funès (Ludovic Cruchot)
Geneviève Grad (Nicole Cruchot)
Michel Galabru (l'adjudant Gerber)
Jean Lefebvre (Fougasse)
Christian Marin (Merlot)
Claude Piéplu (Boiselier)
Guy Grosso (Tricard)
Michel Modo (Berlicot)
Maria Pacôme (Mme Lareine-Leroy)
France Rumilly (la religieuse)

Scénario et adaptation : Jacques Vilfrid et Jean Girault (d'après un scénario original de Richard Balducci)
Dialogues : Jacques Vilfrid

Box-office : 7 809 383 spectateurs

Une brigade de gendarmes à Saint-Tropez durant l'été, traquant les voleurs, les bandes de jeunes ou les nudistes.

5 juin 1964. Le soleil est au beau fixe. Louis de Funès soufflera bientôt ses cinquante bougies. Affublé d'un képi et d'un sifflet, il s'apprête à tourner une comédie de plus, sans imaginer le raz-de-marée que vont provoquer les aventures tropéziennes de Ludovic Cruchot et Jérôme Gerber trois mois plus tard.

À l'origine de la saga comique la plus longue du cinéma français, un homme : Richard Balducci. En repérage pour un film intitulé *Saint-Tropez*

Pose pétanque pour Michel Galabru, Louis de Funès, Christian Marin et Jean Lefebvre.

blues (Marcel Moussy, 1961), on lui vole une caméra dans son auto. À l'entrée de la gendarmerie où il se rend pour porter plainte, le gendarme en faction n'est pas surpris : « Votre voleur, on le connaît, il s'appelle Gaspard, et la semaine dernière on l'a raté de vingt-cinq mètres. » Il n'en faut pas plus à Balducci pour l'inciter à écrire un scénario sur les gendarmes. Il en parle à de Funès, qui séduit par l'idée, le met en contact avec ses producteurs. Suite au succès de *Pouic-Pouic* et *Faites sauter la banque*, tous les deux réalisés par Jean Girault, Gérard Beytout et René Pignères cherchent un sujet fort pour le comédien. À la demande de De Funès, ce sera *Le Gendarme de Saint-Tropez*. Pierre Mondy ayant déjà des engagements au théâtre, le rôle de l'adjudant Gerber échoit à Michel Galabru : selon la vieille tradition des couples antagonistes, la frénésie répressive de Cruchot s'oppose à la routine bonasse de l'adjudant-chef Gerber, tandis que les quatre gendarmes exécutent les ordres sans zèle excessif. Pour le reste de la distribution, les idées apparaissent au fil de l'écriture. De Funès fait engager Grosso et Modo, avec qui il vient de jouer une pièce de Robert Dhéry, *La Grosse Valse*. Christian Marin et Jean Lefebvre complètent la brigade. Tous les comédiens, choisis ou approuvés par de Funès, ont déjà croisé sa route au cinéma ou au théâtre : Claude Piéplu, Maria Pacôme, Geneviève Grad,

France Rumilly... Le budget du premier film s'élève à 1,3 million de francs. Il augmentera un peu plus à chaque suite. L'équipe tourne confortablement, dans un cadre ensoleillé. L'ambiance est décontractée. Aucune pression ne vient troubler la vedette, que le metteur en scène filme en plan large afin de saisir chaque détail de sa gestuelle. Dès les premières images en noir et blanc, l'acteur s'agite et imite la poule afin d'attirer un voleur... de poules : logique pour un poulet ! Le simple gendarme reçoit sa mutation et l'image passe en couleur : *Do you do you do you Saint-Tropez !* Réservé, n'élevant jamais la voix sur le plateau, Jean Girault laisse beaucoup de place à l'improvisation et aux trouvailles de De Funès et de ses partenaires. Conviés aux rushes, les six acteurs donnent leur avis lorsqu'il faut retourner une scène.

Un cinéma cartoonesque

Dans cette virée tropézienne en cinémascope, Louis de Funès fait exploser son sens du timing et du gag visuel. Qui n'a pas ri devant ses déguisements absurdes (soldat, milliardaire, Thierry la Fronde...) et ses cascades improbables aux côtés d'une religieuse dans une 2CV ? Bercé d'insouciance et de situations cartoonesques, sans méchanceté ni vulgarité, porté par la marche des gendarmes de Raymond Lefèvre inspirée du thème sifflé du *Pont de la rivière Kwaï*, *Le Gendarme de Saint-Tropez* est

> Cruchot :
>
> **Écoutez-moi bien ! Vous savez que le gendarme est à la nation ce que le chien de berger est au troupeau. Il faut souvent aboyer, parfois mordre, mais toujours se faire craindre. Vous êtes les branches, je suis le tronc. Une seule chose compte : c'est que la récolte soit bonne et que les vaches soient bien gardées.**

un triomphe qui surprend toute l'équipe et entraîne une suite.

Les suites

Avec le triomphe de *Fantômas* et du *Corniaud*, de Funès est devenu une véritable star. Les moyens sont donc plus importants pour *Le Gendarme à New York* (1965). Certaines scènes sont écrites durant la traversée sur le paquebot *France* (la délirante leçon d'anglais) ou à New York même (Gerber fait cuire un steak dans sa chambre d'hôtel). Malgré quelques séquences savoureuses inspirées des *slapsticks* américains, on rit moins.

Lorsque débute le tournage du *Gendarme se marie*, le troisième volet de la série, la vague de mai 1968 déferle de Paris jusqu'à Saint-Tropez. D'un côté les grévistes (le cameraman, la scripte, le deuxième assistant opérateur...), de l'autre les non-grévistes (la star, le producteur, le réalisateur, le chef opérateur...). La production menace d'arrêter le tournage et de cesser tout paiement. Le choix est vite fait : le tournage continue. Choisie par de Funès pour interpréter son épouse, Claude Gensac devient sa partenaire privilégiée. Le courant est bien passé entre ces deux-là, à tel point que plusieurs générations de spectateurs la baptiseront Mme de Funès ! Une fois de plus, de Funès-Cruchot électrise le film de ses mimiques et fait à nouveau exploser le box-office.

Pour *Le Gendarme en balade* (1970), la brigade de choc est plongée cette fois en pleine folie hippie, fumant marijuana et arborant des tissus multicolores. Furieux d'avoir été coupé au montage du précédent *Gendarme*, Jean Lefebvre, qui s'est rabiboché avec Girault et de Funès, réintègre la compagnie. Lassée de son personnage, Geneviève Grad n'est plus de l'aventure. Le succès, lui, est toujours là. En revanche, deux gendarmes disparaissent du *Gendarme et les extra-terrestres* (1979). Jean Lefebvre, qui entre-temps a pris conscience de sa valeur au box-office, réclame des modifications dans le scénario et un plus gros cachet. Résultat, il se fait virer par le producteur. D'autre part, Christian Marin n'est pas disponible. Ils sont remplacés par Maurice Risch et Jean-Pierre Rambal. Dernier épisode de la saga, *Le Gendarme et les gendarmettes* marque la fin d'une époque. Jean Girault meurt en plein tournage. Très affaibli, de Funès est sous la surveillance permanente d'un médecin. C'était sans doute le *Gendarme de trop*. ★

Bonus

→ La gendarmerie du film est aujourd'hui un petit musée du cinéma.

→ Le sixième film était initialement titré *Le Gendarme et la vengeance des extra-terrestres*.

→ Entre 1965 et 1982, les suites du *Gendarme* rempliront les salles : 5 495 059 spectateurs pour *Le Gendarme à New York*, 6 828 659 pour *Le Gendarme se marie*, 4 870 696 pour *Le Gendarme en balade*, 6 280 079 pour *Le Gendarme et les extra-terrestres* et 4 209 153 pour *Le Gendarme et les gendarmettes*.

Allez France !
ROBERT DHÉRY (avec la collaboration de PIERRE TCHERNIA) (1964)

Distribution
Robert Dhéry (Henri)
Colette Brosset (lady Brisburn)
Jean Carmet (le supporter porte-drapeau)
Jean Lefebvre (le supporter ivre)
Diana Dors (Diana Dors)
Ronald Fraser (le sergent)
Percy Herbet (le sergent Baxter)
Jacques Legras (Mendoza)
Henri Genès (Gros Max)
Colin Blakely (l'aveugle)

Scénario et dialogues
Robert Dhéry, Pierre Tchernia et Jean L'Hôte

Box-office : 2 612 535 spectateurs

Sur le point de se marier, un supporter de l'équipe de France de rugby se rend à l'improviste au stade de Twickenham pour assister au match France-Angleterre.

Fondateur de la troupe des Branquignols en 1949, Robert Dhéry est déjà un habitué du grand écran lorsqu'il passe à la réalisation la même année avec *La Patronne*. Le metteur en scène de *La Belle Américaine* (1961) signe l'une de ses meilleures comédies avec *Allez France !* en 1964. Introduite par les commentaires sportifs de Roger «Allez les petits !» Couderc, la carte postale burlesque de Robert Dhéry utilise un match de rugby France-Angleterre comme rampe de lancement des mésaventures d'Henri, un supporter victime d'une série de quiproquos invraisemblables. Victime d'un malencontreux coup de coude dans les gencives, Henri est contraint, suite à une intervention dentaire, de garder la bouche fermée pendant la quasi-totalité de la durée du long-métrage. Cette astuce scénaristique entraîne le personnage interprété par Robert Dhéry dans une position proche des héros de Chaplin, des merveilleuses *Ealing Comedies* anglaises, de Pierre Étaix ou de Jacques Tati.

Dans un Londres approuvé par l'office du tourisme (policiers à cheval, autobus à impériale et laitiers matinaux), Henri enfile involontairement le costume d'un *bobby* et sauve la vie d'une star de cinéma (Diana Dors, la Marilyn Monroe d'outre-Manche, qui joue avec un plaisir non dissimulé son propre rôle de star évanescente). Situation imprévue : Robert Dhéry, qui ignorait qu'un vrai hold-up venait d'être perpétré lors d'un faux tournage impliquant de faux policiers, a dû « voler » quelques plans à l'insu des autorités. L'équipe a dû également importer un coq gaulois teinté en bleu blanc rouge, à la grande horreur des services vétérinaires britanniques. Sacrés Français !

En face d'un casting *so british*, la distribution française n'est pas en reste avec une bande de supporters tricolores très dissipés (les casinos londoniens s'en souviennent encore !) campés par Jean Carmet, Pierre Tornade, Raymond Bussières, Henri Genès et Colette Brosset, l'épouse de Robert Dhéry, qui interprète l'énergique lady Brisburn (appréciez le jeu de mots bilingue). Dans un clin d'œil à ses exploits radiophoniques durant l'Occupation, Pierre Dac apparaît furtivement dans le rôle d'un messager des ondes qui ignore que la Seconde Guerre mondiale est terminée depuis vingt ans !

Assisté à la mise en scène par Pierre Tchernia, qui avait participé à l'écriture de *La Belle Américaine*, Robert Dhéry s'est adjoint, au scénario, les services de Jean L'Hôte, gagman de Jacques Tati. Une équipe gagnante qui transforme l'essai comique avec imagination et poésie. ★

> Le supporter ivre (à un policeman) :
> **Excusez-le mais mon coq, il n'aime pas les poulets !**

Bonus

→ Les scènes de matchs n'ont pas été tournées à Twickenham, mais au stade de Colombes et lors d'un France-pays de Galles à Cardiff.

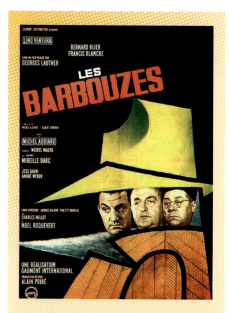

Les Barbouzes

GEORGES LAUTNER (1964)

Distribution
Lino Ventura (Francis Lagneau)
Bernard Blier (Eusebio Cafarelli)
Francis Blanche (Boris Vassilief)
Mireille Darc (Antoinette Dubois)
Charles Millot (Hans Müller)
Jess Hahn (commodore O'Brien)
Noël Roquevert (le commandant Lanoix)
André Weber (Rossini)
Robert Dalban (le chauffeur du camion)
Philippe Castelli (le réceptionniste)

Scénario original et adaptation
Michel Audiard et Albert Simonin
Dialogues : Michel Audiard

Box-office : 2 430 611 spectateurs

Quatre agents secrets internationaux confinés dans un château tentent d'extirper les brevets industriels et l'héritage d'un marchand d'armes à sa jeune et jolie veuve.

« Dans la nuit du 13 au 14 septembre 1964, le monde vivait en paix. Et qui, au cours de cette nuit, appuya le premier sur la gâchette ? Qui recassa le vase de Soissons ? Bref, qui donna le premier coup de pied au cul ? » C'est ainsi que la voix grave du narrateur introduit Les Barbouzes, le successeur immédiat des Tontons flingueurs dans la filmographie de Georges Lautner. Pour l'occasion, Lautner reforme l'équipe gagnante des Tontons : Lino Ventura, Bernard Blier et Francis Blanche dominent la distribution aux côtés d'un nouvel atout charmant : Mireille Darc, que Lautner et Audiard avaient dénichée pour Des pissenlits par la racine quelques mois plus tôt. Si Albert Simonin et le dialoguiste vedette signent à nouveau le scénario et les dialogues, Les Barbouzes se démarque des Tontons flingueurs en repoussant encore plus loin les limites du délire. Dans cette parodie outrancière des films d'espionnage, Francis Lagneau (Ventura), super-agent au service du général de Gaulle, incarne la virilité et la séduction à la française. Le cruel Boris Vassilief (Blanche), beau parleur devant la gent féminine, est aussi un expert en dynamitage de salles de bain. « J'aime les acteurs qui surjouent... juste, dira Lautner. Avec Blanche, j'étais servi. » Eusebio Cafarelli (Blier), son homologue helvète, dissimule sous ses habits de prêtre de noirs desseins. Il cache aussi des grenades dans sa bible et des pigeons voyageurs dans sa valise d'ecclésiastique en transhumance. Audiard avait d'abord imaginé un prêtre cent pour cent français, mais n'a pas vu utile de se brouiller avec le clergé national. Hans Müller (Millot), le dernier membre du quatuor, est un autre spécialiste du nettoyage par le vide, option acide sulfurique.

Il est question quelque part de brevets secrets et d'héritage, mais l'intrigue est volontairement reléguée au second plan pour laisser libre cours à la « déconne » très libre du trio Lautner-Audiard-Simonin.

« J'ai voulu introduire dans Les Barbouzes tous les poncifs du genre, se souvient Georges Lautner. Il y avait donc des micros partout, des couloirs secrets, des personnages qui apparaissent et disparaissent, d'autres qui prennent toutes sortes de déguisements, des attentats, des explosions, des bagarres. Comme dans l'espionnage la réalité dépasse souvent la fiction, on pouvait aller très loin, presque jusqu'au délire ! »

La folie burlesque atteint son paroxysme lors des dernières bobines, lorsqu'une armée de Chinois envahit le château de Vigny. Le péril jaune s'attaque au Val-d'Oise ! Au moment de la sortie des Barbouzes, certains s'imaginent que Georges Lautner et sa joyeuse équipe seront incapables de rééditer leurs exploits satiriques. Ils ne seront pas déçus l'année suivante en découvrant Ne nous fâchons pas. ★

> Francis Lagneau :
> **Un barbu, c'est un barbu. Trois barbus, c'est des barbouzes !**

Bonus

→ L'apparition de Jacques Balutin (dans le rôle d'un gendarme) a été coupée au montage. Une autre scène coupée décrivant les techniques professionnelles de l'embaumeur Robert Dalban a été recyclée dans Ne nous fâchons pas.

Fantômas
ANDRÉ HUNEBELLE (1964)

Distribution
Louis de Funès (le commissaire Juve)
Jean Marais (Jérôme Fandor/Fantômas)
Mylène Demongeot (Hélène Gurn)
Jacques Dynam (l'inspecteur Bertrand)
Robert Dalban (le directeur du *Point du jour*)

Scénario : Jean Halain et Pierre Foucaud (d'après les personnages de Marcel Allain et Pierre Souvestre)
Dialogues : Jean Halain

Box-office : 4 492 419 spectateurs

Criminel masqué et insaisissable, Fantômas terrorise la planète. Le journaliste Fandor, sa fiancée Hélène et le commissaire Juve le traquent sans répit.

Louis de Funès et Jean Marais.

En 1911, les journalistes Pierre Souvestre et Marcel Allain rédigent la première aventure de Fantômas. Personnage inquiétant, sanguinaire et impitoyable, celui-ci devient le héros d'une saga de trente-deux volumes et sera adapté une première fois à l'écran par Louis Feuillade, qui signera cinq épisodes mettant en scène l'insaisissable malfaiteur entre 1913 et 1914. Un demi-siècle plus tard, le criminel masqué devient le méchant « pop » de la trilogie d'André Hunebelle. En 1964, le succès du *Bossu* incite Alain Poiré, qui vient d'acheter les droits de *Fantômas*, à réutiliser le trio gagnant Hunebelle - Marais - Bourvil, afin de faire du mythe un divertissement populaire où se mêlent scènes de bravoure et comique. Influencé par le succès planétaire de *James Bond 007 contre Dr No*, Hunebelle tente de convaincre Sean Connery de participer à l'aventure mais se heurte à un refus. Ensuite, retardé sur un autre film, Bourvil doit laisser sa place à Louis de Funès, conformément au souhait d'Alain Poiré.

Si l'intrigue de *Fantômas* (1964) reprend les personnages du méchant, du policier, du journaliste et de sa fiancée, et malgré quelques clins d'œil aux films de Feuillade (les cartes de visite signées Fantômas ; le déguisement de Fandor en collants, cagoule et cape noire ; la main gantée qui assomme le journaliste), le traitement d'Hunebelle prône une orientation comique résolument éloignée des récits noirs et sanglants de Souvestre et Allain. Vedette du cinéma de cape et d'épée (*Le Capitan*, *Le Bossu*), Jean Marais interprète le double rôle de Fantômas et de Fandor. Il dessine lui-même le masque couleur peau de requin du monstre, et pour des raisons pratiques, sa voix est doublée par Raymond Pellegrin, un habitué des polars de Jean-Pierre Melville. Le rôle de sa fiancée est attribué à la jeune première Mylène Demongeot. *Fantômas* s'annonce comme le triomphe commercial de Jean Marais, mais de Funès lui vole la vedette, et le comédien fétiche de Cocteau se montre de plus en plus amer au fil de la série.

« Il n'y avait aucun atome crochu entre Marais et de Funès, se souvient Mylène Demongeot. De Funès imposait son propre rythme à tout le film. Il avait tellement répété qu'il était parfait dès la première prise. Le contraire de Jean Marais qui avait besoin d'un certain temps avant d'être en place. »

La comédienne tente de convaincre Hunebelle d'étoffer son personnage qu'elle trouve terne. Son appel sera entendu lors des deux suites. Dans *Fantômas se déchaîne*, rivalisant avec le héros de Ian Fleming, Juve se prend pour Q, le roi des gadgets bondiens. Personne n'a oublié le troisième bras mécanique et le cigare-pistolet du commissaire. Et quel enfant n'a pas fantasmé sur la « voiture qui vole », symbole idéal de cette trilogie ? Louis de Funès parfait son rôle de flic franchouillard et pleutre, et obtient un nouveau succès commercial. Entre-temps, il est devenu la vedette numéro un du cinéma comique français grâce aux triomphes consécutifs du *Gendarme de Saint-Tropez* et du *Corniaud*. *Le Grand Restaurant* et *La Grande Vadrouille* confirmeront son statut quelques mois plus

> **Commissaire Juve :**
> *Mon pendu !*
> *Où est mon pendu ?*
> *On m'a dépendu*
> *mon pendu !*

Fantômas se déchaîne.

Commissaire Juve : *I am sure, mais alors I am tout à fait sure, que c'est un coup de Fantômas !*

tard, à la veille du tournage du troisième volet de la série.

Fantômas contre Scotland Yard clôture en beauté la trilogie entamée en 1964. Dans cette nouvelle aventure, les châteaux hantés d'Écosse et les brumes du Loch Ness succèdent aux cadres parisiens et méditerranéens de *Fantômas* et *Fantômas se déchaîne*. En réalité, le film a été tourné principalement dans le château de Roquetaillade, situé dans le Bordelais, et les fameuses scènes de chasse à courre ont, pour leur part, été tournées dans la forêt de Fontainebleau. On retrouve les seconds rôles habituels de la série (Robert Dalban, Jacques Dynam), auxquels vient s'ajouter l'élégant Jean-Roger Caussimon – brillant chanteur-interprète et auteur de textes pour Léo Ferré – dans celui de l'impassible lord Mac Rashley. La musique est à nouveau signée Michel Magne, qui adapte sa partition jazzy en incorporant trompettes et cors de chasse anglais dans ses instrumentations.

Enlevé et riche en gags, ce troisième volet propulse à nouveau le personnage du commissaire Juve en tête d'affiche, au détriment de Jean Marais. Dans le deuxième film, Juve déclarait sans doute de façon prémonitoire : « Plus d'initiatives ! À partir de maintenant c'est moi qui prendrai la direction des opérations ! » Le tournage des séquences d'action est fatigant pour Jean Marais qui exécute lui-même toutes ses cascades (à l'exception du saut en parachute). Âgé de cinquante-quatre ans, il semble moins précis lorsqu'il doit désarçonner ses adversaires à cheval, mais continue à se livrer jusqu'au bout. Un de Funès déchaîné domine les nombreuses scènes comiques de l'épisode le plus rythmé de la série, de l'anthologique séquence de spiritisme à celle, surréaliste, du dialogue hippique (« Le cheval parle ! J'ai un cheval qui parle ! »). Son génie est en effervescence lorsqu'il improvise la scène hilarante où Jacques Dynam cherche son revolver dans le lit du commissaire. Privilégiant le ressort comique à l'action des épisodes précédents, *Fantômas contre Scotland Yard* multiplie les situations burlesques et les effets visuels (les fameux lits valseurs du château hanté) en laissant les gadgets au placard. Après avoir échappé à ses poursuivants grâce à un sous-marin et une DS volante dans les précédents volets, Fantômas s'échappe cette fois... à bicyclette ! ★

Bonus

→ Les deux suites de *Fantômas* rempliront les salles : 4 212 602 spectateurs pour *Fantômas se déchaîne* (1965) et 3 557 971 spectateurs pour *Fantômas contre Scotland Yard* (1967).

L'Homme de Rio

PHILIPPE DE BROCA (1964)

Distribution
Jean-Paul Belmondo (Adrien Dufourquet)
Françoise Dorléac (Agnès Villermosa)
Jean Servais (professeur Norbert Catalan)
Roger Dumas (Lebel)
Daniel Ceccaldi (inspecteur de police)
Milton Ribeiro (Tupac)

Scénario et adaptation
Jean-Paul Rappeneau, Ariane Mnouchkine, Daniel Boulanger et Philippe de Broca

Dialogues
Daniel Boulanger

Box-office : 4 800 626 spectateurs

Soldat en permission pour huit jours à Paris, Adrien Dufourquet assiste à l'enlèvement de sa fiancée par deux inconnus. Sans réfléchir, il se lance à la poursuite des ravisseurs, et se retrouve dans un avion en partance pour Rio. L'aventure commence…

En 1961, on propose à Philippe de Broca de tourner une aventure de Tintin au cinéma avec de vrais acteurs. Le cinéaste refuse, conscient du piège que peut entraîner la mise en images d'une telle icône populaire. *Tintin et le mystère de la Toison d'or* sera finalement réalisé par Jean-Pierre Vierne. Un an plus tard, de passage à Rio pour présenter *Cartouche*, le cinéaste lance à Jean-Paul Belmondo : « J'ai envie de tourner un film avec toi, ici, au Brésil. Tu descendras de l'avion en costard blanc, cigare au bec et il t'arrivera plein d'aventures ! » À sa sortie en février 1964, on ne peut s'empêcher de comparer les aventures d'Adrien Dufourquet à celles du personnage créé par Hergé en 1929. Lieux exotiques, enlèvement, sauvetage, vol d'un objet précieux (clin d'œil à la statuette de *L'Oreille cassée*), professeur machiavélique, poursuites et explosions en tout genre. De Broca assume d'ailleurs parfaitement l'influence du journaliste à la houppette : « Évidemment, c'était Tintin qui me rattrapait : j'en ai gardé l'esprit mais en inventant des personnages et une histoire originale. » Le héros campé par Belmondo est assez éloigné de celui d'Hergé : râleur et audacieux, Adrien Dufourquet se jette à corps perdu dans l'aventure, mais pour le cinéaste, l'intrigue a peu d'importance : « Il n'y a rien qu'un garçon qui galope après une fille qu'il n'aime même pas. Il court pour le plaisir de courir. Ce qui compte, ce n'est pas pourquoi il court, c'est la grâce de sa démarche. La beauté d'une danse se suffit à elle-même. » Le plaisir enfantin qu'on ressent à suivre ces aventures s'explique en grande partie par l'implication extrême du metteur en scène : « Cet *Homme de Rio*, je l'ai entièrement conçu comme le film idéal que j'aurais aimé voir à douze ans. » Enfant, de Broca lisait beaucoup de romans d'aventures (Jules Verne, Jack London, Joseph Conrad) : on comprend aisément son désir d'obtenir les moyens nécessaires pour réaliser un grand film. Quitte à compliquer la production du film, Alexandre Mnouchkine et Georges Dancigers lui permettent d'aller tourner au Brésil. « J'étais comme un enfant à qui l'on offre un Meccano géant. Ce que nous avions imaginé

sur le papier prenait vie sous mes yeux : des Indiens, un parachutage en pleine jungle, des torrents, des crocodiles et, évidemment, un trésor. »

Le tournage en décors extérieurs s'avère techniquement difficile, mais la bonne humeur règne dans l'équipe, galvanisée par l'enthousiasme communicatif du metteur en scène et de son acteur principal. Une des caractéristiques du cinéma de Philippe de Broca, c'est que le héros est toujours en mouvement. Comme au temps du cinéma muet où les personnages, poursuivis par toutes sortes d'individus, courent et détruisent tout sur leur passage, le film s'inscrit parfaitement dans la tradition du *slapstick*, défini comme un « genre d'humour impliquant une part de violence physique volontairement exagérée ». Belmondo frappe, prend des coups, se relève, il n'hésite pas à littéralement se mouiller pour retrouver sa fiancée et profiter enfin de ses jours de permission.

« Véritable poète de l'acrobatie, il jubilait à utiliser tous les moyens de transport possibles et imaginables, à piloter une voiture rose avec des étoiles vertes. C'était notre deuxième film ensemble, il devenait mon double, le comédien auquel je m'identifiais le mieux, » raconte le cinéaste. Belmondo apporte encore plus d'authenticité aux scènes d'action en effectuant lui-même des cascades souvent impressionnantes, réglées par son complice Gil Delamare :

Adrien Dufourquet :
Un déserteur qui voyage dans une voiture volée avec une hystérique, de deux choses l'une : ou c'est un névropathe ou c'est un blasé. Choisis !

escalade de l'hôtel au-dessus de la plage de Copacabana (clin d'œil à un épisode de *Tintin en Amérique*), acrobaties aériennes dans un petit avion jaune… Intrépide, Belmondo attire ses ennemis dans des endroits improbables où il est à l'aise : suspendu à un câble entre deux immeubles dans un décor surréaliste, un désert d'où émerge une ville fantôme, Brasilia, en pleine construction à cette époque. N'oublions pas Françoise Dorléac, sœur aînée de Catherine Deneuve, qui compose avec malice et beaucoup d'énergie une jeune femme indépendante et extravagante, apparent faire-valoir de Belmondo, mais dont la modernité ajoutée au charisme du comédien rend le tandem jubilatoire.

L'hommage de Spielberg

À l'instar de Christian-Jaque et d'André Hunebelle, Philippe de Broca contribue en deux films à donner ses lettres de noblesse à la comédie d'aventures. Steven Spielberg et Georges Lucas avouent s'en être largement inspirés lorsqu'ils tournèrent *Indiana Jones et le temple maudit* : Willie Scott (Kate Capshaw) rappelle étrangement Agnès, jeune fille râleuse et encombrante, tandis que le petit cireur de chaussures brésilien fait penser au jeune casse-cou asiatique Demi-Lune. Et comme le professeur Catalan convoitant les précieuses statuettes, les protagonistes de la saga d'Indiana Jones sont toujours en quête d'objets d'art d'une valeur inestimable (arche d'alliance, Saint-Graal et autres reliques anciennes).

Sélectionné à Hollywood dans la catégorie du meilleur scénario original, le film n'obtient pas l'Oscar. En revanche, la critique est élogieuse, le film triomphe dans les salles et restera le plus gros succès du cinéaste. ★

La Vie de château
JEAN-PAUL RAPPENEAU (1965)

Distribution
Catherine Deneuve (Marie)
Philippe Noiret (Jérôme)
Pierre Brasseur (Dimanche)
Henri Garcin (Julien)
Mary Marquet (Charlotte)
Carlos Thompson (Klopstock)

Scénario
Jean-Paul Rappeneau, Alain Cavalier et Claude Sautet

Dialogues
Daniel Boulanger

Box-office : 1 764 305 spectateurs

Juin 1944, dans son vétuste château en Normandie, la jeune et frivole Marie s'ennuie entre un époux casanier et un officier allemand fou amoureux d'elle. Quand un résistant parachuté clandestinement tombe à son tour sous le charme de la châtelaine, cela perturbe les préparatifs du Débarquement.

En pleine nouvelle vague, Jean-Paul Rappeneau, alors scénariste, part en repérages avec Louis Malle dans le Morbihan. Sur l'Île-aux-Moines, il tombe sous le charme d'une maison qui lui inspire un sujet de film, même si le tournage aura finalement lieu au château de Neuville à Gambais, dans les Yvelines. Puisant dans ses souvenirs de jeunesse, le cinéaste décide de traiter la guerre comme un grand jeu vu à travers les yeux d'un enfant.

« Le petit garçon blond du film ressemble au petit garçon que j'étais, » confie Rappeneau. Les personnages joués par Philippe Noiret et Henri Garcin sont inspirés des oncles du cinéaste : pendant la guerre, l'un vivait son amour tranquillement tandis que son frère se battait dans les Forces françaises libres. À partir de l'intrigue élaborée par Alain Cavalier, Rappeneau écrit une première version du scénario qui ne séduit pas les producteurs, car pas assez drôle. Robert Dorfmann croit au projet mais il tergiverse ; étrangement, il produira un peu plus tard *La Grande Vadrouille* de Gérard Oury. Rappeneau décide alors de produire le film lui-même et améliore le script avec Claude Sautet, qui perfectionne les gags, à l'image de la scène hilarante de la grenade autour du bunker. Pour le rôle de Jérôme, le cinéaste souhaite Louis Jourdan, qui évoque pour lui « l'élégance de Cary Grant », mais Sautet le convainc de prendre Noiret, à l'attitude plus nonchalante. Pour interpréter Marie, Rappeneau souhaite Françoise Dorléac, mais la jeune femme est insaisissable. Lors d'un rendez-vous furtif, elle a juste le temps de glisser cette réflexion à Rappeneau : « Cette jeune femme, je la vois pieds nus. » Sa présence étant plus qu'incertaine, la coproductrice Nicole Stéphane propose d'engager sa sœur Catherine Deneuve, excellent contrepoint à la lenteur de Noiret.

« Je vois bien pourquoi, n'ayant pas engagé Françoise, Jean-Paul a pensé à moi, raconte la comédienne. Dans la famille, tout le monde s'exprime à toute vitesse, c'est un truc que nous avons en commun. Or Rappeneau adore les actrices qui parlent vite, c'est une musique qui lui plaît, un rythme de parole qui convient bien à la comédie. »

Joie communicative

Lors d'une scène où elle est dans un hamac, Rappeneau, se souvenant de la remarque de Dorléac, demande à Deneuve de retirer ses chaussures : « Elle quitte le hamac, part en courant dans l'herbe, raconte le cinéaste. On entend un hurlement : elle avait marché sur une abeille, et le film a été interrompu pendant quelques heures. C'est le cadeau empoisonné de Françoise Dorléac. » Le jeu très vif de l'actrice va imposer aux autres un rythme qui convient parfaitement à Rappeneau qui s'en servira comme mètre étalon dans ses films suivants. Toute l'équipe est contaminée par la joie communicative du cinéaste, qui dose avec précision légèreté et course effrénée.
Pendant les prises, Rappeneau dit le texte en même temps que ses acteurs et mime leurs gestes, ce qui a tendance à les déconcentrer.

Catherine Deneuve et Philippe Noiret.

> Julien : Oh là là... ma tête...
> Jérôme : Qu'est-ce que vous avez ?
> Julien : La gueule de bois.
> Jérôme : Vous avez trop bu ?
> Charlotte : Bah bien sûr, voyons, on les dope avant de sauter... comme ton père en 14, avant l'attaque ! J'vais lui chercher de l'aspirine, tiens.

« Très souvent je lui disais : "Jean-Paul, tu t'en vas, ou tu te pousses, ou tu te mets une couverture sur la tête, que je ne te voie pas." », se souvient Noiret.
Le cinéaste engage Mary Marquet après l'avoir vue dans *Landru* de Claude Chabrol. La comédienne, dont le fils avait été arrêté par les Allemands pendant la guerre dit à Rappeneau : « Je fais le film pour mon fils. D'ailleurs, tu es aussi un peu comme mon fils. » Deneuve se souvient d'une femme très élégante qui s'isolait fréquemment et se nourrissait uniquement d'une tranche de saumon fumé sur un toast et d'un peu d'eau. Comédien fétiche des films de Georges Franju, Pierre Brasseur est quelqu'un d'impatient sur un plateau, et quand une séquence s'éternise, s'abattent alors sur l'équipe les éclats de sa voix inimitable. Catherine Deneuve se souvient avoir reçu un énorme bouquet de roses de sa part au lendemain du tournage de nuit de la scène finale dans le bunker, où l'acteur était allé un peu trop loin dans la violence verbale. Henri Garcin complète ce casting atypique et apporte son expérience théâtrale.

Héritière de la tradition comique américaine, cette fantaisie burlesque sur la guerre impressionne aujourd'hui encore par son rythme délirant et l'intelligence de sa mise en scène qui allège le propos sans l'affaiblir. « Il y a un côté presque Lubitsch à la française », selon Noiret. À sa sortie, certains reprochent à Rappeneau de faire rire avec un sujet aussi sensible. Mais le public est conquis, et le film obtient le prix Louis Delluc en 1966. Pour son premier film, Jean-Paul Rappeneau impose déjà son style délirant et plein d'enthousiasme. ★

Bonus

→ Mary Marquet fut la dernière maîtresse d'Edmond Rostand, l'auteur de *Cyrano de Bergerac* qu'adaptera Rappeneau en 1990.

Les comédies sur la Résistance

Première vraie réussite cinématographique ayant pour thème la Résistance, *La Vie de château* a pourtant quelques prédécesseurs comme *Babette s'en va-t-en guerre* de Christian-Jaque (1959), et surtout de nombreux successeurs : *La Grande Vadrouille* (Gérard Oury, 1966), *Le Mur de l'Atlantique* (Marcel Camus, 1970), la saga de *La Septième Compagnie* (Robert Lamoureux, 1973/1975/1977), *Le Jour de gloire* (Jacques Besnard, 1976) et bien sûr *Papy fait de la résistance* (Jean-Marie Poiré, 1983).

Le Corniaud

GÉRARD OURY (1965)

Distribution
Louis de Funès (Léopold Saroyan)
Bourvil (Antoine Maréchal)
Venantino Venantini (Mickey, dit « le Bègue » et « la Souris »)
Henri Genès (Martial)
Beba Loncar (Ursula)
Lando Buzzanca (Lino)
Guy Grosso (un douanier)
Michel Modo (l'autre douanier)
Henri Virlojeux (un gangster)

Scénario et adaptation : Gérard Oury
Co-adaptation : Marcel Jullian

Dialogues : Georges et André Tabet

Box-office : 11 739 783 spectateurs

Un homme d'affaires emboutit la voiture d'un commerçant sur le point de partir en vacances. En compensation, ce dernier se voit proposer de convoyer une Cadillac de Paris à Bordeaux, mais il ignore que celle-ci est remplie de drogue, d'or et du plus gros diamant du monde.

Hasard de l'actualité et magie du cinéma : un lien solide relie Le Corniaud, la comédie en Technicolor de Gérard Oury, et The French Connection, le polar crépusculaire de William Friedkin. Le 21 janvier 1962, Jacques Angelvin, un présentateur-vedette de la télévision française, est arrêté à New York pour trafic de drogue. En fouillant dans sa Buick, la police de New York trouve 52 kilos d'héroïne pure acheminés par bateau depuis Marseille. Pour The French Connection, Friedkin axe son récit sur la lutte sans merci entre le flic extrémiste « Popeye » Dole et Charnier, dealer barbichu aux manières élégantes. Dans Le Corniaud, Gérard Oury préfère opposer Antoine Maréchal, un paisible commerçant, et Léopold Saroyan, businessman trempant dans des affaires louches. La Buick devient une Cadillac Eldorado, et l'héroïne est remplacée par le plus gros diamant du monde, le fameux You Koun-Koun.

D'abord tenté par les drames policiers (La Main chaude en 1959 et La Menace l'année suivante), Gérard Oury aligne les insuccès en ce début des années 1960. Son sort va changer lors du tournage du Crime ne paie pas, un film à sketches réalisé en 1962. Louis de Funès conseille alors au metteur en scène de poursuivre sa carrière dans une direction bien précise : « Tu es un auteur comique, et tu ne parviendras à t'exprimer vraiment que lorsque tu auras admis cette vérité-là. » Trois ans plus tard, Le Corniaud lui donnera raison.

Road movie bringuebalant ses protagonistes entre Paris, Bordeaux, la Côte d'Azur, Carcassonne, Rome, Naples et Pise, Le Corniaud installe le « système » Oury, un habile mélange de gags énormes, de cascades spectaculaires et de formidables numéros d'acteurs. Tout l'art comique de Gérard Oury peut se résumer en une seule scène, la fameuse séquence d'ouverture où la 2CV d'Antoine Maréchal (Bourvil) est pulvérisée jusqu'au dernier boulon par la Bentley de Léopold Saroyan (Louis de Funès). Si Le Corniaud constitue le premier triomphe populaire d'Oury, le film ne marque pas la première rencontre de Bourvil et de Louis de Funès sur grand écran. Les deux comédiens avaient déjà partagé l'affiche de Poisson d'avril (Gilles Grangier, 1954), des Hussards (Alex Joffé, 1955), d'Un clair de lune à Maubeuge (Jean Chérasse, 1962) et, surtout, de La Traversée de Paris (Claude Autant-Lara, 1956). Mais si Bourvil est une star établie depuis une décennie, Louis de Funès entame seulement son irrésistible ascension au lendemain des succès consécutifs du Gendarme de Saint-Tropez et de Fantômas, sortis l'année précédente. Sur Le Corniaud, Bourvil touche encore le triple du salaire de son partenaire hyperactif. Lors d'une

> **Léopold Saroyan :**
> Ich bin ein freund, un ami, ein freund of Herr Antoine Maréchal ! He ist en danger... Verstehen sie danger ? Alors si vous nicht intervenieren, Maréchal Kaputt !

Antoine Maréchal : *Bah… maintenant elle va marcher beaucoup moins bien, forcément !*

Ci-dessus : Bourvil fumant un cigare tout en répétant la fameuse scène où la Citroën 2CV se disloque lors de l'accident.

interview à *Ciné-Revue*, Louis de Funès déclare à l'époque : « On m'a souvent demandé si ça ne m'avait pas gêné de travailler avec Bourvil. Pas le moins du monde. Je crois que nous nous complétons merveilleusement. Bourvil fait partie des comédiens à la drôlerie desquels je ne résiste pas. Il a été d'une grande gentillesse avec moi. Il a accepté mon nom à côté du sien, au-dessus du titre, comme l'avait fait d'ailleurs Jean Marais dans *Fantômas*. C'étaient pourtant eux les stars alors que je n'étais pas grand-chose. Grâce à eux, celui qui était toujours en bas de l'affiche s'est retrouvé un jour en haut. C'est important dans une carrière. S'ils m'avaient laissé en bas, j'aurais pu y rester longtemps. » Un hommage un tantinet obséquieux qui dissimule une réalité de tournage plus complexe : au bout de quinze jours de prises de vue, Louis de Funès s'était plaint de ne pas être assez présent à l'écran. Il menace l'équipe de faire la « grève du masque » pendant vingt-quatre heures, ce qui contraint Gérard Oury à écrire la désopilante scène de la douche, où de Funès compare sa musculature frêle à celle de l'ancien catcheur Robert Duranton. Qu'importe : la réunion jubilatoire du candide Normand et de son compère irascible fera du *Corniaud* le plus gros succès de l'année, avec plus de onze millions de spectateurs. Le duo comique numéro un du cinéma français des années 1960 n'en restera pas là : lors du tournage, Gérard Oury décrit à ses deux vedettes une autre idée de scénario. Après avoir traversé la Riviera en Cadillac, Bourvil et de Funès vont bientôt s'embarquer dans une nouvelle vadrouille… ★

Les Tribulations d'un Chinois en Chine

PHILIPPE DE BROCA (1965)

Distribution
Jean-Paul Belmondo (Arthur Lempereur)
Ursula Andress (Alexandrine Pinardel)
Maria Pacôme (Suzy Ponchabert)
Valérie Lagrange (Alice Ponchabert)
Valéry Inkijinoff (Mister Goh)
Joe Saïd (Charlie Follinster)
Mario David (Roquentin)
Paul Préboist (Cornac)
Jess Hahn (Cornélius Ponchabert)
Jean Rochefort (Léon)
Darry Cowl (Biscoton)

Scénario et dialogues
Daniel Boulanger (inspiré du roman de Jules Verne)

Box-office : 2 701 748 spectateurs

Arthur, jeune milliardaire blasé, est en croisière en Chine avec sa future belle-famille. Désespéré, il demande à son ami Mister Goh de le supprimer, après avoir pris une assurance vie au profit de sa fiancée. Mais il tombe amoureux de la belle Alexandrine et veut vivre à nouveau. Aidé de son majordome, parviendra-t-il à empêcher les tueurs de le retrouver ?

Après le triomphe de *L'Homme de Rio*, Alexandre Mnouchkine et Georges Dancigers proposent à Philippe de Broca de tourner une suite. Le cinéaste refuse. Les producteurs lui proposent alors de tourner une adaptation des *Tribulations d'un Chinois en Chine* de Jules Verne. Nouveau refus.

« Peu à peu, j'ai apprivoisé le roman, explique de Broca. Daniel Boulanger m'a fait part d'idées séduisantes sur l'adaptation. Je me suis laissé convaincre d'autant que le sujet était en soi intéressant : la fuite en avant d'un milliardaire qui, après avoir tenté de se suicider, court pour échapper à sa mort. »

Adaptation très libre du roman de Jules Verne paru en 1879, le film reprend les recettes de *L'Homme de Rio* : un Jean-Paul Belmondo en très grande forme (même s'il n'a pas les yeux bridés du héros de Jules Verne), les décors naturels de l'Asie, des péripéties s'enchaînant à un rythme effréné, une galerie de personnages cocasses, un méchant obèse et truculent, une sublime partenaire, Ursula Andress, tout juste auréolée du succès de *James Bond 007 contre Dr No*, le tout saupoudré des dialogues irrésistibles de Daniel Boulanger, complice du cinéaste depuis ses débuts. De Broca se rapproche encore un peu plus des aventures de Tintin, inventant des personnages qui s'inscrivent parfaitement dans la lignée de ceux d'Hergé : Léon est à Arthur ce que Nestor est à Tintin, allant jusqu'à porter le même costume noir et jaune. Cornac et Roquentin sont des Dupond et Dupont en imperméable et casquette, peu futés mais serviables. Mister Goh, philosophe chinois, est une sorte de professeur Tournesol sans habit vert ni pendule mais avec complet gris, chapeau et club de golf. À travers ce spectacle, de Broca va encore plus loin que dans son film précédent.

« J'ai tourné ces tribulations comme un bateleur qui annonce : "Voici la plus belle fille du monde, les acrobaties les plus ahurissantes, les paysages les plus grandioses !" »

Les personnages utilisent tous les moyens de transport qu'ils trouvent sur leur passage : voilier, barque à moteur, avion, lit à roulettes, triporteur, montgolfière, automobile, dos d'éléphant, side-car, jonque chinoise, cercueil flottant, etc.

Le bikini d'Ursula

Au canevas déjà très riche du roman, Boulanger et de Broca ajoutent un second personnage féminin, Alexandrine Pinardel, qui démarque le film de l'univers quasi asexué de Tintin. Déjà fiancé, le héros tombe amoureux d'une autre femme et veut la séduire, tout en essayant d'échapper à la mort : le défi est de taille, le tournage aussi ! L'équipe part cette fois en Asie, à Hong Kong mais aussi en Inde, en Malaisie et au Népal.

« Le tournage nous a offert des moments homériques, des crises de fou rire, des canulars

> Arthur Lempereur :
> *Vous parlez français ?*
> Professeur Projevalski :
> *Naturellement, je suis russe !*

en pagaille. Il n'y avait pas une journée sans explosion, sans maison qui s'écroule, sans bateau qui coule », se souvient le cinéaste, qui rend hommage à *James Bond 007 contre Dr No* en mettant à nouveau Ursula Andress en bikini blanc sur une plage déserte. On com-

prend aisément que Belmondo ait eu envie de prolonger son histoire d'amour avec la belle Ursula au-delà du tournage.

Plus de trente ans après, de Broca émettait quelques critiques sur son propre travail : « Je sais que les enfants adorent ce film mais c'est un pastiche outré, un super-Barnum caricatural : trop d'extravagances, de fantaisie appuyée. » Pourtant, le film reste un spectacle qu'on ne se lasse pas de revoir à tout âge, comme on relit un *Tintin* avec toujours le même plaisir.

Même s'il ne se prend pas au sérieux, *Les Tribulations d'un Chinois en Chine* regorge d'une énergie communicative et d'une beauté liée à la mise en scène exigeante, aux personnages drôles et attachants évoluant dans des décors sublimes, le tout bercé par les mélodies envoûtantes de Georges Delerue.

« Quand on fait de la caricature, il faut y croire,

> **Léon :**
> *Mon cœur lâche, Monsieur….*
> **Arthur Lempereur :**
> *Serrez les fesses !*
> **Léon :**
> *J'vois pas l'rapport, là, ça vraiment…!*

explique de Broca. Sinon on tombe dans la parodie ricanante. La partition de Delerue fait comprendre que nos méchants de convention sont néanmoins de vrais méchants. Bien sûr, on rit mais il faut malgré tout avoir peur. »

Avec l'apparition de thèmes identifiables qui accompagnent les personnages, le musicien apporte un contrepoint encore plus marqué que dans *L'Homme de Rio*.

« Georges comprenait pleinement ma démarche : à mes yeux, la comédie est basée sur une façon drôle de voir des choses graves. Il glissait dans mes films tout ce que je ne parvenais pas à y mettre moi-même, sans doute par pudeur. Voilà son génie : rendre palpable, derrière un vernis de légèreté, une insondable tristesse, une impression de la fragilité des êtres et des choses, que tout est perdu ou va se perdre. »

Malgré l'autocritique, le cinéaste ajoute : « Quand je revois *Les Tribulations* aujourd'hui, je trouve qu'elles confondent rythme et précipitation. Mais elles me touchent d'une autre manière, car elles contiennent mes meilleurs souvenirs d'amitié et d'insouciance avec Belmondo. On avait trente ans, on était des gosses auxquels le cinéma payait des jouets grandeur nature. » ★

Ne nous fâchons pas

GEORGES LAUTNER (1966)

Distribution
Lino Ventura (Antoine Beretto)
Jean Lefebvre (Léonard Michalon)
Michel Constantin (Jeff)
Mireille Darc (Églantine Michalon)
Tommy Dugan (le colonel McLean)
Robert Dalban (l'embaumeur)
Marcel Bernier (Marcel)
Thierry Thibaud (Shark)
Sylvia Sorrente (Vicky)
André Pousse (un truand)

Scénario et dialogues : Michel Audiard
Adaptation : Marcel Jullian, Jean Marsan et Georges Lautner

Box-office : 1 877 412 spectateurs

Un ancien truand reprend du service en protégeant un « cave » menacé par un gang de la Côte d'Azur.

Alerté par la recrudescence d'accrochages aux feux rouges et de bourre-pifs échangés sur la voie publique, le quotidien *France-Soir* décide en 1965 de lancer une campagne civique adressée aux automobilistes. Les routes, boulevards et chemins voient fleurir à l'époque des autocollants proclamant « Gardons le sourire » sur les lunettes arrière des véhicules. Cette fronde anti-violence amuse beaucoup le scénariste-dialoguiste vedette de la comédie à la française. Dans le dossier de presse accompagnant la sortie du long-métrage, Michel Audiard note : « L'idée du film m'est venue cet été, quai du Louvre. Au départ d'un feu vert, deux voitures s'accrochent. Je remarque que l'une a affiché la vignette "Ne nous fâchons pas", l'autre "Priorité au sourire". Il n'y a qu'un peu de tôle froissée, mais monsieur "Ne nous fâchons pas" emmanche une pêche soignée à Monsieur "Priorité au sourire", qui se retrouve sur les miches ! »

Un slogan publicitaire bienveillant et une simple rixe entre automobilistes ? Il n'en faut pas plus à Georges Lautner et à ses acolytes pour trouver le point de départ d'une des comédies les plus délirantes de la décennie. Cartoonesque, décapant et furieusement « pop », *Ne nous fâchons pas* est aussi le premier long-métrage de Lautner tourné en couleurs. Grâce au procédé Technicolor, le noir et blanc hustonien des *Tontons flingueurs* se pare de couleurs chamarrées, et les paysages d'une Côte d'Azur hivernale constituent une toile de fond épatante au nouveau polar détourné du metteur en scène des *Barbouzes*. Côté casting, *Ne nous fâchons pas* marque le retour des « tronches » fétiches des comédies policières de Lautner. Dans le rôle d'Antoine Beretto, ancien truand reconverti dans l'industrie nautique, Lino Ventura endosse une nouvelle fois l'interprétation d'un cadre contrarié au coup de poing facile. Jean Lefebvre, l'éternel souffre-douleur du cinéma comique hexagonal, incarne Léonard Michalon, un « Belphégor des hippodromes » embrigadé dans une série de quiproquos explosifs. Robert Dalban est une fois de plus imperturbable dans la peau d'un embaumeur de cadavres frais, et une Mireille Darc toute en tenues Courrèges et taches de rousseur factices interprète Églantine Michalon, l'objet de toutes les attentions masculines. Nouveau venu dans l'arsenal Lautnerien, Michel Constantin, un ancien champion de volley-ball, prête sa trogne impassible et son regard buté au personnage de Jeff, restaurateur et ancien compagnon d'armes d'Antoine Beretto.

Extravagances pop

Georges Lautner, Michel Audiard, l'écrivain-scénariste Marcel Jullian et l'auteur-acteur Jean Marsan se sont mis en quatre pour narrer les déboires méridionaux de Lino Ventura et Jean Lefebvre. Une équipe de choc pour un résultat extravagant et volontiers anarchique. Et pour cause : le scénario de *Ne nous fâchons pas* n'a jamais été terminé ! Un état de fait qui n'exclut pourtant pas les coups de génie, à commencer par la création du personnage du colonel McLean, joué par Tommy Dugan, sosie british

Lino Ventura, le réalisateur Georges Lautner et Mireille Darc lors du tournage du film, le 10 décembre 1965.

Jean Lefebvre, Michel Constantin et Lino Ventura.

Antoine Beretto : *Je critique pas le côté farce. Mais pour le fair-play, y aurait quand même à dire…*

de Jean Poiret et *bad guy* à l'élégance suave. De la terrasse de sa luxueuse villa azuréenne, le colonel dirige d'une main embagousée une troupe de *mods* tout droit sortis de *Salut les copains*. Costumes Renoma coupés court et cheveux longs, cette armée brit-pop ponctue chaque séquence d'intermèdes électriques dérivés des Kinks et des Who. Lautner, Audiard, Ventura et la *british invasion* ? Une équation qui ouvre une foule d'horizons inédits que les concepteurs du film vont s'empresser d'exploiter à fond, des poursuites en mobylettes rythmées par les guitares saturées jusqu'au final psychédélique, une énorme *party* zazou au son d'*Akou*, une reprise à peine déguisée du *Gloria* des Them interprétée par Graeme Allwright. C'est aussi dans le dernier quart d'heure du film que s'expriment la démesure et l'extravagance de l'entreprise. Dans un authentique dérapage vers le *nonsense* britannique, les dernières bobines déclinent de manière potache un jeu de massacre aussi jouissif qu'hilarant. Sauf pour Lino Ventura, excédé par les excès burlesques d'Audiard et Lautner, à qui il n'adressera plus la parole vers la fin du tournage. Les deux hommes n'auront plus jamais l'occasion de retravailler ensemble.

Mélange détonant de séquences spectaculaires (on pense à James Bond lors des cascades automobiles et des scènes sous-marines) et de situations surréalistes où l'absurde l'emporte sur la vraisemblance, *Ne nous fâchons pas* anticipe néanmoins les futurs délires de Georges Lautner qui culmineront lors de la décennie suivante avec *Laisse aller... c'est une valse !*, (1971) et *La Valise* (1973). Mais bien plus qu'un aller simple vers l'irrationnel comique, *Ne nous fâchons pas* constitue surtout l'indispensable dernier volet d'une trilogie culte entamée avec *Les Tontons flingueurs* et poursuivie avec *Les Barbouzes*. ★

Bonus

→ En adéquation avec l'écriture très libre du scénario de Lautner-Audiard-Jullian-Marsan, l'équipe du film a dû patienter jusqu'à la destruction du pilier central du viaduc de Malvan pour tourner la fameuse scène de la « capture aérienne » des *mods*.

La Grande Vadrouille

GÉRARD OURY (1966)

Distribution
Bourvil (Augustin Bouvet)
Louis de Funès (Stanislas Lefort)
Claudio Brook (Peter Cunningham)
Andréa Parisy (sœur Marie-Odile)
Colette Brosset (Mme Germaine)
Mike Marshall (Alan Mac Intosh)
Mary Marquet (la mère supérieure)
Pierre Bertin (le grand-père de Juliette)
Benno Sterzenbach (le major Achbach)
Marie Dubois (Juliette)
Terry-Thomas (sir Reginald Brook)

Scénario : Gérard Oury, Danièle Thompson, Marcel Jullian
Dialogues : Georges et André Tabet

Box-office : 17 270 676 spectateurs

En 1942, un avion britannique est abattu par les Allemands au-dessus de Paris. Les trois pilotes sautent en parachute et atterrissent dans différents endroits de la capitale. Ils sont aidés par deux civils français, un chef d'orchestre et un peintre en bâtiment, qui acceptent de les conduire en zone libre. Poursuivis par la police allemande, ils deviennent, malgré eux, des héros de la Résistance.

Après l'immense succès du *Corniaud*, la logique voudrait que Gérard Oury tourne un *Corniaud 2*. Des producteurs américains proposent même au cinéaste de réaliser un remake du *Corniaud* avec Dean Martin et Jack Lemmon. Malgré leurs promesses financières extravagantes, Gérard Oury refuse et, conservant l'équipe qui lui a déjà porté bonheur, décide que l'histoire de son prochain film se déroulera sous l'Occupation. « On craignait de faire un film comique situé dans cette période douloureuse », se souvient le producteur Robert Dorfmann. Pourtant, le roi des tandems contre nature se lance dans cette aventure cinématographique épaulé par un budget pharaonique (le double de celui du *Corniaud*).
« J'avais envie de continuer à faire rire les gens, raconte Gérard Oury. Pour cela j'ai employé les grands moyens. Je me suis acharné à travailler très très très longtemps sur le scénario. Un an et demi. »

Une histoire écrite sept ans plus tôt

Né Max-Gérard Houry Tannenbaum, le cinéaste d'origine juive, jadis interdit de travail par le régime de Vichy, trouve avec ce projet un moyen de stigmatiser l'intolérance, l'antisémitisme et la lâcheté, qui le dégoûtent. Il ressort de ses tiroirs une histoire qu'il a écrite avec Jean-Charles Tacchella sept ans auparavant et qui raconte comment deux sœurs jumelles tentent de mener en zone libre des pilotes américains tombés au-dessus de Paris. Oury reprend l'idée et remplace les jumelles par un tandem masculin. Marcel Jullian réintègre son fauteuil de coscénariste, tandis que le cinéaste donne sa chance à sa propre fille, Danièle Thompson, qui n'a que vingt-trois ans. « Elle me donne le double de ma force », dit d'elle le cinéaste. Toujours soucieux de la plus grande efficacité scénaristique, il n'hésite pas à séquestrer ses coscénaristes dans une villa de la Côte d'Azur pour qu'ils donnent le meilleur d'eux-mêmes. Jullian se souvient qu'un soir, épuisé et n'arrivant pas à résoudre la scène où les héros doivent franchir la ligne de démarcation (car il fallait être drôle sans trahir la réalité historique), Oury proposa diverses solutions qui ne fonctionnaient pas. Dans l'énervement, Jullian trouve alors la solution : les habiller en *feldgendarm* (policier militaire allemand). « Je ne pense pas qu'on l'aurait trouvée dans le calme. C'est parce qu'il nous avait amenés au-delà des choses, il savait très bien, presque physiologiquement, au moment où on n'était plus soi-même. »
À ce trio magique, il faut ajouter le duo Guy Grosso et Michel Modo, qui élaborent de nouvelles idées de gags, ainsi que les frères Georges et André Tabet qui se lancent dans l'écriture des dialogues. Le projet est tellement ambitieux artistiquement et techniquement que le producteur, galvanisé par son futur succès, réunit tous les exploitants de salle pendant le festival de Cannes, et les incite à lui signer un chèque en échange d'une copie du film en première exclusivité. Et ça marche !
Le 16 mai 1966, le tournage commence, les ennuis aussi. Les deux héros doivent échanger leurs chaussures et Oury est confronté à une première difficulté : Bourvil est bon dans les premières prises, tandis que de Funès est meilleur au bout de la dixième. Le problème ne s'était

> Augustin : *Y'a pas d'hélice hélas.*
> Stanislas : *C'est là qu'est l'os.*

Augustin :
Mais dites donc ! Ça fait deux fois qu'vous m'faites ça : vous m'avez déjà pris mes chaussures, maint'nant mon vélo !

Ci-dessus : Bourvil et Louis de Funès dans l'une des scènes légendaires de *La Grande vadrouille*.

pas posé sur *Le Corniaud* où les deux comédiens étaient rarement ensemble à l'image. « Cela s'arrange grâce à la complicité régnant entre les deux hommes », raconte Oury. Quand de Funès refuse de remercier Bourvil, qui évite que la patrouille allemande ne l'arrête, le cinéaste argumente : « Quand quelqu'un te sauve la vie, tu le remercies. » Le comédien s'exécute. « Il l'a merveilleusement dit, mais il avait toujours quelque pudeur à exprimer un sentiment qui n'était pas un effet comique, quelque chose comme une émotion », ajoute Oury.

Cent cinquante potirons de chez Fauchon

Surviennent également des difficultés techniques. Lors des scènes sur les toits de Paris, l'équipe de décorateurs est obligée de masquer les antennes de télévision à l'aide de fausses cheminées. Pour la scène des citrouilles, la production commande à prix d'or cent cinquante potirons chez Fauchon. Les gags coûtent cher

Augustin :	*You, you come with me to pick up Peter.*
Stanislas :	*Non, you, you come with me to pick up Mac Intosh.*
Augustin :	*No no no no, you you you !*
Stanislas :	*I beg your pardon ?*
Augustin :	*And if you don't come, I… ah merde alors comment on dit ?*
Stanislas :	*Comment ça « merde alors » ? But alors you are French ?*

à tourner à cause de leur complexité mécanique : la scène où le pot de peinture tombe sur un officier allemand a nécessité une dizaine de prises. Coût estimé : trente mille francs ! Même si Robert Dorfmann cède à tous les caprices du metteur en scène, certaines séquences ne seront pas tournées. La scène finale, où Bourvil et de Funès devaient fuir à ski les soldats allemands sur les pistes enneigées des Alpes, est remplacée par la scène des planeurs, plus spectaculaire et moins coûteuse. Le tournage dure dix-neuf semaines, ponctuées de fous rires et de travail minutieux.

Sur le plateau, Oury respecte le scénario mais n'hésite pas à improviser. À l'origine, de Funès devait redescendre des épaules de Bourvil après avoir passé le mur, mais constatant que la scène était plus drôle ainsi, le metteur en scène demande à de Funès de jouer toute la scène sur les épaules de Bourvil. Pour la scène de la chambre d'hôtel, Oury voulait des lits jumeaux mais de Funès tente de convaincre le cinéaste que la scène sera plus drôle s'il n'y a qu'un seul lit. Oury adopte l'idée. Toujours de bonne humeur, Bourvil ne cesse de faire le pitre sur le plateau. Il chambre son partenaire quand il est ronchon, et de Funès, contaminé à son tour, éclate de rire. Premier spectateur de ce duo explosif, Oury a du mal à retenir son hilarité. Jusqu'au bout, le plateau ressemblera à une colonie de vacances, selon les propos du cinéaste.

Le plus gros succès de tous les temps

La campagne publicitaire est démesurée avant et pendant le tournage, si bien qu'à la sortie du film, les spectateurs se précipitent dans les salles, heureux de pouvoir rire aux dépens des envahisseurs allemands, maltraités par deux personnages auxquels ils s'identifient. Le film est un exutoire formidable pour le public, et devient le plus gros succès de tous les temps, détrôné trente ans plus tard par le *Titanic* de James Cameron, puis dix ans après par *Bienvenue chez les Ch'tis* de Dany Boon. Il triomphe aussi à l'étranger (Maroc, Algérie, Israël, Belgique, Allemagne, Espagne, Italie, Russie) et cartonne à chacun de ses passages télé. Le film a marqué un tournant dans l'histoire du cinéma français : jusqu'ici, les comédies étaient tournées en noir et blanc avec peu de moyens. Avec l'aide du Cinémascope, de la couleur, des décors extérieurs et d'un tandem de stars, Oury a réinventé en deux films la comédie à la française. En 2002, le cinéaste déclarait : « Je suis heureux d'être parvenu à toucher le grand public plutôt qu'un groupe restreint. C'est une évidence : nous faisons des films pour qu'ils soient vus ! » ★

Gérard Oury dirige ses acteurs durant une scène à l'Opéra Garnier.

Bonus

→ Gérard Oury avait déjà, en 1958, coécrit un film dont l'action se passe sous l'Occupation : *Babette s'en va-t-en guerre*.

Ci-dessous : Michel Modo, qui a élaboré de nouvelles idées de gags avec son partenaire Guy Grosso.

Le Grand Restaurant
JACQUES BESNARD (1966)

Distribution
Louis de Funès (Septime)
Folco Lulli (Novalès)
Maria-Rosa Rodriguez (Sofia)
Bernard Blier (le commissaire)
Noël Roquevert (le ministre)
Venantino Venantini (Enrique)
Paul Préboist (le sommelier)
Jacques Dynam (un serveur)
Maurice Risch (un autre serveur)
Michel Modo (le petit Roger)

Scénario original et dialogues
Jean Halain
Adaptation : Jean Halain, Louis de Funès, Jacques Besnard

Box-office : 3 878 520 spectateurs

Un chef d'État sud-américain est kidnappé dans un grand restaurant parisien. Son directeur devient alors à la fois la cible des terroristes et de la police.

Au lendemain du succès du *Gendarme de Saint-Tropez*, de *Fantômas*, du *Corniaud* et à l'aube du tsunami populaire de *La Grande Vadrouille*, plus rien ne semble freiner l'irrésistible domination de Louis de Funès sur le cinéma comique français des années 1960. Réalisé en 1965 par Jacques Besnard (*Le Fou du labo 4*, *C'est pas parce qu'on a rien à dire qu'il faut fermer sa gueule*), *Le Grand Restaurant* fait partie des meilleures comédies de l'ancien Branquignol. Cocktail savoureux d'humour et d'espionnage, le scénario de Jean Halain plonge l'irascible Septime, directeur d'un restaurant parisien haut de gamme, dans une sombre intrigue politico-policière après l'enlèvement de Novalès, un chef d'État sud-américain. Désigné comme appât par un commissaire soupçonneux (Bernard Blier) et son supérieur hiérarchique (Noël Roquevert), Septime se retrouve au beau milieu d'une enquête farfelue en compagnie de Sofia (Maria-Rosa Rodriguez), la séduisante secrétaire de Novalès. Le festival de Funès est total et les moments de bravoure s'empilent dans une première moitié survoltée et traversée par une suite ininterrompue de séquences cultes. Qui a oublié la recette du soufflé de pomme de terre dictée à un dignitaire allemand dans la langue de Goethe, avec en option un jeu d'ombres créant mèche et moustache façon Führer ? Le ballet des serveurs (« plié, tendu... ») qui dérape absurdement en ballet cosaque, les seconds rôles déterminants (Michel Modo, alias « le petit Roger », en cafeteur de compétition, et Paul Préboist en sommelier un peu trop consciencieux) sont aussi délectables que les canards à la rouennaise ou les lapins à la cabriole proposés dans le menu. Et tant pis si la dernière demi-heure du long-métrage patine dans les décors montagnards de Val-d'Isère avec des scènes d'action à peine dignes d'un *Fantômas* du pauvre. *Le Grand Restaurant* offre un divertissement cinq étoiles et une très bonne carte digne de figurer dans le guide Duchemin, mais il s'agit là d'une autre histoire... ★

Bonus

→ Le fameux « ballet des garçons de salle » a été chorégraphié par Colette Brosset, l'épouse de Robert « Branquignol » Dhéry.
→ Le célèbre restaurant Ledoyen a servi d'inspiration pour les décors de son homologue imaginaire « Chez Septime », dont le nom évoque bien sûr Maxim's.

> **Septime :**
> *Je répète, Herr Müller. Ich wiederhole. Ein Kilogramm Kartoffeln. Ein Liter Milch. Drei Eier. Neunzig Gramm Butter. Salz. Und ! Und ! Muskatnuss ! Muskatnuss, Herr Müller ! Signor Riganti... Monsieur le commissaire... Haben Sie verstanden, Herr Müller ?*

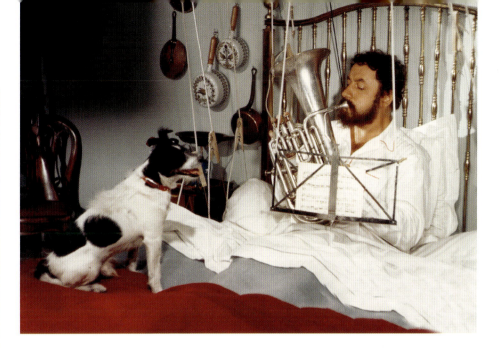

Alexandre le bienheureux

YVES ROBERT (1967)

Distribution
Philippe Noiret (Alexandre Gartempe)
Françoise Brion (la Grande)
Marlène Jobert (Agathe Bordeaux)
Paul Le Person (Sanguin)
Tsilla Chelton (La veuve Bouillot)
Pierre Richard (Colibert)
Jean Carmet (la Fringale)
Jean Saudray (Pinton)
Léonce Corne (Lamendin)
Pierre Barnley (le curé)
Marcel Bernier (Malicorne)
Bernard Charlan (le maire)
Pierre Maguelon (Verglandier)
Marc Dudicourt (Tondeur)
Pierre Bellemare (lui-même)

Scénario et adaptation : Yves Robert et Pierre Lévy-Corty (d'après une nouvelle d'Yves Robert)

Dialogues : Yves Robert

Box-office : 2 219 405 spectateurs

Agriculteur surexploité par une épouse autoritaire, Alexandre voit sa vie basculer lorsqu'il se retrouve veuf.

Seul dans son grand lit, le dos bien calé dans son oreiller, Philippe Noiret fait descendre un saucisson, puis une bouteille de rouge dont il remplit généreusement son verre : au plafond, tout un attirail de victuailles dont il tire les ficelles. Manger, boire, dormir et jouer du tuba… tout un programme. Délesté d'une épouse tyrannique qui a passé l'arme à gauche dans un accident de DS, Alexandre est enfin libéré de toute tâche agricole et compte exercer son droit à la paresse. « Le sujet d'Alexandre venait, encore une fois, de mes souvenirs d'Anjou, de ces marginaux qui vivaient à la lisière des villages », raconte Yves Robert, qui évoque un homme qui allait promener son chien en cachette de sa femme, et un autre qui vivait nu dans une maison aux volets toujours fermés. À l'origine, le cinéaste avait écrit une petite nouvelle mélangeant réalisme et fantaisie, qui s'appelait *Le Chien*. « À la fin, l'animal trouvait invraisemblable que son maître reste au lit, il le chassait de sa ferme et s'asseyait devant la porte de cette grande niche. » Pendant l'écriture du scénario, Yves Robert et Pierre Lévy-Corti se trouvent soudain dans une impasse : « Quand le chien avait chassé Alexandre de son lit, je ne savais plus quoi faire. J'avais pensé, ultime geste d'homme libre, qu'il pourrait mettre le feu à sa ferme et à ses champs, mais ça me semblait un peu… russe. Un matin, je songe à l'éternel "cherchez la femme". Je l'avais trouvée : une admiratrice, une fan, aussi paresseuse que lui. » Ainsi est née Agathe qui va réveiller Alexandre, avant de le faire fuir définitivement lors d'une scène de mariage mémorable : quand le curé lui pose la question rituelle, Alexandre répond un jouissif « non ». « Je me suis servi de ma misogynie bien "naturelle", qui est, comme la misanthropie, une source de comique », confesse le cinéaste.

Une fable amorale sur le travail forcé

D'ouvrier chez Renault qui refusait d'aller travailler dans une version antérieure du scénario, Alexandre est devenu propriétaire-cultivateur,

Sanguin :	**Ben, tu vas pas rester là ?**
Alexandre :	**Si !**
Sanguin :	**Dans ton lit ?**
Alexandre :	**Oui !**
Sanguin :	**Ben et le travail ?**
Alexandre :	**Je m'en fous !**
Sanguin :	**Et ta terre ?**
Alexandre :	**Elle fait comme moi, elle se repose !**

héritier de sa femme. « Ce qui me semble beaucoup plus subversif, souligne Yves Robert, parce qu'il va tout abandonner derrière lui en partant. » Féru de siestes, de pêche et d'ornithologie, Alexandre est un contemplatif et un contestataire, et il n'a pour seul ami que son chien. « Je voulais faire un film sur le pouvoir de dire non », explique Yves Robert. « Une fable amorale sur le travail forcé. Les autres autour de lui sont déstabilisés, scandalisés. Des clans se forment. Des pour, des contre. » Sanguin mène la fronde, Colibert et Pinton vont se coucher. Pendant le tournage, la complicité et les pitreries de Pierre Richard et Jean Carmet sont contagieuses. Entre deux prises, Carmet se fait inviter à déjeuner par les habitants du village, glisse des œufs dans les poches des techniciens et tape dessus des deux mains…

Inventif à chaque plan, le film mélange habilement humour poétique (Alexandre dialoguant avec les oiseaux ou avec son chien), absurde (Alexandre souffle les réponses au candidat d'un jeu télé) et burlesque (montage accéléré, jeu de jambes de Pierre Richard, poursuite finale très keatonienne). Prémonitoire des événements de mai, *Alexandre le bienheureux* sort début février 1968 et triomphe un peu partout dans le monde. Depuis, on ne fait plus une sieste sans penser à Alexandre. ★

Les Compagnons de la Marguerite

JEAN-PIERRE MOCKY (1967)

Distribution
Claude Rich (Jean-Louis Matouzec, dit Matou)
Michel Serrault (l'inspecteur Papin)
Francis Blanche (l'inspecteur Leloup)
Paola Pitagora (Martine Leloup)
Catherine Darcy (Françoise Matouzec)
Roland Dubillard (Flamand)
René-Jean Chauffard (le commissaire Rudel)

Scénario original : Jean-Pierre Mocky
Adaptation et dialogues : Alain Moury

Box-office : 521 340 spectateurs

L'inspecteur Leloup : *Je change de femme, la voisine ne s'en aperçoit même pas.*
Matou : *C'est bien ainsi que je l'entends, Maurice, une femme comme il faut ressemble à n'importe quelle femme comme il faut !*

Désirant changer de femme sans avoir à divorcer, un expert en rénovation de vieux manuscrits falsifie un registre d'état civil, et déniche un couple marié consentant pour un échange.

Après l'échec de *La Cité de l'indicible peur* et de *La Bourse et la Vie*, et alors qu'il vient de divorcer de sa première femme après une longue bataille juridique, Jean-Pierre Mocky décide de s'inspirer de cette mésaventure personnelle pour son prochain film. Il invente l'histoire de Jean-Louis Matouzec, un déçu de la vie conjugale dont l'épouse est constamment hypnotisée par les images de son poste de télévision (comme un avant-goût de *La Grande Lessive !*). Cet idéaliste un brin mondain décide de falsifier son registre d'état civil et se retrouve aussitôt divorcé, sans passer par la case juge et avocats.

« C'est une histoire vécue puisque l'âge indiqué sur mes papiers n'est pas mon véritable âge, raconte le cinéaste. En 1940, craignant les persécutions contre les juifs, mon parrain a fait falsifier mon état civil afin que je puisse prendre un bateau pour l'Algérie. »

Critiquant le mariage, la police et la justice, le cinéaste met en scène une joyeuse bande de révolutionnaires qui font voler en éclats les institutions.

Interdite de tournage dans les mairies en raison du sujet, l'équipe filme les intérieurs en studio. Épaulés par des trognes familières (Roger Legris, Rudy Lenoir, Michael Lonsdale, Marcel Pérès, Jean Tissier, Dominique Zardi et l'in-

contournable Jean-Claude Rémoleux), Francis Blanche et Michel Serrault contaminent le film de leur comique provocateur. Bienfaiteur incompris des forces de l'ordre, l'élégant Claude Rich, avec son éternelle candeur, est obligé de créer une société secrète s'il veut faire bénéficier les citoyens de ses méthodes sans se faire pincer. Les compagnons de la Marguerite ridiculisent les policiers avec politesse et bonne humeur.

« J'ai fait un film absurde, mais qui marche très fort auprès des gens, car ça les amuse de penser qu'il est peut-être possible de changer de conjoint sans divorcer. *Les Compagnons de la Marguerite* est un miracle, car c'est un tout petit film qui a rapporté pratiquement autant qu'*Un drôle de Paroissien.* »

Truffé de jeux de mots (« Leloup, cessez de hurler ! »), de répliques moqueuses (« Sacré Rabelais, il écrivait comme un cochon, il n'était pas médecin pour rien ») et de gags visuels délirants (Francis Blanche en jeune mariée, les poulets qui tuent des pigeons et les font rôtir au commissariat), *Les Compagnons de la Marguerite* est une fable à l'humour grinçant et salvateur pour les spectateurs en mal d'utopie et de fantasme. ★

Bonus

→ La femme dont se débarrasse Matou dans le film est l'épouse de Claude Rich dans la vie.

Le Petit Baigneur
ROBERT DHÉRY (1967)

Distribution
Louis de Funès (Louis-Philippe Fourchaume)
Robert Dhéry (André Castagnier)
Colette Brosset (Charlotte Castagnier)
Andréa Parisy (Mme Fourchaume)
Michel Galabru (Scipion)
Jacques Legras (l'abbé Castagnier)
Pierre Dac (le ministre)
Pierre Tornade (Jean-Baptiste Castagnier)
Franco Fabrizi (Marcello Cacciaperotti)
Gérard Calvi (le chef de la fanfare)

Scénario original
Robert Dhéry
Collaboration à l'adaptation
Pierre Tchernia, Albert Jurgenson, Michel Modo, Claude Clément, Jean Carmet

Box-office : 5 542 755 spectateurs

Le concepteur d'un bateau de course se retrouve au centre des convoitises de deux constructeurs concurrents.

Louis de Funès et Robert Dhéry se sont croisés pour la première fois en 1951, à l'occasion de la revue *Bouboute et la sélection*, montée au cabaret Vernet. Les deux hommes collaboreront ensuite pour le grand écran dans, entre autres, *Ah ! les belles bacchantes* (1954) et *La Belle Américaine* sept ans plus tard. Les retrouvailles cinématographiques du fondateur de la troupe des Branquignols et du comique français numéro un de l'époque donnent lieu à des sommets de loufoquerie dans *Le Petit Baigneur* en 1967. Les machinations ourdies par Louis-Philippe Fourchaume, constructeur de bateaux et chef d'entreprise tyrannique, pour s'accaparer le prototype du *Petit Baigneur*, un dériveur révolutionnaire imaginé par le naïf André Castagnier (Robert Dhéry et ses cheveux carotte), débouchent sur une avalanche de gags aux registres variés, de l'énorme (les acrobaties du tracteur et du passage à niveau) au plus subtil (...).

Burlesque et *nonsense*

Une réussite globale qui, toutefois, ne s'est pas réalisée sans conflits. Du temps s'est écoulé depuis les premiers exploits des Branquignols et le pianiste extravagant des *Belles Bacchantes* est devenu une star exigeante et soucieuse de son profil. Pendant le tournage du *Petit Baigneur*, Louis de Funès exige sans cesse plus de gros plans de son visage élastique, au détriment du sens des gags à la mécanique ciselée chers à Robert Dhéry. Dans la presse,

Louis-Philippe Fourchaume :
"Meilleurs souvenirs d'Italie, et une… et une grosse bise au vieux schnock" !
Qui est-ce qui a écrit ça ?

de Funès déclare peu de temps après la sortie du film : « Je ne l'ai pas fait par cabotinage, mais tout simplement parce que Dhéry était capable de rendre n'importe quel objet plus comique que moi ! »

Mais loin de s'annuler, ces deux conceptions opposées de l'humour s'enrichissent mutuellement. Dans *Le Petit Baigneur*, l'hystérie caractérisée des comédies de Louis de Funès bénéficie de moments de répit grâce à la mise en scène nuancée de Robert Dhéry et l'apport de seconds rôles de premier plan (Galabru, Brosset et une grande partie des Branquignols, avec une mention spéciale à l'abbé-cascadeur Jacques Legras). La rencontre des influences des géants burlesques du cinéma muet (Chaplin, Keaton) et du *nonsense* britannique confère également au *Petit Baigneur* une place à part dans la filmographie de Louis de Funès, tout en confirmant qu'il est capable d'atteindre des sommets inédits lorsqu'il trouve un metteur en scène à sa hauteur. ★

Bonus

→ *Le Petit Baigneur* a été tourné à une vitesse record au cours de l'automne et de l'hiver 1967, car Robert Dorfmann, le producteur du film, devait absolument dépenser son budget avant le 1er janvier de l'année suivante !

Un idiot à Paris

SERGE KORBER (1967)

Distribution
Jean Lefebvre (Goubi)
Dany Carrel (Juliette, « la Fleur »)
Bernard Blier (Léon Dessertine)
Robert Dalban (le maire Patouilloux)
Paul Le Person (Jean-Marie Laprune)
Jean Carmet (Ernest Grafouillères)
Fernand Berset (Jules Grafouillères)
Bernadette Lafont (Berthe Patouilloux)
André Pousse (un chauffeur de taxi)
Yves Robert (Marcel Pitou)
Pierre Richard (un agent de police)

Adaptation : Michel Audiard, Jean Vermorel et Serge Korber (d'après le roman de René Fallet)

Dialogues
Michel Audiard

Box-office : 1 360 462 spectateurs

Un paysan un peu simplet monte à la capitale et rencontre ses deux bienfaiteurs : un négociant de viande en gros et une prostituée.

La première comédie de Serge Korber est une adaptation fleurie du roman de René Fallet paru en 1966. Tendre et léger, *Un idiot à Paris* est traversé par l'innocence hébétée de Jean Lefebvre et les dialogues au cordeau de Michel Audiard. Après avoir joué les seconds (voire troisièmes) couteaux dans les comédies de Raoul André et Georges Lautner, Jean Lefebvre accède pour la première fois à la tête d'affiche dans le rôle de Goubi, le « bredin » du village de Jaligny-sur-Besbre, dans l'Allier. « Je n'ai pas eu à l'imaginer. Mon innocent du village, mort aujourd'hui, existait vraiment. Il s'appelait Goubi, comme celui du film et, comme lui, n'avait qu'un rêve : voir la tour Eiffel », déclare René Fallet en 1966. L'idiot du bourg est la cible de moqueries de ses congénères. Amoureux transi de Berthe Patouilloux, la fille du maire, Goubi arpente les chemins du terroir en conservant dans la poche de son veston élimé son objet fétiche : une tour Eiffel-thermomètre. Son rêve de monter à la capitale devient réalité le jour où les frères Grafouillères le déposent à son insu au marché des Halles, au lendemain d'une cuite monumentale. Perdu dans Paris, le commis agricole croise bientôt ses anges gardiens : Léon Dessertine, ancien de l'Assistance publique, puis Juliette, dite « la Fleur », une prostituée au grand cœur. « Je ne suis pas un idiot, mais un imbécile », répète Goubi tout au long du film. Une fine nuance qui lui permettra de rentrer le cœur léger à Jaligny-sur-Besbre pour cultiver les bienfaits de Juliette, sa fleur du bitume.

Serge Korber tire le meilleur parti du conte paysan de René Fallet en ajustant sa mise en scène à la patine nostalgique du roman du futur auteur de *La Soupe aux choux*. Au-delà des travers de la grande ville, incarnés, entre autres, par les complaintes d'André Pousse en chauffeur de taxi irascible, une série de plans naturalistes entraîne *Un idiot à Paris* vers les sentiers de la poésie rurale. Et dans la grande tradition de la comédie à la française de l'époque, les seconds rôles tissent un contrepoint jubilatoire : Yves Robert déclame une splendide tirade sur le désespoir urbain, un Pierre Richard aux cheveux courts effectue une de ses premières apparitions sur grand écran dans un rôle à contre-emploi de policier sur les nerfs, et c'est Jacques Brel, qui avait adoré le roman de Fallet (lui-même ami fidèle de Brassens), qui signe *Les Cœurs tendres*, la chanson du générique. ★

Bonus

→ René Fallet effectue une apparition muette dans le rôle du curé du village.

Le maire Patouilloux :
Je suis ancien combattant, militant socialiste et bistrot... C'est dire si dans ma vie, j'ai entendu des conneries !

Oscar

ÉDOUARD MOLINARO (1967)

Distribution
Louis de Funès (Bertrand Barnier)
Claude Rich (Christian Martin)
Claude Gensac (Germaine Barnier)
Agathe Natanson (Colette Barnier)
Mario David (Philippe Dubois)
Sylvia Saurel (Jacqueline)
Paul Préboist (Charles)
Dominique Page (Bernadette)
Roger Van Hool (Oscar)
Philippe Valauris (le chauffeur)
Germaine Delbat (Charlotte Bouillotte)

Adaptation : Jean Halain, Édouard Molinaro, Louis de Funès (d'après la pièce de Claude Magnier)

Dialogues additionnels : Jean Halain

Box-office : 6 120 862 spectateurs

Un riche industriel voit sa vie bouleversée le jour où l'un de ses proches collaborateurs lui annonce que sa fille est enceinte et qu'il a l'intention de le faire chanter.

Le décor est unique, les portes claquent, les bons mots fusent, des valises remplies de bijoux et de billets de banque disparaissent et la bonne n'est pas celle que l'on croit. Pas de doute, *Oscar* nage en plein vaudeville et ne cherche nullement à dissimuler ses origines boulevardières. La pièce, écrite par Claude Magnier, a été montée une première fois sur les planches parisiennes en 1957. Elle réunit Pierre Mondy, Jean-Paul Belmondo et Maria Pacôme, mais les premières représentations à l'Athénée sont un échec. Pour autant, le rideau ne tombera pas définitivement sur *Oscar*. Deux ans plus tard, Louis de Funès, qui alterne alors ses apparitions sur les planches et les plateaux de cinéma, est censé jouer *L'Avare* au profit des prestigieux galas Karsenty. Ne se sentant pas prête, la future star du cinéma comique français décide de se rabattre sur la pièce de Claude Magnier. Cette fois, le succès est au rendez-vous. Survolté, de Funès apporte un rythme nouveau à la pièce et gratifie chaque soir les spectateurs de mimiques et de grimaces dévastatrices et totalement improvisées. *Oscar* sera finalement joué plus de six cents fois avant d'être adapté au cinéma par Édouard Molinaro en 1967. Louis de Funès y reprend le rôle principal de l'industriel Bertrand Barnier, tandis que Claude Rich remplace Jean-Pierre Cassel dans celui de Christian Martin, l'employé modèle aux noirs desseins. Claude Gensac effectue également sa première apparition aux côtés de Louis de Funès, dans le rôle de l'épouse contrariée. Un rôle sur mesure de « biche » qu'elle interprétera à nouveau à six reprises, des *Grandes vacances* (1967) jusqu'au *Gendarme et les gendarmettes*, en 1982. Paul Préboist et Mario David (le prof de gym à la musculature inversement proportionnelle à l'intellect) s'ajoutent à la distribution d'une comédie dont le tournage débute en février 1967.

Le film d'Édouard Molinaro reprend à la lettre la mécanique vaudevillesque de la pièce de Claude Magnier. Les machinations de Christian Martin, interprété par un Claude Rich complaisant à souhait en gendre malintentionné, les quiproquos au sujet des échanges involontaires de valises compromettantes et de l'identité du mystérieux Oscar sont toujours au centre de l'intrigue. Néanmoins, le tournage est loin de ressembler à la transposition paisible de la pièce à succès envisagée par les producteurs. Chaque matin, l'hyperactif Louis de Funès réétudie pendant de longues heures la mise en scène conçue par Édouard Molinaro. Il réécrit aussi partiellement les dialogues et impose à l'équipe technique une cadence qu'il est le seul à pouvoir assurer. Les accrocs sont fréquents entre le metteur en scène et sa vedette, qui quittera le plateau à de nombreuses reprises vers la fin du tournage et ira même jusqu'à l'interrompre.

Un tournage difficile

Un jour, de Funès demande à toute l'équipe de vider le plateau. Les lumières éteintes, la vedette

Bertrand Barnier :
Crétin ! Triple andouille ! Boutonneux !

Paul Préboist et Louis de Funès

numéro un du cinéma comique français s'isole dans le silence et la pénombre pendant deux heures...

« Le tournage a été difficile, comme dans la plupart des comédies, raconte Édouard Molinaro. Tout le monde s'imagine que tourner un film comique est follement amusant alors que le climat est extrêmement sérieux et rigoureux. Nous nous sommes parfois opposés sur de petits détails. Tout allait au début du tournage, puis par la suite, nous avons eu quelques accrochages. Je m'amusais beaucoup, mais je n'extériorisais pas mon rire, ce qui le gênait beaucoup. Louis était un homme qui souffrait beaucoup, il était véritablement en charge de cette masse d'attente qu'on avait de son comique. »

Malgré tout, ces tensions de plateau ne nuiront nullement au résultat final. Molinaro, en dépit de son attitude de fonctionnaire artistique, un œil rivé à l'horloge et l'autre à l'œilleton de la caméra, a su s'effacer devant l'abattage phénoménal de Louis de Funès. Délivré des contraintes techniques propres au découpage millimétré des prises de vue, celui-ci est parvenu à trouver l'espace nécessaire pour exprimer sa démesure. Jamais égalées, les scènes mémorables de la marelle (improvisée ?) près du téléphone, de la foudroyante attaque d'acné et du tirage de nez appartiennent au panthéon du cinéma comique français. Bien plus que la pièce de facture classique de Claude Magnier, l'adaptation cinématographique d'*Oscar* prouve également que Louis de Funès peut désormais transformer en or tout projet, que celui-ci soit bon (*Le Petit Baigneur*, Robert Dhéry, 1967), passable (*Le Tatoué*, Denys de la Patellière, 1968) ou franchement paresseux, à l'image du réchauffé *Hibernatus*, d'Édouard Molinaro en 1969. ★

Bonus

➔ *Oscar* a eu droit à un remake américain en 1990 : *L'Embrouille est dans le sac* de John Landis avec Sylvester Stallone et Ornella Muti reprenant les rôles de Louis de Funès et Claude Gensac.

Le Diable par la queue

PHILIPPE DE BROCA (1968)

Distribution
Yves Montand (le baron César)
Madeleine Renaud (la marquise)
Maria Schell (la comtesse Diane)
Jean Rochefort (le comte Georges)
Jean-Pierre Marielle (le play-boy)
Clotilde Joano (la cousine pianiste)
Claude Piéplu (le client assidu)
Tanya Lopert (la minette)
Marthe Keller (la jeune baronne)
Xavier Gélin (le petit garagiste)

Scénario : Daniel Boulanger et Philippe de Broca
Dialogues : Daniel Boulanger

Box-office : 1 620 703 spectateurs

Une famille aristocrate ruinée tente de récupérer un magot volé par un gangster séducteur.

– L'idée du film est venue en travaillant avec Daniel Boulanger sur *Le Roi de cœur*, raconte Philippe de Broca. Nous étions dans une auberge au bord de la Loire, et on s'est aperçus que le maître d'hôtel était le descendant des ancêtres qui étaient sur les murs de ce château transformé en auberge, on s'est dit : "Tiens, ça fera un sujet de film un jour..." »

Dans le grenier d'un château ancestral vétuste, des dizaines de pots de chambre jonchent le sol afin de recueillir les gouttes d'eau qui transpercent la toiture. L'homme de la maison, le comte de Coustines, est désemparé : « Ça pisse de partout ! » Générique. Sur un habile détournement de musique de cour mené par Georges Delerue, la baronne de Coustines nous entraîne dans une visite du labyrinthique château décrépit. Le ton est donné. Après l'échec douloureux de l'incompris *Roi de cœur*, Philippe de Broca décide finalement de ne pas abandonner le cinéma et, avec l'aide de Claude Sautet et de son complice Daniel Boulanger, concocte une comédie subtile et élégante, considérée comme son œuvre la plus aboutie. « Il faudra tourner en province, à la campagne, ça sera un petit film, en son synchrone. Il faut qu'il y ait des gens qui se rencontrent. » Après avoir donné ses indications, le cinéaste et son compère écrivent rapidement le scénario pour Vittorio Gassman, que de Broca considère comme le plus grand. Malgré son accord de principe, le comédien italien ne fait pas le film.

« L'idée de tourner avec Yves Montand est venue de deux sources différentes : pour l'avoir connu dans la vie, et il m'amusait beaucoup, et pour l'avoir vu dans *Compartiment tueurs* de Costa-Gavras. Dans sa carrière, il a tout fait pour perdre cet accent et ça l'obligeait à se masquer derrière quelque chose. Tout d'un coup, le fait de reprendre son accent naturel le libérait complètement. »

Comédie épicurienne

La veille du premier jour de tournage éclatent les événements de mai 1968. Craignant de ne pouvoir tourner en France, le cinéaste envisage de tourner en Angleterre, puis en Tchécoslovaquie. Il tournera finalement aux environs de Villefranche-sur-Saône dans le château de Fléchères, construit au XVIIe siècle. Selon de Broca, « le film s'est tourné avec une grande simplicité, une grande facilité ». Pour incarner les femmes qui tentent de garder chez elles l'homme riche et séduisant, le cinéaste s'entoure de comédiennes atypiques. De retour au cinéma après sept années d'absence, Madeleine Renaud, qui incarne la doyenne de la troupe, a été séduite par le scénario : « Je l'ai trouvé ravissant, très bien écrit, plein de sensibilité et de drôlerie. » De Broca, lui, est séduit par la comédienne : « Je dois dire que je suis tombé très amoureux d'elle en cours de tournage. Je ne l'imaginais pas comme ça, mais c'est un personnage qui a une âme de vingt ans. Au début j'avais un respect un peu trop grand pour elle, je me suis aperçu qu'il fallait la traiter comme une gamine de dix-huit ans, lui faire des compliments, et on s'est très bien entendus. » Déchaînée, elle illumine tout le film de sa vitalité et de son humour dévastateur. Maria Schell incarne une comtesse éternellement souriante, amoureuse de tous les hommes,

> **Georges :** *Vendez vos bijoux !*
> **La marquise :** *Quels bijoux ?*
> **Georges :** *Rien qu'une boucle d'oreille comme celle-là nous répare le toit de la chapelle.*
> **La marquise :** *Et vous pourriez sortir avec une seule boucle d'oreille ? Vous êtes d'une mauvaise foi, mon gendre…*

> **La marquise :** *Il est infatigable.*
> **La comtesse Diane :** *Quel diable !*
> **La jeune baronne :** *Et quel maître queux !*
> **La cousine pianiste :** *Mais j'y pense, qu'est-ce que ça veut dire « tirer le diable par la queue » ?*

amoureuse de l'amour. Le charme et la légèreté sont les atouts majeurs de cette fantaisie teintée de nostalgie, menée tambour battant par une brochette de comédiennes séduisantes. La sensualité de Marthe Keller est foudroyante. En plein tournage, elle devient la compagne du cinéaste. Quant à Clotilde Joano, la cousine pianiste dont les mélodies enchantent tout le château, elle représente la femme réservée avec beaucoup de grâce. Face à l'exubérant baron César Anselme de Maricorne, qui se présente comme « consul général chargé des relations culturelles auprès des offices maritimes de l'union latino-américaine… entre autres ! », les femmes essaient d'abord de garder son argent, puis de le tuer, tout cela avec une bonne dose d'humour noir. Dès que le gangster à l'accent méridional se retrouve dans une situation inconfortable, il s'en sort par une pirouette et l'on se réjouit à la vue de sa silhouette sautillant dans le parc du château. « Il y a des moments où il a failli m'échapper, raconte de Broca à propos d'Yves Montand. Il s'est posé des questions, il avait parfois peur d'être ridicule. »
Le comédien harcèle le cinéaste de questions sur son personnage, afin de s'en imprégner plusieurs jours avant le tournage des scènes. « Je n'en pouvais plus ! avoue de Broca, alors au lieu des cinq semaines prévues, j'ai fini son rôle en trois semaines. »

Le reste de la distribution réserve des moments inénarrables. Jean-Pierre Marielle et sa moumoute, Tanya Lopert et ses tenues pop excentriques, Claude Piéplu et ses diatribes, Xavier Gélin mené à la baguette par la jeune baronne Amélie, une bande de Nordiques tout nus…
Dans une mise en scène élégante et lumineuse aux dialogues raffinés, le comique surgit à chaque instant, essentiellement provoqué par les tentatives cocasses pour récupérer la valise pleine de billets. Philippe de Broca résume ainsi *Le Diable par la queue* : « Les mille et une façons pour les femmes d'attraper un bonhomme. » À l'image de Montand qui invite toutes les femmes à danser et des pensionnaires qui jouent au chat dans le parc, les personnages virevoltent, entraînés par le metteur en scène dans un ballet comique irrésistible. Lorsque César, tombé sous le charme du château et de la pianiste, décide de rester, la marquise s'exclame : « L'amour l'emporte et je n'y avais pas pensé ! » Les femmes auront le dernier mot de cette comédie épicurienne et magistrale. ★

En haut :
Madeleine Renaud et Jean Rochefort.
Ci-contre :
Yves Montand.

La Grande Lessive (!)

JEAN-PIERRE MOCKY (1968)

Distribution
Bourvil (Armand Saint-Just)
Francis Blanche (le docteur Loupiac)
Roland Dubillard (Missenard)
Michael Lonsdale (M. Delaroque)
Jean Tissier (Benjamin)
Jean Poiret (Jean-Michel Lavalette)
Philippe Castelli (Tamanoir)
Alix Mahieux (Mme Delaroque)
René-Jean Chauffard (le commissaire Aiglefin)

Scénario original : Jean-Pierre Mocky,
Adaptation : Alain Moury, Jean-Pierre Mocky et le concours de Claude Pennec
Dialogues : Alain Moury

Box-office : 2 111 923 spectateurs

Affligé par l'influence néfaste de la télévision sur ses élèves, un professeur de lettres entreprend une croisade anti-télévision.

Contrairement à ses prédécesseurs, *La Grande Lessive (!),* la troisième collaboration entre Bourvil et Jean-Pierre Mocky après *Un drôle de paroissien* (1963) et *La Cité de l'indicible peur* (1964), ne se base pas sur un roman, mais s'appuie sur un fait divers réel.

« En Bretagne, un jeune instituteur, qui voyait que ses élèves roupillaient le lundi matin car ils avaient regardé la télé toute la journée du dimanche, est monté sur les toits et a cassé toutes les antennes de télé de son village », explique Mocky.

Dans *La Grande Lessive (!),* Armand Saint-Just, professeur de latin barbichu à lunettes (il ne lui manque que la sacoche en cuir de chevreau pour compléter le look du parfait enseignant), monte une spectaculaire opération commando pour se jouer de la dictature hertzienne. Missenard, son collègue qui enseigne la gymnastique, et le chimiste Benjamin l'accompagnent dans sa croisade anti-ORTF et son rêve d'orage magnétique global. Face aux don Quichotte de l'Éducation nationale se dresse le docteur Loupiac, joué par Francis Blanche, époustouflant en obsédé sexuel teint en blond. Jean Poiret incarne également un patron de chaîne ultra-cynique (bien avant Mougeotte et Le Lay !) et Michael Lonsdale, un habitué des distributions de Mocky, interprète un chef du protocole de l'Élysée alcoolique au dernier degré.

Satire cinglante

Ponctuée par les jerks trépidants de François de Roubaix et un doublage aléatoire digne des publicités Paic citron, *La Grande Lessive (!)* est une des satires les plus cinglantes de la filmographie du metteur en scène de *Snobs !* et du *Miraculé.* À mi-parcours, sa comédie indignée glisse dans l'absurde total (un salon de coiffure se transforme en poulailler !) dans un décalage saisissant avec la prestation à contre-emploi d'un Bourvil grave et précieux. Hasard de l'histoire : le dernier jour du tournage du nouveau brûlot anar de Mocky a lieu le 10 mai 1968, en pleine explosion des fameux événements.

« À la fin du film, Bourvil essaye de squeezer l'antenne de télé de la tour Eiffel, se souvient Jean-Pierre Mocky. Au même moment les CRS gardaient la tour car ils avaient peur d'une émeute. On a eu énormément de mal à tourner la scène. On a dû truquer, car les CRS laissaient monter les touristes, mais refusaient les caméras. Bourvil a dû se déguiser en touriste pour monter là-haut et tourner la scène au nez et à la barbe des CRS. »

Bourvil défiant les CRS ? Chez Mocky et nulle part ailleurs. ★

Bonus

→ *La Grande Lessive (!)* a d'abord été intitulée *Le Tube,* puis *Les Pirates.*
→ Les droits de *La Grande Lessive (!)* ont été rachetés en 2009 en vue d'un remake américain.

Missenard :	*Une journée sans télé, c'est comme un repas sans pinard.*
Benjamin :	*Mais le vin ne remplace pas la voix cristalline de nos speakerines.*
Armand Saint-Just :	*Exact. Quand nos yeux plongent dans le regard clair de nos déesses du petit écran, comme la truite s'enfonce dans l'eau pure du torrent, nous connaissons…*
Ensemble :	*… le grand frisson de l'amour, Bougnat !*

Faut pas prendre les enfants du bon Dieu pour des canards sauvages

MICHEL AUDIARD (1968)

Distribution
Marlène Jobert (Rita)
Bernard Blier (Charles)
André Pousse (Fred)
Françoise Rosay (Léontine)
Claude Rollet (Tiburce)
Robert Dalban (Casimir)
Paul Frankeur (Ruffin)
Mario David (Jacky)
Dominique Zardi (un sbire)
Jean Carmet (le convoyeur superstitieux)

Scénario original et dialogues
Michel Audiard
Adaptation
Henri Viard, Jean-Marie Poiré, Michel Audiard

Box-office : 2 006 177 spectateurs

Délestée de son héritage par une bande de malfaisants, la malicieuse Rita fait appel aux services de sa tante, la redoutée Léontine.

Charles :	*J'ai bon caractère, mais j'ai le glaive vengeur et le bras séculier. L'aigle va fondre sur la vieille buse.*
Un sbire :	*C'est chouette comme métaphore, non ?*
L'autre sbire :	*C'est pas une métaphore, c'est une périphrase.*
Un sbire :	*Oh, fais pas chier !*
L'autre sbire :	*Ça c'est une métaphore.*

« Un metteur en scène, qu'est-ce que c'est ? C'est un monsieur qui a une grosse montre pour surveiller si les acteurs se débinent pas avant sept heures. En dehors de ça, c'est pas tellement compliqué... » Ainsi s'exprime Michel Audiard en commentant « son premier film de célibataire », c'est-à-dire sa première réalisation. « Ayant fait soixante et onze films comme dialoguiste, j'ai eu envie de prendre des vacances, poursuit Audiard. Alors quand on prend des vacances, on peut se livrer à des trucs idiots comme les rallyes automobiles ou la pêche sous-marine. Moi, je trouve plus amusant de tourner un film. » Dans celui-ci, Marlène Jobert, adorable chipie à la langue bien pendue, se fait honteusement truander par Fred, dit « l'Élégant » (André Pousse, magistral). Charles, son ennemi juré, lui grille la politesse en raflant le magot à son tour. Doublement blousée, Rita décide de faire appel à Léontine (Françoise Rosay dans un rôle initialement prévu pour Jacqueline Maillan), sa tante mafieuse qui connaît aussi bien les thés dansants de la Riviera que les serrures du coffre de la BNP de Levallois. Les cadavres vont pleuvoir, ou comme l'a mieux écrit Audiard, « le tocsin va sonner dans Montmartre ».

La décontraction et la nonchalance affichées du metteur en scène débutant ont rebuté un grand nombre de critiques à la sortie du film. À l'image des futures réalisations d'Audiard, ce premier essai, initialement titré *Opération Léontine*, ressort pourtant vainqueur de l'épreuve du temps grâce à sa liberté de forme et son ton dévastateur. Ici, les onomatopées apparaissent à l'écran, un orchestre du troisième âge détruit ses instruments comme le feraient les Who et une séquence de fumette hippie lorgne même du côté du psychédélisme. Toutefois, cette débauche d'effets très spéciaux ne pèse pas lourd devant le gag visuel le plus extrême du film. Dynamité par les bons soins de Tante Léontine, Bernard Blier délivre la performance la plus libre de son illustre carrière en traversant le cadre tel un zombie de George Romero égaré dans une comédie musicale de Jacques Demy. Les amateurs du Blier période Alain Cayatte ne s'en sont toujours pas remis.

Succès relatif lors de sa sortie, le premier film d'Audiard réalisateur aura aussi la chance de bénéficier d'un attaché de presse hors normes : le général de Gaulle, qui citera le fameux titre à rallonge lors d'une célèbre conférence de presse. Il ne fallait donc pas prendre les enfants du bon Dieu pour des canards sauvages. Michel Audiard avait-il aussi poussé pépé dans les orties ? ★

Le Cerveau
GÉRARD OURY (1969)

Distribution
Jean-Paul Belmondo (Arthur Lespinasse)
Bourvil (Anatole)
David Niven (colonel Carol Matthews)
Eli Wallach (Frankie Scannapieco)
Sylvia Monti (Sofia)
Raymond Gérôme (le commissaire)
Jacques Balutin (l'inspecteur Pochet)

Scénario, adaptation et dialogues
Gérard Oury, Marcel Jullian, Danièle Thompson

Box-office : 5 547 299 spectateurs

Le « Cerveau » projette d'attaquer le train spécial Paris-Bruxelles transportant les fonds secrets de quatorze nations, mais deux petits truands ont eu la même idée.

Après le succès du duo Bourvil-de Funès dans *Le Corniaud* puis dans *La Grande Vadrouille*, Oury veut créer un nouveau tandem et écrit sur mesure pour Bourvil et Jean-Paul Belmondo. Galvanisé par les deux précédents succès du cinéaste et persuadé du potentiel international du film, le producteur Alain Poiré ne lésine pas sur le budget et engage la star britannique David Niven. La Paramount entre dans la partie et la foire d'empoigne débute. Elle exige une version du film en langue anglaise, et demande que le truand italien soit joué par une vedette américaine, Eli Wallach. La difficulté pour Marcel Jullian et Danièle Thompson est donc de retravailler le scénario afin que les deux acteurs internationaux, l'Anglais et l'Américain, soient aussi présents à l'écran que le tandem français Bourvil-Belmondo. « On a travaillé à refaire notre devoir deux fois, et je pense que c'est une faute », avoue Jullian. À l'époque, aucun film français n'avait coûté aussi cher.

Les repérages commencent au début de 1968, mais en raison des événements de mai, et notamment de la grève de l'industrie cinématographique, le film est reporté de cinq semaines. Le tournage est fatigant car techniquement lourd, notamment lors des scènes de trains, qui se révèlent particulièrement difficiles à manier. Il fallait presque une heure

pour remettre un train à sa place de départ entre chaque prise. Le 16 novembre 1968, Bourvil, qui doit sauter sur le marchepied d'un wagon en marche, manque son coup et s'écorche en tombant. Il souffre alors du dos, mais ignore que c'était une première alerte de la maladie qui va l'emporter peu après. Le tournage se poursuit dans les deux langues, l'équipe assurant d'abord les prises en français, passant ensuite aux prises en anglais. Lorsque de nouvelles idées de la version anglaise séduisent Oury, elles sont retournées en français dans la foulée. Après huit mois de tournage, et un montage acharné pour terminer les deux versions, *Le Cerveau* sort le 7 mars 1969 en France où il triomphe. Amputé de treize minutes et très mal distribué aux États-Unis par une Paramount en pleine restructuration, le film y sera un échec. ★

→ Gérard Oury avait demandé à Peter Sellers de jouer dans le film. Dans ce but, il lui fit projeter *La Grande Vadrouille*. Mais quand la lumière revint dans la salle, le comédien dit à Oury qu'il n'avait pas du tout aimé.

→ Fabriquée en Italie pour les besoins du film, la statue de la Liberté en polyester domine depuis le 28 septembre 1973 la ville de Barentin en Seine-Maritime.

Anatole :	*Dis, la petite Italienne d'hier soir, comment tu la trouves ?*
Arthur :	*Tu sais, moi, dans l'escalier, j'ai vu que ses jambes.*
Anatole :	*Et moi, dans le taxi, j'ai surtout vu sa tête...*
Arthur :	*À nous deux, elle doit pas être mal.*

L'Ours et la Poupée
MICHEL DEVILLE (1969)

Distribution
Brigitte Bardot (Félicia)
Jean-Pierre Cassel (Gaston Duvalier)
Daniel Ceccaldi (Ivan)
Georges Claisse (Stéphane)
Xavier Gélin (Reginald)

Scénario
Nina Companeez et Michel Deville
Adaptation et dialogues
Nina Companeez

Box-office : 1 617 853 spectateurs

Un violoncelliste bougon rencontre une femme snob. Sûre de son pouvoir de séductrice, elle entreprend le musicien. Mais cet ours mal léché reste assez insensible.

Grâce au succès de *Benjamin ou les Mémoires d'un puceau*, Michel Deville rembourse ses dettes et s'affranchit des films de commande. Il écrit avec Nina Companeez une première version de *L'Ours et la Poupée* qu'il propose à Catherine Deneuve et Jean-Paul Belmondo. Les deux comédiens sont plutôt partants, mais la productrice Mag Bodard n'aime pas le scénario. Deville et Companeez écrivent alors un polar sophistiqué, *Bye bye Barbara*, qui fait un bide, puis ils retravaillent le scénario de *L'Ours et la Poupée*, qui est enfin validé.

« On avait envie d'écrire une comédie sur un couple dans le style des comédies américaines d'avant-guerre avec Katharine Hepburn et Cary Grant », explique Nina Companeez.
Bardot lit le scénario et appelle Deville et Companeez dès le lendemain, tant elle est emballée, acceptant même de baisser son cachet.
« En face de la poupée, il fallait quelqu'un de terre à terre, raconte le cinéaste, Alain Delon, qu'on avait envisagé, ou Belmondo, c'était moins bien, c'étaient des stars. »
Ce sera donc Jean-Pierre Cassel au côté de Brigitte Bardot, au lieu du couple Deneuve-Belmondo. Après quelques jours de studio à Paris, l'équipe se retrouve en Normandie dans une maison familiale que Nina Companeez avait repérée et qui va être une source d'inspiration pour tout le film. L'ambiance est très joyeuse, le soleil brille et B.B. est rayonnante. Moteur !
D'un côté, l'ours, violoncelliste à l'ORTF, vit à la campagne et roule en 2CV. De l'autre, la pou-

Gaston :
Dites-moi, Félicia, c'est votre habitude de violer les hommes ?
Felicia :
Seulement ceux, très rares, qui ne me violent pas !

Jean-Pierre Cassel et Brigitte Bardot.

pée, sophistiquée, mondaine, réside à Paris et se déplace en Rolls. Les deux voitures se télescopent : début du duel, arbitré par la musique classique de Rossini d'un côté, et la pop sixties d'Eddie Vartan de l'autre. Don Juan n'a qu'à bien se tenir, puisque c'est Félicia qui poursuit de ses assiduités Gaspard. Les scènes comiques sont écrites avec beaucoup de raffinement : dialogues absurdes (« Comment m'avez-vous retrouvé ? – Par l'ORTF... et antipathique ! »), monologues schizophrènes (« ...et enfin ne pas monologuer comme un gâteux »), comique gestuel (B.B. et Cassel à quatre pattes sous la pluie cherchant une paire de lunettes) et comique de situation (scène sublime où elle joue l'homme et lui la femme). La dualité s'exprime aussi dans la construction des gags : Félicia amorce (elle joue avec un vase et un encrier), Gaspard exécute (il trébuche, casse le vase et renverse l'encre sur le tapis). L'entente parfaite entre Bardot et Cassel illumine chaque plan durant les sept semaines de tournage. Bien que les distributeurs ne croient pas au film, celui-ci devient immédiatement un succès. Ce joyau de la comédie à la française est aussi l'un des films préférés de Bardot. ★

1969

Erotissimo

GÉRARD PIRÈS (1969)

Distribution
Annie Girardot (Annie Paquier)
Jean Yanne (Philippe Paquier)
Francis Blanche (Butor, le polyvalent)
Louisa Colpeyn (la mère d'Annie)
Daniel Prévost (le démarcheur)
Venantino Venantini (Sylvio)
Serge Gainsbourg (l'obsédé)
Patrick Topaloff (l'animateur radio)
Jacques Balutin (le chauffeur de taxi)
Rufus (le comptable)

Adaptation et dialogues
Nicole de Buron, Gérard Pirès et Pierre Sisser

Box-office : 2 102 017 spectateurs

Une épouse délaissée tente de se rapprocher de son mari poursuivi par le fisc.

En 1968, Gérard Pirès réalise un court-métrage intitulé *L'Art de la turlute*. La même année, et sans véritable rapport (sauf pour les esprits mal tournés !), le jeune metteur en scène formé au cinéma des armées reçoit le scénario d'*Erotissimo*, écrit par Nicole de Buron, des mains de son producteur Pierre Braunberger. « Le sujet ne m'excitait pas tellement, se souvient Gérard Pirès. J'avais des envies plus spectaculaires et on me proposait une comédie sociale. Or, ma carrière a toujours été pragmatique. J'ai toujours préféré tourner un film que de passer ma vie à la terrasse des cafés en disant :"Je vais faire mon film." Entre ne pas faire de film ou ne pas faire exactement le film que je voulais, j'ai préféré tourner. »

Nicole de Buron, auteur du feuilleton *Les Saintes Chéries*, a imaginé une trame réunissant deux sujets tendance du moment : l'érotisation de la société et le fisc. Dans *Erotissimo*, Annie Paquier, une sémillante bourgeoise, femme au foyer, s'inquiète du désintérêt sexuel de son époux, P-DG d'une société de fabrication de produits pour bébés miné par l'inquisition fiscale d'un redoutable polyvalent du service des impôts, le bien nommé Butor.

Expérience hallucinogène

Si le face-à-face Yanne/Blanche donne lieu à de cinglantes réparties, la forme totalement destructurée d'un récit alternant gags visuels énormissimes, apparitions choc (Serge Gainsbourg, Henri Chapier, Jacques Higelin, Jacques Martin, Fabrice…) et coq-à-l'âne sonores, vire rapidement à l'expérience hallucinogène (force 8 sur l'échelle de Patrick Topaloff). Un désopilant patchwork burlesque qui doit beaucoup au montage épileptique de Gérard Pirès.

« J'aime quand les choses vont vite, mais à l'époque, je ne savais pas diriger les acteurs et je n'avais pas confiance en eux non plus, car je n'imaginais pas qu'un acteur pouvait balancer deux minutes de texte d'affilée. Je leur laissais deux phrases et clac, je coupais. Le style

Serge Gainsbourg et Annie Girardot.

Philippe : **Monsieur Butor ?**

Butor : **Oui, je sais, ça fait rire… au début !**

Ci-dessus : Jean Yanne et Francis Blanche. Ci-dessous : Annie Girardot.

d'*Erotissimo* vient donc d'une faiblesse de ma part et d'un manque de confiance à tort, car au fil du tournage, je me suis rendu compte qu'Annie Girardot était une superbe comédienne et que Jean Yanne était un magnifique improvisateur. J'étais aussi très fana de *nonsense*. Par exemple, dans la scène du toaster, au début du film, on voit une chouette. Qu'est-ce qu'elle fout là ? J'adorais également les cartoons et Jerry Lewis était mon dieu. Tout ça rejaillissait forcément sur les conneries que j'ai pu faire au montage. »

Une liberté et une folie créative revendiquées qui font d'*Erotissimo* une fantaisie typique du cinéma comique d'après mai 68. ★

Bonus

➜ William Sheller a signé la bande originale d'*Erotissimo*, mais c'est Michel Polnareff et Jean-Loup Dababie qui ont écrit *La Femme faux-cils*, chantée par Annie Girardot.

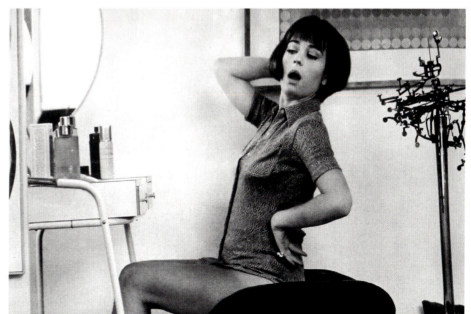

Les autres comédies marquantes des années 1960

Un singe en hiver
HENRI VERNEUIL (1962)
Avec Jean Gabin, Jean-Paul Belmondo, Noël Roquevert, Suzanne Flon.
Un soir, à l'hôtel Stella de Tigreville (Calvados), l'ancien fusilier marin Albert Quentin (Gabin) rencontre le jeune publicitaire Gabriel Fouquet (Belmondo). S'ensuit la plus longue cuite du cinéma français. Dialogues alcoolisés d'Audiard d'après le roman d'Antoine Blondin.

Une ravissante idiote
ÉDOUARD MOLINARO (1964)
Avec Brigitte Bardot, Anthony Perkins, Grégoire Aslan, Jean-Marc Tennberg.
Adaptée d'un roman de Charles Exbrayat, cette parodie de film d'espionnage confronte un apprenti-espion à une ravissante couturière dont il tombe amoureux. Le *very british* Anthony Perkins est préféré à Jean-Pierre Cassel pour tenter de séduire Brigitte Bardot. « Pendant le tournage, B.B était un peu paresseuse mais totalement adorable », avoue Molinaro. Dans un Londres de fantaisie, le cinéaste entraîne le couple explosif dans des séquences burlesques à la limite du cartoon.

La Belle Américaine
ROBERT DHÉRY (1961)
Avec Robert Dhéry, Alfred Adam, Colette Brosset, Louis de Funès.
Marcel, un modeste ouvrier, rachète à Mme Lucanzas la luxueuse Oldsmobile décapotable promise à la secrétaire de son défunt époux. Quiproquos mécaniques et embouteillages monstres sont au rendez-vous du premier grand succès cinématographique des Branquignols.

Bébert et l'omnibus
YVES ROBERT (1963)
Avec Martin Lartigue, Pierre Mondy, Michel Serrault, Jacques Higelin, Jean Lefebvre.
Après le triomphe de *La Guerre des boutons*, Yves Robert met à nouveau en scène Martin « Petit Gibus » Lartigue dans une  comédie ferroviaire sur l'enfance adaptée d'un roman de François Boyer. Abandonné par son grand frère parti draguer, Bébert se retrouve livré à lui-même et « fout le désordre chez les adultes qui commencent eux-mêmes à dérailler de leurs petites vies sur les rails », explique le cinéaste. Moins spontané qu'en Gibus, Martin Lartigue séduit par son innocence et son espièglerie.

L'Âge ingrat
GILLES GRANGIER (1964)
Avec Jean Gabin, Fernandel, Marie Dubois, Franck Fernandel.
1963. Au sommet de leur gloire, Gabin et Fernandel créent leur société de production, GAFER, évoquent l'idée de faire une comédie musicale sur le rock, et se rabattent sur un sujet plus classique : deux étudiants amoureux décident leurs familles à se rencontrer. Tout le monde attend la confrontation des pères chamailleurs campés par les deux stars. Malgré la bonne humeur ambiante et une campagne de pub démesurée, le film n'atteint pas ses objectifs d'entrées. Grangier confiera plus tard qu'il n'a pas su tirer profit du couple vedette.

Snobs
JEAN-PIERRE MOCKY (1962)
Avec Francis Blanche, Michael Lonsdale, Pierre Dac, Jacques Dufilho, Noël Roquevert.
Inspiré par une chronique d'un journal anglais de l'époque qui crucifiait tous les snobs du pays, Mocky décide de filmer l'ascen- sion de quatre directeurs d'une petite compagnie laitière qui briguent le poste de directeur général, dressant un portrait au vitriol de différents caractères du snobisme français. Dans cette comédie corrosive truffée de gags délirants, le cinéaste montre que, finalement, tout le monde peut être snob. Mal accueilli à sa sortie, le film sera réhabilité quinze ans plus tard.

Pouic-Pouic
JEAN GIRAULT (1963)
Avec Louis de Funès, Jacqueline Maillan, Philippe Nicaud, Christian Marin, Mireille Darc.
Le poulet le plus célèbre de la comédie à la française ! Initialement intitulé *Sans cérémonie*, *Pouic-Pouic*, du nom du galli- nacé domestique de Cynthia Monestier (Maillan, éblouissante), révèle au grand jour les talents élastiques de Louis de Funès dans un vaudeville taillé sur mesure par Jean Girault. Un jeune atout féminin effectue aussi une de ses premières prestations de comédienne : Mireille Darc.

Pas question le samedi
ALEX JOFFÉ (1965)
Avec Robert Hirsch, Dahlia Friedland, Mischa Asherov, Teddy Bilis.
Pour que l'illustre chef d'orchestre Chaïm Silberschatz puisse entrer au paradis, ses cinq  enfants doivent être mariés et venir vivre en Israël un mois après sa mort. Alec Guinness interprétait huit rôles dans *Noblesse oblige* (Robert Hamer, 1949) ; Robert Hirsch fait mieux encore en jouant ici treize personnages dans un film d'humour juif aux dialogues ciselés, tourné en Israël. Abordant la religion avec tact et autodérision à la fois, le film – dont le titre évoque *Jamais le dimanche*, de Jules Dassin – attire en masse les spectateurs, hilares devant la performance du multi-comédien.

La Grosse Caisse
ALEX JOFFÉ (1965)
Avec Bourvil, Paul Meurisse, Daniel Ceccaldi, Roger Carel.
Poinçonneur dans le métro parisien, Bourdin (Bourvil) rêve d'écrire son propre roman policier, *Rapt à la RATP*, en imaginant un hold-up soigneusement étudié. La réalité ne tardera pas à rejoindre la fiction dans l'avant-dernière comédie d'Alex Joffé, marquée par une nouvelle prestation brillante de Bourvil en agent du métropolitain rêveur, dont l'imagination dépasse allègrement les murs de la station Quai-de-la-Rapée.

Playtime
JACQUES TATI (1967)
Avec Jacques Tati, Barbara Dennek.
Troisième aventure de M. Hulot dans un Paris futuriste. Le cinéaste réalise une œuvre ambitieuse, aux gags sophistiqués, dans un décor glacial, une ville de gratte-ciel qu'il fait construire aux abords de la capitale, le tout filmé en 70 mm. Le tournage dure trois ans. Malgré les nombreuses récompenses, le film est un échec commercial et ruine Tati. Restauré en 2002, *Playtime* est aujourd'hui considéré comme un chef-d'œuvre de la comédie mondiale.

Le Grand Amour
PIERRE ÉTAIX (1969)
Avec Pierre Étaix, Annie Fratellini, Nicole Calfan, Alain Janey.
Un quadragénaire marié tombe amoureux de sa jeune secrétaire. Tournée à Tours, cette comédie tragico-burlesque est le premier film en couleurs du cinéaste. Au programme, un mélange subtil de gags sophistiqués (les bruits qui troublent la cérémonie de mariage), de séquences oniriques (la fameuse promenade en lit), et de quiproquos provoquant des catastrophes en série. Entouré de ses amis clowns, Étaix campe un personnage atteint du démon de midi et réussit à faire surgir le comique d'un sujet qui ne l'est pas.

Le Roi de cœur
PHILIPPE DE BROCA (1966)
Avec Alan Bates, Pierre Brasseur, Jean-Claude Brialy, Geneviève Bujold, Julien Guiomar, Michel Serrault.
Fable antimilitariste burlesque et poétique menée par une galerie de personnages colorés et attachants, le film décrit la  rencontre d'un soldat anglais avec les pensionnaires d'un asile de fous quelques jours avant la fin de la guerre de 1914-1918. Atouts majeurs de cette comédie anticonformiste : scénario intelligent, charme des comédiennes, beauté des costumes, sublime musique de Georges Delerue, le tout dans un réjouissant climat d'absurdité. Échec à sa sortie, les droits sont vendus aux États-Unis où il devient culte.

Ces messieurs de la famille
RAOUL ANDRÉ (1968)
Avec Francis Blanche, Michel Serrault, Jean Poiret, Jean Yanne, Darry Cowl.
Gabriel Pelletier (Serrault), le directeur d'une grande société industrielle, accueille Strum- berger, un client américain aux mœurs très puritaines (Blanche), contrairement à celles résolument dissolues de la famille Pelletier. Une joyeuse pochade typique des années 1960 avec une distribution impressionnante réunie autour du tandem Poiret-Serrault qui constitue l'essentiel de son intérêt.

Du côté d'Orouët
JACQUES ROZIER (1969)
Avec Bernard Menez, Caroline Cartier, Danièle Croisy, Françoise Guégan, Patrick Verde.
Trois copines passent le mois de septembre sur la côte vendéenne, rejointes par leur chef de bureau un peu maladroit. Sur un sujet simple, le cinéaste capte avec légèreté et beaucoup de naturel les instants de vie d'un trio féminin en vacances au bord de la mer, et fait surgir la drôlerie avec Bernard Menez, qui possède, comme dit Rozier, la *vis comica*. Échec à Cannes en 1971 et à sa sortie en 1973, le film est redécouvert en 1996, certains lui vouant même un véritable culte.

Les Grandes Vacances
JEAN GIRAULT (1967)
Avec Louis de Funès, Claude Gensac, Maurice Risch, Olivier de Funès.
Censé passer ses vacances d'été en Angleterre pour perfectionner son anglais, Philippe Bosquier préfère les passer à bord d'un voilier à l'insu de son père, l'irascible directeur d'un internat cossu, Charles Bosquier (Louis de Funès). Plus gros succès de l'année 1967 au box-office.

Les Cracks
ALEX JOFFÉ (1968)
Avec Bourvil, Robert Hirsch, Monique Tarbès, Michel de Ré.
Comédie cycliste et burlesque basée sur un prototype de bicyclette révolutionnaire inventé par le truculent Jules Duroc (Bourvil dans l'un de ses derniers rôles). *Les Cracks* évoque aussi le lourd problème du dopage limonadier lors d'un Paris-San Remo particulièrement mouvementé. La dernière réalisation d'Alex Joffé.

Hibernatus
ÉDOUARD MOLINARO (1969)
Avec Louis de Funès, Claude Gensac, Michael Lonsdale, Bernard Alane, Olivier de Funès.
Soixante-cinq ans après avoir été congelé dans un bloc de glace au cours d'une expédition po- laire, Paul Fournier se réveille et est recueilli par l'industriel Hubert de Tartas. Deux ans après le tournage tumultueux d'*Oscar*, de Funès retrouve Molinaro sur un projet élaboré autour de huit versions différentes du scénario et marqué par de nouvelles tensions sur le plateau. Sympathique, mais un peu réchauffé.

Pierre Richard dans *Le Grand Blond avec une chaussure noire* (1972)

Comédies françaises des années 70

Fonçant sur les chapeaux de roues après les grands triomphes populaires des années 1960, la comédie à la française acquiert une nouvelle dimension au cours de la décennie suivante. Ses premières années sont cependant marquées par deux disparitions de taille : **Bourvil**, emporté par un cancer, s'en va le 23 septembre 1970 ; **Fernandel**, atteint du même mal, le rejoint le 26 février 1971. De son côté, **Louis de Funès**, la star incontestée du cinéma comique des années 1960, continue d'attirer les foules grâce à ses deux nouvelles collaborations avec **Gérard Oury**, *La Folie des grandeurs* (1971) et *Les Aventures de Rabbi Jacob* (1973). Sa longue série de succès au box-office sera pourtant stoppée dans son irrésistible élan par un double infarctus au cours de la pré-production du *Crocodile*, le nouveau projet de Gérard Oury. Louis de Funès se retire du grand écran pendant trois ans. Réalisé par **Claude Zidi** en 1976, *L'Aile ou la cuisse* marque son retour triomphal et introduit une étoile montante de la comédie : Coluche, qui après avoir longtemps œuvré au café-théâtre, accède à ses premiers rôles d'importance au cinéma.

Au cours des premières années de la décennie, la crise qui frappe une industrie victime de la concurrence de la télévision va paradoxalement contribuer à l'essor du genre comique. Confrontés à une spectaculaire chute de la fréquentation, les exploitants doivent trouver de nouvelles parades pour remplir les salles de quartier. Leur solution consiste à financer des comédies à faibles coûts, susceptibles d'engendrer des séries. Cette logique coïncide avec l'émergence de nouvelles stars apparues dans le sillage de mai 1968 : **Pierre Richard**, qui a effectué ses débuts sur les planches des cabarets avec **Victor Lanoux**, et **les Charlots**, ex-Problèmes, musiciens du chanteur Antoine, s'imposent comme les premiers « post-hippies » du cinéma comique hexagonal. Mai 68 oblige : derrière l'insouciance affichée du *Distrait*, des *Bidasses en folie*, des *Malheurs d'Alfred* et des *Fous du stade* se glisse une critique (plus ou moins frontale) de la société française pompidolienne.

Reflet du contexte sociopolitique d'une époque ambiguë, à la fois permissive et sévèrement cadrée par les autorités, la comédie des années 1970 se veut critique et subversive. La consommation, la politique, le sexe et la religion (en bref, les grands tabous nationaux) sont brocardés dans une série de longs-métrages comiques aux styles variés. *Le Distrait* (Pierre Richard, 1970), *Le Grand Bazar* (Claude Zidi, 1973) ou *L'Aile ou la cuisse* (Claude Zidi, 1976), entre autres, dénoncent à leur manière les excès de la publicité, l'hégémonie grandissante des supermarchés sur le petit commerce et la malbouffe.

Au lendemain des fameux « événements », les rapports hommes-femmes bénéficient eux aussi de l'élan contestataire de mai 1968. C'est l'époque de la libération sexuelle, de la pilule et bientôt de la loi sur l'IVG. Le film *Les Valseuses* cristallise ainsi, en 1974, la récente révolution sexuelle. La comédie crue de **Bertrand Blier** rassemble plus de cinq millions de spectateurs et révèle deux futurs géants du cinéma français : **Gérard Depardieu** et **Patrick Dewaere**. Le sexe se retrouve également aux avant-postes de satires aiguisées des mœurs nationales, parmi lesquelles *L'Étalon* (Jean-Pierre Mocky, 1970), *Les Galettes de Pont-Aven* (Joël Séria, 1976) et *Calmos* (Bertrand Blier, 1976). Le décapant *Et la tendresse ?... Bordel !* (Patrick Schulmann, 1979) clôt la décennie sur une note désabusée, mais férocement drôle. Brièvement évoquée dans *Un éléphant ça trompe énormément* (Yves Robert, 1976), l'homosexualité bénéficie également d'un droit de cité avec *La Cage aux folles* (**Édouard Molinaro**, 1978), transposition à succès de la pièce montée par le « couple » **Poiret-Serrault**. Enfin, le cinéma pornographique, sous-genre jusqu'ici condamné à la clandestinité, explose au milieu des années 1970 (près de 2,5 millions de spectateurs en 1975 !). Dans sa version « soft », il est désormais très chic d'aller voir *Emmanuelle* sur les Champs-Élysées. *Sex-Shop* (**Claude Berri**, 1972), *Attention les yeux !* (**Gérard Pirès**, 1976) et *On aura tout vu* (**Georges Lautner**, 1976) exploitent le filon en parodiant les coulisses de l'industrie du porno et, surtout, en balayant l'hypocrisie qui règne autour d'un genre qui prospère en marge du circuit traditionnel. Souvent décrits comme des personnages vénaux, corrompus, ou des hommes de paille, les politiques sont au cœur de la satire sociale, depuis les dénonciations anars de **Jean-Pierre Mocky** ou de **Jean Yanne** jusqu'aux comédies de mœurs plus légères de Pierre Tchernia ou Claude Lelouch. *Tout le monde il est beau, tout le monde il est gentil* (Jean Yanne, 1972) offre une réjouissante caricature du pouvoir sous toutes ses formes, en particulier médiatique. *La Gueule de l'autre* (Pierre Tchernia, 1979) présente un nouveau visage du candidat en campagne : celui de l'homme politique « marketé ». Le thème de la religion permet aussi aux cinéastes de dénoncer l'hypocrisie bourgeoise perceptible, notamment dans les pamphlets de Jean Yanne et les mises en scène surréalistes de Luis Buñuel. Chez d'autres, l'approche décomplexée des dogmes religieux permet de désamorcer d'épineuses questions, qu'il s'agisse de l'antisémitisme dans *Les Aventures de Rabbi Jacob* ou du conflit israélo-palestinien, source de quiproquos hilarants dans *La Valise* de Georges Lautner (1973).

Caractérisée par une frénésie créative sans égal, une liberté de ton inédite et une certaine insouciance, la comédie à la française des années 1970 s'inscrit dans une formidable parenthèse enchantée. Mais si l'on rit toujours dans les salles, le rêve de mai 1968 s'est heurté à la réalité de la crise pétrolière de 1973, suivie par une explosion sans précédent du chômage. Cette crise économique a progressivement bouleversé le visage de la comédie à la française. Au cinéma, le comique devient plus réaliste et grinçant au fur et à mesure de la décennie. « La révolution de mai 68 n'a pas eu lieu, les artistes sont devenus plus tristes et véhéments », déplore Jean-Pierre Mocky. Au moment où le rêve hippie des Charlots se dissout dans la banqueroute et les batailles d'avocats, une nouvelle comédie basée sur des dialogues acerbes succède au burlesque des années de Funès/Pierre Richard. Dès 1978, *Les Bronzés* de **Patrice Leconte** anticipe le ton grinçant d'une nouvelle décennie placée sous le signe de l'individualisme et du matérialisme triomphants.

Le Distrait
PIERRE RICHARD (1970)

Distribution
Pierre Richard (Pierre Malaquet)
Bernard Blier (Alexandre Guiton)
Marie-Christine Barrault (Lisa Gastier)
Maria Pacôme (Glycia Malaquet)
Paul Préboist (M. Klerdène)
Catherine Samie (Mme Guiton)
Robert Dalban (Mazelin)
Romain Bouteille (Corbel)
Tsilla Chelton (Mme Cliston)

Scénario et adaptation
André Ruellan et Pierre Richard
(distraitement inspirés de La Bruyère)
Dialogues : André Ruellan

Box-office : 1 424 216 spectateurs

Embauché dans l'agence Jerico, un jeune publicitaire rêveur provoque une série de catastrophes.

Nouveau... NOUVEAU... NOUVEAU ! Contrairement à bon nombre d'accroches aguicheuses, celle qui matraque l'écran dans la bande-annonce du *Distrait* tient toutes ses promesses. Un vent de renouveau et la fraîcheur de l'inédit parcourent cette comédie incontournable du début de la décennie. *Le Distrait* doit aussi son impact à la présence d'un nouveau venu sur grand écran. Héritier direct d'Harpo Marx, Buster Keaton, Jacques Tati et Danny Kaye, Pierre Richard, acteur comique à l'expression lunaire et au corps élastique, impose d'emblée sa silhouette longiligne et sa grâce burlesque. Brièvement aperçu dans *Un idiot à Paris* de Serge Korber, en 1967, puis dans *Alexandre le bienheureux* d'Yves Robert l'année suivante, l'ancien partenaire de cabaret de Victor Lanoux effectue sa première apparition en tête d'affiche. Il signe aussi sa première réalisation, sans véritablement l'avoir souhaité. Une casquette que lui confie Yves Robert, en lui adjoignant les services d'un premier assistant chevronné, Pierre Cosson. Après avoir envisagé la réalisation d'un court-métrage en collaboration avec Claude Zidi, Pierre Richard et le médecin-écrivain André Ruellan, son compère d'écriture, se penchent sur les *Caractères* de La Bruyère et identifient le personnage du distrait, Ménalque.

« Il pense et il parle tout à la fois, mais la chose dont il parle est rarement celle à laquelle il pense. Où il dit non, souvent il faut dire oui. Et où il dit oui, croyez qu'il veut dire non. Il ne regarde ni vous, ni personne, ni rien qui soit au monde. » Librement inspirées de Jean de La Bruyère, les quatre-vingts minutes délirantes, satiriques et poétiques du long-métrage condensent à un rythme effréné les gaffes en cascades de Pierre Malaquet, jeune publicitaire aux idées révolutionnaires, bien décidé à reléguer la réclame de papa au placard des souvenirs. C'est au sein de l'agence Jerico (« qui sert illico ») dirigée par le paternaliste Alexandre Guiton (Bernard Blier, impérial) que le jeune homme expérimente ses concepts fumeux et ses slogans provocateurs. À défaut des honneurs de la direction, sa maladresse naturelle et une fâcheuse propension à la destruction systématique du décor lui ouvrent les bras de Lisa Gastier, interprétée par Marie-Christine Barrault.

Le rire qui désarme

Satire féroce des diktats publicitaires et de l'autorité sous toutes ses formes, *Le Distrait* camoufle sous sa surface burlesque une puissante charge subversive. « La publicité vous rend con, la publicité vous prend pour des cons », scandait à l'époque François Cavanna dans les colonnes d'*Hara-Kiri*. Dans *Le Distrait*, la propagande commerciale est au centre de *brain-stormings* idiots et de happenings marketing douteux (la campagne Plistax, fabricant de « sachets pour étuis », qui se termine dans la violence et les œufs écrasés). Lors d'une brillante métaphore filmée, on voit même un passant tomber littéralement dans le panneau... Un humour féroce qui ne se dépare pas pour autant d'une part de tendresse. La séquence d'ouverture met en scène un ballet sur macadam démarré par une étreinte involontaire, mais chaleureuse, entre notre héros dissipé et un représentant de la maréchaussée.

Le rire qui désarme constitue d'entrée une arme fatale dont se servira Pierre Richard comme d'une kalachnikov tout au long de sa carrière. Grâce au *Distrait*, le premier volet d'une trilogie corrosive qui comprend *Les Malheurs d'Alfred* (1972) et *Je sais rien mais je dirai tout* (1973), Pierre Richard établit également un lien entre le cinéma burlesque des origines et celui des années 1970.

« Le burlesque a toujours été plus ou moins dénonciateur, commente-t-il. Dans leurs films, les Marx Brothers sont toujours des brûlots qu'on balance dans un salon mondain pour foutre le bordel dans la bonne société. Le burlesque

Jerico sert illico !

implique toujours une dénonciation d'un système, d'une société, et c'était évident dans mes trois premiers films. »

Avec sa première réalisation, Pierre Richard bousculait la comédie à la française. Il allait bientôt la secouer encore plus fort ! ★

Bonus

→ Quelques slogans publicitaires signés Jerico et Pierre Malaquet :
« Avec la pâtée Casimir, ~~mon chien~~ ma femme a le sourire. »
« Rottweil, la cigarette qu'on fume jusqu'à la dernière. »
« Partez les pieds devant avec les chaussures Fernand. »
« Avec cent étiquettes de champignons coupés, vous aurez droit à une boîte de champignons entiers. »
→ Les locaux de l'agence de publicité Jerico sont les mêmes que ceux de l'entreprise de fabrication de produits pour bébés d'*Erotissimo* (Gérard Pirès, 1969).

Domicile conjugal

FRANÇOIS TRUFFAUT (1970)

Distribution
Jean-Pierre Léaud (Antoine Doinel)
Claude Jade (Christine Doinel)
Daniel Ceccaldi (Lucien Darbon)
Claire Duhamel (Mme Darbon)
Hiroko Berghauer (Kyoko)
Daniel Boulanger (Ténor)
Jacques Jouanneau (Césarin)
Marie Irakane (Mme Martin)
Silvana Blasi (Silvana)
Claude Véga (le comique étrangleur)

Scénario et dialogues
François Truffaut, Claude de Givray et Bernard Revon

Box-office : 1 006 825 spectateurs

Claude Jade et Jean-Pierre Léaud.

> Antoine Doinel :
> *Alphonse n'ira jamais à l'école. Comme ça, il n'apprendra que les choses vraiment importantes.*

Désormais époux et père de famille responsable, Antoine Doinel découvre les affres de l'infidélité.

Domicile conjugal, le quatrième volet des aventures d'Antoine Doinel, est l'épisode le plus drôle d'une saga intime démarrée en 1959 avec *Les Quatre Cents Coups* et conclue vingt ans plus tard avec *L'Amour en fuite*. Astre indécis autour duquel évolue un univers fantasmé mais totalement crédible, Antoine Doinel représente le double romanesque de François Truffaut, incarné à l'écran par l'extraordinaire Jean-Pierre Léaud. Chez Truffaut, les chroniques du quotidien sont ponctuées de coups de théâtre rocambolesques et d'apparitions de personnages pittoresques. Le réalisme biographique propre à la série puise cette fois son inspiration à une source inédite : afin de perfectionner la trame de *Domicile conjugal*, François Truffaut a demandé à ses scénaristes d'enquêter auprès d'un échantillon bien précis de la population. Durant plusieurs semaines, Truffaut, Claude de Givray et Bernard Revon rencontrent des concierges, des fleuristes, des employés de bureau et des mères célibataires qu'on retrouvera personnifiés dans le film. Le résultat de cette enquête journalistique de soixante pages dresse également un portrait fidèle de la jeune femme française émancipée du début des années 1970. Il se traduit à l'écran par de nouvelles embûches semées sur la route d'Antoine Doinel. Ce dernier, qui passe désormais ses journées à teindre des roses dans la cour intérieure de son immeuble, vit avec Christine (Claude Jade), son épouse enceinte de leur premier enfant. Toujours lancé dans sa quête éperdue de liberté, Antoine cède à la tentation adultère en compagnie de Kyoko (Hiroko Berghauer), beauté japonaise aussi mystérieuse que silencieuse. Éternel adolescent découvrant la face sombre de l'âge adulte, Antoine Doinel traverse le film comme un feu follet incontrôlable. Un laborieux entretien d'embauche dans la langue de Shakespeare et l'ennui à peine feint lors d'un dîner particulièrement rasoir avec sa conquête nippone donnent lieu à de délicieux interludes burlesques. Truffé de clins d'œil cinéphiles, dont l'apparition furtive d'un sosie de M. Hulot sur un quai de métro, *Domicile conjugal* accumule les situations comiques. Un angle qui permet à François Truffaut de filmer avec grâce l'innocence du couple, puis son déchirement. Un tour de force que l'on pourrait résumer en s'inspirant du titre d'exploitation italien de *Domicile conjugal* : *Non drammatizziamo... è solo questione di corna !*, qu'on pourrait traduire par : « Ne dramatisons pas, tout ceci n'est qu'une histoire de cocufiage ! » ★

Bonus

➔ **Les cinq épisodes de la saga Antoine Doinel :**

- *Les Quatre Cents Coups* (1959)
- *Antoine et Colette* (sketch de *L'Amour à vingt ans*, 1962)
- *Baisers volés* (1968)
- *Domicile conjugal* (1970)
- *L'Amour en fuite* (1979)

Elle boit pas, elle fume pas, elle drague pas, mais… elle cause !

MICHEL AUDIARD (1970)

Distribution
Annie Girardot (Germaine)
Bernard Blier (Alexandre Liéthard)
Sim (M. Phalempin)
Mireille Darc (Francine Marquette)
Jean-Pierre Darras (Georges de La Motte-Brébière)
Jean Le Poulain (M. Gruson)
Catherine Samie (Jannou Mareuil)
Jean Carmet (le barman)
Robert Dalban (M. Delpuech)
Dominique Zardi (le professeur de sciences naturelles)

Adaptation : Michel Audiard, Michel Lebrun et Jean-Marie Poiré (d'après le roman de Fred Kassak *Bonne vie et meurtres*)
Dialogues : Michel Audiard

Box-office : 2 148 506 spectateurs

Une femme de ménage rusée organise un chantage machiavélique entre un éducateur, une présentatrice de télévision et un employé de banque peu scrupuleux.

Derrière ce nouveau titre à rallonge se cache la troisième réalisation de Michel Audiard après

Annie Girardot et Bernard Blier.

le cultissime *Faut pas prendre les enfants du bon Dieu pour des canards sauvages* (1968) et le très moyen *Une veuve en or* (1969). Dans *Elle boit pas, elle fume pas, elle drague pas, mais… elle cause !*, les influences de la bande dessinée et de l'hystérie pop des films de Richard Lester, déjà perceptibles dans les *Canards sauvages*, sont accentuées par l'interaction d'un quatuor d'acteurs en or : Annie Girardot, Bernard Blier, Sim et Mireille Darc. Dans le rôle de Germaine, femme de ménage rêvant de jours meilleurs sous le soleil de Monte-Carlo, Annie Girardot signe une de ses plus éclatantes performances comiques. Sa présence au générique a pourtant bien failli rester lettre morte : son agent avait exigé des sommes hollywoodiennes pour que l'actrice de *Rocco et ses frères* apparaisse dans la nouvelle poilade d'Audiard. En apprenant la nouvelle de la bouche du scénariste-dialoguiste-metteur en scène, la comédienne s'indigne et signe aussitôt son accord. À ses côtés, un Bernard Blier moustachu interprète l'employé de banque Alexandre Liéthard, « un maître chanteur obsédé sexuel qui ne peut s'empêcher de déshabiller des yeux toutes les femmes qu'il croise dans la rue », dixit Audiard. Francine Marquette (Mireille Darc), la deuxième victime de Germaine, est une présentatrice-vedette du petit écran au passé sulfureux. Face à elle, Sim excelle dans le rôle d'un éducateur d'enfants déshérités menant une double vie d'égérie des cabarets transformistes. L'ineffable *Petite libellule*, composée par Sim et Michèle Auzepy, restera à jamais le moment de bravoure musical de l'auteur d'*Elle est chouette, ma gueule*.

Librement inspiré de *Bonne vie et meurtres*,

Alexandre Liéthard : *J'ai déjà vu des faux-culs, mais vous êtes une synthèse !*

un polar de Fred Kassak, *Elle boit pas…* concentre ses péripéties à l'intérieur du cercle de ses trois figures vénales. Sous le regard amusé de Germaine, on enterre des cadavres dans le jardinet, on menace de dévoiler des ballets roses et on s'empoisonne à l'amanite phalloïde, « le tueur des forêts », mais c'est l'absurde le plus total qui reprend finalement ses droits. Lors de la bévue d'un accessoiriste, les faux billets de banque sont remplacés par des liasses de papier journal.
« Maintenant, on paye avec ça ! » s'esclaffe Michel Audiard.
Une confusion qui fera tellement rire l'équipe technique que le gag involontaire sera reproduit dans le film, mais pas à la banque : *Elle boit pas, elle fume pas, elle drague pas, mais… elle cause !* sera le plus grand succès commercial d'Audiard réalisateur. ★

Bonus

→ Le très inférieur *Elle cause plus, elle flingue* (Michel Audiard, 1972) n'est pas la suite des aventures de Germaine, même si Annie Girardot est toujours la tête d'affiche.

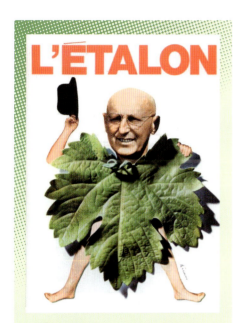

L'Étalon

JEAN-PIERRE MOCKY (1970)

Distribution
Bourvil (William Chaminade)
Francis Blanche (Dupuis)
Jacques Legras (Pointard)
Noëlle Leiris (Nelly Pointard)
Marcel Pérès (le commandant Moursson)
Michael Lonsdale (le commissaire Donald Both)
Jean-Claude Rémoleux (le commandant Lacassagne)
René-Jean Chauffard (le docteur Finus)
Lionel « Jo » Labarrière (Lionel, « l'étalon »)

Scénario : Jean-Pierre Mocky, d'après une idée de Bourvil
Adaptation et dialogues : Alain Moury

Box-office : 1 278 907 spectateurs

Interpellé par le triste sort des femmes délaissées par leurs époux, un vétérinaire crée un centre où celles-ci peuvent satisfaire leurs désirs sexuels.

Un après-midi de 1969, Bourvil et Jean-Pierre Mocky sont attablés à la terrasse d'un café parisien. Près d'eux, deux « bobonnes » déplorent le désintérêt sexuel de leurs époux. Le pitch de L'Étalon vient de naître. Dans la quatrième et dernière collaboration Bourvil-Mocky, William Chaminade, un vétérinaire humaniste, a l'intention de créer un centre de thérapie unique en son genre prodiguant « l'apaisement direct et naturel » par le biais d'un étalon, en l'occurrence Lionel, le viril guitariste du village. Son projet lui attire bientôt les foudres des partisans de l'ordre moral – et des maris cocus – et l'entraîne jusqu'à la Chambre des députés, où est présenté un amendement faisant des étalons un bien d'utilité publique. Dans cette version priapique de Mr. Smith au Sénat, la caméra tremble beaucoup, le doublage n'a rien à envier à ceux des films de kung-fu de l'époque et certains gags anticipent les débordements burlesques de Philippe Clair (le « bronzage pétanque »). Peu importe, car comme toujours chez Mocky, l'humour corrosif et les performances jusqu'au-boutistes des comédiens portent au sommet une nouvelle satire édifiante du « beauf » français en vacances et, surtout, de l'infidélité conjugale.

« Le sujet de L'Étalon était dur, se souvient Jean-Pierre Mocky. Le public était limité, car on touchait aux habitudes sexuelles des gens, et il y avait comme une répulsion. Il y a toute une branche du public qui est allergique à ce genre de films. De plus, Bourvil était malade, et il se passe un drôle de truc quand les gens sont malades : les spectateurs ne vont plus les voir. C'est curieux, ça devrait être le contraire. »

Filmé en dix-sept jours à Cerbère, une cité balnéaire des Pyrénées-Orientales, L'Étalon a souffert de conditions de tournage extrêmement difficiles en raison de l'état avancé du cancer de sa vedette principale.

« Nous aimions beaucoup Bourvil et il était mourant, rappelle tristement Mocky. On l'avait engagé car son médecin nous avait dit qu'il ne fallait surtout pas qu'il arrête de tourner. S'il

restait enfermé dans son appartement, il allait sentir la maladie l'envahir. Chaque jour de tournage, on pensait qu'il allait mourir le lendemain. Un matin, j'ai frappé à sa porte. Il n'a pas répondu. Je me suis dit : il est mort. Il ne l'était pas, il avait fait une syncope et ça nous a foutu une sacrée trouille. »

Bourvil décédera le 23 septembre 1970, sept mois après la sortie de la comédie la plus subversive de son imposante filmographie. ★

> **Pointard :**
> Mais qu'est-ce qui lui prend à ma Nelly ? Mais elle a tout ce qu'elle veut : je viens encore de changer la 404 pour la Renault 16 y a deux mois.

L'Homme orchestre

SERGE KORBER (1970)

Distribution
Louis de Funès (Evan Evans)
Noëlle Adam (Françoise)
Olivier de Funès (Philippe Evans)
Puck Adams (Lina)
Paul Préboist (le directeur de l'hôtel romain)

Adaptation : Jean Halain et Serge Korber (d'après un scénario original de Geza Redvanyi *Papillon de Paris, Pas de Deux*)
Dialogues : Jean Halain

Box-office : 2 141 879 spectateurs

Maître de ballet, Evan Evans dirige de main de fer sa troupe de danseuses. Tout bascule le jour où il découvre l'existence d'un bébé, qui est peut-être celui de son neveu.

De la course de voitures à l'audition des danseuses, de la leçon de judo à la folie qui s'empare de l'hôtel à Rome, des poupons rose et bleu au spectacle final, *L'Homme orchestre* est un ovni cinématographique, rarement cité dans la filmographie de Louis de Funès, et pourtant devenu culte grâce à ses images pop colorées, à la géniale musique de François de Roubaix et aux « piti piti pas » d'une troupe de danseuses en vinyle, chaperonnées par un de Funès musicalement survolté. L'acteur, qui désirait travailler avec de jeunes metteurs en scène de la nouvelle vague, assiste à la projection du film *Un idiot à Paris* et déclare à Alain Poiré qu'il veut travailler avec Serge Korber. « À l'époque, se souvient le cinéaste, je n'avais pas particulièrement envie de travailler avec de Funès, qui symbolisait pour moi le cinéma commercial et dont les films représentaient une forme d'humour conservateur, finalement assez bourgeois. Et puis je me suis dit que j'allais peut-être arriver à faire autre chose avec lui. » Bien que de Funès ait la réputation d'être violent avec les metteurs en scène, Korber se lance dans l'aventure. Projet totalement nouveau pour lui, puisqu'il devait danser et chanter, de Funès se laisse facilement diriger par le cinéaste, mais n'hésite pas à mettre son génie en action, notamment dans la scène où il « joue » la fable de La Fontaine *Le Loup et l'Agneau*, absente du scénario d'origine.
De Funès se lance alors dans un numéro mimé et bruité, Korber réécrivant et adaptant sa mise en scène au rythme des trouvailles géniales du comédien. Il improvise également la scène où il se coud la bouche pour faire taire les danseuses bavardes.

Drôle et moderne

L'autre star du film, c'est François de Roubaix, véritable homme-orchestre qui compose une partition que de Funès, lui-même pianiste de formation et excellent danseur, qualifie de « drôle et moderne ». Les répétitions des ballets durent deux mois pendant lesquels le cinéaste prépare son découpage par rapport à la musique, aux chansons et aux chorégraphies. Triomphant dans les pays de l'Est (33 millions de spectateurs selon Korber), le film est un demi-succès en France, où il déconcerte les spectateurs de l'époque, habitués à un comique plus classique.
« Dans l'esprit de Louis de Funès, se souvient Korber, *L'Homme orchestre* était un projet très gonflé : une comédie musicale avec des mecs de trente ans sur la musique pop d'un petit virtuose aux méthodes révolutionnaires. Par rapport aux *Gendarmes*, c'était presque de l'avant-garde ! »
Même s'il regrette que l'histoire ne soit pas assez forte, Korber confie : « C'est un film poétique dans lequel j'ai essayé de mettre un peu de profondeur, d'avoir un de Funès humain, avec de l'émotion, et je crois y être arrivé. Le film deviendra peut-être un classique. » ★

> Evan Evans :
> *Pas d'hommes, pas d'hommes, pas d'hommes ! Que des femmes, que des femmes, que des femmes !*

Les Bidasses en folie

CLAUDE ZIDI (1971)

Distribution
Gérard Rinaldi (Gérard)
Jean Sarrus (Jean)
Gérard Filipelli (Phil)
Jean-Guy Fechner (Jean-Guy)
Luis Rego (Luis)
Jacques Dufilho (le colonel)
Jacques Seiler (le sergent Bellec)
Marion Game (Crème)
Les Martin Circus (les Martin Circus)

Scénario, adaptation et dialogues
Claude Zidi (avec la collaboration de Michel Ardan)

Box-office : 7 460 911 spectateurs

Vainqueurs d'un tremplin rock, un groupe de musiciens est appelé sous les drapeaux.

Tout a commencé par les Problèmes. Sous ce nom, Gérard Rinaldi, Jean Sarrus, Gérard Filipelli et Luis Rego se sont fait remarquer en accompagnant Antoine sur ses fameuses *Élucubrations*. Quelques mois plus tard, Jean-Guy Fechner intègre le groupe au moment où il se rebaptise « les Charlots ». Les galas s'enchaînent, comme les tubes du calibre de *Merci Patron* et *Paulette, la reine des paupiettes*, mais la question cruciale posée par Frank Zappa interpelle bientôt nos cinq garçons dans le vent : « L'humour et la musique font-ils bon ménage ? » *La Grande Java*, première apparition sur grand écran des Charlots (en compagnie de Francis Blanche) répond en partie à cette interrogation en 1970 : oui, et on peut même faire les deux en même temps ! Malgré ses défauts de jeunesse, le film de Philippe Clair remporte un joli succès public (plus de trois millions d'entrées). Une seconde tentative s'impose, mais les Charlots refusent de participer à *La Grande Maffia* de Philippe Clair, avec qui le courant n'était pas passé lors de ce premier tournage. La bande lui préfère Claude Zidi, le cadreur et coscénariste de *La Grande Java*, qui signe avec *Les Bidasses en folie* ses premiers pas dans la réalisation. Sa spontanéité et son sens aiguisé du burlesque hérité des pionniers américains (Buster Keaton, les Marx Brothers et surtout les Trois Stooges) posent les jalons d'un style encore inédit dans la comédie à la française. Pour la première fois, le public est soumis à un tir de barrage d'effets comiques ébouriffants et à une avalanche continue de dérision dans une mise en scène réduite à son expression la plus directe : un plan = un gag.

Fantaisie militaire

Pour écrire le scénario des *Bidasses en folie*, Claude Zidi a puisé dans ses souvenirs du service national : « La discipline fait la force principale des armées et l'indiscipline faisait la force principale des Charlots », se souvient

Les Charlots et Jacques Dufilho.

> **Crème :** *Pourquoi est-ce que vous essaieriez pas de travailler séparément ?*
> **Luis :** *On n'a aucun diplôme, ce seront toujours les plus sales boulots… Moi, je préfère glander !*

l'ancien assistant caméra de Georges Franju. De cette fantaisie militaire qui rappelle les comédies *sixties* de Richard Lester, on retient surtout la séquence du tremplin rock où les cultissimes Triangle et les Martin Circus, qui exhibent leurs copines (de cheval) dans leur méga-tube *Je m'éclate au Sénégal*, rivalisent avec l'insolite numéro de pop acrobatique des Charlots. Vu par plus de sept millions de spectateurs en France (douze à travers le monde !), *Les Bidasses en folie* marque le premier triomphe commercial de Gérard, Jean, Phil, Jean-Guy et Luis. « Joli, le monde est joli, la vie nous sourit », chante innocemment la joyeuse bande de post-hippies, sans se douter encore de son écrasante suprématie sur le cinéma populaire français des années 1970. ★

Bonus

→ Les Martin Circus tourneront *Les Bidasses en vadrouille* sur un sujet similaire en 1978.

Laisse aller… c'est une valse !

GEORGES LAUTNER (1971)

Distribution
Jean Yanne (Serge Aubin)
Michel Constantin (Michel)
Mireille Darc (Carla)
Bernard Blier (le commissaire)
Nanni Loy (Charles Varèse)
Rufus (Mr. Fairclouth)
Paul Préboist (Pérollas)
Philippe Castelli (le directeur de la prison)
Coluche (le barman)
Jess Hahn (Kongo)
Daniel Prévost (Pierre)
Jean-Michel Ribes (Carlo)
Philippe Khorsand (un homme de main de Varèse)

Scénario original
Bertrand Blier
Adaptation et dialogues
Georges Lautner et Bertrand Blier

Box-office : 1 386 576 spectateurs

Un truand libéré de prison part à la recherche de son butin caché et de son épouse qui l'a trahi.

Prenez une trame de polar classique (ici la vengeance d'un taulard trahi par son épouse). Ajoutez-y une poignée de bijoux volés et de flics ripoux. Enfin, appliquez un traitement parodique et vous obtiendrez une comédie policière délirante de Georges Lautner. Coécrit par Bertrand Blier, *Laisse aller… c'est une valse !* (une expression du Jura entendue pendant le tournage du *Septième Juré*) réunit tous ces ingrédients, auxquels il faut ajouter une paire d'acteurs forts en gueule, Jean Yanne et Michel Constantin. Au centre des (d)ébats, Mireille Darc retrouve son personnage de femme fatale faussement ingénue des *Barbouzes* et de *Ne nous fâchons pas*. Bernard Blier, éternel flic rondouillard à l'œil torve, est secondé par une foule de seconds rôles furtifs mais pertinents, dont Daniel Prévost, Jean-Michel Ribes, Jess Hahn, Rufus en professeur d'anglais bégayant, Coluche en barman trouillard, Paul Préboist en pompiste belliqueux et le regretté Philippe Khorsand dans sa première apparition sur grand écran.

Décalage constant

Après avoir exploré les rivages érotiques dans *La Route de Salina*, Georges Lautner retourne au polar et à la dérision avec *Laisse aller… c'est une valse !* Sa comédie laisse sur place les réalisations cartoonesques de Michel Audiard, en accentuant jusqu'à l'extrême les scènes de violence et le punch des gags visuels. Ainsi, une scène de torture électro-aquatique est ponctuée par un insert publicitaire : « Ah, si j'étais au Club Med… » Plus tard, une sanglante séquence de flingage est illustrée par des cla-

vecins romantiques. Ce décalage constant se traduit également par des inventions surréalistes, comme Michel Constantin en robot de guerre dézinguant une armée de truands du toit de son Austin Mini, ou ce lit géant qui permet à Lautner de tourner la scène d'amour la plus acrobatique de l'histoire du cinéma. Citons aussi la musique psyché-rock hallucinogène de Clinic et un final incongru sous le soleil des Antilles, loin des valses hivernales de Lautner.

Après avoir consulté le scénario cosigné par Bertrand Blier, la Gaumont refuse que le film se termine favorablement pour les truands en cavale. Lautner et son équipe ajouteront donc un post-scriptum farfelu à l'épilogue martiniquais en filmant un gros plan de Bernard Blier… dans un studio d'Épinay-sur-Seine ! ★

Bonus

→ *Le Mac* (Pascal Bourdiaux, 2010, avec José Garcia) reproduit la scène d'amour acrobatique entre Mireille Darc et Jean Yanne.

> Michel : *Ça fait combien, madame ?*
> La serveuse : *Douze francs avec le service, monsieur.*
> Michel : *Douze francs… et sans le service ?*

La Folie des grandeurs

GÉRARD OURY (1971)

Distribution
Louis de Funès (don Salluste)
Yves Montand (Blaze)
Alice Sapritch (dona Juana)
Karin Schubert (la reine)
Alberto De Mendoza (le roi)
Gabriele Tinti (don César)
Paul Préboist (le muet)

Scénario et dialogues : Gérard Oury, Danièle Thompson et Marcel Jullian

Box-office : 5 563 354 spectateurs

Au XVIIe siècle, don Salluste profite de ses fonctions de ministre de la Police et des Finances de Sa Majesté le roi d'Espagne pour racketter le peuple, mais la reine qui le déteste réussit à le chasser de la cour. Pour se venger, il décide de la déshonorer avec l'aide de son valet Blaze, secrètement amoureux d'elle.

Drame romantique écrit par Victor Hugo entre le 8 juillet et le 11 août 1838, *Ruy Blas* est créé le 8 novembre de la même année au Théâtre de la Renaissance à Paris. Parabole sur le pouvoir nourrie de rebondissements rocambolesques, *Ruy Blas* tisse le destin d'un valet amoureux de la reine d'Espagne. À l'époque, la presse assassine la pièce, mais le public lui fait un triomphe. L'adaptation au cinéma qu'en fait Jean Cocteau, en 1948, avec Jean Marais

dans le rôle principal et Danielle Darrieux dans celui de la reine, attire 2 453 187 spectateurs : succès ! En 1961, Raymond Rouleau monte la pièce à la Comédie-Française. Gérard Oury, qui y tient le rôle de don Salluste, comprend alors le potentiel comique de *Ruy Blas*, qui relève plus de Feydeau que d'Hugo. Suite au succès du *Corniaud* et de *La Grande Vadrouille*, le réalisateur décide de relancer le duo magique Bourvil-de Funès dans une troisième aventure qu'il intitule *Les Sombres Héros*. Il fait appel à ses fidèles lieutenants : Marcel Jullian alias Petit Marcel et sa fille Danièle Thompson, alias Poupouce. Le problème du trio de scénaristes est d'arriver à transformer ce drame romantique en comédie.

« Bizarrement, c'était une adaptation assez fidèle et on a repris chaque élément de la pièce pour en faire quelque chose d'hilarant », se souvient Danièle Thompson.
Comme dans la pièce de Victor Hugo, qui comporte un message social, puisque c'est un valet qui finit par diriger l'Espagne, le film prend également la voie de la satire politique. « Qu'est-ce que je vais devenir ? Je suis ministre... Je ne sais rien faire ! » s'écrie don Salluste, méchant emblématique du cinéma de Gérard Oury : menteur, hypocrite, avide, fasciné par le pouvoir et l'argent.

> Blaze :
> *C'est l'or... il est l'or...*
> *L'or de se réveiller... Monseignor...*
> *il est huit or... Wouigigougigougi...*
> Don Salluste :
> *Il en manque une !*
> Blaze :
> *Vous êtes sor ?*
> Don Salluste :
> *Tout à fait sor !*
> Blaze :
> *Oh ben ça alors !*

« Le ridicule est une source de comique très puissante, dira Oury. Être arrogant avec les pauvres et à plat ventre devant les puissants est une caractéristique humaine bien connue. »

De Funès et Montand complices

Alors que le scénario est quasiment terminé, Oury part en repérages en Espagne lorsque brusquement, Bourvil meurt. Tout le monde le pleure. De Funès songe même à abandonner le projet, mais le destin frappe un soir d'octobre lors d'une soirée où Simone Signoret suggère au metteur en scène Yves Montand pour remplacer Bourvil. Le scénario est réécrit pour Montand, lequel prend des cours de danse espagnole durant trois mois et porte son costume chez lui un mois avant le tournage, qui débute en avril 1971 à Almeria, lieu mythique où Sergio Leone a tourné ses westerns-spaghettis. Sur le plateau, de Funès et Montand sont très complices. « L'entente et la bonne humeur sont indispensables pour un film comique », confie de Funès. Oury se souvient de les avoir observés « comploter dans un coin, éclater de rire comme des enfants » : « Puis ils venaient me trouver et me disaient en chœur : "Gérard, on vient de trouver un gag. Qu'en penses-tu ?" »

Même si tout était préparé à l'avance et « storyboardé », le film prend beaucoup de retard à cause du temps passé sur les coiffes, les costumes et le décor. « La beauté, le perfectionnisme, la mise au point, les gags, tout ça prend du temps », soupire Oury.

En effet, *La Folie des grandeurs* est esthétiquement l'un des films les plus beaux du cinéaste, qui s'est en grande partie inspiré des tableaux de Vélasquez. « Il a toujours fait très attention à concilier l'esthétisme et le comique », se souvient Danièle Thompson.

Après quatre mois de tournage, Michel Polnareff est engagé pour écrire la musique du film. Star de la chanson, Polnareff réussit une partition très inspirée et enchante Louis de Funès qui, en rogne sur un plateau de télévision, trouve inadmissible que le disque ne soit pas déjà sorti. *La Folie des grandeurs* est un énorme succès, même si la Gaumont espérait des chiffres plus élevés. Une semaine plus tard, *Les Bidasses en folie* écrase la concurrence au box-office et les Charlots apportent un vent de nouveauté dans la comédie française. Le cinéma d'Oury est-il mort pour autant ? Un certain Rabbi Jacob apportera la réponse deux ans plus tard. ★

Bonus

→ Pour fabriquer la cuirasse que porte Yves Montand et qui pèse quarante kilos, le costumier Jacques Fonteray s'est inspiré du portrait du comte-duc d'Olivares par Vélasquez

→ Pour le plan sur sa croupe qui se déhanche dans la mythique scène d'effeuillage, Alice Sapritch est doublée par une jeune strip-teaseuse professionnelle : Sofia Palladium.

→ Quand Alice Sapritch s'est jetée sur Montand après le strip-tease, elle lui a griffé le cou, ce qui a mis le comédien en colère.

→ Louis de Funès tournera dix ans plus tard *L'Avare* de Molière, personnage proche du don Salluste de *La Folie des grandeurs*. Le film attire 2 433 452 spectateurs, mais la réalisation n'atteint jamais la puissance du film d'Oury.

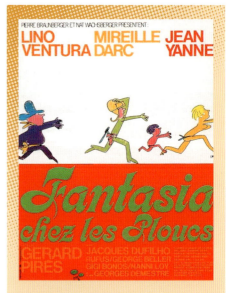

Fantasia chez les ploucs

GÉRARD PIRÈS (1971)

Distribution
Lino Ventura (Sagamore Noonan)
Jean Yanne (Doc Noonan)
Mireille Darc (Caroline Tchoo-Tchoo)
Jacques Dufilho (oncle Noé)
Georges Beller (Smith)
Rufus (Wesson)
Nanni Loy (Dr Severance)
Alain Delon (un passant)

Adaptation : Georges Beller, Jed Falby, Didier Kaminka, Claude Miller, Gérard Pirès (d'après le roman de Charles Williams *The Diamond Bikini*, 1956)

Box-office : 1 409 528 spectateurs

La tranquillité de deux contrebandiers d'alcool est troublée par l'irruption d'un gangster et d'une strip-teaseuse.

« *Fantasia chez les ploucs*, le génial roman de Charles Williams, était un de mes livres de chevet, raconte Gérard Pirès. C'était un rêve absolu de tourner ce film, et comme *Erotissimo* avait très bien marché, Pierre Braunberger en récupéra les droits. Le film allait se tourner à Rome avec une coproduction italienne. J'ai pris comme assistant mon pote Claude Miller, avec qui j'avais fait le service cinéma aux armées. Dans *Fantasia*, il y a quelques plans aux États-Unis ; Claude les a tournés à Los Angeles. Un soir, des mecs qu'il avait croisés sur Hollywood Boulevard lui ont demandé quelque chose, et comme il parlait très mal anglais, il n'a pas répondu. Ils l'ont mal pris et ils lui ont cassé la gueule. Il est revenu à Paris avec un énorme bourre-pif ! Dans le film, il y a aussi quelques plans tournés dans le désert de Mojave, mais tout le reste a été fait dans un rayon de cent vingt kilomètres autour de Rome.

Mafia et arnaques à l'assurance

« Sur place, on s'est très vite rendu compte que les producteurs italiens étaient des voleurs. Avec Claude, on travaillait dans un bureau de quinze mètres carrés. Dans celui d'à côté, les Italiens travaillaient sur un western-spaghetti. Au bout de quinze jours, on voit arriver le réalisateur du western avec une minerve, l'air catastrophé. Arrive le soir, le mec enlève tout à coup sa minerve en faisant : "Ah, ça va mieux", et il nous raconte qu'il s'agit d'une arnaque à l'assurance. Comme ils n'avaient pas le financement du film, ils ont arrêté le tournage en faisant croire qu'il y avait eu un accident. Avec l'argent de l'assurance, ils pouvaient continuer le film. Malin ! Une heure après, ils nous ont demandé si on voulait faire la même chose. On refuse, et lorsqu'on démarre le tournage, on voit tout de suite que rien ne se passe comme prévu. On nous mettait à chaque fois devant le fait accompli. J'avais vingt-huit ans, c'était mon deuxième film, une très grosse production, et on se faisait arnaquer sur tout, tous les jours.

« Du coup, j'ai décidé d'arrêter le film. Un soir, je rentre à l'hôtel avec ma fiancée de l'époque. On roule, je lui demande une cigarette, je me rate et je sors de la route avec ma Porsche. J'en ai profité pour laisser croire aux producteurs que j'allais arrêter le film. J'avais une journée de tournage énorme prévue le lendemain et ils ont pris peur. Ils ont finalement tout payé grâce à mon chantage.

« Le jour du tournage, on voulait mille figurants et il en arrive mille deux cents, et on me dit qu'il faut absolument tous les prendre. En fait, la mafia avait entendu parler du tournage et avait envoyé des gens pour les faire payer par la production. Le soir, les mecs se sont tous tirés avec les costumes du film. À cent kilomètres à la ronde, on pouvait croiser des cow-boys et des Indiens partout dans la cambrousse.

« Trois ou quatre jours avant la fin du tournage, ma fiancée, qui travaillait beaucoup en Italie et qui parlait couramment la langue, me dit : "Attention, ils vont tourner un western-spaghetti dans ton décor." J'avais fait construire dans la montagne toute une ferme avec un moulin géant. Mon sang n'a fait qu'un tour et je dis à Claude qu'on ne va pas se faire avoir comme ça. On décide de foutre le feu au décor. La ferme était sur une colline, à trois ou quatre

Lino Ventura et Jean Yanne.

Doc Noonan : *La solution de tannage, c'est bien joli, mais ce qu'on ferait mieux de trouver, c'est une solution pour lui piquer son bikini.*

Mireille Darc.

kilomètres d'un tout petit village. J'ai eu l'idée d'y inviter les gardiens à une fausse fête de fin de tournage pour leur bourrer la gueule. On a écrasé tellement de somnifères dans leurs verres que le vin était devenu trouble ! Une fois les gardiens endormis, on est montés à la ferme de nuit avec Claude et trois jerricans d'essence, et j'ai mis le feu à la ferme. Pour faire bonne mesure, j'ai aussi pris la Mustang du film et je l'ai balancée dans un ravin. Ensuite, j'ai vite foutu le camp d'Italie.

Delon figurant

« Ça ne s'est pas très bien passé non plus avec Lino Ventura. Au départ, je ne voulais pas Ventura, mais Raymond Devos pour le rôle principal. Je lui ai pompé l'air, mais il n'a pas voulu. Comme le film se tournait en Italie, Ventura a accepté, mais sur place, il n'a pas compris ce qui lui arrivait. Jean Yanne était super à l'aise et Mireille Darc nous avait même ramené Delon pour une figuration gratuite... Un jour, je tourne une scène où Ventura harangue la foule. Les Ritals n'en avaient rien à foutre du son direct, ils doublaient tout en postsynchro. J'ai donc demandé à la foule de se manifester en levant les bras, sans hurler. On fait trois prises et tout d'un coup, Ventura pique une crise. Il me dit : "Tu te rends pas compte de ce que tu me fais faire ? Tu me fais haranguer une foule qui ne répond pas !" Il me fait toute une vérole, mais je n'engage pas la conversation et je fais signe à l'équipe qu'on se casse tourner un plan ailleurs. Je le laisse planté là, tout seul, en train de vitupérer. J'étais le metteur en scène. On faisait ce que je disais ou pas, Ventura ou pas, vingt-huit ans ou pas. De ce jour-là, on ne s'est plus parlé. Je donnais les indications à Claude Miller qui les donnait à Ventura. S'il n'était pas d'accord, il en parlait à Claude qui revenait vers moi. On était à peine à la moitié du film !

« *Fantasia* a été une grosse déception. Le livre était un chef-d'œuvre et je m'étais défoncé sur le film. J'y étais allé à fond dans les gags et le côté cartoon. J'avais mis tout ce que j'aimais. Je pensais qu'on allait faire trois fois plus d'entrées qu'*Erotissimo*. Or, il a marché un peu, mais moins. Ça m'a mis un coup dans la tête. Alors j'ai pris un peu de recul et je suis allé tourner *Elle court, elle court la banlieue...* » ★

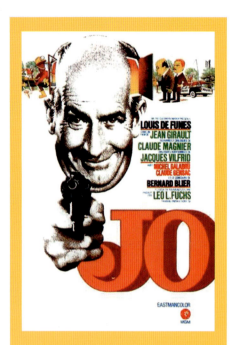

Jo

JEAN GIRAULT (1971)

Distribution
Louis de Funès (Antoine Brisebard)
Claude Gensac (Sylvie Brisebard)
Bernard Blier (l'inspecteur Ducros)
Michel Galabru (Tonelotti)
Paul Préboist (l'adjudant)
Guy Tréjean (Adrien Colas)
Christiane Muller (Mathilde)
Dominique Zardi (le Duc)
Jacques Marin (Andrieux)
Yvonne Clech (Mme Grunder)
Ferdy Mayne (M. Grunder)

Scénario et dialogues : Claude Magnier (d'après la pièce *The Gazebo* de Alec Coppel, tirée d'un sujet de Alec et Myra Coppel)
Dialogues additionnels : Jacques Vilfrid

Box-office : 2 466 966 spectateurs

Victime d'un maître chanteur, un auteur de pièces à succès tue malencontreusement un inconnu et va avoir toutes les peines du monde à cacher son cadavre dans sa villa.

Un soir d'orage, Antoine Brisebard, auteur à succès et cible de l'odieux chantage de l'énigmatique M. Jo, flingue par erreur un intrus sur le tapis de son salon et l'emballe dans un rideau de douche. Après l'avoir enterré sous une gloriette (un kiosque à musique *made in* Puy-de-Dôme) de fabrication défectueuse, Brisebard réalise avec effroi que le cadavre en question n'est pas celui du maître chanteur. Questionné par son épouse (Claude « ma biche » Gensac) et l'inspecteur Ducros (Bernard Blier, grandiose en faux naïf autoritaire), l'assassin malgré lui va devoir faire preuve d'ingéniosité pour dissimuler l'encombrant défunt.

Jo, comme *Oscar* et *Pouic-Pouic* quelques années plus tôt, s'inspire de la pièce *The Gazebo*, une comédie policière écrite par Alec et Myra Coppel, rebaptisée *Jo* sous la plume de Claude Magnier en 1964. Fusion improbable de *Mais qui a tué Harry ?* d'Alfred Hitchcock, de *L'Auberge rouge* (le cadavre planqué dans la statue) et de vaudeville boulevardier, *Jo* s'impose surtout comme la comédie la plus survoltée de la filmographie de Louis de Funès. Si les racines théâtrales du long-métrage sont facilement identifiables (quelques décors extérieurs sont reconstitués sur des toiles peintes !), l'abattage hors normes du comique et la frénésie incontrôlable d'un scénario où les catastrophes pleuvent en série sur le pauvre Antoine Brisebard balaient toute notion de statisme. Michel Galabru, Paul Préboist, Florence « Tuttut ! » Blot et la gouaille détonante d'Yvonne Clech opèrent en soutien, et la nouvelle rencontre au sommet de Funès-Bernard Blier éclipse même les échanges déjà gratinés du *Grand Restaurant*. L'irrésistible interrogatoire sur canapé vire rapidement au burlesque, et le duo glisse délicieusement vers l'absurde lors d'une conversation sans dialogues entre le dramaturge perturbé et l'inspecteur ébahi. En fin de parcours, la comédie macabre de Jean Girault dérape même vers l'irréel quand Antoine Brisebard défie la gravité en dévalant une rampe d'escalier à la verticale. Surnaturel, prodigieux. ★

Bonus

→ *The Gazebo*, la pièce qui a servi d'inspiration au film, avait déjà été adaptée au cinéma en 1959 dans *Un mort récalcitrant*, réalisé par George Marshall.

Antoine Brisebard : *Allo Tata ? C'est Toi-Toine. Comment va Tonton ?*

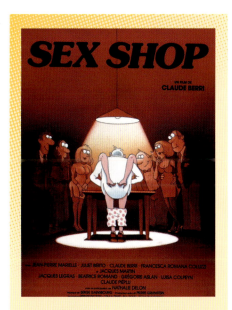

Sex-Shop

CLAUDE BERRI (1972)

Distribution
Claude Berri (Claude)
Juliet Berto (Isabelle)
Jean-Pierre Marielle (Lucien)
Nathalie Delon (Jacqueline)
Claude Piéplu (l'officier)
Jacques Legras (Albert)
Catherine Allégret (Ginette)
Francesca Romana Coluzzi (Lulu)
Jean Tissier (M. de La Grange)
Jacques Martin (Bernard)

Scénario et dialogues : Claude Berri

Box-office : 1 465 092 spectateurs

Criblé de dettes, un libraire de quartier transforme sa boutique en sex-shop.

Au début des années 1970, la libération sexuelle bouscule les mœurs hexagonales. Le MLF pose ses premières revendications, les filles de Madame Claude égayent les soirées de Chez Castel et le cinéma porno s'apprête à envahir le circuit de distribution traditionnel. C'est « l'âge des muqueuses », selon les mots de Philippe Sollers.

Au cours du tournage du *Cinéma de papa*, en 1970, l'assistant-réalisateur Alain Touriol évoque devant Claude Berri les bacchanales du *Roi René*, une auberge située près de Ville-d'Avray, en région parisienne. Intrigué, Berri se rend sur les lieux. Au terme de plusieurs tentatives infructueuses, le cinéaste-producteur pénètre dans l'établissement et découvre une scène orgiaque qu'il décrira comme « le métro aux heures de pointe, l'Enfer de Dante », dans son autobiographie. C'est en observant un retraité rabattant tendrement une mèche rebelle de son épouse, qui vient d'être livrée à la meute partouzarde, que Claude Berri imagine le sujet de *Sex-Shop*.

Claude, libraire parisien et chef de famille paisible, fait face à d'énormes dettes et songe à baisser définitivement le rideau de fer de sa boutique. Sur le conseil de Bernard (Jacques Martin), il décide de reconvertir sa librairie de quartier en sex-shop. Les godemichés et les lubrifiants remplacent les Lagarde et Michard, et le best-seller du moment n'est plus la dernière édition du guide Michelin, mais *La Braguette magique*. La clientèle est aussi renouvelée : on croise un érotomane philosophe (Jean Tissier), un militaire aux mœurs dissolues (Claude Piéplu) et un couple de libertins bon chic bon genre (Jean-Pierre Marielle et Nathalie Delon). Les effets de ce nouvel environnement se font bientôt ressentir chez Claude : sa découverte de plaisirs inavoués bouleverse sa vie de couple et le candide libraire va devoir remettre en question ses principes lors de la sulfureuse *Croisière Love*.

Accompagné par la musique de Serge Gainsbourg et Jean-Claude Vannier et porté par les performances désopilantes de ses hôtes priapiques (Marielle, Piéplu et Legras), *Sex-Shop* jette un regard satirique et enjoué sur les nouvelles figures sexuelles imposées. À en croire ses protagonistes, on s'est aussi beaucoup amusé hors plateau : les figurants de *L'Empereur Marcel*, équivalent de l'auberge du *Roi René* reconstituée sur les bords de Marne, étaient de vrais clients échangistes. Tournées pendant le festival de Cannes, les séquences maritimes de *La Croisière Love* ont également donné lieu à des débordements amoureux immortalisés clandestinement par la caméra de Jacques Rozier.

« J'ai tourné *Sex-Shop* comme un documentaire-fiction dans lequel j'étais d'autant plus impliqué que je jouais le personnage du libraire, confiait Berri. J'étais Claude dans le film, et moi-même dans la vie, qui partions tous les deux à la découverte du monde de la pornographie. Je me suis follement amusé à l'écrire, à le mettre en scène et à le jouer. »

À la manière de Truffaut et son double Antoine Doinel, Berri et son alter ego cinématographique dévoileront l'envers des prouesses érotiques de *Sex-Shop* dans *La Débandade*, en 1999. ★

Bonus

→ *Sex-Shop* a été désigné comme l'un des dix meilleurs films de l'année 1972 par le *Washington Post*.

Lucien : Mon cher Claude, j'ai deux passions dans la vie : la sexualité de groupe, comme dirait le Nouvel Observateur, *et les maisons normandes.*

Nathalie Delon et Jean-Pierre Marielle.

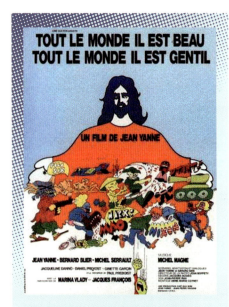

Tout le monde il est beau, tout le monde il est gentil

JEAN YANNE (1972)

Distribution
Jean Yanne (Christian Gerber)
Bernard Blier (Louis-Marcel Thulle)
Michel Serrault (Marcel Jolin)
Jacques François (Plantier)
Daniel Prévost (Sylvestre Ringeard)
Marina Vlady (Millie Thulle)
Ginette Garcin (l'assistante-chanteuse)
Jacqueline Danno (Maïté Plantier)
Maurice Risch (Thomas)
Paul Préboist (un curé de campagne)
Jean-Roger Caussimon (le père Derugleux)
Jean-Marie Proslier (Aurélien Mougerand)
Roger Lumont (Jean-Christian Bonquin)
Les Frères Ennemis (des journalistes de Radio Plus)

Scénario et dialogues
Jean Yanne et Gérard Sire

Box-office : 4 076 678 spectateurs.

Écœuré par la ligne éditoriale de ses patrons, un journaliste radio prend le pouvoir dans sa propre station.

Jean Yanne a officié sur les scènes de music-hall, sur les planches de théâtre, à la télévision et au cinéma chez Chabrol et Pialat, mais c'est son expérience radiophonique qui va servir d'inspiration à l'écriture de *Tout le monde il est beau, tout le monde il est gentil*, son premier grand succès public en tant que réalisateur. Bien connu pour sa morgue et sa franchise souvent dérangeante, Jean Yanne s'est attiré les foudres des rédacteurs en chef de RTL et d'Europe 1. Évincé en raison de ses propos francs du collier (on lui doit l'expression « Il est interdit d'interdire » reprise par les contestataires de mai 68), Yanne tient sa revanche et règle ses comptes en imaginant les déboires de Christian Gerber, reporter choc à Radio Plus, une station contrôlée par des dirigeants opportunistes et corrompus. Installé au poste de directeur, Gerber décide d'instaurer « la radio de la vérité » en dénonçant les dérives publicitaires d'un média de masse dont la nouvelle icône marketing a pour nom Jésus. La croisade du don Quichotte des grandes ondes se traduit bientôt par des revues de presse au vitriol, des tests consommateurs poussés jusqu'à l'extrême et des piqûres de Penthotal pour délier les langues de bois des politiciens récalcitrants. Dans la dernière bobine du film, Jean Yanne pose en figure christique au milieu d'un tableau vivant reproduisant la Cène, mais le martyr radiophonique, victime des pressions politico-commerciales, devra faire une croix sur ses ambitions.

Protest comedy

Si Jean Yanne incarne un drôle de Jésus, ses apôtres constituent un véritable *Who's who* de la comédie à la française des années 1970. Bernard Blier (le patron de Radio Plus), Jacques François (son directeur d'antenne couard et dévoué), Michel Serrault, Maurice Risch, Paul Préboist, Les Frères Ennemis, Ginette Garcin, Jean-Roger Caussimon et Jean-Marie Proslier forment un casting fumant complété par Daniel Prévost dans le rôle de Sylvestre Ringeard, faux-cul de compétition qui paiera sa déférence outrancière par une indigestion fatale de pâtée pour chien Gai Toutou.

Protest comedy défiant l'emprise de la censure étatique sur les médias, *Tout le monde il est beau, tout le monde il est gentil* peut être perçu comme un cousin frondeur d'*Erotissimo* (Gérard Pirès, 1969) et du *Distrait* (Pierre Richard, 1970) pour sa dénonciation des mœurs publicitaires. Libre et relâchée, la forme cinématographique de la première réalisation de Jean Yanne se veut aussi anarchique que ses propos. La structure du film échappe à tout contrôle, à l'image de l'explosif générique animé de Tito Topin et Étienne Yanzi glissé en post-scriptum du montage final. Après une introduction « sur le terrain » tournée en Amérique du Sud, la première heure du long-métrage aligne une succession de scènes filmées *in situ* dans les locaux de Radio Plus, qui rappelle RTL à s'y méprendre. Largement improvisées, ces séquences alternent faux raccords, longs travellings circulaires et de nombreux interludes hérités de la tradition de la comédie musicale.

Mme Plantier : *Où est cette ordure ?*
Gerber : *Mais quelle ordure ? Quelle ordure ? Vous êtes dans une station de radio, y'a pratiquement que ça !*

Dans la bande originale signée Michel Magne (*Les Tontons flingueurs, Fantômas*), les genres musicaux passent aussi un sale quart d'heure. Le tango est la première victime avec *Jésus Tango*, chanté en espagnol de cuisine par Ginette Garcin. Le rock en prend ensuite pour son grade dans *Jésus, rends-moi Johnny*, variation binaire des louanges adressées « au voisin du dessus ». Le ballet tombe au champ d'honneur, suivi par la pop music par l'entremise de *Tilt pour Jésus-Christ* et *Ciné Qua Pop*, qui, à l'écran, font l'objet de tableaux mystico-hallucinogènes dirigés par Marcel Jolin, alias Michel Serrault. Chez ce cousin hexagonal de *Jésus-Christ Superstar* (la comédie musicale avait triomphé sur Broadway en 1971), Dieu est crucifié sur l'autel du bal musette et du folk baba. Symptomatiques d'une époque où toutes les excentricités semblent possibles, les arrangements patchouli de *Tout le monde il est beau, tout le monde il est gentil* élèvent au rang d'art la dynamique éléphantesque de la variété pompidolienne. Un fantasme daté, mais un objet de culte garanti. Des bandes originales de ce calibre ne pourraient plus voir le jour aujourd'hui. De tels films non plus. ★

Bonus

→ Le graphiste Tito Topin, responsable des illustrations et du générique du film, est le créateur de la série *Navarro*.

→ Au rayon figurants, Chantal Nobel, Guesch Patti et Michel Magne font partie du personnel de Radio Plus.

La Vieille Fille

JEAN-PIERRE BLANC (1972)

Distribution
Annie Girardot (Muriel Bouchon)
Philippe Noiret (Gabriel Marcassus)
Jean-Pierre Darras (Sacha)
Marthe Keller (Vicka)
Catherine Samie (Clotilde)
Michael Lonsdale (Monod)
Édith Scob (Édith)

Scénario et dialogues
Jean-Pierre Blanc

Box-office : 1 889 299 spectateurs

En route pour l'Espagne, un quadragénaire célibataire est victime d'une panne d'automobile. En attendant la réparation, contraint de loger dans un hôtel de Cassis, il fait la connaissance d'une vieille fille avec qui il va sympathiser.

Gabriel : *Avec un peu de chic elle serait pas mal… C'est comme mon hareng, avec un peu de sauce, il serait pas mal…*

Ancien élève du Conservatoire indépendant du cinéma français, Jean-Pierre Blanc écrit son premier film à vingt-huit ans et le propose à Annie Girardot et Philippe Noiret. Enthousiasmés par la qualité de l'écriture du jeune homme, ils acceptent. Avec deux stars au générique, le producteur Raymond Danon n'a aucun mal à monter le projet. Après une semaine de tournage dans les studios de Boulogne pour toutes les scènes dans les chambres de l'hôtel, l'équipe part à Cassis tourner les extérieurs durant sept semaines. C'est sur la plage du Bestouan que Muriel Bouchon se change chaque jour sous une cabine de plage en serviette éponge rose sous l'œil attendri de Gabriel, et c'est à l'hôtel du Golfe qu'elle prend avec lui ses repas. Un subtil jeu de séduction s'installe peu à peu entre le célibataire attendri et la jeune femme réticente. L'ambiance sur le plateau est particulière : introverti, le réalisateur a du mal à communiquer verbalement avec son équipe. Pour indiquer les images qu'il souhaite, il préfère montrer des photos publicitaires à son chef opérateur Pierre Lhomme, et s'appuyer sur son cadreur Gilbert Duhalde et son premier assistant Marco Pico pour organiser les scènes. Se référant au scénario très bien écrit et détaillé, l'équipe tourne le film sans avoir vraiment de rapport avec le metteur en scène, qui reste dans son monde intérieur.

Décalage hilarant

Malgré l'aspect morbide qui plane sur le film, le découpage en gros plans de visages, de pieds et autres détails (les silhouettes de Girardot et Noiret de dos sur la plage, dont la différence de gabarit fait mouche), ainsi que les pastilles comiques, à l'image de l'autocollant *J'écoute RTL* sur le corbillard ou des deux religieuses qui mangent… des religieuses au chocolat, apportent un décalage hilarant.
Annie Girardot invite régulièrement toute l'équipe dans la villa avec piscine qu'elle a louée. Noiret retrouve avec plaisir son ancien partenaire de cabaret Jean-Pierre Darras. Miou-Miou se présente au casting, mais c'est Maria Schneider qui est choisie, un an avant le scandale du *Dernier Tango à Paris* de Bertolucci. À l'issue du tournage, Darras se lie avec sa partenaire Catherine Samie, et Michael Lonsdale cultive avec Édith Scob une amitié intellectuelle. Sorti en salles le 12 janvier 1972, *La Vieille Fille* est un succès. Aujourd'hui oublié, ce film rare mérite d'être redécouvert. ★

L'Aventure, c'est l'aventure

CLAUDE LELOUCH (1972)

Distribution
Lino Ventura (Lino Massaro)
Jacques Brel (Jacques)
Charles Denner (Simon Duroc)
Aldo Maccione (Aldo)
Charles Gérard (Charles)
Nicole Courcel (Nicole)
Johnny Hallyday (Johnny Hallyday)
André Falcon (Armand Herbert)
Yves Robert (l'avocat de la défense)
Gérard Sire (l'avocat général)
Juan Luis Buñuel (Ernesto Juarez)
Xavier Gélin (Daniel Massaro)
Alexandre Mnouchkine (John Davis)

Scénario et dialogues : Claude Lelouch, (avec la collaboration de Pierre Uytterhoeven)

Box-office : 3 815 477 spectateurs

Cinq malfrats profitent de la confusion politique mondiale pour commettre une série de coups plus audacieux les uns que les autres.

L'année 1972 est marquée par de nombreux troubles causés par l'instabilité politique ambiante. À Munich, lors des Jeux olympiques, les terroristes d'Octobre noir assassinent les athlètes de l'équipe d'Israël. Toujours en Allemagne, la bande à Baader fait régner la terreur au nom de la Fraction armée rouge. De l'autre côté de l'Atlantique, à Washington, des cambrioleurs fracturent les bureaux du siège du Parti démocrate, déclenchant l'affaire du Watergate. Le cinéma américain de l'époque produit une série de longs métrages où la dénonciation des scandales politiques se mêle à la paranoïa et au pessimisme. En France, pays de bonne chère et de contre-pouvoirs, on préfère en rire. Aux côtés de l'anar *Tout le monde il est beau, tout le monde il est gentil* de Jean Yanne sorti la même année, *L'Aventure, c'est l'aventure*, le quatorzième film de Claude Lelouch, choisit le parti du rire pour décrire une situation politico-internationale des plus confuses.

« Au moment où j'ai fait *L'Aventure, c'est l'aventure*, les affrontements idéologiques étaient à leur apogée, se souvient Lelouch. Mai 1968 avait réduit le fossé entre le patron et les ouvriers. Jamais la France n'avait été aussi politisée. Je voulais filmer cette confusion qui, au fond, me faisait rire. Je voulais montrer à quel point les intellos mélangent tout. Ils sont séduits par n'importe quel discours si l'orateur a du charisme. J'avais envie de faire intervenir des voyous qui n'ont rien à cirer de rien, mais qui se servent de la politique pour faire de l'argent. » Spécialistes de « la clarté dans la confusion » (à moins que ce ne soit l'inverse), les cinq voyous en question composent la distribution la plus éclatante du cinéma comique de l'époque. Lino Ventura donne la réplique à Jacques Brel, retraité de la chanson depuis 1967 et remplaçant au pied levé de Jean-Louis Trintignant, effrayé par le fond politiquement incorrect du scénario de Lelouch et Pierre Uytterhoeven. Les deux futures vedettes de *L'Emmerdeur* partagent la tête d'affiche avec Charles Denner, l'inquiétant *Landru* de Chabrol et l'inoubliable *Homme qui aimait les femmes* de Truffaut. Les Pieds nickelés du grand banditisme comptent également dans leurs rangs Charles Gérard, un habitué des films de Lelouch, et un nouveau venu, Aldo Maccione, un ancien membre de Los Brutos, célèbre troupe comique transalpine. Las des braquages de banques et du tir au pigeon sur les P-DG, Lino, Jacques, Simon, Charles et Aldo décident de passer à la vitesse supérieure en optant pour le kidnapping de célébrités (dont le pape et Johnny Hallyday, le vrai) et le détournement d'avions Boeing. Leur absence de repères idéologiques et de toute conscience politique les rendra riches à millions, mais provoquera aussi leur perte.

Exploits picaresques

Tourné en grande partie à Antigua et au Paraguay, *L'Aventure, c'est l'aventure* s'apparente à une partie de campagne exotique entre quadras goguenards. De Paris à l'Amérique du Sud, les péripéties mènent nos camarades sans idéaux de congrès de prostituées réclamant la sécurité sociale aux geôles d'un sous-Che Guevara spécialiste de la torture multi-accessoires (cactus, dynamite, scorpions...). Claude Lelouch laisse tourner sa caméra et capture les exploits picaresques des cinq membres uniques de l'ONU du désordre. Le plaisir est communicatif et l'aspect potache de quelques séquences laisse entendre que l'exubérance collective a parfois débordé en dehors

> Jacques : *Si j'aime les hommes, c'est pas tellement parce que c'est des hommes, mais c'est surtout parce que c'est pas des femmes.*

Lino Ventura, Jacques Brel, Charles Gérard et Charles Denner dans une scène d'anthologie de *L'Aventure, c'est l'aventure*.

des heures de tournage. La célèbre scène où Aldo « la classe » teste sa démarche de séducteur sur une plage est filmée un dimanche dans l'improvisation la plus totale, après que Lelouch a aperçu l'acteur de *Plus beau que moi tu meurs* en pleine tentative d'approche d'un groupe de créatures en bikini.

« J'ai tourné ce long métrage comme un cinéaste amateur qui filmerait ses copains en train de déconner, confirme le réalisateur d'*Un homme et une femme*. Quatre décennies plus tard, les dialogues iconoclastes de *L'Aventure, c'est l'aventure* ont intégré le langage quotidien et la comédie culte de Claude Lelouch continue de séduire les nouvelles générations. Pas mal, pour un film de vacances… ★

Bonus

➜ Le producteur Alexandre Mnouchkine, les réalisateurs Yves Robert, Élie Chouraqui et Juan Luis Buñuel (le fils du célèbre metteur en scène espagnol), apparaissent à l'écran dans des petits rôles.

➜ Bernard Tapie avait été envisagé par Claude Lelouch pour interpréter le rôle tenu par Aldo Maccione.

Ernesto Juarez : *Je vous croyais marxistes ?*
Lino Massaro : *Oui, tendance Groucho !*

Une militante : *Staline, né en 1870, mort en 1953. Il a dirigé la république des Soviets après la mort de Lénine en 1924, et au prix de millions de morts. Imaginez un type qui n'a pas son permis et qui conduit une Ferrari à 300 à l'heure. Ça, il écrase forcément dix personnes par jour. Staline, c'est pareil, c'est un chauffard de la révolution.*

Un militant : *Pour Trotsky, le prophète armé, la révolution est permanente. Staline l'a très bien compris, il l'a même trop bien compris : il est allé le faire chercher au Mexique, pour l'assassiner !*

Aldo : *Voilà, et c'est là qu'il l'a écrasé avec la Ferrari.*

Lino Massaro : *Aldo… « Chauffard de la révolution », c'est une métaphore…*

Aldo : *Ah, je me disais aussi euh… Staline avec la Ferrari…*

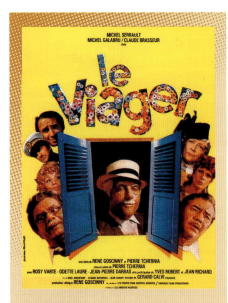

Le Viager
PIERRE TCHERNIA (1972)

Distribution
Michel Serrault (Louis Martinet)
Michel Galabru (Léon Galipeau)
Claude Brasseur (Noël Galipeau)
Rosy Varte (Elvire Galipeau)
Odette Laure (Marguerite Galipeau)
Jean-Pierre Darras (Émile Galipeau)

Scénario et dialogues
René Goscinny et Pierre Tchernia

Box-office : 2 191 183 spectateurs

Approchant la soixantaine, Louis Martinet consulte son médecin, qui diagnostique sa fin prochaine et lui conseille de céder en viager sa propriété de Saint-Tropez à son frère. Les années passent et Martinet retrouve une seconde jeunesse, au désespoir des Galipeau.

En plein tournage de *Daisy Town*, le tout premier dessin animé de Lucky Luke, René Goscinny lâche tout de go à Pierre Tchernia sur un quai de gare : « Crois-tu qu'on ait déjà fait un film sur le sujet du viager ? » Tchernia trouve l'idée excellente. Ainsi démarre l'aventure de ce qui deviendra le premier des quatre films réalisés par l'une des figures emblématiques de l'histoire de la télévision française, et cinéphile averti (Tchernia anime alors, et depuis 1967, le jeu *Monsieur cinéma*). Pendant les deux heures de trajet en train, les deux hommes écrivent la structure du scénario. Représentant les Artistes associés, qui sont coproducteurs de *Daisy Town*, Saul Cooper est à la recherche de sujets de films. Goscinny lui parle du *Viager*. Cooper est séduit et laisse carte blanche aux deux hommes. Durant deux mois, les séances d'écriture ont lieu chez Goscinny.

« Je pense que l'écriture de ce scénario fut pour René un plaisir : elle lui permettait de s'évader, pendant quelques semaines, de ses obligations implacables, *Astérix, Iznogoud, Lucky Luke*, la direction de l'hebdomadaire *Pilote*… », raconte Pierre Tchernia.

Chacun part ensuite de son côté écrire sa version du scénario. De retour à Paris, les deux hommes conservent le meilleur de chaque version et rédigent le scénario définitif.

Après avoir collaboré pendant près d'une décennie aux scénarios des films de Robert Dhéry, qui ont tous été couronnés de succès (*La Belle Américaine, Allez France !, Le Petit Baigneur*), Pierre Tchernia devient à son tour réalisateur. Souhaitant s'entourer d'amis, il propose le rôle principal à Robert Dhéry, qui décline l'offre et suggère Michel Serrault. Autre rôle principal : la maison ! Celle-ci est trouvée difficilement au bout d'une semaine de repérages, au moment où Tchernia est sur le point de regagner Paris. Il explique au propriétaire les embellissements que l'équipe de décoration va apporter. Même s'il est impressionné d'avoir devant lui des vedettes de la télévision et du cinéma, le propriétaire accepte de louer son bâtiment à condition que tout soit remis dans l'état initial.

« Et c'est ainsi que l'équipe de la déco, les peintres, les ensembliers, ont passé plusieurs jours, en fin de tournage, à "désembellir" la maison », se souvient Tchernia.

Vieillard indéboulonnable

Croyant exploiter la faiblesse de Louis Martinet, les Galipeau se rendent vite compte de la vitalité phénoménale du jeune retraité. Tandis que l'indéboulonnable vieillard traverse les années, les membres de la famille Galipeau trépassent les uns après les autres. Basé sur une situation comique unique qui est répétée et amplifiée jusqu'au bouquet final, le film fait la part belle aux comédiens. Proche du cinéma d'Yves Robert ou de Robert Dhéry, qu'il qualifie de « grands observateurs de la vie qui ont une grande affection pour les comédiens », Tchernia a voulu apporter au film le plus possible de détails et d'exactitude. Quand Michel Serrault demande à son metteur en scène si Martinet est naïf ou sournois, Tchernia lui répond : « Nul ne le sait et on ne dit rien au spectateur. Tu joues merveilleusement les personnages ambigus, je te laisse faire… » Et en effet le comédien déroute.

« Même dans les scènes où l'on est obligé de croire à sa roublardise, il y a un peu de naïveté, et dans les scènes où l'on croit à sa naïveté, il y a un peu de roublardise », explique le cinéaste.

Pour mieux se glisser dans la peau de Martinet, Serrault pense à sa grand-mère, à qui il faisait

> **Léon Galipeau :**
> *Vous avez lu les journaux ? Ils me font bien rire… Qu'est-ce que c'est, Hitler ?*
> *C'est un petit peintre en bâtiment ! Il ne fait pas le poids face à Hindenburg, ce petit caporal…*
> *Qu'est-ce que c'est que le nazisme ? C'est un feu de paille ! Faites-moi confiance !*

De gauche à droite : Jean-Pierre Darras, Rosy Varte, Michel Serrault, Odette Laure et Michel Galabru.

des farces dans sa jeunesse. Tchernia rapporte les propos de son acteur fétiche : « Je l'ai imitée dans la façon qu'elle avait de hocher la tête afin de marquer la bienveillance, de prendre les mains de ses interlocuteurs pour traduire la reconnaissance. » Le comédien pousse le vice jusqu'à réclamer un faux nez, histoire d'épaissir un peu son visage, mais aussi une veste mal ajustée et des chaussures trop grandes. Martinet le valait bien !

Le tournage dure deux mois : quatre semaines à Saint-Tropez et quatre à Paris. Goscinny s'arrange pour être sur le plateau chaque jour, retravaillant avec Tchernia certains dialogues quand c'est nécessaire. Toute l'équipe est composée d'amis du cinéaste. Ainsi on retrouve le compositeur Gérard Calvi, fidèle de la bande à Dhéry. Michel Galabru, dont c'est l'un des films préférés, interprète un con d'anthologie avec une finesse remarquée par la critique de l'époque. Pour interpréter le docteur Galipeau, il s'inspire de son oncle médecin qu'il accompagnait dans ses visites. Parmi ce casting éblouissant, Noël Roquevert incarne le grand-père Galipeau.

« J'ai su par la suite qu'il avait été déçu de sa place au générique. Je n'ai pas eu le temps de m'en excuser auprès de lui : il est mort très vite, ce fut son dernier film », raconte Tchernia. À sa sortie, le film est un immense succès public. Un cinéaste est né ! ★

Bonus

→ C'est la voix de Nathalie Serrault, fille de Michel et filleule de Tchernia, qui explique le principe du viager, alors que défilent des dessins *d'enfants* réalisés par le grand Marcel Gotlib.

Les Zozos

PASCAL THOMAS (1972)

Distribution
Frédéric Duru (Frédéric)
Edmond Raillard (François)
Virginie Thévenet (Martine)
Annie Colé (Élisabeth)
Jean-Marc Cholet (Paringaux)
Jean-Claude Antezac (Vénus)
Patrick Colé (Raymond)
Thierry Robinet (Thomas)
Patrick Tremblin (la Musique)
Caroline Cartier (Nelly)
Daniel Ceccaldi (l'oncle Jacques)
Jacques Debary (le surveillant-général)

Scénario, adaptation et dialogues
Pascal Thomas et Roland Duval

Box-office : 1 231 800 spectateurs

1958. Internes dans un lycée de province, Frédéric et François n'ont qu'une seule obsession : les filles. Ils entreprennent un voyage en Suède où elles sont, paraît-il, plus libérées.

En 1971, Claude Berri repère les facilités d'écriture de Pascal Thomas et produit son court-métrage *Le Poème de l'élève Mikovsky*, dans lequel un élève souffre-douleur tombe amoureux d'une de ses enseignantes. Diffusé en avant-programme du *Dernier Tango à Paris* de Bertolucci, *Le Poème* fait sensation. Encouragé, le jeune réalisateur écrit avec son ancien professeur de français, Roland Duval, un scénario inspiré de sa vie de lycéen dans les années 1950, intitulé *Frédéric et François sur plusieurs coups à la fois*. À la recherche de projets, la jeune productrice Albina du Boisrouvray s'entiche de cette histoire et donne son feu vert à Pascal Thomas. Convenant qu'il ne peut réunir en un seul rôle tous les types scolaires (le bon élève, l'élève turbulent, l'élève commerçant, le littéraire, l'élève qui n'a que les filles en tête…), le cinéaste ramène le scénario à une liste de scènes, les réécrit sur le tournage et redistribue ces caractères multiples à plusieurs acteurs, presque tous débutants.

« J'ai tourné un film d'autobiographie collective », commente Pascal Thomas. C'est peut-être la raison pour laquelle tant de spectateurs se sont reconnus dans ces *Zozos*.

François, le bon élève, et son ami Frédéric, le cancre parfait, passent leur temps libre à courir les filles, mais les Françaises ne leur suffisent plus et ils décident d'aller en Suède vérifier la réputation sulfureuse des autochtones.

« Quand j'étais interne, de quoi discutait-on dans les dortoirs ? Des coups fumants qu'on allait préparer sur nos prochaines conquêtes et qui souvent allaient se révéler des coups fumeux », raconte le cinéaste.

De rires en déconvenues, le périple suédois des deux camarades s'avère rocambolesque. Avec un sens développé de l'observation, Pascal Thomas filme la vie et ses plaisirs sim-

– Frédéric et François qu'avez-vous fait de votre jeunesse ?
– Rien de particulier… nous l'avons paisiblement gâchée entre les murs d'un lycée, ou dilapidée auprès des filles qui voulaient bien de nous… Pas de quoi se vanter… Mais rien à regretter.

ples (s'allonger dans l'herbe, danser, s'embrasser…) dans la province de sa jeunesse : les canaux de Montargis, le village de Saint-Chartres dans le Poitou. En découvrant le film, la productrice ne reconnaît pas le scénario.

« Elle n'était pas contente et pensait que ce ton direct, vivant, en rupture totale avec ce qui se faisait à l'époque, allait nous conduire à un échec retentissant », se souvient Pascal Thomas. Pourtant, la justesse et la drôlerie des situations, portées par le naturel des comédiens, font de cette œuvre rare et inclassable au succès inattendu un des films de référence, et des plus copiés, de la comédie de mœurs adolescente. ★

Mireille Darc

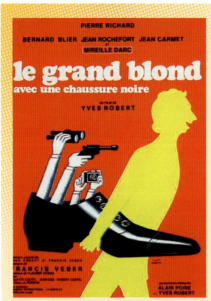

Le Grand Blond avec une chaussure noire

YVES ROBERT (1972)

Distribution
Pierre Richard (François Perrin)
Mireille Darc (Christine)
Jean Rochefort (le colonel Toulouse)
Paul Le Person (Perrache)
Bernard Blier (le colonel Milan)
Jean Carmet (Maurice Lefebvre)
Colette Castel (Paulette Lefebvre)
Jean Saudrey (Poucet)
Maurice Barrier (Chaperon)
Yves Robert (le chef d'orchestre)
Gérard Majax (un espion)

Scénario original : Yves Robert et Francis Veber
Dialogues : Francis Veber

Box-office : 3 471 266 spectateurs

Un violoniste se retrouve malgré lui au centre d'une sombre affaire de contre-espionnage.

La trame de *La Cinquième Corde*, un roman d'espionnage écrit en 1971 par le violoniste/agent double Igal Shamir (alias « le 007 du violon »), ressemble étrangement au point de départ du *Grand Blond avec une chaussure noire*, la comédie d'espionnage la plus jouissive du cinéma comique français. Approché pour écrire le scénario du *Grand Blond*, Jean-Loup Dabadie déclare forfait et suggère à Yves Robert le nom de Francis Veber, qui vient d'écrire *Il était une fois un flic* pour Georges Lautner.

Parodie d'espionnage

« Yves est arrivé avec une très vague idée, se souvient Veber. Il voulait faire un film d'espionnage parodique et il m'a dit : "Ce qui m'intéresserait, c'est de voir un type arriver dans un aéroport et faire un geste. Or, il ne sait pas que ce geste est une espèce de code qui va être interprété par plusieurs services secrets présents dans la salle. Tout le monde se fige et ce type va être leur victime et va vivre un cauchemar." J'ai réfléchi un peu et il me semblait qu'on allait se retrouver dans *Les Espions* de Clouzot avec des acteurs à accent comme Peter Ustinov ou Jess Hahn. J'ai pensé qu'il y aurait plus intéressant à faire en prenant un patron de service d'espionnage et son adjoint qui veut prendre sa place. Et c'est cette lutte de grands reptiles qui amène *Le Grand Blond*. »

Jean Rochefort.

> Le colonel Toulouse : *Je peux vous dire précisément ce que vous allez chercher demain matin à l'aéroport, mon petit Perrache : un piège à cons.*

Le colonel Milan : *On tourne en rond, merde on tourne en rond, merde on tourne en rond, meeerde !! On tourne en rond…!*

Une fois le scénario rédigé, le casting se met en place. Claude Rich est le premier acteur envisagé pour interpréter François Perrin, violoniste professionnel et victime involontaire d'une lutte interne entre barbouzes du contre-espionnage. Francis Veber lui préfère cependant Pierre Richard, qui décroche ainsi le deuxième personnage marquant de sa carrière deux ans après *Le Distrait*. Les péripéties de la distribution se poursuivent quand Jean Lefebvre, pressenti par la Gaumont pour jouer Maurice, l'ami de Perrin, s'efface finalement au profit de Jean Carmet. Mêmes conséquences pour Anny Duperey, qui cède le premier rôle féminin à Mireille Darc, qui fera sensation avec sa robe, au généreux décolleté jusqu'aux fesses, conçue par Guy Laroche. Jean Rochefort est choisi pour interpréter le glacial colonel Toulouse face à Bernard Blier et Paul Le Person.

Rythmé par les flûtes de pan virevoltantes de Gheorghe Zamfir, *Le Grand Blond avec une chaussure noire* s'appuie sur le décalage comique perpétuel entre les sordides manipulations des services secrets et les mésaventures burlesques de François Perrin, décrit par ses observateurs comme un mélange de « James Bond, Mata Hari et de l'Orchestre rouge ». La guerre fratricide entre agents du Renseignement constitue un véritable régal, à commencer par l'échange d'introduction entre le colonel Toulouse (Rochefort) et Bernard Blier (le colonel Milan), une implacable guerre froide verbale livrée sur fond de fausse courtoisie et de second degré explosif. *Le Grand Blond avec une chaussure noire* décline également une foule de détails irrésistibles identifiables au fil des visionnages. Ici un jeu de caméras volontairement hésitant, là un jogger joufflu exténué ou encore une brève symphonie romantique jouée sur un synthétiseur Moog couinant. Les seconds rôles sont aussi une source de délectation, avec un Robert Castel incarnant un improbable homme de main pied-noir aux côtés d'un Jean Carmet grand cru dans son rôle d'époux cocufié et de cycliste-cascadeur.

Le retour du Grand Blond

Fort de ses trois millions et demi de spectateurs en 1972, le succès du *Grand Blond avec une chaussure noire* entraîne bientôt une suite. Deux ans plus tard, *Le Retour du grand blond* sort sur les écrans. Dans cette « séquelle » écrite sur mesure pour la gestuelle de Pierre Richard et réalisée une nouvelle fois par Yves Robert, François Perrin, exilé à Rio en compagnie de sa fiancée Christine, doit revenir en France pour accomplir une nouvelle mission destinée à déstabiliser le colonel Cambrai, interprété par Michel Duchaussoy. La recette est identique, et le niveau de satisfaction est au moins égal à celui de l'épisode précédent grâce à une suite de situations désopilantes (le faux enterrement de Perrin, le combat de karaté improvisé) et à la performance ultra-guindée du regretté Jean Bouise, alias « le Grand Bouc ». *Le Retour du grand blond* clôt le décapant diptyque comico-James Bondien d'Yves Robert, mais le personnage naïf et attachant de François Perrin réapparaîtra régulièrement au cours des décennies suivantes sous les traits de différents acteurs. Rassure-toi Perrin, tu n'es pas mort pour rien… ★

Bonus

→ Le remake américain du *Grand Blond avec une chaussure noire* a pour titre *The Man with One Red Shoe* (Stan Dragoti, 1985), avec Tom Hanks dans le rôle de François Perrin.

→ On retrouve le personnage de François Perrin dans *Le Jouet* (1976), *Cause toujours, tu m'intéresses* (1978), *Coup de tête* (1979), *La Chèvre* (1981) et *Le Jaguar* (1996). À ne pas confondre avec les François Pignon, présents dans *L'Emmerdeur* (1973), *Les Compères* (1983), *Les Fugitifs* (1986) *Le Dîner de cons* (1998), *Le Placard* (2001) et *La Doublure* (2005).

Victor Pivert :
Ça alors ! C'était Farès ? C'est effarant !

Les Aventures de Rabbi Jacob
GÉRARD OURY (1973)

Distribution
Louis de Funès (Victor Pivert)
Suzy Delair (Germaine Pivert)
Marcel Dalio (Rabbi Jacob)
Claude Giraud (Mohamed Larbi Slimane / Rabbi Zeiligman)
Henri Guybet (Salomon)
Renzo Montagnani (Farès)
André Falcon (le ministre)
Jacques François (le général)
Xavier Gélin (Alexandre, le fils du général)
Miou-Miou (Antoinette Pivert)
Claude Piéplu (commissaire Andreani)

Scénario, adaptation et dialogues
Gérard Oury et Danièle Thompson
(avec la collaboration de Josy Eisenberg)

Box-office : 7 295 998 spectateurs

Grand industriel raciste, Victor Pivert se rend au mariage de sa fille. Pris en otage par Slimane, un leader politique recherché par des activistes arabes de son pays, il est obligé, pour se tirer d'affaire, de prendre l'identité d'un rabbin new-yorkais rencontré par hasard à l'aéroport d'Orly : Rabbi Jacob.

En pleine séance de travail sur le scénario de *La Folie des grandeurs*, Gérard Oury déclare à sa fille Danièle Thompson : « J'ai envie un jour de raconter les aventures d'un rabbin, un orthodoxe, tu sais ces types avec des grands manteaux noirs et ces papillotes, qu'on croise rue des Rosiers : paradoxe, contradiction, tradition... Il y a là-dedans un vrai sujet de comédie. Qu'est-ce que tu en penses ? » Ainsi naît l'idée du film qui, trois ans plus tard, fait rire la France entière. Pour en arriver là, le duo père-fille doit se mettre à l'ouvrage, en l'absence de Marcel Jullian, afin de peaufiner un scénario dont le thème pourrait heurter certaines sensibilités. Peut-on et doit-on rire de situations mettant en scène un héros raciste déguisé en rabbin avec en toile de fond le conflit israélo-arabe ? Telle est la question sous-jacente posée par le film. Juif d'origine, Oury ne peut en aucun cas être taxé d'antisémitisme, mais il sait que le sujet est risqué car les relations entre juifs et musulmans sont très tendues. L'écriture du scénario dure dix mois pendant lesquels ils élaborent chaque gag avec prudence et minutie. Ils se replongent dans *To Be or Not to Be* afin de s'imprégner de la « Lubitsch Touch ». En panne d'écriture, ils passent une dizaine de jours en Israël, et rentrent rassurés, prêts à poursuivre. Oury n'a qu'une idée en tête : faire rire. Pour l'aider, il compte sur Louis de Funès, qu'il a déjà dirigé trois fois en tandem (avec Bourvil puis avec Yves Montand), et qui pour la première fois tient seul la vedette. Bertrand Javal, qui a produit *La Métamorphose des cloportes* (1965) et *L'Aveu* (1970), est le seul producteur à prendre le risque de se lancer dans l'aventure d'un tel film et donne carte blanche au cinéaste.

L'obsession du rythme

Autour de la star, sont convoqués Claude Giraud et Henry Guybet, qui ne sont ni arabes ni juifs. « C'est le principe de non-racisme, on prend les meilleurs acteurs sans se préoccuper de leurs origines », explique Danièle Thompson. Malgré leur immense talent, les deux comédiens sont là pour mettre en valeur les prouesses d'un de Funès survolté, lancé à toute berzingue dans une série de péripéties inoubliables. On connaît l'obsession légendaire d'Oury pour le rythme qui, comme le dit Danièle Thompson, « balaye par chaque nouveau gag l'ambiguïté du précédent ». Le cinéaste enchaîne les séquences de manière à ce qu'il n'y ait aucun temps mort. Pour la scène de l'usine de chewing-gum, dont l'idée dormait dans son « dossier à gags », Gérard Oury en visite une avec sa fille : devant la froideur du lieu et l'hostilité du patron, ils préfèrent tourner dans une usine à sucre du nord de la France où trônent d'immenses cuves à betteraves. Reconstruite en studio, une cuve similaire est remplie d'un liquide gluant à base de farine de froment, gruau, glucose, colorant pâtissier vert. Et le tout donne un gag qui se développe

Victor Pivert : *Vous êtes juif ? Comment, Salomon, vous êtes juif ? Salomon est juif ! Oh !*
Salomon : *Et mon oncle Jacob, qui arrive de New York, il est rabbin.*
Victor Pivert : *Mais il est pas juif ?*
Salomon : *Ben si.*
Victor Pivert : *Mais pas toute votre famille ?*
Salomon : *Si !*
Victor Pivert : *Oh... écoutez, ça fait rien, je vous garde quand même.*

dix minutes durant. Régalez-vous, c'est la maison Oury qui offre ! L'énergie du cinéaste n'a d'égale que celle de « Fufu ». Ce dernier répète la chorégraphie de son arrivée rue des Rosiers avec un spécialiste des danses hassidiques et perfectionne ses mouvements jusqu'à atteindre le niveau des danseurs professionnels. Pari tenu : de Funès crève l'écran et la scène devient emblématique. Le film sort le 18 octobre 1973 dans un contexte explosif : la guerre du Kippour entre Israël, l'Égypte et la Syrie a éclaté douze jours plus tôt. Après quelques hésitations, Oury décide de conserver la date, prévue depuis un an. Face au conflit, le rire est salvateur : les spectateurs se ruent dans les salles, s'esclaffant de bonheur devant un Louis de Funès au sommet de son art. C'est aussi un succès en Israël et aux États-Unis. Prémonitoire à l'époque, *Les Aventures de Rabbi Jacob* reste un des films les plus importants sur le racisme et l'antisémitisme, et continue à délivrer son message de paix et de tolérance auprès des nouvelles générations. Merci monsieur Oury ! ★

Bonus

→ Le film compte deux mille plans. En comparaison, *La Grande Vadrouille* n'en totalisait « que » mille deux cents.
→ Les bulles de chewing-gum qui gonflent sur Louis de Funès sont des préservatifs teints en vert et gonflés par une pompe à vélo.
→ Deux incohérences se sont glissées dans l'histoire : Comment trouver une fausse barbe en quelques minutes dans un aéroport ? Comment faire prendre un avion à un juif un vendredi soir ?

Le Magnifique

PHILIPPE DE BROCA (1973)

Distribution

Jean-Paul Belmondo (François Merlin / Bob Saint-Clare)
Jacqueline Bisset (Christine / Tatiana)
Vittorio Caprioli (Georges Charron / le colonel Karpof)
Monique Tarbès (Mme Berger)
André Weber (le plombier)
Jean Lefebvre (l'électricien)
Raymond Gérôme (le général Pontaubert)
Mario David (le contractuel)
Hubert Deschamps (le vendeur de machines à écrire)

Scénario et dialogues

Philippe de Broca, Daniel Boulanger, Jean-Paul Rappeneau et Francis Veber (non crédité).

Box-office : 2 803 412 spectateurs

Un écrivain de romans de gare au quotidien banal vit en pensées et par procuration les aventures d'un super-agent secret.

Au Mexique, un espion est dévoré par un requin dans une cabine téléphonique. Dépêché par les autorités pour préserver « l'avenir du monde libre », Bob Saint-Clare, un super-agent secret international, se rend sur les lieux pour enquêter. Sur place, son altercation avec l'armée du cruel colonel Karpof est perturbée par... un aspirateur ! L'appareil électroménager appartient à Mme Berger, la femme de ménage de François Merlin, l'auteur des aventures imaginaires de Bob Saint-Clare pour qui la fiction se heurte avec fracas à l'implacable routine du quotidien. Les vingt premières minutes du *Magnifique*, nouvelle collaboration entre Jean-Paul Belmondo et Philippe de Broca, après *L'Homme de Rio* et *Les Tribulations d'un Chinois en Chine*, sont les plus spectaculaires et luxuriantes du cinéma comique de l'époque. En opposant les aventures exaltantes de l'espion viril et charmeur aux déboires de son double inversé, l'écrivain hirsute et dépenaillé, le cinéaste signe un de ses meilleurs longs-métrages.

« Je voulais tourner une parodie de la violence, du sadisme, du sexe et de la cruauté, raconte à l'époque Philippe de Broca. Je voulais me venger de tout ce que je n'aime pas dans le cinéma d'aujourd'hui, faire un sort à ces héros que l'on voit mourir en tombant au ralenti et qui pissent le sang comme des fontaines. »

Encore marqué par l'insuccès de *La Poudre d'escampette* (1971) et de *Chère Louise* (1972), le metteur en scène est approché par le producteur Alexandre Mnouchkine. Ce dernier lui présente un script de Francis Veber. D'abord peu emballé par l'idée de départ du scénariste, de Broca finit par être séduit par l'histoire d'un créateur dévoré par son héros de papier. En compagnie de Daniel Boulanger et de Jean-Paul Rappeneau, Philippe de Broca modifie le scénario, ce qui rendra Veber fou de rage.

« C'est un sujet que j'aime beaucoup et qui me tenait particulièrement à cœur, dira Veber plus tard. Cet auteur qui se prend pour ses personnages, c'est un peu moi. Mais je n'ai vraiment pas aimé la façon dont il l'a réalisé. Mon plus mauvais souvenir de scénariste a un nom : Philippe de Broca. Je dois pourtant le remercier, car il fut un de ceux qui me poussèrent le plus efficacement à mettre en scène mes films moi-même. »

En guise de représailles, le scénariste vedette de *L'Emmerdeur* et du *Grand Blond avec une chaussure noire* demandera que son nom soit retiré du film. Observez bien le générique du *Magnifique* : aucun scénariste ni dialoguiste n'y figure !

Passé cette querelle interne, le casting démarre et une grande interrogation repose sur l'identité de l'actrice qui partagera la tête d'affiche aux côtés de Belmondo. Pour interpréter le

> Le général Pontaubert :
> **Nous avons un contact au Mexique ; il vous attend à l'aéroport d'Acapulco.**
>
> Bob Saint-Clare :
> **Comment le reconnaîtrai-je ?**
>
> Le général Pontaubert :
> **C'est une femme. Elle s'appelle Tatiana. Elle aura un pain de campagne sous le bras.**

double rôle de Christine, l'étudiante en lettres, et de la beauté exotique Tatiana, c'est Jacqueline Bisset, remarquée par Mnouchkine dans *La Nuit américaine* de Truffaut, qui est choisie.

« Nous étions nombreux à nous demander si elle serait vraiment crédible en Tatiana, la femme fatale de rêve, raconte le maquilleur Charly Koubesserian. Le jour où je l'ai maquillée en Tatiana, je me suis rendu compte que cette fille, qui a des yeux superbes et possède un magnifique sourire, pouvait aller très loin dans la séduction. Sur elle, quel que soit le maquillage, rien ne devient jamais vulgaire. Ainsi est-elle parfaitement capable de devenir une séductrice ravageuse, une vamp dans le sens pur du terme, et l'instant d'après, avec un autre maquillage, redevenir l'étudiante tranquille. »

Inversement, Jacqueline Bisset déclarera après le tournage : « Si j'avais vu les films de Philippe avant de tourner avec lui, au lieu de l'emmerder en lui demandant les motivations de mon personnage, je lui aurais foutu la paix, et j'aurais joué comme une petite silhouette de dessin animé. »

Un requin dans une cabine téléphonique

Étalé entre Paris et le Mexique de mars à juin 1973, le tournage n'est pas une partie de plaisir non plus pour le cinéaste. L'équipe débarque à Acapulco en pleine saison des pluies, et le cadre enchanteur imaginé par de Broca ressemble plus à la côte picarde en automne qu'aux lagons tropicaux. « Il n'y avait plus que des palmiers avachis, une végétation toute grise, moche. Je ne savais plus où mettre la caméra », racontait-il.

La fameuse scène du requin dans la cabine téléphonique imaginée par Francis Veber a nécessité huit jours de travail. Lors de la séquence où Jean-Paul Belmondo saute par-dessus la portière de sa Ford décapotable, le comédien se foule gravement la cheville et provoque deux semaines d'interruption de tournage. Le pauvre Jean Lefebvre n'est pas en reste en évitant de peu la syncope le jour où les accessoiristes bardent son costume d'explosifs.

« Au moment où de Broca était sur le point de dire "moteur", j'ai vu le type qui était derrière la caméra faire le signe de croix ! », racontait l'éternel souffre-douleur de Lino Ventura.

Et, enfin, un grand coup de sombrero à Monique Tarbès, qui a effectué l'aller-retour Paris-Mexico dans la même journée pour figurer dans la scène du carnage sur la plage de Puerto Vallarta. Tout simplement *Magnifique*… ★

Bonus

→ Avant de devenir *Le Magnifique*, la parodie d'espionnage de Philippe de Broca a eu pour titre *Raconte-moi une histoire*, puis *Comment détruire la réputation du plus célèbre agent secret*.

Pleure pas la bouche pleine
PASCAL THOMAS (1973)

Distribution
Annie Colé (Annie)
Frédéric Duru (Frédéric)
Bernard Menez (Alexandre)
Jean Carmet (Louis, le père)
Christiane Chamaret (Édith, la mère)
Daniel Ceccaldi (Michel, le parrain)
Hélène Dieudonné (Fernande, la grand-mère)
Isabelle Ganz (Geneviève)
Friquette Thévenet (Friquette)
Alain Perceau (Clément)

Scénario et adaptation : Pascal Thomas et Roland Duval (avec la collaboration de Suzanne Schiffman)
Dialogues : Pascal Thomas

Box-office : 1 550 500 spectateurs

Dans un village du Poitou, Annie, quatorze ans, a pour petit ami Frédéric, qu'elle connaît depuis son enfance. Ils s'embrassent mais ne couchent pas ensemble. Frédéric part faire son service militaire. Pendant son absence, Annie se fait draguer par Alexandre, étudiant parisien qui a une voiture de sport.

À travers les magnifiques paysages du Poitou résonnent les fous rires d'Annie et sa copine Geneviève, les cris des enfants, les aboiements des chiens, le meuglement des vaches... et quand sonne la cloche de l'église, fini d'apprendre ses récitations, car les repas se prennent à l'heure et en famille. Bienvenue dans le joyeux village de Saint-Chartres... Suite au succès inattendu de son premier long métrage, *Les Zozos*, Pascal Thomas part tourner un second film avec la même équipe et les mêmes acteurs. Après un mois de prise de vues, le cinéaste, contrarié car il ne retrouve pas l'atmosphère magique de son premier film, tente d'expliquer à Claude Berri sa crainte d'arriver à un film de trois heures un peu amer qui risque d'être moins amusant que *Les Zozos*. Pascal Thomas a une autre idée de film sur le passage de l'adolescence à l'âge adulte d'une jeune fille, qu'il imagine interprétée par Annie Colé, une des comédiennes des *Zozos*. Convaincu, Claude Berri arrête le tournage en cours, et le cinéaste part avec son complice Roland Duval écrire un argument d'une trentaine de pages intitulé *Promenade champêtre en compagnie d'une jeune fille de bonne famille dont les rougeurs délicates trahissent légèrement l'émoi profond*. Dans cette première version, le père dit à sa fille : « Arrête don' d'te plaindre, on ne pleure pas la bouche pleine ! » La scène ne sera pas conservée mais donnera au film son titre.

« L'idée venait aussi du désir que j'avais de faire un film qui reflète un peu l'état d'esprit du village dont j'étais originaire et où il me semblait que la notion de péché pour ce qui a trait aux choses du corps n'existait pas », explique le cinéaste.

Justesse des dialogues

Au début de l'été 1973, l'équipe part dans le Poitou et le nouveau tournage se déroule dans une ambiance familiale et euphorique : « Nous prenions les repas dans ma famille, qui ne comprenait pas qu'on puisse passer moins de deux heures à table, nous étions tous bourrés devant et derrière la caméra, tous les après-midi », raconte Pascal Thomas. Souvent considéré comme le chef-d'œuvre du cinéaste, le film bénéficie d'une grâce particulière due à la justesse de ses dialogues (entièrement écrits par lui-même) et au mélange subtil d'acteurs amateurs (Annie Colé, Frédéric Duru, Christiane Chamaret), débutants (Bernard Menez, qui était auparavant professeur de maths-physique-chimie) et professionnels (Daniel Ceccaldi, impeccable en parrain jovial, et Jean Carmet en père de famille attendrissant, qui compose ici l'un de ses plus beaux rôles). Découvert par Jacques Rozier dans *Du côté d'Orouët*, Bernard Menez est Alexandre, vingt-quatre ans, dragueur de chef-lieu de canton, avec son blazer, ses chemises Lacoste, sa raquette de tennis et sa TR4. « C'est l'acteur moliéresque par excellence, témoigne le cinéaste. À l'époque, lorsqu'il apparaissait dans un lieu, les gens éclataient de rire. Il avait une drôlerie physique qui était très liée à une époque, un peu comme Fernandel. » Révélation de *Pleure pas la bouche pleine,* la débutante Annie Colé trimballe avec elle sa silhouette d'adolescente maladroite et brille par sa fraîcheur et sa sensualité, à l'image d'une séance de bronzage dans le jardin où elle se met à manger une par une les tranches de son masque au concombre, qui n'arrêtent pas de glisser. Frédéric Duru campe avec un naturel déconcertant le touchant Frédéric, entièrement dévoué à la jeune fille et à son père. Abordant la sexualité avec pudeur, le cinéaste ne filme du corps d'Annie que ce qu'elle veut bien nous montrer.

Louis :
J'pisse où j'veux et quand j'veux, la nuit c'est d'ici, la maison dans l'dos, les étoiles sur la tête et la fraîcheur devant !

« Annie Colé était très pudique, je la trouvais trop jeune pour lui demander de se mettre toute nue, de toute façon je ne voyais pas l'intérêt dans ce film, je ne tenais pas à me soumettre à ce qui se faisait partout ailleurs. »
Et lorsque Claude Berri insiste pour qu'on voie l'actrice principale entièrement nue, Pascal Thomas s'en sort d'une façon cocasse. « Un jour, je téléphone à Claude en lui disant que je venais de mettre en boîte une scène de nu intégral. "Tu vas voir c'est une surprise." Il débarque avec son petit monde plus des invités pour visionner la scène chez Éclair. En fait, j'avais montré Jeanne Perez, quatre-vingts ans, déshabillée sur son lit de mort, que Carmet menuisier habillait ! Claude ne m'a plus jamais demandé de déshabiller qui que ce soit ! »
Pascal Thomas n'hésite pas à mettre en scène avec un naturel confondant les premières règles de la jeune Friquette et la perte de la virginité d'Annie, dédramatisant l'événement à l'aide d'une pirouette comique : Alexandre, qui croyait la jeune fille expérimentée, se retrouve à quatre pattes sur le lit, tentant désespérément de retirer la tache de sang de ses draps blancs.
Naturaliste et burlesque, fantaisiste et poétique, *Pleure pas la bouche pleine* s'impose auprès du public grâce à la beauté classique de la mise en scène et la justesse de ses dialogues portés par des comédiens d'une insolente fraîcheur. ★

Bonus

LE TOP 12 DES TITRES LES PLUS HALLUCINOGÈNES DE LA COMÉDIE À LA FRANÇAISE

- *Arrête de ramer, t'attaques la falaise !* (Michel Caputo, 1979)
- *Êtes-vous fiancée à un marin grec ou à un pilote de ligne ?* (Jean Aurel, 1971)
- *Le Cri du cormoran, le soir au-dessus des jonques* (Michel Audiard, 1970)
- *Mais qu'est-ce que j'ai fait au bon Dieu pour avoir une femme qui boit dans les cafés avec les hommes ?* (Jan Saint-Hamont, 1980)
- *Mieux vaut être riche et bien portant que fauché et mal foutu* (Max Pécas, 1980)
- *N'oublie pas ton père au vestiaire* (Richard Balducci, 1982)
- *Par où t'es rentré... on t'a pas vu sortir* (Philippe Clair, 1984)
- *Poussez pas grand-père dans les cactus* (Jean-Claude Dague, 1969)
- *Prends ton passe-montagne, on va à la plage !* (Eddy Matalon, 1982)
- *Rodriguez au pays des merguez* (Philippe Clair, 1980)
- *Tais-toi quand tu parles* (Philippe Clair, 1981)
- *Touch' pas à mon biniou* (Bernard Launois, 1980)

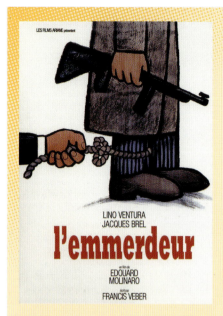

L'Emmerdeur

ÉDOUARD MOLINARO (1973)

Distribution
Lino Ventura (Ralf Milan)
Jacques Brel (François Pignon)
Caroline Cellier (Louise Pignon)
Jean-Pierre Darras (le docteur Fuchs)
Nino Castelnuovo (Bellhop)
Xavier Depraz (Louis Randoni)
Jean-Louis Tristan (l'inspecteur de l'hôtel)
André Valardy (l'auto-stoppeur)

Scénario et dialogues : Francis Veber (d'après sa pièce *Le Contrat*)

Box-office : 3 354 756 spectateurs

Un tueur à gages ne parvient pas à remplir le contrat pour lequel il a été engagé, à cause d'un dépressif qui rate sa tentative de suicide.

En 1969, la pièce écrite par Francis Veber, *Le Contrat*, est créée au Théâtre du Gymnase. Mise en scène par Pierre Mondy, elle réunit Jean Le Poulain et Raymond Gérôme. « Le Poulain n'avait aucune sincérité dans le personnage de Pignon, et Gérôme était difficilement crédible en tueur », se souvient Veber. La pièce est malgré tout un succès.
Trois ans plus tard, Jacques Brel et Lino Ventura, qui sont devenus amis sur le tournage de *L'Aventure, c'est l'aventure* (Claude Lelouch, 1972), souhaitent faire un film ensemble. Les deux comédiens ayant déjà collaboré indivi-

François Pignon :
Je vous en cause du souci, hein, monsieur Milan ?

duellement avec Édouard Molinaro, le cinéaste est choisi pour les diriger dans l'adaptation cinématographique du *Contrat*, rebaptisé *L'Emmerdeur*. Francis Veber reprend du service et adapte sa propre pièce avec cette fois une certitude : Ventura campera un tueur crédible et Brel fera un génial Pignon.

Le système Veber
Seul dans sa chambre d'hôtel, Ralf Milan s'apprête à abattre Louis Randoni, un conseiller juridique accusé de vol de documents concernant plusieurs préfectures de province. Dans la chambre voisine, un homme rate son suicide et bousille la tuyauterie, inondant l'hôtel au passage. La saga Pignon a commencé !
« Brel a eu beaucoup de mal à entrer dans *L'Emmerdeur*, se souvient Veber. N'étant pas du tout un acteur de comédie, il avançait à tâtons dans le rôle, malgré le soutien de Ventura et de Molinaro. »
Malgré tout, le tournage se déroule sereinement en raison de l'amitié entre les trois hommes. « Lino, sur ce tournage, avait oublié d'être caractériel. Parce qu'il aimait et respectait Brel, raconte le scénariste. Ce roc qui se fissure peu à peu sous les coups de boutoir de Brel est un modèle de clown blanc. C'est lui qui fait que Brel passe pour un bon acteur dans *L'Emmerdeur*. » Même si le sujet est traité en polar plutôt qu'en comédie par Molinaro, le système Veber se met en place. « Francis est toujours dans la rigueur de la situation et de chaque personnage, il ne cherche jamais à faire rire avec une réplique », explique le réalisateur.
À la sortie du film, qu'il n'aime pas, Molinaro s'attend à un échec. Malgré une sensation de lenteur dans le rythme, *L'Emmerdeur* reste un film charnière dans la carrière de ses protagonistes.
« Quand j'ai vu le film terminé, j'ai trouvé le Pignon de Brel plus insolite que drôle, avoue Veber. Un pur comique aurait sans doute tiré plus de rires des situations, mais il n'aurait pas eu autant de charme. » ★

Bonus

➜ Molinaro effectue une courte apparition en patron de café.
➜ Billy Wilder a réalisé un remake en 1981, *Buddy Buddy* avec Jack Lemmon et Walter Matthau.
➜ Francis Veber a tourné sa propre version en 2008 avec Patrick Timsit et Richard Berry.

Mais où est donc passée la 7e compagnie?

ROBERT LAMOUREUX (1973)

Distribution
Jean Lefebvre (soldat Pithiviers)
Pierre Mondy (sergent-chef Chaudard)
Aldo Maccione (soldat Tassin)
Robert Lamoureux (colonel Blanchet)
Pierre Tornade (capitaine Dumont)
Jacques Marin (l'épicier)
Paul Bisciglia (le père)
Robert Dalban (le fermier)
Alain Doutey (Carlier)
Magali Vendeuil (la mère)
Marcelle Ranson-Hervé (Mme Thévenay)
Éric Colin (lieutenant Duvauchel)

Scénario et dialogues
Robert Lamoureux

Box-office : 3 944 014 spectateurs

Les aventures héroï-comiques de trois soldats français livrés à eux-mêmes pendant la débâcle de 1940.

Un matin du mois de mai 1940, trois soldats de la 7e compagnie du 108e régiment de transmissions sont envoyés en éclaireurs par le capitaine Dumont, nom de code Églantine. Sans le savoir, Pithiviers, Tassin et Chaudard s'apprêtent à entrer dans l'histoire… du cinéma. Acteur, réalisateur, scénariste, chansonnier, humoriste, Robert Lamoureux n'a pas remis les pieds devant ni derrière la caméra depuis treize ans lorsqu'il pénètre dans le bureau d'Alain Poiré, producteur et patron de la Gaumont. L'auteur de la chanson à succès *Papa, maman, la bonne et moi* vient d'écrire un scénario sur un sujet qui lui trotte dans la tête depuis un bon moment : les péripéties d'une patrouille égarée pendant la débâcle et qui tente de rejoindre son unité. Lamoureux se met à lire son scénario devant Alain Poiré, Jean Lefebvre, Pierre Mondy et Jean-Marie Poiré, qui, sans le savoir encore, deviendra coscénariste des deux films suivants. Le producteur accepte de financer le projet, mais adjoint à Lamoureux trois premiers assistants et un second, afin de pallier sa quasi-ignorance dans le domaine technique.

« *Mais où est donc passée la 7e compagnie ?*, réalisé avec un budget de court-métrage, m'a laissé, malgré mon peu de goût pour le cinéma, un merveilleux souvenir », raconte Robert Lamoureux.

Aldo Maccione est le dernier à rejoindre la bande, dans le rôle de Tassin. Dans le civil, Chaudard est gérant d'une quincaillerie à Vesoul, Pithiviers est employé de mairie à La-Roche-sur-Yon, et Tassin est boucher d'abattoir à Nice. Dans ce trio complémentaire, aucun des comédiens ne tire la couverture à lui, Lamoureux ayant volontairement évité d'engager des stars qui auraient déséquilibré le film.

Dès le premier jour de tournage, les comédiens, qui ne le connaissent pas, découvrent le caractère autoritaire du réalisateur. « Il sait exactement ce qu'il veut, et quand il ne l'obtient pas d'emblée, il s'énerve », témoigne Pierre Mondy.

Comique dévastateur

Entre deux scènes, Aldo s'amuse, il roule des mécaniques, fait « Aldo la classe », bref, rejoue *L'Aventure, c'est l'aventure* sous l'œil noir de Lamoureux qui le remet à sa place de sans-grade : « Hé, attention, c'est du sérieux, ici ! » Jean Lefebvre, qui arrive régulièrement en retard sur le plateau, sert au metteur en scène des excuses invraisemblables du genre « J'ai failli avoir un accident mortel », n'avouant jamais qu'il a passé la nuit au casino en charmante compagnie. Robert Lamoureux est un metteur en scène qui fourmille d'idées et veut les filmer rapidement. « Il tape du pied, râle, tempête, cette attente le rend fou, se souvient Mondy. Et quand Robert n'est pas content, il appelle tout le monde "mon lapin". Le soir entre nous, on comptabilise le nombre de "lapins" que nous avons obtenus. Je crois qu'au score Jean Lefebvre était loin devant ! »

Alors que la 7e compagnie a été capturée par les Allemands, les trois compagnons se retrouvent seuls, filant des jours heureux dans la forêt de Machecoul. Le comique dévastateur de Lamoureux naît de ces instants bucoliques où la menace peut surgir à tout moment. Quel spectateur ne s'est pas identifié à ces personnages sympathiques et débrouillards, devenus les seuls remparts à l'ennemi ? Tassin est

Blanchet : *Églantine ?! Ici Mirabelle. Mais qu'est-ce que vous foutez mon vieux ? Ma bière !*

une sorte d'Averell Dalton obsédé par ce qu'il va bien pouvoir manger. Pithiviers est le flemmard né : « Si on pouvait être un peu tranquille, je ferais un de ces sommes, moi », déclare-t-il à ses camarades. Quant à Chaudard, il commande sans vraiment commander. Pendant ce temps, le colonel Blanchet s'ingénie à faire sauter tous les ponts, imitant son illustre aîné, le colonel Nicholson du *Pont de la rivière Kwaï* (David Lean, 1957). Au cours de leur aventure rocambolesque, les trois hommes se retrouvent dans un cimetière, pique-niquant sur les tombes, dans la forêt parlant chiffons, et surtout dans l'eau d'une rivière, lors de la cultissime scène de la baignade, dans laquelle Chaudard explique sa technique de nage à ses hommes, béats d'admiration : « La main en sifflet, et vers l'extérieur... » Tassin, Chaudard et Pithiviers deviennent les héros malgré eux de cette farce antimilitariste, qui n'a d'autre prétention que de faire rire, même si Robert Lamoureux déclarait à l'époque : « Je ne cherche pas à faire un vaudeville, je veux simplement montrer comment de braves types qui ne sont pas des foudres de guerre peuvent se surpasser quand les circonstances l'imposent et lorsque leur intérêt est en cause. » La vitesse de frappe des gags « façon Lamoureux » est désarmante.

Contre toute attente, le film est un triomphe. « On rit de bon cœur et on n'a pas envie de demander pardon d'avoir ri », déclarera le journaliste François Chalais. Ce succès incite l'équipe à retourner sur le terrain deux ans plus tard pour *On a retrouvé la 7e compagnie*. En route, le trio a perdu Aldo Maccione (qui n'a pas obtenu le gros cachet qu'il réclamait) mais a gagné Henri Guybet. Selon Jean-Marie Poiré, coscénariste des épisodes 2 et 3 de la trilogie, « la drôlerie de ces films vient du fait que ces personnages réagissent d'une façon extrêmement légère dans un contexte dramatique, ils se débrouillent bien dans la défaite ». Malgré l'essoufflement de *La 7e Compagnie au clair de lune*, les multidiffusions télévisées de la saga de Robert Lamoureux ont encore de beaux jours devant elles. ★

Bonus

→ Dans ses Mémoires, Robert Lamoureux raconte que Marcel Dassault, l'avionneur, qui a investi des fonds dans le deuxième et le troisième épisode, lui avait demandé d'en écrire un quatrième : « *La 7e Compagnie contre Frankenstein*, par exemple ! »

Chaudard : *Bon Dieu d'saloperie. Les Boches ils ont des bottes, eux ! Ils perdent pas de temps à s'envelopper les pieds comme des cadeaux de Noël.*

Pithiviers : *Ça c'est vrai, chef. Moi j'vais vous dire un truc, chef. C'est avec des conneries comme ça qu'on perd une guerre. Le temps qu'on s'fringue : crac, ils sont là.*

Quelques messieurs trop tranquilles

GEORGES LAUTNER (1973)

Distribution
Jean Lefebvre (Julien Michalon)
Michel Galabru (M. Peloux)
Paul Préboist (Adrien)
Henri Guybet (Arsène Cahuzac)
André Pousse (Gérard)
Renée Saint-Cyr (la comtesse)
Bruno Pradal (Paul Campana)
Miou-Miou (Anita)
Henri Cogan (Maurice)
Jean Luisi (Jo)
Dani (Odette Campana)
Robert Dalban (le commissaire)
Philippe Castelli (le présentateur télé)

Adaptation et dialogues
Georges Lautner et Jean-Marie Poiré d'après le roman de A.D.G.
La Nuit des grands chiens malades

Box-office : 2 067 380 spectateurs

Un paisible village de la vallée de la Dordogne est envahi par une bande de hippies.

Michel Audiard a d'abord été pressenti pour écrire le scénario et les dialogues de la nouvelle parodie policière de Georges Lautner, mais la fâcheuse propension du petit cycliste à signer des contrats sans tenir compte de ses nombreux engagements parallèles l'oblige à déclarer forfait. C'est finalement Jean-Marie Poiré,

avec qui Audiard avait écrit *Faut pas prendre les enfants du bon Dieu pour des canards sauvages* et *Elle boit pas, elle fume pas, elle drague pas, mais… elle cause !*, qui signe l'adaptation du polar *La Nuit des grands chiens malades*, d'A.D.G. (alias Alain Fournier). Dans *Quelques messieurs trop tranquilles*, le paisible village de Loubressac devient le théâtre d'une invasion hippie sur les terres de la comtesse, interprétée par Renée Saint-Cyr. M. Peloux (Michel Galabru), maire et instituteur à la retraite allergique aux enfants, l'agriculteur Adrien (Paul Préboist), qui considère qu'un tracteur est aussi personnel qu'une brosse à dents, l'épicier Julien Michalon (Jean Lefebvre jouerait-il le frère jumeau du Léonard Michalon de *Ne nous fâchons pas* ?) et le fossoyeur Arsène Cahuzac (Henri Guybet) perçoivent d'un mauvais œil le croisement des sentiers communaux de la Dordogne et des chemins de Katmandou. Une sordide histoire de meurtres et de bijoux volés impliquant l'ex-taulard Gérard (André Pousse, antipathique à souhait) va pourtant rapprocher les deux communautés.

> **M. Peloux :**
> *Vous savez, ils sont capables de tout. Et s'ils plantaient du haschisch dans votre champ ?*
>
> **Adrien :**
> *Du quoi ?*
>
> **M. Peloux :**
> *Du haschisch. Ils s'installent dans un champ et ils font leur petit carré de haschisch. On lit ça tous les jours dans les journaux.*

Le clash culturel entre les habitants du terroir et les visiteurs hippies figure au centre du scénario délirant de Lautner et Poiré, et la découverte des géodes multicolores dans lesquelles vivent les routards cosmiques (dont fait partie une Miou-Miou pré-*Valseuses*) constitue l'Himalaya comique du film. Les vapeurs d'encens et de substances psychotropes se prolongent quand Michel Galabru, au cours d'une improvisation épique, déclame une poésie fleuve tout en essayant de séduire deux créatures en monokini. Le plan final où Jean Lefebvre apparaît en disciple tondu de Krishna vaut également son pesant d'hallucinogènes. Servi par des seconds rôles émérites (Dalban, Castelli et Renée Saint-Cyr, la mère de Georges Lautner, qui effectue sa première apparition dans un long-métrage de son fils) et un final spectaculaire orchestré par les acrobaties automobiles de Rémy Julienne, *Quelques messieurs trop tranquilles* est un joyeux polar où le télescopage surréaliste de la ruralité et du psychédélisme tient toutes ses promesses. ★

Bonus

→ Le premier titre soumis par Jean-Marie Poiré à la Gaumont était *Quelques connards trop tranquilles*.

Le Grand Bazar
CLAUDE ZIDI (1973)

Distribution
Gérard Rinaldi (Gérard)
Jean Sarrus (Jean)
Gérard Filipelli (Phil)
Jean-Guy Fechner (Jean-Guy)
Michel Serrault (Félix Boucan)
Michel Galabru (Émile)
Jacques Seiler (Jacques)
Roger Carel (le commissaire-priseur)
Coluche (le visiteur d'appartement)

Scénario et dialogues : Claude Zidi (avec la participation de Georges Beller et Michel Fabre)

Box-office : 3 913 477 spectateurs

Une petite épicerie de banlieue souffre de la concurrence d'un nouvel hypermarché. Les Charlots viennent à sa rescousse.

Rien ne va plus pour Émile (Michel Galabru), petit épicier de la banlieue parisienne menacé par l'implantation d'une grande surface dirigée par le méprisant Félix Boucan (Michel Serrault), sinistre émule du célèbre Félix Potin. Gérard, Jean, Phil et Jean-Guy, une bande de copains qui vivotent de petits boulots, vont tout faire pour contrecarrer les projets hégémoniques de Félix Boucan et sauver le petit commerce du brave Émile.
Avec son grand n'importe quoi burlesque, ses innombrables gags à intensité variable (la moby-lette-tondeuse à gazon, la scie circulaire très pratique pour débiter des tranches de saucisson...) et sa critique oblique du consumérisme à outrance, *Le Grand Bazar* est sans doute la comédie la plus jouissive des Charlots. Tourné entre Meudon, un supermarché d'Athis-Mons, près d'Orly, et les studios de Boulogne-Billancourt, le quatrième film du groupe (devenu quatuor depuis le départ de Luis Rego en 1971) organise la rencontre entre deux générations de comiques : d'un côté les Charlots, joyeux post-hippies soixante-huitards, de l'autre Michel Galabru et Michel Serrault, représentants fictifs d'une vieille France de commerçants poujado-cyniques. Contrairement aux autres films des Charlots, *Le Grand Bazar* propose un sous-texte critique au travers d'une caricature outrancière de la société de consommation. Un sentiment prolongé par une anecdote de tournage révélatrice, racontée par Claude Zidi : « On a filmé toutes les scènes de l'hypermarché en plein jour, alors que le magasin était ouvert. Les gens n'ont absolument pas fait attention aux caméras, ils étaient hypnotisés par les produits qu'ils étaient en train d'acheter. » Les clients de la grande surface n'ont donc pas remarqué le spectaculaire lâcher de cochons et l'anthologique course de Caddies dans les rayons de l'Euromarché d'Athis-Mons. Dans ses Mémoires, Jean Sarrus se rappelle également une autre scène particulièrement périlleuse : celle où son personnage de livreur se retrouve nez à nez avec une ménagère et son lion d'appartement. « La porte s'ouvre, la fille est livide, le lion passe le long de ses jambes, elle disparaît en courant, je me retourne, il n'y a plus personne, je lâche mes casiers de bouteille en pleurant devant le lion qui marche vers moi, je dévale les marches pour m'enfuir avec le lion aux fesses. Je sens qu'il me rattrape au souffle d'air chaud de sa respiration contre mes fesses, comme un séchoir, sa tête me touche le cul ! » Dans ce *Grand Bazar* où les Charlots ont mangé du lion, un lion a bien failli bouffer un Charlot ! ★

Bonus

→ Alors quasiment inconnu, Coluche a profité du tournage du *Grand Bazar* pour proposer le script du *Bon Roi Dagobert* à Claude Zidi. Le film sera réalisé par Dino Risi en 1984.

Émile : *Ça fait vingt ans que je suis ici, y en a qu'un qui peut se vanter de m'avoir fait la caisse et à plusieurs reprises.*
Gérard : *Qui ça ?*
Émile : *Le percepteur.*

Elle court, elle court la banlieue

GÉRARD PIRÈS (1973)

Distribution
Jacques Higelin (Bernard Réval)
Marthe Keller (Marlène Réval)
Robert Castel (Marcel)
Nathalie Courval (Marie)
Jean-Pierre Darras (Ducros)
Victor Lanoux (Georges)
Claude Piéplu (le directeur de l'usine)
Annie Cordy (l'agent immobilier)
Jacques Legras (le représentant)
Coluche (le travailleur de jour)

Scénario et dialogues
Nicole de Buron et Gérard Pirès

Box-office : 1 549 617 spectateurs

Le quotidien épuisant d'un couple de banlieusards et de leur voisinage au milieu des embouteillages et des périples interurbains.

Inspiré de *Quatre heures de transports par jour*, un roman de l'écrivain et femme politique Brigitte Gros, *Elle court, elle court la banlieue* raconte l'histoire de Bernard et Marlène, deux jeunes mariés qui découvrent la vie en HLM dans une lointaine périphérie de Paris. Soumis à la promiscuité de leur habitat excentré et à d'incessants allers-retours entre leur domicile et la capitale, leur couple résistera-t-il à l'implacable routine du métro-boulot-dodo ? Nicole de Buron, qui avait déjà signé le scénario d'*Erotissimo*, le premier film de Pirès, s'empare à nouveau d'un sujet de société contemporain : l'expansion des banlieues et l'influence des transports en commun sur le quotidien de ses habitants. Tourné à Aubergenville, dans les Yvelines, la décapante comédie sociale réunit Jacques Higelin, avec qui Pirès avait déjà tourné plusieurs courts-métrages, et Marthe Keller qui, aperçue dans *Les Demoiselles d'Avignon*, est un visage connu des téléspectateurs.

Jacques Higelin, Annie Cordy et Marthe Keller

« Higelin est bon dans les premières prises, à l'inverse de Keller, qui en a besoin de dix pour prendre ses marques. Jacques était un instinctif tandis que Marthe était une travailleuse, se souvient Gérard Pirès. En revanche, Coluche était casse-couilles. Il voyait bien qu'il n'avait qu'un petit rôle et il n'arrêtait pas de la ramener pour qu'on lui augmente sa participation. » Victor Lanoux, Annie Cordy, Alice Sapritch, Jacques Legras, Daniel Prévost, Claude Piéplu et l'indispensable Robert Castel les rejoignent dans une distribution de seconds rôles modèles. Sorti en février 1973, *Elle court, elle court la banlieue* remporte un joli succès populaire, à la grande surprise d'un Gérard Pirès plus habitué aux destructions de plateaux à coups de TNT qu'aux charmantes chroniques sociales. Le metteur en scène du pétaradant *Fantasia chez les ploucs* retrouve néanmoins ses automatismes explosifs lors de la scène de l'embouteillage monstre de la porte d'Auteuil. Pirès, dont les beaux-parents habitaient à l'époque un immeuble avec vue sur la place, dispose une caméra à leur fenêtre et commande de son poste de vigie plusieurs voitures et un faux panier à salade rempli de figurants déguisés en policiers.

« Au bout de dix minutes, il y a eu un concert de klaxons et trois cents voitures agglutinées sur la place. J'ai fait alors entrer le camion de faux flics pour filmer une dispute entre eux et mes figurants. La castagne était bidon, mais les automobilistes excédés les ont rejoints, puis de vrais flics sont arrivés. J'ai eu au final une vraie bagarre géniale, gratuite et complètement improvisée ! » ★

> La speakerine de la radio :
> **Vous auriez bien besoin de moi pour vous faire le bouche-à-bouche sous le tunnel de Saint-Cloud où vous vous asphyxiez lentement. Déjà un mort…**

Bonus

→ Jacques Higelin a refusé d'assurer la promotion du film, préférant rejoindre une communauté dans le Luberon.

La Valise
GEORGES LAUTNER (1973)

Distribution
Jean-Pierre Marielle (le major Bloch)
Michel Constantin (le capitaine Augier)
Mireille Darc (Françoise)
Michel Galabru (Baby)
Amidou (le lieutenant Abdul Fouad)
Jean Lefebvre (le bagagiste)
Robert Dalban (le colonel Mercier)
Raoul Saint-Yves (l'ambassadeur)

Scénario original et dialogues
Francis Veber

Box-office : 1 208 862 spectateurs

Deux agents des services secrets français et israéliens collaborent lors d'une périlleuse mission à travers le Proche-Orient.

Les espions, Georges Lautner connaît depuis *Les Barbouzes*. Pourtant, c'est un événement bien réel qui sert d'inspiration à *La Valise*, savoureuse comédie d'espionnage sortie quelques mois à peine après le pétaradant *Quelques messieurs trop tranquilles*. En 1964, à l'aéroport Fiumicino de Rome, des agents secrets égyptiens tentent de faire embarquer clandestinement un agent israélien dans la valise diplomatique. Anesthésié par les bons soins de ses homologues égyptiens, l'espion endormi se réveille au milieu de l'aéroport et suscite les soupçons des douaniers par ses cris. Cet incident cocasse procure le point de départ du scénario de Francis Veber, l'auteur de *Il était une fois un flic*, tourné l'année précédente par Lautner. Successeur talentueux d'Albert Simonin, de Michel Audiard et de Bertrand Blier dans la filmographie du réalisateur des *Tontons flingueurs*, Veber imagine le périple parodique de deux espions à travers les contrées hostiles du Proche-Orient. Le major Bloch (Jean-Pierre Marielle) est un espion israélien suave et charmeur. Face à lui, le capitaine Augier (Michel Constantin) incarne la mauvaise humeur et la radinerie à la française. Augier est chargé de rapatrier Bloch jusqu'à Paris dans une valise capitonnée, mais l'irruption d'une femme fatale (Mireille Darc) et une série de fâcheux contretemps vont sérieusement perturber la mission des deux super-agents.

Moustache contre sourcils

Tournée en décors naturels à Almeria, *La Valise* dépasse les enjeux du conflit israélo-palestinien dans un film pacifiste, humaniste et, surtout, irrésistiblement drôle. Un pastiche de western-spaghetti (réalisé par l'assistant Robin Davis) et la poursuite endiablée dans les rues de Tripoli propulsent d'entrée le long-métrage sur les chapeaux de roues. L'opposition moustache contre sourcils entre Marielle et Constantin fait merveille lorsque les deux agents comparent leurs statuts administratifs de super-fonctionnaires du renseignement international (« Vous marchez aux frais réels ou au forfait ? »). La valse mélancolique de Philippe Sarde procure également le contrepoint idéal au triangle amoureux (un carré si l'on ajoute Amidou en lieutenant des services secrets égyptiens) d'une comédie iconoclaste où cohabitent joyeusement l'action, l'humour et l'amitié virile. En somme, la traversée du désert la plus hilarante du cinéma comique des années 1970... ★

Le major Bloch :
Oyoyoyoyoyoyo...

Bonus

→ La chanson pacifiste *L'Arabe*, de Serge Reggiani, écrite par Philippe Sarde et le parolier Sylvain Lebel spécialement pour le film, a été retirée du générique de fin par un Georges Lautner trop frileux.

La Moutarde me monte au nez !

CLAUDE ZIDI (1974)

Distribution
Pierre Richard (Pierre Durois)
Jane Birkin (Jackie Logan)
Claude Piéplu (Hubert Durois)
Jean Martin (le proviseur)
Danièle Minazzoli (Danielle)
Vittorio Caprioli (le metteur en scène)
Julien Guiomar (Albert Renaudin)
Henri Guybet (Patrick Renaudin)
Jean-Marie Proslier (un automobiliste)

Scénario et dialogues
Claude Zidi (avec la collaboration de Pierre Richard et Michel Fabre)

Box-office : 3 702 322 spectateurs

Un professeur de mathématiques peureux rencontre une star de cinéma glamour. Les médias leur prêtent une liaison qui met en colère son père et sa fiancée.

Après quatre triomphes au cinéma avec les Charlots, Claude Zidi ressort un vieux scénario qu'il destinait au couple glamour Bardot-Belmondo, elle jouant la star, lui le paparazzi. Entre-temps, Brigitte Bardot a mis un terme à sa carrière cinématographique et l'agenda de Jean-Paul Belmondo est déjà bien rempli. Le cinéaste pense alors à Pierre Richard.

« Pierre faisait une silhouette dans la série *Agence Intérim* de Marcel Moussy, sur laquelle j'étais cameraman. Il se distinguait des autres par sa présence aérienne : j'avais l'impression de voir passer un personnage de dessin animé. » Henri Guybet hérite du rôle de paparazzi de la première mouture, tandis que Pierre Richard devient Pierre Durois, un jeune prof de maths qui a peur de son père, de sa fiancée et de ses élèves, et qui est obligé de surmonter cette peur lorsqu'il est embarqué dans une série d'aventures rocambolesques. Pour donner la réplique au Grand Blond, Zidi choisit Jane Birkin qui, avec son *british accent,* lui semble être la Jackie Logan idéale.

Pierre Durois mène une vie tranquille entre ses cours et sa fiancée, interprétée par l'épouse de Pierre Richard : Danièle Minazzoli. Suite à un quiproquo aux conséquences désastreuses pour son père politicien (sublime Claude Piéplu en chirurgien-maire), Pierre se retrouve fiancé malgré lui à une star de cinéma, qui tourne un western dans la région.

Tourné près d'Aix-en-Provence dans une sorte de barrage servant aux dépôts d'extraction d'aluminium, le film est marqué par un incident qui aurait pu être tragique. Claude Zidi raconte : « Après avoir tout détruit dans le saloon, Jackie Logan fonce dans sa loge et claque brutalement la porte, furieuse. Au bout de la septième prise, Jane Birkin était tellement dans son personnage que la porte s'est détachée, elle se l'est prise en plein milieu du front, et un jet de sang est tombé sur mes chaussures. On a tous eu très peur. Elle a été opérée et le tournage a été interrompu pendant trois semaines. »

Efficacité du scénario, rythme frénétique de la mise en scène, alchimie du couple star, inventivité des gags… En quelques semaines, le succès de *La Moutarde me monte au nez !* dépasse les frontières et permet à Pierre Richard de confirmer son statut d'icône dans les pays de l'Est. Un an plus tard, Zidi tourne *La Course à l'échalote* avec le même couple vedette. Le duo explose à nouveau dans cette comédie burlesque qui a largement inspiré les auteurs de *Transamerica Express* (1976), le film d'Arthur Hiller avec Gene Wilder. ★

Hubert Durois :
On a essayé de mêler mon fils à une pénible histoire de saltimbanques lubriques !

Jane Birkin et Pierre Richard.

Les Chinois à Paris

JEAN YANNE (1974)

Distribution
Jean Yanne (Régis Forneret)
Michel Serrault (Grégoire Montclair)
Daniel Prévost (Albert Fontanes)
Nicole Calfan (Stéphanie Lefranc)
Bernard Blier (le Président)
Macha Méril (Madeleine Fontanes)
Jacques François (Hervé Sainfous de Montabert)
Kyozo Nagatsuka (le général Pou-Yen)
Paul Préboist (le chef de la police civique)

Scénario : Gérard Sire, Jean Yanne, Robert Beauvais (d'après l'ouvrage de Robert Beauvais *Quand les Chinois*)

Box-office : 1 651 959 spectateurs

Rien ne va plus en France. Les Chinois ont envahi le pays, le président de la République s'est enfui à New York et la population est soumise au sévère régime communiste. Dans l'ombre, la résistance s'organise.

Stéphanie Lefranc : *Mais enfin, vous êtes fou !*
Le général Pou-Yen : *Non, pas Fou, Pou. Fou, c'est mon cousin.*

Le Président a fui quelques minutes après une allocution télévisée pétocharde. L'armée a perdu les clés de la force de frappe. Des scènes de guerre civile éclatent aux quatre coins du pays et le sang éclabousse l'écran. À peu de choses près, l'introduction anxiogène des *Chinois à Paris* ressemble à celle du *Zombie* de George Romero. Dans l'adaptation de *Quand les Chinois*, le roman de Robert Beauvais, les morts-vivants ont les yeux bridés, ils portent l'uniforme et brandissent fièrement le « Petit Livre rouge » de Mao. Les Galeries Lafayette sont réquisitionnées par l'envahisseur, on encourage la délation dans les administrations et les relents de propagande antisémite sont mis en scène lors d'un odieux « Pilori télévisé ». À la suite de *Moi y'en a vouloir des sous*, cette comédie s'affirme comme la plus grinçante de Jean Yanne, qui parodie cette fois les traumatismes de la Deuxième Guerre mondiale pour délivrer une vibrante allégorie du pacifisme. Les fidèles de la bande de Yanne (Serrault, Prévost, Blier, François...) font des étincelles en collabos marxistes-léninistes de la dernière heure dans un long-métrage à gros budget (voir bonus), et le message humaniste du réalisateur de *Tout le monde il est beau, tout le monde il est gentil* passe également par une suite de situations surréalistes, parmi lesquelles une sidérante fête de l'amitié sino-française sur la place du Trocadéro. Et que serait un film de Jean Yanne sans un délirant interlude musical ? *Les Chinois à Paris* se plie à la tradition en revisitant *Carmen* à la sauce aigre-douce (*Carmeng*, du génial Michel Magne), et Jacques François chante *La Tonkinoise* ! C'est d'ailleurs ce choc des cultures qui causera la perte de l'occupant. Le vin et les femmes auront finalement raison du péril jaune. « Ça fait des siècles que les Français n'arrêtent pas de bouffer, boire et baiser. Aucun peuple normal ne pourrait supporter un quart de ça ! » se plaint un dignitaire chinois avant de capituler devant le gigantesque bordel (au sens propre comme au figuré) qu'est devenue la France libérée. Exit le Petit Livre rouge, le guide Michelin va pouvoir enfin reprendre ses droits... ★

Bonus

→ Marcel Dassault a entièrement financé *Les Chinois à Paris*, en échange d'une exploitation exclusive au Paris, la salle qu'il possédait près des Champs-Élysées. Le marchand d'armes a également insisté pour que les affiches du film soient visibles sur son trajet quotidien entre Neuilly et ses bureaux parisiens de *Jours de France*.

Comment réussir… quand on est con et pleurnichard

MICHEL AUDIARD (1974)

Distribution
Jean Carmet (Antoine Robineau)
Stéphane Audran (Cécile Malenpin)
Jean-Pierre Marielle (Gérard Malenpin)
Jane Birkin (Jane)
Jean Rochefort (Foisnard)
Daniel Prévost (Carducci)
Évelyne Buyle (Marie-Josée Mulot)
Jeanne Herviale (Mme Robineau)
Robert Dalban (Léonce)
Ginette Garcin (l'infirmière en chef)

Adaptation : Jean-Marie Poiré, d'après une idée originale de Fred Kassak

Box-office : 784 685 spectateurs

Un représentant en spiritueux malchanceux connaît une irrésistible ascension sociale et sentimentale.

La cinquantaine bien entamée, Antoine Robineau vit encore chez sa mère, avec qui il met en bouteilles des caisses de Vulcani, « le vermouth des intrépides », qu'il colporte de banlieue en banlieue auprès de cafetiers méfiants. Robineau parvient toutefois à écouler sa marchandise douteuse en apitoyant sa clientèle sur sa condition de loser pathologique et de cœur solitaire. Le même procédé fonctionne également auprès des conquêtes féminines du VRP en spiritueux. De la strip-teaseuse peu farouche (Jane Birkin) à la grande bourgeoise (Stéphane Audran) en passant par la maîtresse suicidaire d'un hôtelier (Évelyne Buyle), toutes tombent dans les bras du poète amateur. L'auteur de pastiches baudelairiens (extrait : « Ce matin au bord de la croisée s'est posé un pigeon. Comme je lui confiais les secrets de mon cœur, il est parti vers toi, le pigeon voyageur ») devient même directeur d'un palace parisien après avoir séduit la femme du gérant. La roue tourne, quand elle ne vous écrase pas.

Successivement intitulé *La Pleurniche* puis *Le Pleurnichard*, *Comment réussir… quand on est con et pleurnichard* (ah, Audiard et ses fameux titres à rallonge !) brille grâce à ses seconds rôles, avec un Jean Rochefort à contre-emploi dans le rôle du pianiste dépressif Foisnard, et Jean-Pierre Marielle, exemplaire en odieux directeur d'hôtel misogyne. Dans leur art narratif farfelu, Audiard et son scénariste assistant Jean-Marie Poiré exploitent toutes les possibilités de triangles amoureux offertes par les personnages féminins interprétés par Stéphane Audran, Jane Birkin et l'épatante Évelyne Buyle. Le vaudeville n'est pas loin, mais l'avant-dernière comédie de Michel Audiard, qui abandonnera la réalisation quelques mois plus tard après le bide de *Bons baisers… à lundi*, vaut surtout par le morceau de bravoure de Jean Carmet. Stellaire en représentant minable au regard de cocker larmoyant, l'ancien Branquignol porte sur ses épaules ce conte rigolard de revanche sociale. Con et pleurnichard ? Peut-être. Naïf et touchant ? Sûrement. ★

Bonus

→ Miou-Miou, Sophie Daumier et Nicole Calfan avaient été envisagées à la place du trio Audran-Birkin-Buyle.

→ Les bienfaits du Vulcani, alias « le vermouth des intrépides », vantés par le chef des ventes Antoine Robineau :
  - réchauffe en hiver ;
  - rafraîchit en été ;
  - stimule les lymphatiques ;
  - calme les névropathes.

Antoine Robineau : *Dans des conditions que je tiendrai secrètes, une personne dont je tairai le nom m'a dit des choses que je ne peux pas répéter.*

Stéphane Audran et Jean Carmet.

Un nuage entre les dents

MARCO PICO (1974)

Distribution
Philippe Noiret (Malisard)
Pierre Richard (Prévot)
Claude Piéplu (le directeur du journal)
Jacques Denis (Jolivet)
Michel Peyrelon (Bobby Pilon)
Marc Dudicourt (Garnier)
Gabriel Jabbour (Casenave)
Pierre Olaf (Pernet)
Michel Fortin (un rédacteur)
Francis Lemaire (un rédacteur)
Roger Riffard (un rédacteur)
Jacques Rosny (un rédacteur)

Scénario : Marco Pico et Edgar de Bresson
Dialogues : Edgar de Bresson

Box-office : 226 101 spectateurs

Croyant à un enlèvement, deux journalistes de faits divers surnommés les « cow-boys » partent à la recherche des deux enfants de l'un d'eux.

Après avoir été secrétaire de Pierre Brasseur, assistant de Georges Franju et d'Yves Robert puis conseiller technique de Pierre Richard, Marco Pico veut passer à la réalisation. En 1972 lui vient une idée de journalistes de faits divers pris au piège de leur métier.
« Les chiens écrasés, c'est aussi important que les grands événements de l'actualité. Pourquoi le cinéma ne s'intéresse-t-il pas davantage aux scènes de rues ? » se demande alors Pico.
Il fait lire à Edgar de Bresson *Les Monstres* de Roger Grenier, et se lance avec lui dans l'histoire du *Nuage*. De Bresson écrit la trame pendant que Pico travaille avec Pierre Richard sur son nouveau film, *Je sais rien mais je dirai tout*. Ils se retrouvent ensuite pour finaliser le scénario, que Pico porte ensuite à Philippe Noiret, en plein tournage de *La Grande Bouffe*. Pico contacte alors les Artistes Associés qui n'hésitent pas à signer, conscients du potentiel commercial lié à la présence des deux vedettes. En découvrant que Prévot meurt à la fin du film, Saul Cooper, qui représente les Artistes Associés, dit au réalisateur : « Les personnages du film sont des vampires... et les vampires ne meurent jamais. » Convaincu, Pico modifie la fin.

Entre farce et réalisme

Victimes de la paranoïa urbaine et du cynisme d'un patron de presse opportuniste, Malisard et Prévot se retrouvent au centre d'un incroyable quiproquo. Durant neuf semaines, l'équipe filme leur périple en décors naturels à Paris : « Je veux faire du spectacle avec une réalité quotidienne, celle qu'on lit dans le journal », déclare Pico en 1974. S'aventurant dans des coins ignorés de la capitale, le cinéaste filme des scènes insolites et poétiques inspirées de sa propre expérience.
« Un soir, en sortant d'un bar un peu éméché avec un ami, j'aperçois un éléphant immobile à un carrefour. Le pachyderme s'était débiné du cirque Medrano. Pour reconstituer cette vision dans le film, on a fait venir un éléphant du cirque Bouglione. »
Oscillant entre la farce et le réalisme, le film déroute Yves Robert qui veut se mêler du montage et le rebaptiser *Les Cow-Boys en folie*, mais le cinéaste ne cède rien. *Un nuage entre les dents* aurait dû être projeté à la Semaine de la critique à Cannes, mais Yves Robert a eu peur que le film se fasse démonter. À sa sortie, les critiques sont excellentes. Le public, cependant, n'adhère pas à la tonalité grinçante de cette comédie à contre-courant de la production de l'époque. À redécouvrir d'urgence... ★

> Malisard :
> *J'comprends pas pourquoi t'as mis tes fils dans une école de filles...*
> Prévot :
> *Qui, moi, chez les filles ? Oh merde, j'me suis trompé de sortie.*

Bonus

→ *Un nuage entre les dents* est le premier film français à utiliser un procédé de flashage de l'image permettant une meilleure sensibilité de la pellicule et une qualité d'image exceptionnelle même avec peu de lumière. La technique avait été élaborée sur *Macadam Cowboy* (1969), puis réutilisée sur *Taxi Driver* (1976).

Pierre Richard et Philippe Noiret.

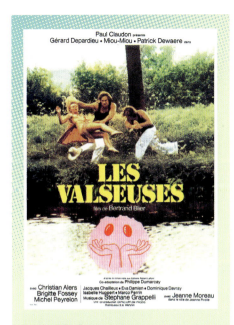

Les Valseuses

BERTRAND BLIER (1974)

Distribution

Gérard Depardieu (Jean-Claude)
Patrick Dewaere (Pierrot)
Miou-Miou (Marie-Ange)
Isabelle Huppert (Jacqueline)
Jeanne Moreau (Jeanne Pirolle)
Jacques Chailleux (Jacques Pirolle)
Brigitte Fossey (une voyageuse)
Michel Peyrelon (le chirurgien)
Éva Damien (l'épouse du chirurgien)
Dominique Davray (Suzanne/Ursula)
Sylvie Joly (une bourgeoise)
Marco Perrin (le vigile)
Gérard Jugnot (un vacancier)
Thierry Lhermitte (un groom)

Scénario et dialogues
Bertrand Blier et Philippe Dumarçay
d'après le roman de Bertrand Blier

Box-office : 5 726 031 spectateurs

Deux jeunes marginaux parcourent la France et recueillent une shampouineuse peu farouche.

Chaque décennie possède sa comédie phénomène, qu'il s'agisse de *La Grande Vadrouille*, *Trois hommes et un couffin*, *Les Visiteurs* ou *Bienvenue chez les Ch'tis*. Mais aucun de ces succès populaires n'incarne aussi bien son époque que *Les Valseuses*, triomphe public de l'année 1974 érigé à l'intersection de la libération sexuelle et des mœurs réprimées de la France pompidolienne. Paru en 1972 aux éditions Robert Laffont, le premier roman éponyme de Bertrand Blier sert de base à sa troisième réalisation après *Hitler... Connais pas* (1963), un étonnant documentaire sur la jeunesse des années 1960, et le thriller *Si j'étais un espion*, sorti en 1967. Tourné au cours de l'été et de l'automne 1973 entre les plages désertes du Touquet et les paysages montagneux de la Drôme provençale, la première comédie du futur metteur en scène de *Calmos* et de *Buffet froid* raconte la fuite en avant et les (més)aventures sexuelles d'une paire de délinquants à la petite semaine, Jean-Claude et Pierrot.

« Je cherchais un acteur fin, un voyou fragile pour le rôle de Jean-Claude, se souvient Bertrand Blier. Depardieu était mince à l'époque, mais quand même il avait un côté un peu paysan. J'avais la vision d'un voyou très différent. Mais il s'est imposé. Il sentait bien que ce n'était pas lui que je voulais, mais il avait lu le livre et voulait absolument faire le film. Il est venu me voir tous les jours dans le bureau de mon producteur, place des Invalides. Il s'asseyait en face de moi, chaque jour habillé différemment. Un jour, il s'habillait très chic, avec un blazer. Le lendemain, il venait en jean, on aurait dit un clochard. C'était très drôle... Donc, en le voyant tous les jours comme ça, il s'est imposé. Et il était évident que les autres acteurs pressentis n'étaient pas aussi bien que lui, sur le plan de la puissance de la personnalité. »

Face à Depardieu, Blier choisit Miou-Miou, rencontrée quelques mois plus tôt sur le plateau de *Quelques messieurs trop tranquilles* (Georges Lautner, 1973). Après maintes hésitations, c'est Patrick Dewaere qui incarne finalement Pierrot, l'acolyte hirsute de Jean-Claude. À l'écran, l'alchimie entre les trois comédiens est exceptionnelle. Néanmoins, le tournage des *Valseuses* s'avère pénible pour un metteur en scène réputé pour sa précision et sa rigueur.

« Mon trio de jeunes acteurs s'identifiait par trop aux personnages du film. Les trois se comportaient comme de véritables loubards, provocants, bagarreurs et indisciplinés. J'avais beaucoup de peine à leur imposer mon autorité.

> Pierrot :
> *Mais bordel de nom de Dieu, y'a bien un cul qui nous attend quelque part !*

Ça tournait parfois au cauchemar. »
Un sentiment que Gérard Depardieu confirmera quelques années plus tard : « On ne dormait pas, on débarquait au petit matin sur le plateau avec des têtes de noceurs, de débauchés. C'était de la grande voyoucratie, un mélange d'inconscience et d'insouciance. On piquait la DS et en avant la corrida nocturne ! C'étaient de drôles de nuits. On avait l'impression de travailler, d'étudier nos rôles, de répéter pour le lendemain. Ben voyons ! »

Jean-Claude :
On n'est pas bien ? Paisibles... à la fraîche... décontractés du gland ? Et on bandera quand on aura envie de bander...

Le *road movie* libertaire de Blier caracole sur les chemins de traverse, avec pour moteur une série de rencontres extravagantes, le swing manouche de Stéphane Grappelli et des dialogues étonnamment crus selon les standards de l'époque. En filmant le triolisme débridé des héros avec un naturel déconcertant, Bertrand Blier parvient à résoudre sans le moindre compromis l'équation complexe du sexe et de la comédie. En alternant réparties chocs (les échanges particulièrement salés des deux protagonistes mâles), érotisme troublant (la célèbre tétée ferroviaire de Brigitte Fossey à Patrick Dewaere) et coups de théâtre bouleversants (le suicide sexuel de Jeanne Moreau), Blier signe également le prototype le plus performant de ses futures comédies grinçantes.

Subversion salvatrice

À la sortie des *Valseuses* en mars 1974, une partie de la critique s'étouffe tandis que le public se rue en masse pour respirer une bouffée de subversion salvatrice dans une France encore plongée dans l'apathie générale et les conséquences du récent choc pétrolier. Si la fin tragique du roman, dans laquelle la DS des vagabonds priapiques plonge dans le décor, avait été conservée par Bertrand Blier, le phénomène des *Valseuses* aurait pu connaître une fin identique à celle des personnages. Un coup du destin offert par un distributeur américain intéressé par le film leur laissera la vie sauve, même si l'on devine à quelques indices que la mort les attend sans doute au prochain virage. « Il a voulu que je modifie le montage, raconte Blier, car ils étaient trop sympas. » Et tellement libres... ★

Bonus

→ Georges Lautner avait été pressenti par Blier pour réaliser *Les Valseuses*.
→ L'attaché de presse du film était André Bézu, futur auteur de l'immortelle *Queuleuleu*.
→ Serge Gainsbourg aurait dû signer la bande originale des *Valseuses*, mais son manque d'enthousiasme pour le film lui fit changer d'avis ; il s'en mordit les doigts.
→ Trois semaines avant la sortie des *Valseuses*, la commission de censure a menacé la production de ne pas autoriser la sortie du film.

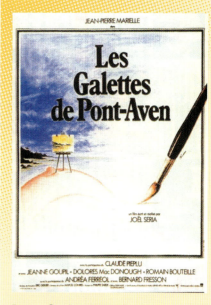

Les Galettes de Pont-Aven

JOËL SÉRIA (1975)

Distribution
Jean-Pierre Marielle (Henri Serin)
Bernard Fresson (Émile)
Andréa Ferréol (Mme Liquois)
Jeanne Goupil (Marie)
Claude Piéplu (un pèlerin)
Dolorès Mac Donough (Angela)
Dominique Lavanant (Marie Pape)
Romain Bouteille (un curé)
Giselle Grimm (Mme Serin)
Martine Ferrière (la sœur du pèlerin)

Scénario et dialogues : Joël Séria

Box-office : 1 085 622 spectateurs

Un VRP abandonne son travail et sa famille pour se consacrer à ses deux passions : la peinture et les femmes.

De *Charlie et ses deux nénettes* (1973) aux *Deux Crocodiles* (1987) en passant par *Marie Poupée* (1976) et *... comme la lune* (1977), personne n'a su filmer mieux que Joël Séria la solitude et le spleen provinciaux, les rideaux tirés à 18 heures et les bistrots où les glaçons fondent lentement dans le perroquet... Sorti en août 1975, *Les Galettes de Pont-Aven* dynamite les non-dits de la France des clochers et les petits travers humains. Après avoir écrit le scénario et les dialogues du long-métrage, Joël Séria peine à trouver le financement des

Galettes, qui sera finalement coproduit par Coquelicots Films, Orphée Arts et Trinacra Films grâce à un coup de pouce de Jean-Paul Belmondo, qui avait aimé le scénario. Dans celui-ci, Henri Serin (comme l'oiseau) est représentant en parapluies pour la société Godineau, basée dans la région de Saumur (Maine-et-Loire). Époux et père de famille incompris et frustré, le VRP profite de ses escapades professionnelles pour goûter au frisson adultère en compagnie de femmes esseulées. Lors d'un périple breton, Serin échoue dans le village pittoresque de Pont-Aven, où il est recueilli par Émile (Bernard Fresson, grandiose en artiste-peintre libidineux). Angela, la très libérée compagne canadienne de ce dernier, le quitte au profit de Serin. Désormais comblé, le VRP échange sa valise et ses pébrocs à huit baleines contre un pinceau et un chevalet pour s'adonner enfin à sa vraie passion : la peinture. Néanmoins, le départ imprévu d'Angela plonge bientôt notre héros dans une profonde dépression. L'artiste maudit sombre dans le désespoir et l'anisette, avant de retrouver le goût à la vie grâce à Marie, une jeune servante interprétée par Jeanne Goupil.

Jean-Pierre Marielle explose

Jean-Pierre Marielle, jusqu'ici cantonné aux seconds rôles, explose en haut de l'affiche dans le rôle d'un Gauguin local dont le véritable déclencheur artistique réside dans une paire de fesses bien galbées. Caractère truculent aux saillies épiques, Henri Serin tient une place de choix dans la galerie des personnages comiques du cinéma hexagonal des années 1970.
« J'ai beaucoup aimé ça, se souvient Marielle. Joël Séria était très marqué par Céline, un de mes auteurs de chevet. Henri Serin a quelque chose de célinien en lui. C'est un personnage un peu marginal, douloureux. »

Post-soixante-huitard et anticlérical, *Les Galettes de Pont-Aven* est aussi une comédie implacablement subversive, une sorte de cousin paillard des *Valseuses*, le film-phénomène sorti l'année précédente. Les conventions conjugales volent en éclats dès le premier quart d'heure dans les bras de la gironde Andréa Ferréol, l'une des prostituées de *La Grande Bouffe*. Au sujet de sa femme cocufiée, Henri Serin déclare sans la moindre équivoque : « C'est une catho, c'est une bigote. C'est une merde. Elle ne sait même pas ce que c'est qu'une bite. » Après la censure par l'Église du teen-movie extrême *Mais ne nous délivrez pas du mal*, la première réalisation de Joël Séria en 1970, *Les Galettes de Pont-Aven* poursuivent la critique féroce du catholicisme. Le contrecoup de l'éducation religieuse du metteur en scène angevin : ici, la religion est tournée en ridicule. Le pèlerin à l'optimisme béat interprété par Claude Piéplu inquiète autant que sa sœur, bigote acariâtre et reluqueuse de voyageurs de commerce en pleine toilette intime. À l'inverse, Marie Pape (!), la prostituée en costume traditionnel bigouden incarnée par Dominique Lavanant apporte une touche de comique vestimentaire et de surréalisme dans cette épopée libertine.
« Certains le trouvent marrant, coquin, rigolo, commente Jean-Pierre Marielle. D'autres trouvent ça désespéré, très noir. Moi, je pense que c'est un film noir. Le public rit aux grossièretés, mais il rit jaune. »

Un sentiment partagé par Joël Séria au sujet de son cocktail explosif de sexe, de religion et d'humour : « Je suis content que *Les Galettes de Pont-Aven* soit devenu un film culte. En même temps, ça nuit certainement à mon image. Les spectateurs ont essentiellement retenu tout le côté truculent, même s'il y en a qui ont bien compris cette histoire de libération par le sexe. Le personnage principal est mal, mal dans sa famille, mal avec sa femme. Ce genre de situation arrive très souvent. Beaucoup de mecs ont vu leur propre parcours à travers cette histoire. Il y a également de la tendresse dans ce film… Le côté cul est très drôle, mais il n'y a pas que ça. » ★

Bonus

→ Une suite avec Jean-Luc Bideau dans le rôle principal a été envisagée mais jamais tournée.
→ Tous les dessins et toiles représentés dans le film ont été réalisés par Jeanne Goupil, l'épouse de Joël Séria, qui interprète le rôle de Marie.

> Émile :
> *Quand je la vois le cul à l'air comme ça, qu'est-ce que tu veux ? C'est plus fort que moi, faut que je la fourre… J'suis un bourrin, moi.*

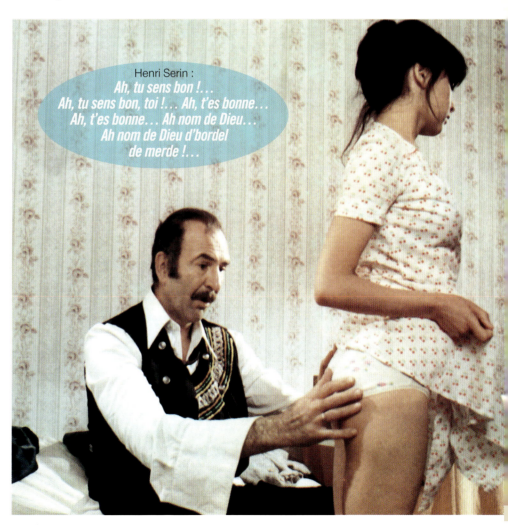

> Henri Serin :
> *Ah, tu sens bon !… Ah, tu sens bon, toi !… Ah, t'es bonne… Ah, t'es bonne… Ah nom de Dieu… Ah nom de Dieu d'bordel de merde !…*

1975

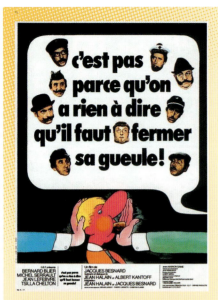

C'est pas parce qu'on a rien à dire qu'il faut fermer sa gueule

JACQUES BESNARD (1975)

Distribution
Michel Serrault (Max)
Bernard Blier (Fano)
Jean Lefebvre (Riton)
Tsilla Chelton (la dame pipi)
Gérard Jugnot (le contrôleur)
Christian Clavier (le satyre nocturne)
Marion Game (Lulu)
Popeck (un agent de police)

Scénario : Jean Halain (d'après une idée originale de Christian Clavier, Gérard Jugnot, Thierry Lhermitte)
Adaptation : Jean Halain et Jacques Besnard
Dialogues : Jean Halain et Albert Kantoff

Box-office : 974 344 spectateurs

Trois malfrats tentent un casse ambitieux en passant par les toilettes de la gare de l'Est.

Avec son titre taille XXL à faire pâlir d'envie Max Pécas, la présence de Jean Lefebvre en haut de l'affiche et son implacable patine *vintage*, *C'est pas parce qu'on a rien à dire qu'il faut fermer sa gueule* possède toutes les caractéristiques du nanar à la française des années 1970. À plusieurs égards, le film de gangsters parodique réalisé par Jacques Besnard (*Le Grand Restaurant*, *Le Fou du labo 4*) vaut beaucoup mieux que cette présentation sommaire. L'idée originale de ce braquage sanitaire est signée par le trio Thierry Lhermitte, Christian Clavier et Gérard Jugnot, une partie de la bande qu'on allait bientôt surnommer Les Bronzés. Malheureusement, les trois du Splendid ne sont pas promus scénaristes officiels du film, car le producteur Yves Rousset-Rouard estimait « qu'ils n'étaient pas assez connus » pour mériter ce titre. Leur scénario a été également réécrit entièrement par Jean Halain à la demande du distributeur Bernard Harispuru. Dans cette nouvelle mouture, deux truands minables, Max (Michel Serrault) et Riton (Jean Lefebvre), sont embrigadés dans un fumeux « coup du siècle » né de l'imagination fertile de Fano (Bernard Blier), petit baron du milieu aux tendances mégalo. Son projet ? Dérober les fonds de la caisse de retraite de la SNCF en perçant les parois des WC souterrains de la gare de l'Est. « Chaque époque a son épée : Bonnie and Clyde, Pierrot le Fou, le mec du train postal... Demain, Monsieur Fano entrera dans la légende », commente modestement le cerveau de l'opération. Son plan, aussi bétonné que les murs des toilettes de la station, doit cependant faire face à un obstacle de taille, une muraille de Chine planquée au sous-sol du terminal ferroviaire : la dame-pipi.

Afin de contourner cette dernière, Fano a l'idée de faire porter à son gang une série de déguisements éclectiques. Du marin pêcheur au pilote de ligne en passant par le hippie de Katmandou et le touriste tyrolien, cette ahurissante collection vestimentaire parviendra-t-elle à déjouer l'attention de la cerbère des urinoirs ? Essentiellement basé sur la répétition, *C'est pas parce qu'on a rien à dire qu'il faut fermer sa gueule* reproduit à l'envi les scènes de grimages et les quiproquos confinés dans les décors de faïence des toilettes tenues par Tsilla Chelton. En clair, il ne se passerait pas grand-chose si la verve audiardienne des dialogues savoureux de Jean Halain et le cabotinage vertigineux de Serrault, Blier et Lefebvre ne venaient pas transformer cet *Ocean's Eleven* franchouillard en délicieux plaisir coupable. ★

Bonus

→ Tsilla Chelton était à l'époque le prof de comédie des membres du Splendid.

Max :
Avec un casier vierge, eh bien les cons, ça peut toujours servir !

Michel Serrault, Bernard Blier et Jean Lefebvre.

On aura tout vu

GEORGES LAUTNER (1976)

Distribution
Pierre Richard (François Perrin)
Miou-Miou (Christine)
Jean-Pierre Marielle (Bob Morlock)
Gérard Jugnot (Ploumenech)
Henri Guybet (Henri Mercier)
Renée Saint-Cyr (Mme Ferroni)
Sabine Azéma (Claude Ferroni)
Jean Luisi (Slimane)

Scénario original et dialogues
Francis Veber

Box-office : 1 249 452 spectateurs

Un jeune metteur en scène est contraint de transformer son drame psychologique en film pornographique sous la contrainte d'un producteur de cinéma X.

Au sortir du tournage du *Jouet*, Pierre Richard retrouve Francis Veber sur un projet au thème radicalement opposé : les coulisses du cinéma pornographique. Au milieu des années 1970, le genre explose. Grâce à un relâchement de la pression fiscale, les productions X prolifèrent et le summum du chic consiste à aller voir en couple la dernière bobine suédoise sur les Champs-Élysées. C'est dans ce contexte particulier que Francis Veber imagine les déboires de François Perrin, l'auteur du *Miroir de l'âme*, qui voit son film, un drame psychologique, transformé en porno *hardcore* par le producteur, Bob Morlock, et affublé au passage d'un nouveau titre on ne peut plus explicite : *La Vaginale*.

L'ambiance du tournage dirigé par Georges Lautner est nettement plus décontractée que celle de la production de Morlock. Les scènes méridionales sont tournées dans la propriété du cinéaste des *Tontons flingueurs* à Grasse. Chaque matin, Pierre Richard et Jean-Pierre Marielle se rendent sur le plateau dans la même voiture en sifflant *Muskrat Ramble* de Louis Armstrong et autres airs de jazz. Les acteurs n'échappent pas non plus à la tradition lautnorienne en terminant la journée dans les meilleurs restaurants de la région.

« J'ai adoré tourner avec Lautner pour deux raisons, se souvient avec enthousiasme Pierre Richard. La première, c'est qu'il nous avait demandé à moi et à Miou-Miou de ramener des objets venant de chez nous pour qu'on se sente plus à l'aise dans le décor de l'appartement. J'avais ramené des lampes, des photos... Il y avait autre chose : huit fois sur dix, on demande aux acteurs de venir sur le plateau quand tout est prêt. Lautner faisait le contraire : il virait tout le monde et il nous demandait de jouer la scène rien que pour lui. Ensuite, il faisait revenir les techniciens et il plaçait sa caméra en fonction de ce que nous venions de jouer. » Si les séquences complices entre Miou-Miou et Pierre Richard sont particulièrement réussies, les apparitions de Jean-Pierre Marielle en odieux pornographe font partie du top cinq des prestations comiques du géant dijonnais. Gérard Jugnot, un autre moustachu aux tendances abjectes, se démarque également dans la distribution de cette excellente comédie cul(te). ★

Bob Morlock : *Dans la dernière production américaine, y' a une heure vingt-huit de sexe dans un film d'une heure trente !*

François Perrin : *Et les deux minutes qui restent, c'est quoi ?*

Bob Morlock : *Psychologique.*

Bonus

→ Un échantillon des productions Bob Morlock :
Trop au lit pour être honnête
Pubis relation
Satyre à conséquences
Il était une fesse
Non, mon petit chat n'est pas mort

Pierre Richard et Miou-Miou.

1976

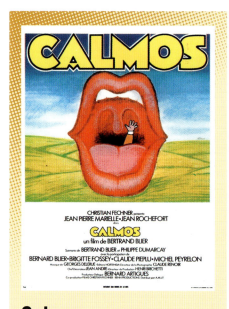

Calmos

BERTRAND BLIER (1976)

Distribution

Jean Rochefort (Albert)
Jean-Pierre Marielle (Paul Dufour)
Bernard Blier (l'abbé Émile)
Brigitte Fossey (Suzanne Dufour)
Claude Piéplu (un maquisard)
Sylvie Joly (le médecin-chef)
Dora Doll (la capitaine)
Dominique Lavanant (une patiente myope)
Gérard Jugnot (un déserteur)

Scénario original et dialogues
Bertrand Blier et Philippe Dumarçay

Box-office Paris : 739 846 spectateurs

Las des femmes, deux quadragénaires plaquent épouses et emplois et s'enfuient à la campagne.

Intérieur jour. La salle d'attente d'un cabinet de gynécologie. Travelling avant sur une porte, puis la caméra atterrit dans la pièce où officie le professeur Dufour (Jean-Pierre Marielle). Une patiente se déshabille près de la table de travail. Gros plan sur un sexe féminin velu. Impassible, le gynéco extirpe du foie gras et un pain de campagne d'un tiroir. Dégustation solitaire, impénétrable. Pas de musique, ni de dialogues. Du Sergio Leone sans le twang des guitares de Morricone. Les premières minutes de *Calmos* indiquent également que nous ne sommes pas non plus chez Alain Resnais...

Réalisé par Bertrand Blier en 1976 puis renié, *Calmos* décrit une guerre sans merci entre les deux sexes, au cours de laquelle Paul Dufour (Marielle) et Albert (Jean Rochefort) fuient le domicile conjugal pour retrouver le goût oublié des valeurs masculines et de la ripaille. Un exemple bientôt suivi par des milliers de déser-

Jean Rochefort et Jean-Pierre Marielle.

Paul Dufour :
Il n'y a qu'un truc qui nous fait bander, c'est le beaujolais, la blanquette de veau, le roquefort, la frangipane, le tabac brun et le calme !

teurs abandonnant femmes, enfants et foyers pour retrouver le calme et la sérénité. Proposant une épatante galerie de seconds rôles avec Blier père en abbé ripailleur, Claude Piéplu, Brigitte Fossey, Sylvie Joly, Dominique Lavanant dans son premier (et dernier) nu intégral à l'écran et Gérard Jugnot qui inaugure son personnage de beauf moustachu, *Calmos* est le long métrage le plus extravagant de Blier. Le film alterne la comédie (Marielle et Rochefort en Deltaplane !), le film de guerre (Marielle et Rochefort pourchassés par des tanks !), la science-fiction (Marielle et Rochefort en cobayes scientifiques !) et le grand n'importe quoi quand nos héros achèvent leur odyssée macho dans un vagin taille XXXXXL. On imagine la tête de Jean André, chef décorateur, face aux exigences du cinéaste : « Un cabinet médical, un laboratoire futuriste et un vagin de douze mètres de haut ! ». Brûlot anti-MLF lâché en pleine année de la femme ? Pamphlet sur la lâcheté masculine ? Le film, coincé entre *Les Valseuses* et *Préparez vos mouchoirs* dans la filmographie de Blier, sera un retentissant échec commercial et artistique.

« Toute une série de circonstances ont contrarié le projet initial, se souvient le metteur en scène. Le résultat est en dessous de ce qu'on espérait. Nous n'avons pas engagé les acteurs envisagés et nous n'avons tourné que le quart du scénario à cause du dépassement de budget. Il y manque une part de la violence prévue. Il aurait fallu faire un film à la Kubrick. Ça n'a pas été le cas. »

Longtemps inédit en DVD et jamais diffusé sur les chaînes hertziennes, *Calmos* est le mouton noir de la carrière de Bertrand Blier. Ovni de la production cinématographique des années Giscard et croisement surnaturel entre *La Grande Bouffe* et *Orange mécanique*, *Calmos* s'impose néanmoins comme une des comédies les plus provocatrices de la décennie. ★

Bonus

→ La patiente du cabinet de gynécologie du professeur Dufour est interprétée par Claudine Beccarie, la star du X français des années 1970, vue, entre autres, dans *Les Tripoteuses*, *Exhibition* et *Change pas de main*.

Le Jouet
FRANCIS VEBER (1976)

Distribution
Pierre Richard (François Perrin)
Fabrice Greco (Éric Rambal-Cochet)
Michel Bouquet (Pierre Rambal-Cochet)
Jacques François (M. de Blénac)
Charles Gérard (le photographe)
Gérard Jugnot (Pignier)
Michel Aumont (Georges Pouzier)

Scénario et dialogues
Francis Veber

Box-office : 1 249 452 spectateurs

Un journaliste est engagé en tant que jouet pour distraire le fils d'un milliardaire.

Davantage réputé pour la qualité de ses scénarios que pour son empathie naturelle pour les comédiens et les réalisateurs, Francis Veber décide de passer derrière la caméra en 1976. Dans *Le Jouet*, François Perrin, un jeune chômeur, décroche un job à *France-Hebdo*, le magazine du grand patron de presse Pierre Rambal-Cochet. Au cours d'un reportage dans un magasin de jouets, ce dernier offre à son fils Éric un cadeau d'un type surprenant : son employé, interprété par Pierre Richard. C'est l'acteur du *Grand Blond avec une chaussure noire* qui a poussé Francis Veber à porter la casquette de metteur en scène pour la première fois.

« C'était passionnant et terrifiant à la fois, raconte Veber. Passionnant parce que je découvrais la direction d'acteurs. Terrifiant, parce que passer du scénario à la réalisation c'est passer du silence au vacarme. »

Marco Pico, qui vient de tourner *Un nuage entre les dents* avec Pierre Richard, assiste cependant Francis Veber au cours des premières semaines de tournage, mais la collaboration tournera court devant l'insatisfaction croissante du scénariste de *L'Emmerdeur*, qui terminera le tournage en solo.

Pour jouer le rôle de l'enfant gâté, Francis Veber a sélectionné Fabrice Greco parmi quatre-vingts candidats. Le personnage de Michel Bouquet est calqué sur la personnalité glaciale de Marcel Dassault dans ses plus infimes détails, de sa détestation des gens mal rasés à son dégoût des mains moites. À l'écran, le contraste entre la vedette du cinéma comique des années 1970 et la grande vedette de théâtre est saisissant.

« On a dîné un soir avec Michel Bouquet chez Francis Veber, à Neuilly, pour qu'on fasse connaissance, se remémore Pierre Richard. J'avais le trac et je n'ai pas été très disert à table. En nous quittant, je me suis coincé la chaussure dans une grille d'égout et je suis parti avec une chaussure à un pied et une chaussette à l'autre. Ça a dû plaire à Michel Bouquet, car il m'a dit : "Monsieur Richard, voilà une chose que je ne pourrais jamais faire et je vous envie." Ça m'a complètement libéré pour la suite. »

Fable morale

Le tournage du *Jouet* a lieu au cours du caniculaire été 1976 dans l'hôtel Intercontinental, près du Louvre, où est reconstitué l'intérieur de la luxueuse propriété des Rambal-Cochet. Chaque jour, les comédiens croisent les touristes de la haute saison. Pour gagner du temps sur les trajets entre les prises, Pierre Richard finira même par louer une chambre sur place.

« *Le Jouet* est un film d'auteur et une chronique sociale. C'est aussi un film à la fois joli et violent », commente le comédien.

Fable morale sur le pouvoir et la puissance de l'argent, le premier long métrage de Francis Veber nous rappelle surtout que nous sommes tous le jouet de quelqu'un. ★

Bonus

→ Remake : *The Toy* (Richard Donner, 1982) avec Richard Pryor et Jackie Gleason.

Éric Rambal-Cochet :	Ça !
Georges Pouzier :	Le Zorro ?
Éric Rambal-Cochet :	Non !
Georges Pouzier :	Le cosmonaute ?
Éric Rambal-Cochet :	Non, ça !
Georges Pouzier :	Le monsieur ?
Éric Rambal-Cochet :	Oui.

L'Aile ou la cuisse

CLAUDE ZIDI (1976)

Distribution
Louis de Funès (Charles Duchemin)
Coluche (Gérard Duchemin)
Julien Guiomar (Jacques Tricatel)
Daniel Langlet (Lambert)
Ann Zacharias (Margaret)
Claude Gensac (Marguerite)
Raymond Bussières (le chauffeur)
Philippe Bouvard (Philippe Bouvard)
Dominique Davray (une infirmière)
Vittorio Caprioli (le gargotier)
Martin Lamotte (un membre du cirque)

Scénario et dialogues : Claude Zidi (avec la collaboration de Michel Fabre)

Box-office : 5 841 966 spectateurs

Défenseurs de la grande tradition gastronomique française, le créateur du guide Duchemin et son fils luttent contre l'empire industriel du président d'une chaîne de restauration rapide.

L'Aile ou la cuisse marque le grand retour de Louis de Funès au cinéma, trois ans après *Les Aventures de Rabbi Jacob*. Après avoir joué près de deux cents fois *La Valse des toréadors*, une pièce de Jean Anouilh, sur la scène de la Comédie des Champs-Élysées, de Funès est victime d'une crise cardiaque le 21 mars 1975, deux mois avant le tournage du *Crocodile*, le nouveau pari de Gérard Oury et Danièle Thompson. Partiellement rétabli au mois d'août, il accepte la proposition de Christian Fechner d'interpréter Charles Duchemin, l'auteur du guide gastronomique de référence du même nom. Sa fragile condition physique ne permet toutefois que trois heures de tournage quotidiennes à de Funès, et exige la présence d'un cardiologue et d'une ambulance à proximité du plateau.

« L'idée du film m'est venue dans un très bon restaurant parisien : *Le Petit Colombier*, tenu par M. Fournier rue des Acacias, se souvient avec amusement Claude Zidi. Un jour le maître d'hôtel me demande : "Monsieur Zidi, vous préférez l'aile ou la cuisse ?" Ça a fait tilt. C'était un très bon titre de film ! »

Comme tous les grands plats, la conception de *L'Aile ou la cuisse* a nécessité une longue préparation. Élément crucial de la recette, le choix des ingrédients s'est révélé hautement complexe. Si le premier rôle de Louis de Funès faisait partie du projet de départ, Claude Zidi a d'abord imaginé une comédie culinaire réunissant la vedette du *Corniaud* et les Charlots. Le clash intergénérationnel entre l'ancien pianiste de music-hall et les post-hippies en pattes d'éléphant ne se concrétisa malheureusement pas. Pierre Richard est ensuite approché pour interpréter Gérard Duchemin, le fils du personnage joué par de Funès. Dans cette première mouture du scénario, Gérard Duchemin, doux rêveur aux ambitions modestes, prend la succession de son père aux commandes du guide Duchemin. Au fil de l'intrigue, le fils hérite du caractère hargneux du père, tandis que ce dernier découvre les joies de l'insouciance. Pierre Richard apprécie l'idée, mais sa surprise est complète lorsqu'il reçoit quelques semaines plus tard un tout nouveau script envoyé par Claude Zidi, celui qui servira à la version finale du film. Déçu par la lecture de cette version de *L'Aile ou la cuisse*, Pierre Richard décide de jeter l'éponge en février 1976. La rencontre entre la star du cinéma comique français des années 1960 et son successeur de la décennie suivante n'aura pas lieu.

Coluche à la place de Pierre Richard

« J'ai été déçu par mon rôle, expliquera plus tard Pierre Richard. J'ai senti que si j'acceptais, j'aurais eu l'impression d'aller à l'usine. Et Dieu sait que j'avais envie de tourner avec de Funès ! Mais si le rôle ne me dit rien, je ne peux pas, même si c'est un coup commercial énorme. Louis m'a téléphoné et m'a demandé pourquoi je refusais. Je lui ai répondu que je me faisais une joie de tourner avec lui, mais que je ne voulais pas interpréter ce rôle. Et il me dit : "Ah bon, le scénario est mauvais ?" Là, je me suis dit qu'il n'avait pas dû le lire. Parce que lui, il

> Charles Duchemin :
> *Mmh ! Very, very, very good ! Marvelous, wonderful, but, very, very nouveau, hein ?*

savait qu'il se débrouillerait toujours, quelle que soit la qualité de la scène, grâce à son talent énorme. Moi je n'avais pas cette faculté. Pour faire rire, j'ai besoin d'une situation. Je ne suis pas capable de lire le bottin en faisant rire. » Privés de second rôle, Claude Zidi et le producteur Christian Fechner se mettent en quête du partenaire idéal. Leur choix s'arrête rapidement sur Coluche, que Zidi avait dirigé dans *Le Grand Bazar* trois ans plus tôt. À l'époque, Coluche triomphe sur les planches des music-halls, à défaut de briller sur grand écran ; il vient seulement de terminer le tournage du farfelu *Les vécés étaient fermés de l'intérieur* de Patrice Leconte, d'après Marcel Gotlib, au côté de Jean Rochefort, film qui sera un échec cuisant. Une première rencontre avec de Funès a lieu en mai 1976, quelques jours avant le début des prises de vue, et le courant passe aussitôt entre les deux comiques. Dans le rôle de Jacques Tricatel, P-DG d'une chaîne de restauration rapide aux procédés peu ragoûtants, Julien Guiomar excelle en industriel odieux et mégalomane. On retrouve aussi Claude Gensac, l'éternelle « Mme de Funès », en secrétaire malmenée de Charles Duchemin, Raymond Bussières en chauffeur et Vittorio Caprioli, le méchant du *Magnifique*, dans le rôle d'un immonde gargotier. Et si le spectateur est attentif, il aura la surprise d'apercevoir Marie-Anne Chazel et Gérard Lanvin, les compères de Coluche au Café de la Gare, dans la troupe ambulante du bien nommé Café Circus.

L'ignoble Tricatel

Avec la séquence de dégustation sous la contrainte (une huître = un splendide bouton), la scène de la chaîne de fabrication de l'usine Tricatel est restée dans toutes les mémoires, avec ses poulets dorés à l'aérographe, ses maquereaux plastifiés, ses steaks à base de pétrole et son pâté en croûte fourré aux montres à gousset. Derrière son avalanche de gags visuels proches des inventions délirantes de Gérard Oury, *L'Aile ou la cuisse* apparaît comme une critique directe de la malbouffe et anticipe déjà les dérapages de l'industrie agroalimentaire. Les plats industriels conçus par l'ignoble Tricatel ne sont pas sans rappeler les produits estampillés Jacques Borel, qui hantèrent les restoroutes au cours des années 1970. Claude Zidi, cinéaste visionnaire ? Les multidiffusions de *L'Aile ou la cuisse* ont sans doute entamé la saveur du plus gros succès comique de l'année 1976, mais sans prétendre appartenir à la grande cuisine, le plat concocté par Zidi, Louis de Funès et Coluche a de quoi séduire les palais les plus difficiles. ★

Bonus

→ Louis de Funès a exigé que le nom de Coluche soit aussi gros que le sien sur l'affiche. « Bourvil avait eu le même geste pour moi dans *Le Corniaud* », a expliqué le comédien à la sortie du film.
→ Inspiré par le personnage interprété par Julien Guiomar, le musicien-producteur Bertrand Burgalat a fondé le label Tricatel en 1996. Aucun produit avarié à signaler dans un excellent catalogue qui comprend, entre autres, les albums de Valérie Lemercier, April March et Michel Houellebecq.
→ Jean-Jacques Beineix était le premier assistant de Claude Zidi sur le tournage.

À nous les petites Anglaises

MICHEL LANG (1976)

Distribution
Rémi Laurent (Alain)
Stéphane Hillel (Jean-Pierre)
Véronique Delbourg (Claudie)
Sophie Barjac (Véronique)
Julie Neubert (Carol)
Rynagh O'Grady (Doreen)
Aïna Wallé (Britt)

Scénario et dialogues : Michel Lang

Box-office : 5 704 446 spectateurs

Deux lycéens ayant échoué au bac sont privés de vacances à Saint-Tropez et envoyés en Angleterre.

Été 1959. Punis pour avoir raté leur bac, et afin d'améliorer leur anglais, Alain et Jean-Pierre sont envoyés par leurs parents en séjour linguistique en Angleterre, mais la langue qu'ils vont parler est d'une tout autre nature.
Trois ans après le succès des Zozos de Pascal Thomas, Michel Lang se lance à son tour dans la comédie de mœurs adolescente. Cette fois-ci, les jeunes ne partent pas en Suède mais en Angleterre où, selon l'un des protagonistes, les filles ne sont pas farouches : « Là-bas, on n'aura qu'à lever le petit doigt », dit Jean-Pierre à son pote Alain. Après avoir produit plusieurs courts-métrages de Michel Lang, Irène Silberman propose au réalisateur de passer au long. Fou de joie, Lang puise dans ses souvenirs d'adolescent la matière qui va nourrir son scénario, en particulier les séjours effectués dans des familles d'accueil ; il décrit avec une pointe d'exagération les fantasmes suscités par les petites Anglaises.
« À l'époque les petites Françaises de quinze ou seize ans ne flirtaient pas aussi facilement », se souvient Michel Lang.

Parenthèse enchantée

Pour convaincre Alain de l'accompagner, Jean-Pierre est radical : « Mais puisque j'te dis qu'elles baisent, les Anglaises, c'est connu ! » Séchant les cours, les deux copains partent à la chasse aux filles. Comme dans le film de Pascal Thomas, Michel Lang veut des acteurs inconnus et talentueux. Sortant d'une école d'art dramatique, Stéphane Hillel passe des essais et est engagé pour le rôle de David, le conducteur de la 2CV : « Mais comme je faisais plus jeune que mon âge habillé en jean et T-shirt, Michel Lang m'a finalement demandé de jouer celui de Jean-Pierre », se souvient-il. Rémi Laurent est choisi pour incarner Alain, l'adolescent amoureux de la belle et romantique Claudie. De flirts sur la plage en sorties au ciné, de promenades amoureuses en soirées dansantes, le cinéaste filme l'insouciance d'une jeunesse vivant pleinement sa parenthèse enchantée. Par souci d'authenticité, Michel Lang effectue le tournage sur les lieux de sa jeunesse.
« Dans le quartier de Ramsgate où je logeais, toutes les maisons étaient identiques et un soir on s'est trompés de maison… comme Jean-Pierre et Alain », raconte le cinéaste.
Comédie familiale sans prétention, À nous les petites Anglaises crée la surprise en devenant le deuxième plus gros succès français de l'année 1976, juste derrière L'Aile ou la cuisse de Claude Zidi. Les ados rient aux facéties des deux héros, tandis que les parents se délectent de cette chronique nostalgique portée par la mélodie envoûtante du Sorrow de Mort Schuman. ★

> **Alain :**
> *Alors on y va, on emballe ?*
>
> **Jean-Pierre :**
> *Avec toi, c'est tout ou rien. Attends, faut de la méthode. On va pas emballer n'importe quel boudin histoire de passer le temps. De la méthode, j'te dis !*

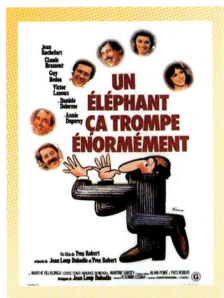

Un éléphant ça trompe énormément

YVES ROBERT (1976)

Distribution
Jean Rochefort (Étienne Dorsay)
Claude Brasseur (Daniel)
Guy Bedos (Simon Messina)
Victor Lanoux (Bouly)
Danièle Delorme (Marthe)
Anny Duperey (Charlotte)
Marthe Villalonga (Mouchy Messina)
Christophe Bourseiller (Lucien)
Josiane Balasko (Josy)
Anne-Marie Blot (Marie-Ange)
Martine Sarcey (Esperanza)
Gaby Sylvia (la patronne de Daniel)
Daniel Gélin (Bastien)
Jean-Pierre Castaldi (le faux amant de Marthe)

Scénario : Yves Robert et Jean-Loup Dabadie
Dialogues : Jean-Loup Dabadie

Box-office : 2 925 868 spectateurs

Les aventures sentimentales et familiales de quatre quadragénaires inséparables.

L'amitié masculine au cinéma a constitué le ressort de comédies italiennes d'exception, de *Nous nous sommes tant aimés* (Ettore Scola, 1974) à *Mes chers amis* (Mario Monicelli, 1975). En France, *L'Aventure, c'est l'aventure* (Claude Lelouch, 1972), *Mes meilleurs copains* (Jean-

Bouly :
On fait l'amour libre.
Étienne Dorsay :
L'amour libre ?
Bouly :
Oui, chacun fait ce qu'il veut. Enfin, surtout moi.

Marie Poiré, 1989), et surtout *Vincent, François, Paul... et les autres* (Claude Sautet, 1974) viennent immédiatement à l'esprit. Mais si le film choral de Sautet respecte la tradition du gigot dominical, *Un éléphant ça trompe énormément* et sa (fausse) suite *Nous irons tous au paradis* se dégustent comme un exquis mets sucré-salé où les larmes hésitent entre le rire et la douleur.

« Tout s'est fait sur un coup de téléphone de Marie, ma femme, à Yves Robert en juin 1975, explique à l'époque Jean-Loup Dabadie. "Jean-Loup a envie que vous fassiez tous les deux un film d'homme contre les hommes." Yves a répondu : "Un film d'hommes qui se moquent des hommes ?..." Yves et moi sommes tombés d'accord pour raconter une histoire où l'on charrie les hommes sans qu'ils soient forcément moches, physiquement ou moralement. Les quatre hommes du film ont une quarantaine épanouie, une vie pas trop malheureuse et une solide amitié les lie. Des lézards apparaissent entre eux et, par ces lézards, on aperçoit des femmes. »

Yves Robert et Jean-Loup Dabadie puisent dans leur entourage proche et rassemblent rapidement la bande de copains la plus attachante du cinéma comique français des années 1970. Jean Rochefort incarne Étienne Dorsay, un fonctionnaire petit-bourgeois coincé, à la sexualité hypocrite. Guy Bedos est Simon Messina, médecin hypocondriaque amoureux de toutes les femmes mais victime d'une seule : sa mère possessive et castratrice (jouée par Marthe Villalonga, engagée sur le conseil d'Élie Chouraqui, assistant sur le film). Claude Brasseur joue le rôle de Daniel, employé de garage affichant une homosexualité encore peu courante dans le cinéma grand public de l'époque. Victor Lanoux, alias Bouly, campe un époux et père de famille doublé d'un insatiable coureur de jupons. En seconde ligne, Anny Duperey, déjà employée par Yves Robert dans *Les Malheurs d'Alfred*, est Charlotte, mannequin et femme fatale surnommée « la femme en rouge », et Christophe Bourseiller excelle dans le rôle du lunaire Julien, étudiant post-soixante-huitard et amoureux transi de Marthe (Danièle Delorme), l'épouse d'Étienne.

Dream team

« Une chronique très agitée de certains hommes avec certaines femmes qui ne sont pas forcément les leurs. » C'est ainsi qu'Yves Robert résume la trame d'*Un éléphant ça trompe énormément*.

Victor Lanoux, Guy Bedos, Jean Rochefort et Claude Brasseur.

La romance contrariée d'Étienne Dorsay, le personnage interprété par Rochefort, avec la troublante Charlotte sert de déclencheur aux multiples escapades sentimentales de la *dream team* composée par Robert et Dabadie. Les quiproquos amoureux abondent, des portes claquent et des amants éconduits se retrouvent en peignoir sur les corniches de luxueux appartements de la rive gauche. Mais au lieu de s'enliser dans la comédie boulevardière, *Un éléphant…* s'autorise de délicieuses envolées burlesques (la promenade hippique en forêt de Rambouillet), homériques (les altercations du « couple » Bedos-Villalonga) et poétiques (le saut dans le vide métaphorique d'Étienne lors de la scène finale). Associé aux performances d'acteurs du quatuor, le swing des dialogues étincelants de Jean-Loup Dabadie propulse instantanément le film vers les cimes du box-office à l'automne 1976.

Éternels enfants

Un an plus tard, *Nous irons tous au paradis* prolonge les aventures d'Étienne, Daniel, Simon et Bouly. Le climat se veut cette fois plus grave, la mort et le désespoir amoureux s'invitent, mais la comédie pure est toujours au rendez-vous grâce aux nouvelles inventions virtuoses du duo Robert-Dabadie. De son côté, le public retrouve avec plaisir ses quatre quadras et leurs rocambolesques parties de tennis d'éternels enfants qui n'ont jamais vraiment quitté leurs culottes courtes. Galvanisée par le succès des deux films, la Gaumont presse Yves Robert d'ajouter un troisième volet à son diptyque. À son grand soulagement, Jean Rochefort refusera de se retrouver à nouveau dans la peau d'Étienne Dorsay, qui était supposé cette fois, avec ses comparses, monter une expédition pour retrouver Simon, mystérieusement disparu à Pékin. Sage décision… ★

Lucien (à Marthe) :
J'aime vos seins, enfin euh… surtout le gauche !

Bonus

→ Gene Wilder, l'acteur fétiche de Mel Brooks, a réalisé un remake d'*Un éléphant ça trompe énormément* en 1984. Dans le très politiquement correct *La Fille en rouge*, Wilder reprend également le rôle de Jean Rochefort, et celui d'Anny Duperey est joué par le mannequin Kelly LeBrock, sur une musique de Stevie Wonder.

→ Marthe Villalonga joue Mouchy Messina, la mère de Simon (Guy Bedos), alors que dans la vraie vie, deux années seulement les séparent.

→ Claude Brasseur a remporté le César du meilleur acteur dans un second rôle pour son interprétation de Daniel.

→ Michel Polnareff, pour qui Jean-Loup Dabadie avait écrit *On ira tous au paradis* cinq ans plus tôt, a donné son accord pour que sa chanson inspire le titre de la suite d'*Un éléphant…*

... comme la lune

JOËL SÉRIA (1977)

Distribution
Jean-Pierre Marielle (Pouplard)
Sophie Daumier (Nadia)
Dominique Lavanant (Yvette)
Marco Perrin (Chanteau)
Anna Gaylor (Jeanine)
Jacques Rispal (Rabu)

Scénario et dialogues : Joël Séria

Box-office : 410 594 spectateurs

Un macho impénitent vit aux crochets de sa fiancée dans un petit village de province.

Émergeant d'une vigoureuse nuit d'amour, le héros vérifie l'alignement de ses testicules dans un miroir, puis tapote affectueusement le fessier de sa fiancée, avant de sortir promener son caniche. À peine passé la porte, il lui balance un énorme coup de latte. Le festival Marielle s'ouvre en fanfare dès les premières bobines de ... comme la lune, le cinquième long-métrage de Joël Séria. Dans cette fausse suite des Galettes de Pont-Aven, Pouplard, ancien réparateur des réfrigérateurs Frigolux, incarne le parfait coq de village. Entretenu par Nadia, la bouchère du bourg (Sophie Daumier, explosive), Pouplard passe ses journées à se pavaner en peignoir de satin pourpre tout en vantant les atouts gironds de sa fiancée canon aux habitués du bistrot local. Tout va pour le mieux pour l'impénitent macho, jusqu'au jour où Nadia prend la poudre d'escampette avec Chanteau (Marco Perrin), un ancien collègue de Pouplard, au cours d'une escapade à Deauville. Désormais rangé des voitures auprès d'Yvette (Dominique Lavanant), le récent père de famille sera finalement victime de son aveuglement machiste et, surtout, de sa connerie. Dans ... comme la lune, Jean-Pierre Marielle campe un nouveau beauf à moustache à la fois veule, obsédé sexuel, con et fier de l'être. « Joël Séria me connaît très bien, et il a créé un personnage qui se suit de film en film depuis *Charlie et ses deux nénettes*, confirme l'acteur. C'est le même crétin dans les trois films. »

Stakhanoviste de la braguette

Un crétin bien réel provenant des souvenirs personnels du metteur en scène. « Mes parents avaient une petite maison sur les bords de Loire », expliquait Joël Séria lors d'un hommage de la cinémathèque de Groland au début des années 2000. « Dans le village, il y avait un type qui se baladait toujours à bicyclette de course. Avec mon frère, on l'appelait "l'impec' du bourg". Ce gars nous fascinait. On le voyait toujours avec de nouvelles filles le dimanche, à la sortie de la messe. Pour nous, c'était un surhomme. » Mais malgré sa superbe, Pouplard reste un pauvre type dont la bêtise provoque une chaîne de catastrophes humaines. La scène où le stakhanoviste de la braguette présente Nadia à son ex-femme Jeanine (Anna Gaylor) est un monument de surréalisme et d'embarras total. Un mélange singulier pour une comédie décapante, mais irrémédiablement noire, dont la morale pourrait se résumer par ce cruel constat : on est toujours le con de quelqu'un. ★

> Rabu :
> *Elle est bien charcutée, la mignonne, hein ?*
> Pouplard :
> *Ouais. Elle a pas froid aux escalopes.*

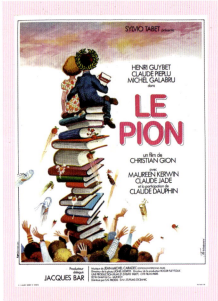

Le Pion

CHRISTIAN GION (1978)

Distribution
Henri Guybet (Bertrand Barabi)
Claude Jade (Dominique Benech)
Michel Galabru (l'inspecteur d'Académie)
Maureen Kerwin (Mlle Thuillier)
Claude Piéplu (le censeur)
Claude Dauphin (Albert Carraud)
Bernard Musson (Boussignac)
Roland Giraud (le ministre)

Scénario et dialogues : Christian Gion

Box-office : 1 453 597 spectateurs

Un pion et professeur de français suppléant dans un internat de province se lance dans l'écriture de son premier roman.

Le Pion est né des souvenirs personnels de Christian Gion.
« On avait un pion en 5ᵉ qui s'appelait Barabi, et avec mon copain Benech, on a fait tout ce que vous voyez dans le film, à part la scène de l'hélicoptère téléguidé. On était devenus une attraction pendant les permanences, et si Barabi était là, les élèves se battaient pour entrer dans la salle car ils savaient que ça allait être le bordel », se remémore le réalisateur.
Pour filmer le quotidien d'un fonctionnaire rabaissé aussi bien par ses élèves que par sa hiérarchie, Gion choisit de confier le rôle principal à Henri Guybet, qu'il a remarqué quelques années plus tôt au Café de la Gare. Claude Jade, l'égérie de Truffaut, Maureen Kerwin, la nouvelle venue, et les impayables Michel Galabru et Claude Piéplu constituent le personnel d'un internat reconstitué dans le lycée Jean-Baptiste Say, dans le 16ᵉ arrondissement de Paris. *Le Pion* marque également la dernière apparition de Claude Dauphin, qui décédera trois jours après avoir tourné une scène sombrement prémonitoire où l'acteur d'*Entrée des artistes* disparaît dans la nuit.

Si les blagues tapageuses des cancres frisent l'hystérie (le lâcher de petit-suisse, le lancer de chats...), les jeunes comédiens sont très calmes sur le plateau, et Gion est parfois obligé de les stimuler un peu. La transformation du pion en superstar de la littérature décrit avec sensibilité la revanche d'un outsider sur ses pairs.
« Je voulais montrer que ces chahuteurs n'étaient pas si méchants que ça, parce que c'est quand même eux qui sauvent finalement le pion face à l'inspecteur d'académie, raconte Christian Gion. Et puis quelque chose m'avait frappé : à l'époque, les surveillants dans les lycées étaient méprisés par les élèves, la hiérarchie et les profs. J'ai donc voulu prendre leur défense en en prenant un qui écrit un bouquin et devient Prix Goncourt. »

Idée culottée
Plusieurs générations de spectateurs se souviennent de la séquence où un lycéen, interrogé sur la notion de risque, ose rendre une page blanche barrée d'un cinglant : « Le risque, c'est ça ! » Une idée culottée qui renvoie à une anecdote survenue lors de la préparation du *Pion*. À la demande du producteur Jacques Barre, Michel Audiard est convoqué pour faire un travail de consultation sur le scénario. Après un repas pantagruélique, Audiard lâche finalement à Christian Gion : « Écoute, ton scénar, je l'ai lu, tu changes rien, c'est parfait. » Un cancre génial n'aurait pas fait mieux. ★

> Lu sur une rédaction constituée d'une copie quasi blanche :
> *« Le risque, c'est ça ! »*

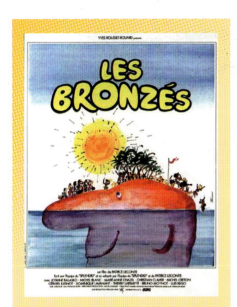

Les Bronzés
PATRICE LECONTE (1978)

Distribution
Josiane Balasko (Nathalie Morin)
Michel Blanc (Jean-Claude Dusse)
Marie-Anne Chazel (Gisèle André, alias Gigi)
Christian Clavier (Jérôme Tarayre)
Gérard Jugnot (Bernard Morin)
Thierry Lhermitte (Robert Lespinasse, alias Popeye)
Dominique Lavanant (Christiane)

Scénario et dialogues
Balasko, Blanc, Chazel, Clavier, Jugnot, Lhermitte, Moynot et Patrice Leconte

Box-office : 2 295 317 spectateurs

Michel Blanc (Jean-Claude Dusse).

Jean-Claude Dusse :

Écoute Bernard, je crois que toi et moi on a un peu le même problème, c'est-à-dire qu'on peut pas vraiment tout miser sur notre physique, surtout toi, alors si je peux me permettre de te donner un conseil, c'est : oublie que t'as aucune chance, vas-y fonce… On sait jamais, sur un malentendu ça peut marcher.

Un groupe de vacanciers arrivent au Club Méditerranée, bien décidés à passer des vacances inoubliables : sea, sex and sun…

À l'origine de ce premier épisode des *Bronzés*, dont le succès va susciter deux suites (*Les Bronzés font du ski* en 1979 et *Les Bronzés 3 – Amis pour la vie*, vingt-sept ans plus tard), il y a une troupe de comédiens : le Splendid. Ses fondateurs (Michel Blanc, Christian Clavier, Gérard Jugnot, Thierry Lhermitte) étaient camarades de classe en seconde au lycée Pasteur de Neuilly. Après avoir joué dans un film en 16 mm réalisé par Jugnot (*Le Désespoir de Cathode*), ils montent une pièce intitulée *Le concierge est tombé dans l'escalier*, puis jouent une trentaine de fois *Non, Georges, pas ici*. Marie-Anne Chazel et Valérie Mairesse rejoignent la troupe et obtiennent un énorme succès au café-théâtre de l'Odéon avec *Je vais craquer* (porté au cinéma par François Leterrier en 1980, avec Christian Clavier). Ils fondent alors leur propre café-théâtre baptisé le Splendid, rue d'Odessa à Paris. Après un déménagement rue des Lombards en 1976 dû au succès grandissant, la troupe est rejointe par Josiane Balasko, Dominique Lavanant et Bruno Moynot avec qui ils montent *Le Pot de terre contre le pot de vin* : succès mitigé. Vient alors la pièce qui les fait exploser : *Amours, coquillages et crustacés*. Ébauche des *Bronzés*, le spectacle est un triomphe et éveille l'intérêt du producteur Yves Rousset-Rouard, l'oncle de Christian Clavier, qui, après avoir triomphé avec *Emmanuelle*, propose d'adapter la pièce au cinéma. Choisi par la troupe elle-même, Patrice Leconte met en scène les aventures de Gigi, Popeye, Jérôme, Bernard, Christiane, Nathalie et Jean-Claude Dusse dans un lieu que les comédiens connaissent bien pour y avoir travaillé trois étés de suite à l'invitation de Guy Laporte (le chef du village dans la vie et dans le film) : le Club Méditerranée.

Séquences cultes

Les séances d'écriture se font à huit. « C'était intense, rigolo et épuisant », confie Patrice Leconte. Après l'échec de son premier film, *Les vécés étaient fermés de l'intérieur*, Leconte est tendu en abordant le tournage des *Bronzés*, mais chacun connaissant son personnage parfaitement pour l'avoir joué des dizaines de fois sur scène, l'ambiance est à la déconne.
« C'était un tournage en T-shirt et maillot de bain au soleil de la Côte d'Ivoire, confie Patrice Leconte. On se marrait. Il y a eu des prises ratées ou interrompues pour cause de fou rire. Je me suis beaucoup mordu l'intérieur des joues pour tenir le coup et ne rire que quand je disais "coupez !" ».
Le cinéaste fait référence, entre autres, à la scène où Bernard se fait masser, tandis que Popeye et Jérôme sont écroulés de rire. Les séquences cultes s'enchaînent à un rythme infernal : Jean-Claude Dusse cachant ses parties génitales avec des algues, le jeu du stylo dans la bouteille, les piments avalés par Jérôme, l'entraînement de judo…
Une des grandes forces du film est qu'à cette

époque les comédiens du Splendid sont débutants et veulent réussir ensemble, si bien qu'aucun d'entre eux n'essaye de tirer la couverture à lui. Une grosse partie du travail du réalisateur consiste à « faire en sorte que le film ne soit pas une succession de petits tableaux charmants ou bidonnant », selon les propos du cinéaste, et veiller à éviter que les comédiens jouent de façon trop théâtrale et excessive. Le pari est réussi et les spectateurs font un triomphe au film, rebaptisé Les Bronzés par Yves Rousset-Rouard, qui propose alors au Splendid de rempiler pour une suite.

Le planter du bâton

Après un refus dû en partie au fait qu'ils souhaitent travailler sur la pièce Le Père Noël est une ordure, Clavier, Jugnot, Lhermitte et Patrice Leconte acceptent d'écrire Les Bronzés font du ski, même s'ils trouvent le titre consternant. L'écriture est laborieuse et les quatre coscénaristes rament tellement qu'une scène du Père Noël est une ordure (le crapaud dans la bouteille) est incorporée au scénario. Le tournage dans la neige et la brume est physiquement difficile. L'équipe est disséminée dans différents hôtels, et l'harmonie et l'insouciance qui liaient tout le monde en Afrique sont absentes en Savoie. Dans l'idée scénaristique de départ, le groupe devait se faire déposer en hélicoptère en montagne, se perdre, essayer de survivre, puis finissait par rentrer à la station sain et sauf. Le producteur, persuadé que l'humour de ces scènes est un peu trop sauvage, persuade l'équipe de tourner davantage dans la station. Et c'est reparti pour une avalanche de scènes mémorables : la touche personnelle dans l'appartement, le planter du bâton, Jean-Claude Dusse bloqué sur le télésiège, le fil dentaire dans la fondue, le refuge et ses joies gastronomiques... Le premier montage dure deux heures quinze minutes.

« Comme il faut évidemment couper, on enlève la partie la plus acide, celle des naufragés des neiges », raconte le réalisateur.

Le film sort le 21 novembre 1979. Même s'il fait moins d'entrées que le précédent (1 535 781 au total), Les Bronzés font du ski marche suffisamment pour que le producteur propose au Splendid un numéro trois, et évoque l'idée d'un Bronzés à New York. Cette fois, la troupe refuse catégoriquement.

Un quart de siècle plus tard, Gérard Jugnot, qui est censé réaliser le troisième Astérix et Obélix, compte bien écrire un rôle pour chacun de ses petits camarades. Mais le projet part en vrille, et Jugnot est finalement écarté. Pourtant, l'envie de se reformer est bien là. Les membres du Splendid se voient régulièrement, discutent de sujets possibles, et décident de retrouver leurs personnages des Bronzés. Thierry Lhermitte appelle Patrice Leconte et lui propose de mettre en scène le film. Écrit par Balasko, Blanc, Chazel, Clavier, Jugnot et Lhermitte, le scénario est envoyé au réalisateur, qui se dit « bluffé par leur sens de l'autodérision », et se met au service du groupe. Pourtant, le tournage est moins agréable que prévu.

« Ils ne m'ont pas autant fait confiance que je pouvais l'espérer, me demandant souvent ce que je faisais et pourquoi je le faisais comme ça. Jugnot discutaillait beaucoup. Balasko m'a dit au bout de quelques jours sur un ton comminatoire : "Ah non, tu ne me filmes plus de si près." Lhermitte était obsessionnel avec les accessoires [...] Clavier avait toujours son portable ouvert, donc on attendait pour commencer la scène qu'il ait fini de parler. Si je veux être totalement sincère, ce tournage n'a pas été idyllique. Certains jours j'en ai franchement bavé. »

Les mêmes en pire

Les Bronzés 3 – Amis pour la vie sort le premier février 2006. Les deux précédents Bronzés ayant gagné le statut de film culte au fil des

> Popeye :
> *Je me suis niqué plus de 80 gonzesses depuis le début de la saison, eh ben sans te flatter, j'ai l'impression que tu vas être dans les 10-15 premières, toi.*

multidiffusions télé, les spectateurs se ruent dans les salles, impatients de revoir Gigi, Popeye, Jérôme, Bernard, Christiane, Nathalie et Jean-Claude Dusse. Le film fait exploser les compteurs en attirant 10 344 520 spectateurs. Pensant retrouver les mêmes personnages qu'en 1978 au Club Med ou en 1979 à Val-d'Isère, certains spectateurs sont déçus. Et pourtant, à la question « Que sont-ils devenus ? », Patrice Leconte et le Splendid reformé avaient prévenu : « Ce sont les mêmes, en pire ! » ★

Bonus

→ **Les Bronzés**
- Le personnage de Bourseault interprété par Michel Creton a été directement inspiré par Michel Leeb.
- Les figurants n'étaient pas payés mais avaient droit à un ticket de tombola. Le tirage avait lieu à la fin de la nuit.
- Les algues avec lesquelles Michel Blanc cache ses parties génitales avaient été expédiées de Bretagne car il n'y en avait pas sur place.

→ **Les Bronzés font du ski**
- Dominique Lavanant et Josiane Balasko n'avaient jamais fait de ski avant ce film.
- Les droits d'utilisation de la chanson *Étoile des neiges* (chantée par Line Renaud dans les années 1950) étant trop élevés, Patrice Leconte a demandé à Pierre Bachelet d'écrire un morceau similaire. Résultat : *Quand te reverrai-je, pays merveilleux...*

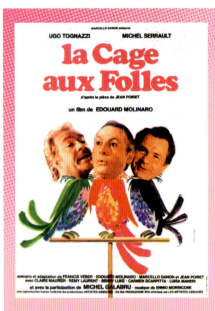

La Cage aux folles
ÉDOUARD MOLINARO (1978)

Distribution
Michel Serrault (Albin Mougeotte / Zaza Napoli)
Ugo Tognazzi (Renato Baldi)
Michel Galabru (Simon Charrier)
Carmen Scarpitta (Louise Charrier)
Rémi Laurent (Laurent Baldi)
Luisa Maneri (Andrea Charrier)
Benny Luke (Jacob)
Venantino Venantini (le chauffeur)
Claire Maurier (Simone Deblon)

Adaptation : Francis Veber, Édouard Molinaro, Marcello Danon, Jean Poiret (d'après l'œuvre de Jean Poiret)
Dialogues : Jean Poiret, Francis Veber, Marcello Danon et Édouard Molinaro

Box-office : 5 406 614 spectateurs

Sur la Côte d'Azur, un couple homosexuel propriétaire d'un club de travestis doit sauver les apparences en vue du mariage du fils biologique de l'un avec la fille d'un membre haut placé d'un parti ultra-conservateur.

Il est Renato Baldi, propriétaire de night-club au charme buriné et à la classe transalpine. Il est Albin Mougeotte, « folle » pimpante le jour et Zaza Napoli, l'extravagante reine du club de travestis le plus couru de Saint-Tropez, le soir venu. Imaginé par Jean Poiret, le couple vedette de *La Cage aux folles* a vécu ses premiers quiproquos sur les planches en 1973, avant de triompher au cinéma cinq ans plus tard sous les caméras d'Édouard Molinaro. Les origines de la comédie phare de l'automne 1978 et du plus grand triomphe du binôme Poiret-Serrault remontent quelques années en arrière, plus précisément un soir de novembre 1967 : ils assistent à la Comédie des Champs-Élysées à la première de *L'Escalier*, une pièce du dramaturge britannique Charles Dyer. Paul Meurisse et Daniel Ivernel y interprètent les déchirements d'un couple de coiffeurs vieillissants. Quelques heures après le spectacle, les protagonistes du désopilant sketch des *Antiquaires* imaginent un traitement comique du drame homosexuel de Charles Dyer. Il faut attendre le début de l'année 1973 pour que le projet se concrétise sous la plume de Poiret. La première de *La Cage aux folles* a lieu le 1er février 1973 au Théâtre du Palais-Royal, dans une mise en scène de Pierre Mondy. Si la situation de départ demeure inchangée (le couple homosexuel est chargé d'accueillir sa future belle-famille lors d'un dîner rocambolesque), chaque représentation se transforme progressivement en un happening hystérique où les improvisations délirantes du duo Poiret-Serrault atteignent des sommets inédits. Certains soirs, la pièce est même rallongée d'une heure entière, pour le plus grand plaisir des spectateurs, mais au détriment des générations futures, faute d'avoir pu immortaliser ces grandes heures du boulevard sur pellicule. L'extraordinaire succès de la pièce, qui aura été jouée au Palais-Royal mille cinq cents fois, pendant cinq ans, devant près de deux millions de spectateurs, appelle bientôt une adaptation cinéma. Mais les producteurs français hésitent ; c'est finalement Marcello Danon, un producteur italien, qui en rachète les droits. Danon impose la présence d'une co-star italienne aux côtés de Michel Serrault, lequel reprend le double rôle d'Albin Mougeotte/Zaza Napoli. Ugo Tognazzi, l'immense acteur des *Monstres*, de *La Grande Bouffe* et de *Mes chers amis*, est choisi pour incarner le suave Renato Baldi dans cette coproduction franco-italienne. Sur une suggestion de Serrault, Michel Galabru est engagé pour interpréter Simon Charrier, le secrétaire général psychorigide du parti ultra-conservateur. La réalisation est confiée à Édouard Molinaro, le metteur en scène d'*Oscar, Mon oncle Benjamin* et *L'Emmerdeur*, qui souffrira de l'antipathie de Tognazzi tout au long du tournage. Francis Veber et Jean Poiret cosignent l'adaptation. Pour ce faire, ils s'enferment dans un petit studio situé au cinquième étage d'une copropriété de La Baule. Le scénariste du *Grand Blond avec une chaussure noire* et le partenaire comique de Michel Serrault passent leurs journées à « jouer » les dialogues du long-métrage. Par un hasard dû à l'architecture des lieux, leurs échanges résonnent au travers du vide-ordures, et toute la résidence profite ainsi des répliques outrées de Renato Baldi et Zaza Napoli. Un matin, Veber et Poiret sortent de l'immeuble quand retentit dans leur dos un cinglant : « Tiens, voilà les pédés du cinquième ! »

John Wayne... le cow-boy ?

La Cage aux folles sort sur les écrans le 25 octobre 1978, et son succès est aussi immédiat que celui de la pièce cinq ans plus tôt. L'intrigue s'articule toujours autour du dîner catastrophe organisé dans l'appartement du couple Baldi-Mougeotte jouxtant les bacchanales interlopes du cabaret. La scène de la biscotte, Himalaya comique de la pièce de Poiret, est reconstituée dans une salle de bistrot où Serrault pulvérise une demi-douzaine de tartines sans sel. Astuce des scénaristes : sous l'influence de la coproduction internationale, le modèle macho du Jean Gabin de *La Bête humaine* cité dans la pièce devient

Albin : *J'ai cassé ma biscotte !*

le héros des westerns du cinéma américain : John Wayne. Outre l'inénarrable Jacob (Benny Luke), maîtresse de maison à mi-chemin entre Marie-José Perec et le chanteur de Boney M, on retrouve Venantino Venantini, la vieille gâchette de Lautner, reconverti en chauffeur de luxe de l'ultra-coincé Simon Charrier, interprété par un Galabru qui passe du costume étriqué de représentant de l'ordre moral aux résilles d'une drag-queen tropézienne lors du point d'orgue du long-métrage.

Gays lurons

Au-delà de ces péripéties vestimentaires, le succès cinématographique monstre de *La Cage aux folles* repose en grande partie sur l'abattage et l'extraordinaire performance de Michel Serrault. Dans son autobiographie *... Vous avez dit Serrault ?* le comédien évoquait le rôle qui lui valut le César du meilleur acteur en 1979 : « J'avais énormément travaillé mon rôle. En même temps que mes costumes, j'avais essayé plusieurs compositions pour ma voix. J'avais trouvé une assez bonne solution qui consistait en de brusques envolées dans l'aigu, préférables à une voix de fausset en permanence. L'extravagance du personnage de Zaza autorisait ces saisissants crescendos qui marquaient la surprise, la colère ou la joie, et soulignaient mieux la démesure que ne l'aurait fait une voix de bout en bout affectée. J'ai fait, pour le personnage d'Albin/Zaza, ce que j'ai fait pour tous ceux qu'il m'a été donné de jouer. Je lui ai cherché une vérité. Il n'était pas question de se vautrer dans une farce épaisse et vulgaire. Qui était-il, cet Albin, homo vieillissant, travesti dont la gloire pâlissait, qui vivait dans le luxe et les belles choses, mais qui attendait anxieusement qu'on l'aime ? Quant au couple, c'était un couple comme un autre (sauf la dame qui était « folle »), et c'était bien la preuve qu'on ne riait pas des homosexuels. »

La Cage aux folles, le film le plus vu de l'année – il devance *Grease* et *Rencontres du troisième type* au box-office –, connaîtra deux suites : *La Cage aux folles II* (Édouard Molinaro, 1980) et *La Cage aux folles III, « elles » se marient* (George Lautner, 1985), ainsi qu'une multitude d'adaptations théâtrales et même les honneurs d'un remake américain, *The Birdcage* (Mike Nichols, 1996), avec Robin Williams et Nathan Lane. Aucune de ces tentatives ne possède cependant la générosité et l'éclat de la première fois de nos gays lurons. ★

Bonus

→ La voix d'Ugo Tognazzi dans la version française de *La Cage aux folles* est celle de Pierre Mondy, qui avait déjà signé la mise en scène de la pièce de Jean Poiret en 1973.

Zaza Napoli :
Vous n'imaginez pas le nombre de bonnes qui se sont succédé dans cet appartement, et toutes aussi godiches les unes que les autres. Pas méchantes, mais maladroites, vous savez... Oh, c'est terrible, je pourrais vous en citer une bonne demi douzaine : Roger, Marcel, Lucien, André, Michel...

Je suis timide mais je me soigne

PIERRE RICHARD (1978)

Distribution
Pierre Richard (Pierre Renaud)
Aldo Maccione (Aldo Ferrari)
Jacques François (M. Henri)
Mimi Coutelier (Agnès Jensen)
Robert Castel (Trinita)

Scénario : Pierre Richard,
Jean-Jacques Annaud et Alain Godard

Box-office : 2 534 702 spectateurs

Caissier dans un grand hôtel, Pierre est victime d'un terrible coup de foudre pour Agnès, une belle et riche cliente. Atteint d'une timidité maladive, il n'ose lui avouer son amour. Avec l'aide d'Aldo, « conseiller en timidité », parviendra-t-il à conquérir le cœur de la jeune femme ?

Cinq années se sont écoulées depuis la dernière réalisation de Pierre Richard (*Je sais rien mais je dirai tout,* 1973), durant lesquelles le comédien a continué à promener sa silhouette chez les autres (Zidi, Lautner, Rozier, Veber...). Après avoir été distrait et malchanceux dans ses deux premiers films, Pierre Richard explore un autre aspect de son personnage : la timidité. Lorsqu'il évoque son idée à Alain Godard, ce dernier est immédiatement séduit. Les deux compères partent au Maroc avec Jean-Jacques Annaud pour écrire.

« Godard est brillant mais un peu comme moi, un peu paresseux. Annaud, c'est une machine à travail, raconte Pierre Richard. La gestation de ce film s'est faite dans des conditions merveilleuses, mais avec un maton... auquel je rends grâce, parce que sinon le film n'aurait peut-être jamais été écrit. »

Pierre Richard, qui avait vu Aldo Maccione au music-hall dans un numéro où lui et ses partenaires de Los Brutos se filaient des claques, engage le comédien, dont le comique abrupt met en valeur son personnage.

« Il était très drôle, j'adorais son accent et j'étais content de tourner avec un italien, moi qui ai des origines italiennes. »

Entre Tex Avery et Buster Keaton

Pendant le tournage à Nice et à Deauville, Maccione joue tous les soirs au casino. « Son humeur variait selon sa fortune de la veille au soir. » Le regard de la ravissante Mimi Coutelier transforme Pierre en loup de Tex Avery, qui n'hésite pas à déclarer sa flamme à travers son masque de pompier. Truffé de séquences burlesques inoubliables (la poursuite en char à voile, les deux fanfarons au bowling, etc.), le film permet au comédien de jouer avec son corps élastique et de rendre hommage à son maître,

> Pierre :
> Et... je prends l'assiette, je lave l'assiette, j'égoutte l'assiette, je pose l'assiette.
> M. Henri :
> Et ce jeu-là, vous connaissez ? Je lave la porte... j'essuie la porte...
> je prends la porte !

Buster Keaton : son habileté lui permet de tourner en une prise seulement la chute spectaculaire du cavalier au maillet. Personne n'a oublié ces scènes mythiques : la vaisselle acrobatique devant un Jacques François impérial, et la scène de l'essayage, avec un Louis Navarre fabuleux, hélant Pierre jusque dans la rue : « Monsieur... vous oubliez vos slips ! » Le duo Renaud-Ferrari est accompagné par les mélodies signées Vladimir Cosma.

À sa sortie, le film est un énorme succès qui incitera Pierre Richard à reformer le duo avec Maccione deux ans plus tard dans *C'est pas moi c'est lui.* ★

Bonus

→ Maccione portait déjà le nom d'Aldo Ferrari dans *Le Voyou* de Claude Lelouch (1970).

La Gueule de l'autre

PIERRE TCHERNIA (1979)

Distribution

Michel Serrault (Martial Perrin / Gilbert Brossard)
Jean Poiret (Jean-Louis Constant)
Roger Carel (Roland Favereau)
Andréa Parisy (Marie-Hélène Perrin)
Bernadette Lafont (Gisèle Brossard)
Curd Jürgens (Wilfrid)
Hans Meyer (Richard Krauss)
Michel Blanc (un policier)
Georges Géret (le commissaire Javert)
Catherine Lachens (Florence)
Dominique Lavanant (la femme de chambre)

Scénario et dialogues : Jean Poiret

Box-office : 1 000 704 spectateurs

À la suite de l'évasion d'un criminel, un candidat à la présidence de la République se fait remplacer par son cousin, un acteur de seconde zone.

À peine sortis de *La Cage aux folles*, le plus gros triomphe commercial de leur carrière, Michel Serrault et Jean Poiret s'embarquent dans un nouveau projet. *La Gueule de l'autre* puise son inspiration dans *Opération Lagrelèche*, une pièce écrite par Poiret et Serrault et montée au Théâtre Fontaine en 1968. Dans celle-ci, un producteur de cinéma, dont la vedette est décédée au cours du tournage, se voit contraint de faire appel à un sosie pour terminer le film.

Jean Poiret soumet son idée d'adaptation à Pierre Tchernia, le réalisateur du *Viager* et des *Gaspards*, dans lesquels avait brillé Serrault quelques années plus tôt. D'un commun accord, ils décident de transposer l'action dans le monde politique français, alors en pleine préparation des élections présidentielles de 1981.

« Le sujet original était situé à Hollywood, et nous n'avions pas les moyens d'y tourner. C'est pourquoi cette histoire de sosies s'est déroulée dans le monde de la politique », précise à l'époque Tchernia.

Poiret et Serrault s'en donnent à cœur joie

Dans le nouveau scénario, Michel Serrault incarne le double rôle de Martial Perrin, le leader du CIP (les Conservateurs indépendants progressistes), et de son cousin Gilbert Brossard, comédien médiocre reconverti dans les cours de danse de salon. Son quart d'heure warholien se résume à une publicité pour les déodorants Déodophyl, dans laquelle il apparaît en éboueur « qui sent mauvais, mais qui se soigne ! ». L'évasion de prison de Richard Krauss, spécialiste du tir au pigeon sur les hommes politiques, va pousser Perrin à se faire remplacer par son cousin au profil embarrassant.

À l'occasion de son troisième long-métrage en tant que metteur en scène, Pierre Tchernia a recours à une technique de réalisation bien particulière : en filmant l'action avec deux caméras au lieu d'une, Monsieur Cinéma parvient à mettre en boîte plus facilement les improvisations et le cabotinage de haut niveau des duettistes loufoques. Poiret et Serrault s'en donnent à cœur joie dans une comédie politique où les apparences l'emportent souvent sur la réalité. Les coulisses du pouvoir dissimulent de croustillants secrets d'État (comme l'épouse « cuir SM » du leader du parti conservateur), et on sacrifie les hommes de paille au nom de la sécurité nationale. Mais lors du duel télévisé qui oppose le danseur de tango au candidat Roland Favereau (Roger Carel), c'est le bon sens qui triomphe finalement lorsque Brossard énumère tous les ingrédients nécessaires pour réussir… un bon pot-au-feu ! ★

> **Jean-Louis Constant :**
> *Une allocution d'une minute dix, c'est peut-être un peu court !*
>
> **Martial Perrin :**
> *Oui, j'ai dit l'essentiel. Finies, les phrases inutiles !*

Buffet froid
BERTRAND BLIER (1979)

Distribution
Gérard Depardieu (Alphonse Tram)
Bernard Blier (l'inspecteur Morvandiau)
Jean Carmet (le voisin)
Michel Serrault (un quidam)
Carole Bouquet (la fille du quidam)
Jean Benguigui (le tueur à gages)
Jean Rougerie (Eugène Léonard)
Bernard Crombey (le docteur)
Liliane Rovère (Josiane)
Geneviève Page (la veuve)

Scénario et dialogues : Bertrand Blier

Box-office : 777 127 spectateurs

Un chômeur, un inspecteur de police et un assassin sont les seuls habitants d'une tour vide de la Défense.

Certains artistes rêvent leur œuvre avant de la réaliser. *Buffet froid* résulte d'un cauchemar récurrent de Bertrand Blier. « Quand j'avais entre trente et trente-cinq ans, je rêvais souvent que j'étais poursuivi par la police, se souvient-il. J'étais un criminel, et j'avais une trouille inimaginable de me faire coffrer et de finir en taule. »
Fait unique dans sa longue carrière, Blier a écrit son scénario « dicté par l'au-delà » en deux semaines.
« Gérard Depardieu a été la muse de ce film, commente le réalisateur. J'ai pensé tout de suite à lui en l'imaginant dire : "Mon couteau, je l'ai à la main et je vous le mets dans le ventre, qu'est-ce que ça vous fait ?" Ce ton-là n'était possible à obtenir qu'avec un acteur comme Gérard. » Face à lui, Bernard Blier endosse une nouvelle fois le rôle d'un inspecteur de police, et Jean Carmet s'offre un étonnant contre-emploi en apparaissant dans la peau d'un *serial killer* de femmes esseulées. Dans les rôles secondaires, on aperçoit brièvement Michel Serrault, quidam qui vit ses derniers instants sur le quai du RER de la Défense, Jean Rougerie en candidat au suicide, Jean Benguigui en tueur à gages et Carole Bouquet, qui vient de participer au tournage du dernier film de Luis Buñuel, *Cet obscur objet du désir,* interprète un troublant ange exterminateur. Sa courte prestation tisse un lien invisible avec la filmographie surréaliste du maître espagnol. Monument d'absurde et d'humour noir, *Buffet froid* se rapproche des plus grandes réussites tardives de Buñuel : « On pourrait le comparer un peu au *Charme discret de la bourgeoisie*, qui est aussi un film totalement absurde. On ne fait pas du cinéma impunément. On fait du cinéma après d'autres. » Dans le film de Bertrand Blier, les rêves et les hallucinations sont bien réels et explosent dans la solitude urbaine de grands ensembles déshumanisés, mais les conventions sociales sont constamment inversées. Bernard Blier, une fois de plus impeccable dans le rôle du taciturne inspecteur Morvandiau, libère les coupables pour protéger les innocents et exécute froidement les convives d'une fringante partie de campagne. Un assassinat culturel perpétré au nom de la détestation des sonates de Brahms et de la haine de la musique en général.
Un chômeur prénommé Alphonse Tram (Gérard Depardieu) rencontre un comptable (Michel Serrault) sur un quai désert du RER. Il le retrouve quelques instants plus tard avec, planté dans le ventre, un couteau qui lui appartient. Ce crime urbain marque le premier mouvement d'une sarabande de meurtres en cascade. Privé d'une véritable construction dramatique, *Buffet froid* progresse à pas feutrés avec pour seul filet le scénario onirique de Bertrand Blier. On tue froidement dans le métro, dans les tours de la Défense, les parkings, les maisons bourgeoises, les petits chemins de campagne, tandis que les répliques assassines se succèdent, aussi drues que les balles de revolver… Les séquences s'enchaînent pourtant avec une logique implacable, telle une équation résolue à l'issue de chaque situation indiquant la fin d'une scène : le déménagement de la veuve, l'assassinat du docteur de SOS Médecins, la « mise au vert » du trio Depardieu-Blier-Carmet… Un intrigant cadavre exquis qui trouve sa conclusion dans les spectaculaires décors naturels de l'Isère, saisissant contraste avec la longue partie urbaine et nocturne du long-métrage. Succès d'estime lors de sa sortie, *Buffet froid* a finalement rejoint le cercle restreint des comédies cultes du cinéma hexagonal. « On dit que ce film ne ressemble à rien dans le cinéma français », conclut Bertrand Blier avec raison. Le *Buffet* a peut-être fait un four, mais il n'a jamais été aussi bon qu'une fois réchauffé. ★

Bonus

→ Déçus par le film, certains spectateurs ont exigé le remboursement de leurs places en sortant de la séance.
→ *Buffet froid* est le troisième et dernier film de Bertrand Blier où apparaît son père Bernard, après *Si j'étais un espion* (1967) et *Calmos* (1976).

Alphonse Tram : *Je vous présente l'assassin de ma femme.*
L'inspecteur Morvandiau : *Très heureux…*

Et la tendresse ?... Bordel !

PATRICK SCHULMANN (1979)

Distribution
Jean-Luc Bideau (François)
Bernard Giraudeau (Luc)
Évelyne Dress (Éva)
Marie-Catherine Conti (Carole)
Anne-Marie Philipe (Julie)
Régis Porte (Léo)
Roland Giraud (le collègue de François)
Stéphane Delcher (le neveu de François)
Sophie Berger (Cat)
Katia Tchenko (Mona)
Cathy Reghin (Lili)
Virginie Vignon (Léa)
Léo Campion (Noé)
Jean-René Gossart (le caresseur)

Scénario et dialogues
Patrick Schulmann

Box-office : 3 359 170 spectateurs

Le quotidien croisé de trois couples : un tendre, un romantique, un phallocrate.

Devinette : quel est le point commun entre *Et la tendresse ?... Bordel !* et *L'Académie des neuf*, le jeu télévisé qui squatta les mi-journées des grilles de programme tout au long des années 1980 ? Réponse : Marthe Mercadier. Pilier du théâtre parisien et personnalité récurrente de la télévision de l'époque, la comédienne de *Treize à table* a contribué à la folle entreprise de Patrick Schulmann en produisant le succès surprise du printemps 1979. *Et la tendresse ?... Bordel !* restera à jamais le grand œuvre de Patrick Schulmann, disparu tragiquement dans un accident de la route en 2002. Dès l'âge de cinq ans, le réalisateur de *Rendez-moi ma peau !* (1981), *Zig-Zag Story* (1983), *P.R.O.F.S* (1985), *Les Oreilles entre les dents* (1987) et *Comme une bête* (1998) griffonne sur ses cahiers d'écolier les embryons des futurs synopsis de ses longs-métrages. Metteur en scène, scénariste, acteur et compositeur (on lui doit, entre autres, le bizarroïde thème disco du film), Schulmann est le responsable d'une lignée de comédies farfelues, délirantes, cartoonesques, mais aussi acides et noires. Au-delà de son lien sévèrement burné avec *Les Valseuses* ou les *Galettes de Pont-Aven*, le film est une observation quasi sociologique de la sexualité des Français à la fin des années 1970. Pour mieux affiner son propos, Patrick Schulmann multiplie les points de vue : Luc et Éva (Bernard Giraudeau et Évelyne Dress) forment un couple tendre, une vision modèle et épanouie de la vie à deux. Léo et Julie (Régis Porte et Anne-Marie Philipe) constituent leur équivalent innocent et romantique, tandis que François et Carole (Jean-Luc Bideau et Marie-Catherine Conti) incarnent une union phallocrate définie par le mâle dominant, un satyre insatiable qui n'hésite pas à draguer en alexandrins (*Vos yeux sont merveilleux, ils ont les reflets bleus / Des harengs du Mexique quand ils sont amoureux...*).

Provocations phallocrates

Truffé de gags visuels (le saut dans le slip, les fausses pubs pour des savons à poils, la machine à traire postée aux côtés de la plantureuse Katia Tchenko) et de références à la bande dessinée (lors d'une retransmission sportive, on abat froidement les athlètes boiteux comme les chevaux blessés des *Idées noires* de Franquin), *Et la tendresse ?... Bordel !* scinde sa narration autour du quotidien des trois couples. Grâce à ce procédé, Patrick Schulmann propose ainsi trois comédies distinctes compressées en quatre-vingt-quinze minutes particulièrement salées. Les tribulations des tendres et des romantiques amusent, mais c'est surtout sur les provocations du phallocrate interprété par le colossal Jean-Luc Bideau que reposent les séquences les plus décapantes du long-métrage. Le film s'ouvre sur une spectaculaire prouesse technique : lors d'un cinglant découpage d'une dizaine de secondes, Patrick Schulmann expédie un cinq à sept du couple Bideau-Conti en quatre plans et deux lignes de dialogue. Outre ses harangues verbales outrageuses, on doit aussi au géant

François : *Allô Carole ? Tu peux te laver les fesses, j'arrive !*

helvétique Bideau la cultissime scène de « l'hélicoptère », qui aurait bien mérité son Hot d'or du meilleur effet spécial porno-comique de tous les temps.

Les dernières bobines du film de Patrick Schulmann indiquent une radicale débandade. Si le couple tendre interprété par Bernard Giraudeau et Évelyne Dress doit son salut à son équilibre sentimental et au respect mutuel, la trajectoire des romantiques emprunte finalement celle des odieux phallocrates. François/Jean-Luc Bideau échouera également dans son rêve de commercialiser « la pilule capable de ne plus faire déprimer les hommes après l'amour ». Le gérant de l'Eros Club, un club de rencontres aux méthodes extrêmes, troquera finalement sa garçonnière et ses boîtes échangistes pour la clinique pour dépressifs sexuels de Fontenay-aux-Roses. Victime de la vision noire de Patrick Schulmann

et du jeu de massacre psycho-sexuel de *Et la tendresse ?... Bordel !*, le moustachu priapique finira castré au couteau de cuisine par une refoulée du pénis. À côté, Lars Von Trier, c'est du Rohmer ! ★

Bonus

→ Sorti en 1983, *Zig-Zag Story*, le cinquième film de Patrick Schulmann, a été longtemps disponible en VHS sous le titre *Et la tendresse ?... Bordel ! 2*, mais il est sans relation avec le long-métrage de 1979.
→ Anne-Marie Philipe, l'interprète de la prude Julie, n'est autre que la fille de Gérard Philipe.

Les autres comédies marquantes des années 1970

Je sais rien mais je dirai tout
PIERRE RICHARD (1973)
Avec Pierre Richard, Bernard Blier, Danièle Minazzoli, Georges Beller, Luis Rego, Didier Kaminka.
« Qui c'est qui est très gentil ? Les gentils / Qui c'est qui est très méchant ? Les méchants », chante Michel Fugain au générique de la troisième réalisation de Pierre Richard. Fils de marchand d'armes, Pierre Gastié-Leroy, vêtu de son duffle-coat beige, tente de semer la rébellion dans l'usine de son père. Antimilitariste et frondeur, le film montre un Pierre Richard survolté, faisant l'article du bazooka défoliant avec une souplesse et un sens du burlesque inimitable.

Les Gaspards
PIERRE TCHERNIA (1974)
Avec Michel Serrault, Philippe Noiret, Michel Galabru, Charles Denner, Gérard Depardieu.
Pour lutter contre l'urbanisation à tous crins, les Gaspards construisent une société parallèle dans les sous-sols de Paris. Deux ans après le triomphe du *Viager*, Pierre Tchernia invente une histoire loufoque de touristes enlevés par une bande de troglodytes dont le chef se prénomme Gaspard de Montfermeil (Philippe Noiret). Avec un sens affûté de l'absurde et de la dérision, Tchernia réalise une comédie originale, portée par un casting quatre étoiles, et par les mélodies entêtantes du grand Gérard Calvi.

Les Fous du stade
CLAUDE ZIDI (1972)
Avec les Charlots, Paul Préboist, Martine Kelly, Gérard Croce.
Les nouveaux délires des Charlots dans ces Jeux olympiques du n'importe quoi filmés par Claude Zidi. L'escalade burlesque n'a plus de limites dans cette équipée sauvage, version mobylettes et blousons en skaï ponctuée par des gags visuels à faire pâlir d'envie Michel Gondry (la boule de pétanque sur l'échelle, les assiettes brisées filmées à l'envers, etc.).

Le Chaud Lapin
PASCAL THOMAS (1974)
Avec Bernard Menez, Daniel Ceccaldi, Claude Barrois, Brigitte Gruel, Hubert Watrinet.
Écrit sur mesure pour Bernard Menez, *Le Chaud Lapin* (ou *La Course du chaud lapin à travers les champs encombrés de mères de famille à problèmes et de campeuses sans problème, qui ne font que passer*) suit les mésaventures d'un séducteur laborieux, et, à l'occasion, triomphant, qui rejoint son ami d'enfance en vacances dans la Drôme. La mythique scène de la pelle fit se tordre de rire des salles entières, contribuant au succès de cette savoureuse comédie ensoleillée.

Pas de problème !
GEORGES LAUTNER (1975)
Avec Miou-Miou, Jean Lefebvre, Bernard Menez, Henri Guybet.
Un cadavre planqué dans un coffre, une jolie fille peu scrupuleuse (Miou-Miou) et un benêt de bonne famille (Bernard Menez) sont embrigadés dans la nouvelle parodie policière de Georges Lautner écrite par Jean-Marie Poiré. Jean Lefebvre interprète un homme d'affaires cynique et veule nommé Edmond Michalon. Un cousin du Belphégor des champs de courses de *Ne nous fâchons pas* ?

Les Malheurs d'Alfred
PIERRE RICHARD (1972)
Avec Pierre Richard, Anny Duperey, Pierre Mondy, Jean Carmet, Francis Lax.
« Elle est toujours pour moi / La tuile qui tombe du toit. » Sur le point de se suicider, un malchanceux congénital rencontre une charmante présentatrice de la télévision avec qui il partage le même sens de la scoumoune. La deuxième réalisation de Pierre Richard après *Le Distrait* brocarde l'abrutissement des téléspectateurs par les jeux télévisés et anticipe les (més)aventures du François Perrin de *La Chèvre* avec une décennie d'avance.

Le Permis de conduire
JEAN GIRAULT (1974)
Avec Louis Velle, Pascale Roberts, Robert Castel, Paul Préboist, Pierre Tornade.
Nommé à Paris, un employé de banque modèle vivant en banlieue se décide à passer son permis de conduire. Mais il se révèle très vite un élève peu doué et dangereux. Entouré de la crème des seconds rôles comiques (Jacques Jouanneau, Bernard Lavalette, Maurice Biraud, Daniel Prévost, Jacques Legras), Louis Velle véhicule sa sympathique silhouette dans cette comédie loufoque sur un sujet rarement traité, porté par la musique réjouissante de Raymond Lefèvre.

C'est dur pour tout le monde
CHRISTIAN GION (1975)
Avec Francis Perrin, Bernard Blier, Claude Piéplu, Robert Castel, Bernard Le Coq.
Dans son premier film, Christian Gion raconte l'ascension d'un jeune loup de la publicité dans la société de l'impitoyable Tardel (Blier), très fortement inspiré de la personnalité de Marcel Bleustein-Blanchet, patron à l'époque du groupe Publicis. Une charge incisive contre la pub réalisée par un de ses anciens artisans. La meilleure comédie de Francis Perrin ?

L'Acrobate
JEAN-DANIEL POLLET (1976)
Avec Claude Melki, Laurence Bru, Guy Marchand, Marion Game, Micheline Dax.
Un jeune homme timide se découvre une passion pour le tango qui va changer sa vie. Dix-huit ans après avoir découvert Claude Melki dans *Pourvu qu'on ait l'ivresse,* un court-métrage sur des danseurs, Jean-Daniel Pollet fait de l'acteur-danseur la vedette de *L'Acrobate.* Avec son regard *keatonien* et sa grâce gestuelle, Melki s'impose comme un très grand acteur burlesque, trop tôt disparu. Cette comédie élégante aux accents de tango a obtenu le Prix de la critique du Festival du film d'humour de Chamrousse.

Les Vécés étaient fermés de l'intérieur
PATRICE LECONTE (1976)
Avec Jean Rochefort, Coluche, Roland Dubillard, Danièle Évenou.
Une comédie policière très proche de l'univers de la BD (normal : elle s'inspire des enquêtes délirantes de Bougret et Charolles dans *La Rubrique-à-brac* de Marcel Gotlib, coauteur du scénario original) dans laquelle s'illustre Coluche dans l'un de ses premiers rôles marquants. Pendant le tournage, Jean Rochefort, persuadé de participer à un immense nanar, n'a pas caché son hostilité au réalisateur débutant Patrice Leconte. Les deux hommes mettront vingt ans avant de se réconcilier pour tourner le magnifique *Tandem.*

La Situation est grave… mais pas désespérée !
JACQUES BESNARD (1976)
Avec Michel Serrault, Jean Lefebvre, Maria Pacôme, Daniel Prévost.
Dans la lignée d'*Oscar*, ce vaudeville rassemble dans un château un couple de promoteurs immobiliers, un ministre et sa maîtresse, et un gangster poursuivi par un inspecteur. Portes qui claquent, fantômes, adultère, flics idiots, bonne qui s'évanouit toutes les cinq minutes, secrétaire en petite tenue… tous les ingrédients sont là pour divertir. Ajoutez à cela les très bons dialogues de Jean Amadou servis par un casting prestigieux, Michel Serrault en tête. Une vraie réjouissance pour les adeptes du genre.

Drôles de zèbres
GUY LUX (1977)
Avec Sim, Patrick Préjean, Jean-Paul Tribout, Alice Sapritch, Coluche.
Guy Lux réalisateur ? Il ne s'agit pas d'une erreur de typographie, car cet ovni tourné entre deux *Ring Parade* et des pronostics pour *Bilto* a bien été immortalisé sur pellicule en 1977. L'intrigue, une trame incompréhensible de magouilles immobilières et chevaux dopés, passe au second plan d'une vertigineuse accumulation de gags sidérants et de cabotinages outranciers, dans lesquels on aperçoit André Pousse, Patrick Topaloff, Léon Zitrone et Claude François !

Préparez vos mouchoirs
BERTRAND BLIER (1978)
Avec Gérard Depardieu, Patrick Dewaere, Carole Laure, Michel Serrault.
Pour lui redonner goût à la vie, un homme offre sa femme à un inconnu croisé dans un restaurant. Quatre ans après *Les Valseuses,* Bertrand Blier réunit son duo emblématique, qui tente cette fois d'extirper la fragile Carole Laure de sa torpeur émotionnelle et sexuelle. Un des meilleurs films de Blier, qui signe l'une des plus belles scènes surréalistes de sa carrière en invitant Mozart dans un immeuble ouvrier du nord de la France. Oscar du meilleur film étranger en 1979.

La Carapate
GÉRARD OURY (1978)
Avec Pierre Richard, Victor Lanoux, Raymond Bussières, Jean-Pierre Darras, Yvonne Gaudeau.
Un homme injustement condamné à mort entraîne son avocat dans une folle aventure qui les mènera au général de Gaulle afin d'obtenir la grâce présidentielle. Gérard Oury dirige pour la première fois Pierre Richard, l'associe à son ancien partenaire de cabaret, Victor Lanoux, et les entraîne dans une série de péripéties burlesques en plein mai 68. Déguisé en Harpo Marx ou couvert de sauce tomate pour simuler un accident, le grand blond se fond avec bonheur dans l'univers explosif du cinéaste qui, à l'aide d'un scénario impeccable, d'acteurs irrésistibles, et de gags à foison, signe son avant-dernier film majeur.

Coup de tête
JEAN-JACQUES ANNAUD (1978)
Avec Patrick Dewaere, Jean Bouise, Robert Dalban, Michel Aumont, Gérard Hernandez.
Joueur de foot amateur au club de Trincamp, François Perrin est injustement accusé d'un viol, jusqu'au jour où il marque le but de la victoire. Porté en triomphe par ceux qui l'ont traîné dans la boue, sa vengeance sera terrible… Écrit par Francis Veber, le second film de Jean-Jacques Annaud est une comédie aigre-douce où le foot-business véreux incarné par le personnage de Jean Bouise (César du meilleur second rôle) gratte déjà derrière la porte des vestiaires.

Le Cavaleur
PHILIPPE DE BROCA (1979)
Avec Jean Rochefort, Nicole Garcia, Danielle Darrieux, Annie Girardot, Catherine Alric.
Un homme court après les femmes par obsession de l'amour. Film initialement intitulé *Ce cher Édouard* et prévu pour Yves Montand, Michel Audiard et le réalisateur en avaient fait une comédie débridée. Jean Rochefort apporte à son personnage un ton plus mélancolique, et malgré des rapports catastrophiques entre l'acteur et le cinéaste au début du tournage, de Broca réalise une comédie délicieuse, très personnelle. « C'est peut-être mon film préféré et je rends grâce à Rochefort de ne pas m'avoir toujours écouté ! »

Courage fuyons
YVES ROBERT (1979)
Avec Jean Rochefort, Catherine Deneuve, Philippe Leroy, Dominique Lavanant.
L'épopée romantique (et mouvementée !) d'un couard congénital au cœur de mai 68. Troublé par une mystérieuse chanteuse de cabaret (Catherine Deneuve, fascinante en intrigante femme fatale), un pharmacien pleutre quitte son officine parisienne et le foyer familial pour goûter aux plaisirs bucoliques des canaux d'Amsterdam. La comédie de mœurs doucement amorale d'Yves Robert offre un nouveau rôle sur mesure à Jean Rochefort et permet de savourer une superbe partition du duo Vladimir Cosma-Philippe Catherine.

Le Père-Noël est une ordure.

Comédies françaises des années 80

Marquée par la crise pétrolière de 1973 et la morosité ambiante, la décennie précédente avait été, de manière paradoxale, celle de l'âge d'or de la comédie à la française. À l'instar du mouvement punk en Angleterre, une frange du cinéma comique français s'inscrivait en réaction à la léthargie d'une France pompidolo-giscardienne où les tabous continuaient de peser lourdement.

« Dans les années 1970, on faisait confiance à l'auteur, au réalisateur, aux acteurs et au montage, note Christian Gion, le metteur en scène de *Pétrole ! Pétrole !* Les producteurs intervenaient moins. Ils ne savaient pas trop comment fonctionnait la comédie et ils laissaient faire les spécialistes. À partir de 1981-1982, un tas de gens ont commencé à expliquer comment il fallait tourner une comédie et les choses se sont mises à changer. »

L'arrivée de la gauche au pouvoir en mai 1981 modifie considérablement le paysage culturel hexagonal. Les comédies corrosives, archétypes du cinéma comique des années 1970, marquent le pas et laissent place à une série de productions où transpirent la légèreté et l'insouciance d'une France pastel et délestée de ses contre-pouvoirs. Aux antipodes des brûlots anars de Jean Yanne et des charges satirico-politiques de Jean-Pierre Mocky, les plus gros succès du box-office de l'époque célèbrent les comédies familiales (*Trois hommes et un couffin*, **Coline Serreau**, 1985, plus de dix millions d'entrées) et les bluettes adolescentes (*La Boum* de **Claude Pinoteau** en 1980). Le visage de la comédie grand public change, mais ses sous-genres continuent à prospérer. Hier, c'était pas parce qu'on n'avait rien à dire qu'il fallait fermer sa gueule. Aujourd'hui, on se calme et on boit frais à Saint-Tropez. La catégorie des nanars estivaux, déjà active dans les années 1970, explose littéralement via « l'œuvre » de Max Pécas (dont *Mieux vaut être riche et bien portant que fauché et mal foutu*, 1980, et *Belles, blondes et bronzées* en 1981) et celle de son alter ego pied-noir **Philippe Clair**, le Pygmalion d'**Aldo Maccione**, son acteur fétiche, dans *Tais-toi quand tu parles* en 1981 et *Plus beau que moi tu meurs*, l'année suivante.

L'onde sismique du sida, qui commet ses premiers ravages au début de la décennie, transforme aussi les comédies de mœurs incisives des années 1970. Les paires de seins et les bikinis rebondis pullulent sur grand écran, mais leur gratuité est davantage la marque paradoxale d'une certaine pudibonderie. Les questions posées par Bertrand Blier, Joël Séria ou Patrick Schulmann au lendemain de la révolution sexuelle d'après mai 68 se sont dissoutes dans la crème à bronzer et le silicone. En parallèle à cette vague de gags discutables et de nudité ostensible, les comédies lycéennes prolifèrent sous l'impulsion des *Sous-Doués* (qui passent le bac en 1981 puis partent en vacances l'année suivante devant la caméra de **Claude Zidi**), des *P.R.O.F.S* (**Patrick Schulmann**, 1985) et des *Diplômés du dernier rang* de **Christian Gion** en 1982.

Face à ces nouvelles tendances, les valeurs sûres du box-office résistent. Pierre Richard, star incontestable de la décennie précédente, triomphe à nouveau grâce à une série d'irrésistibles buddy movies. Le trio **Pierre Richard, Gérard Depardieu, Francis Veber** signe successivement les succès populaires de *La Chèvre* (1981), *Les Compères* (1983) et *Les Fugitifs* (1986). **Louis de Funès** aligne ses derniers succès avec *L'Avare* et *La Soupe aux choux* (**Jean Girault**, 1980 et 1981). Il décède d'un infarctus le 27 janvier 1983, quelques mois après la sortie de l'ultime épisode de la série des *Gendarmes* (*Le Gendarme et les gendarmettes* du même Girault, 1982).

Les nouveaux visages du cinéma comique français surgissent au détour de la décennie. **Daniel Auteuil, Francis Perrin** et **Coluche** multiplient leurs apparitions dans la première moitié des années 1980, mais leur impact est bien moindre que celui de la troupe du Splendid. Inspirés de leurs réussites du café-théâtre, *Les Bronzés* (1978), *Viens chez moi, j'habite chez une copine* (1981), *Le Père Noël est une ordure* (1982) et *Papy fait de la résistance* (1983) imposent une écriture acide et un comique verbal privilégiant les textes au détriment des situations burlesques en phase directe avec l'individualisme et le cynisme des années fric. **Michel Blanc, Gérard Jugnot, Christian Clavier, Thierry Lhermitte, Josiane Balasko, Marie-Anne Chazel** et la toujours épatante **Dominique Lavanant** triomphent. L'avènement de la troupe du Splendid révèle également **Patrice Leconte**, metteur en scène et auteur à part entière dont le talent et l'éclectisme serviront le cinéma hexagonal au cours des décennies suivantes.

Une nouvelle catégorie d'acteurs, de scénaristes et de réalisateurs issus d'horizons différents va bientôt prendre le relais. Le règne des stars comiques issues de la télévision va pouvoir commencer...

Jacques Villeret dans *La Soupe aux choux.*

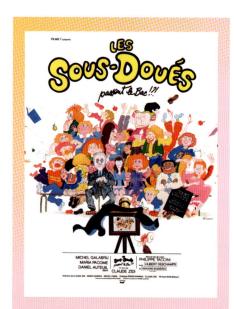

Les Sous-Doués

CLAUDE ZIDI (1980)

Distribution
Michel Galabru (le commissaire)
Maria Pacôme (Lucie Jumaucourt, la directrice)
Daniel Auteuil (Baptiste Laval, alias Bébel)
Philippe Taccini (Julien Sanquin)
Tonie Marshall (Catherine Jumaucourt)
Hubert Deschamps (Léon Jumaucourt)
Raymond Bussières (Gaston Pourquier)
Henri Guybet (Patrick Renaudin)
Jean-Marie Proslier (un automobiliste)

Scénario et adaptation : Claude Zidi, Didier Kaminka et Michel Fabre
Dialogues : Didier Kaminka et Claude Zidi

Box-office : 3 702 322 spectateurs

Pour obtenir leur bac, des lycéens peu scrupuleux inventent toutes sortes d'astuces leur permettant de tricher.

« Quand mes deux filles se sont fait virer du lycée Montaigne, il a fallu trouver une boîte à bac, se souvient Claude Zidi. J'en ai visité plusieurs, dont certaines avec dix élèves par chambre. Un jour, une amie de mes filles m'a raconté – et c'est un gag que j'ai oublié de mettre dans le film – que lors des épreuves du bac elle avait écrit l'histoire sur sa cuisse gauche et la géographie sur sa cuisse droite. L'examinateur, qui se doutait de quelque chose, n'a jamais osé lui demander de remonter ses jupes. Je me suis dit que la tricherie au bac pouvait être un bon sujet de comédie. »

Blagues de potaches

Écrit durant l'été 1979, le tournage débute au printemps 1980 en face du château de Versailles, dans un petit hôtel particulier non habité transformé pour l'occasion en « Cours Louis XIV ». Les élèves débordent d'imagination pour perturber l'établissement : électrification des portes, installations vidéo, professeur croyant être devenu sourd... Pour tricher, ils mettent au point des techniques imparables : antisèches planquées dans les langes du bébé, réponses codées à l'aide de percussions africaines, valise truquée projetant des diapos... Les délires burlesques provoqués par ces inventions tournent souvent à la catastrophe : le stylo mécanique contrôlé à distance devient fou à cause d'une mouche, la fausse bombe explose... Depuis trente ans, des générations de spectateurs se tordent de rire devant les blagues de potache de ces *Sous-Doués*. Suite au succès du film, Claude Zidi souhaite récompenser son équipe en l'emmenant à Saint-Tropez, où il possède une maison avec piscine. Le tournage des *Sous-Doués en vacances* est tellement agréable que l'équipe prolonge son séjour d'une semaine, avant de rentrer à Paris pour refilmer les scènes chantées autour du *love computer*. Parmi les figurantes, on reconnaît Sandrine Bonnaire, inconnue à l'époque, dans cette escapade tropézienne qui attirera 2 956 550 spectateurs. ★

Bonus

→ Le film était initialement titré *La Boîte à bac*. C'est Claude Berri qui persuade Zidi de le rebaptiser.
→ À l'occasion d'une représentation de la pièce *Apprends-moi Céline*, écrite par Maria Pacôme, qu'il engage pour jouer la directrice, Zidi flashe sur un des comédiens de la troupe : Daniel Auteuil qui, malgré ses vingt-sept ans, accepte de camper un lycéen.
→ Spécialiste de jazz, Philippe Adler signe les paroles d'*Un grand poil dans la main*, et Guy Marchand celles de *Destinée*, qu'il interprète également. Cette chanson figure aussi dans *Le Père Noël est une ordure*.

> **Bébel :**
> *Pour qu'un jour j'aie une chance d'avoir mon bac, il faudrait qu'on supprime les épreuves. Ou alors, qu'on tire au sort le nom des reçus, sinon...*

Maria Pacome et Daniel Auteuil.

L'Entourloupe

GÉRARD PIRÈS (1980)

Distribution
Jacques Dutronc (Olivier)
Gérard Lanvin (Roland)
Jean-Pierre Marielle (Castellard)
Anne Jousset (Valérie)
Jean Lanier (le marquis)
Daniel Laloux (Bensimon)
Isabelle Mergault (Jeanine)

Adaptation : Jean Herman (d'après le roman de Francis Ryck *Nos intentions sont pacifiques*)
Dialogues : Michel Audiard
Box-office : 332 224 spectateurs

Deux banlieusards sillonnent le marais poitevin pour vendre des encyclopédies médicales aux paysans locaux.

Castellard :
Le plaisir d'un vrai vendeur, c'est de vendre à des gens qui n'ont absolument pas besoin de ce qu'on leur propose ou qui n'ont pas de quoi se le payer.

L'Entourloupe, le septième long-métrage de Gérard Pirès, est basé sur une adaptation, par Jean Herman et Michel Audiard, de *Nos intentions sont pacifiques*, un roman de série noire écrit par Francis Ryck. Fait rarissime, Audiard a baissé ses tarifs habituels de deux tiers pour sa participation. Un renvoi d'ascenseur au producteur Norbert Saada, qui, quelques années plus tôt, avait aidé le dialoguiste à racheter sa maison menacée d'être mise en vente par le fisc. Côté distribution, Saada envisage la participation de Claude Brasseur, Johnny Hallyday et Gérard Depardieu, mais ce sont finalement Jean-Pierre Marielle, Jacques Dutronc et Gérard Lanvin qui se retrouveront à l'affiche. Marielle étincelle dans le rôle du fourbe Castellard, VRP antisémite et pourvoyeur charlatan de volumes sur l'automédication à des paysans démunis de la région niortaise.

« Marielle ne voulait pas montrer sa calvitie naissante et il avait deux moumoutes, se souvient Pirès. Un jour, il nous a fait toute une vérole car il ne trouvait plus sa moumoute. Le maquilleur avait un chien et Marielle était persuadé que c'était le chien qui l'avait bouffée. Plus tard, on s'est rendu compte qu'il avait collé ses deux moumoutes l'une sur l'autre ! »

Comédie à l'italienne

La participation de Jacques Dutronc marque ses retrouvailles avec le réalisateur qui l'avait filmé pour la télévision en train de repeindre une vache dans un vieux *Dim Dam Dom*. Sa prestation dans *L'Entourloupe* confirme sa force d'acteur certes nonchalant, mais étrangement intense.

« Françoise Hardy est venue sur le tournage et a dit à Jacques qu'elle le trouvait destroy, qu'elle ne comprenait pas ce qui lui arrivait », s'amuse Pirès.

Gérard Lanvin, le troisième larron de la bande, est encore un visage inconnu pour le grand public. « Gérard n'était pas encore très affûté. Il était un peu en vrac, il ne savait pas trop à quel moment il fallait arrêter de déconner et se mettre à bosser. C'était un chien fou », note le réalisateur. La gouaille d'Anne Jousset rejoint également une étonnante galerie qui jouit d'un apport crucial, avec d'authentiques paysans du cru recrutés par Dominique Besnehard dans les fermes du marais poitevin.

Sommet de politiquement incorrect, *L'Entourloupe* organise un pittoresque défilé de bras cassés de l'arnaque et de minables aux bas instincts, quelque part entre les chroniques provinciales de Joël Séria et le cinéma acerbe d'Ettore Scola ou de Dino Risi.

« Il y avait tout ce que j'aimais dans ce film mais, comme *Fantasia chez les ploucs*, il n'a pas tellement marché et ça m'a beaucoup déçu, déplore Gérard Pirès. J'ai l'impression qu'il y a toujours eu un quiproquo entre le public et moi : ils ont aimé ce que j'ai réalisé d'une main, mais pas ce que moi j'aimais vraiment... » ★

La Boum

CLAUDE PINOTEAU (1980)

Distribution
Claude Brasseur (François Beretton)
Brigitte Fossey (Françoise Beretton)
Sophie Marceau (Victoire Beretton)
Denise Grey (Poupette)
Jean-Michel Dupuis (Étienne)
Dominique Lavanant (Vanessa)
Bernard Giraudeau (le prof d'allemand)
Sheila O'Connor (Pénélope Fontanet)
Alexandra Gonin (Samantha Fontanet)
Alexandre Sterling (Mathieu)

Scénario : Danièle Thompson et Claude Pinoteau
Dialogues : Danièle Thompson

Box-office : 4 378 430 spectateurs

Tandis que ses parents traversent une période difficile du point de vue sentimental, une adolescente de treize ans découvre les premiers émois amoureux.

Le 6 juillet 1979, Danièle Thompson pose les bases de *La Boum* sur deux pages. Inspirée de sa vie personnelle, elle coécrit le scénario avec Claude Pinoteau qui, après *La Gifle* et *Le Silencieux*, souhaite réaliser un film sur la période de l'adolescence.
« Tout ce qui est dans le film est basé sur des choses que j'ai racontées à ma mère », raconte Caroline Thompson.
Trois mille jeunes passent le casting. Emmanuelle Béart, Sandrine Bonnaire, Mathilda May, Christiana Réali, Caroline Thompson et d'autres postulent pour le rôle principal. La jeune Sophie Marceau frappe le réalisateur par sa justesse et sa simplicité, et décroche le rôle de Vic. Pinoteau propose à Francis Perrin de jouer le père de Vic, mais le comédien refuse et Claude Brasseur hérite du rôle. Le réalisateur engage Brigitte Fossey, qui l'avait subjugué dans *Le Grand Meaulnes* en 1967. Pour jouer Poupette, la scénariste pense à Madeleine Renaud, mais le producteur Alain Poiré refuse, et Pinoteau fait sortir Denise Grey de sa retraite cinématographique. Avec ce personnage inspiré de la grand-mère de Danièle Thompson, elle explose à chaque apparition et sa connivence avec Vic se prolonge hors écran avec Sophie Marceau.

Bouche-à-oreille phénoménal

Le tournage en juillet-août 1980 ressemble à des vacances pour les jeunes comédiens, qui flirtent et s'amusent comme leurs personnages. Le week-end, ils organisent entre eux de vraies boums sans caméra. Le film oscille habilement entre comique (le paquet de chips troué, la dame du bus choquée par le langage de Poupette, les appareils dentaires enchevêtrés...) et émotion (le couple Beretton en crise, les déceptions amoureuses de Vic...). Heureusement, Poupette est là pour dédramatiser les situations : « C'est toujours quand l'émotion monte qu'il faut placer un gag », confie le cinéaste. La scène où Mathieu pose un casque sur les oreilles de Vic pour danser un slow sera imitée par des millions d'adolescents, car l'autre star du film, c'est la musique. Calquée sur *Alone Again (Naturally)* de Gilbert O'Sullivan, la chanson *Reality* devient un tube qui se vend à plusieurs millions d'exemplaires. Le bouche-à-oreille est phénoménal. Des milliers de jeunes spectateurs remercient les auteurs de les avoir réconciliés avec leurs parents. La *Vic-mania* s'étend de l'Europe au Japon où fleurissent des fan-clubs Sophie Marceau.

En septembre 1981, à l'occasion des quatre-vingt-cinq ans de Denise Grey, Pinoteau annonce à toute l'équipe le tournage de *La Boum 2*. Pierre Cosso est engagé avec l'approbation de Sophie Marceau. Malgré leur discrétion sur le plateau, une idylle commence entre les deux comédiens. Centrée sur Vic et son nouvel amoureux, cette suite attirera 4 071 585 spectateurs. Il n'y aura pas de *Boum 3*, mais Sophie Marceau tournera *L'Étudiante* pour Claude Pinoteau en 1987. ★

La Chèvre
FRANCIS VEBER (1981)

Distribution
Pierre Richard (François Perrin)
Gérard Depardieu (Campana)
Pedro Armendáriz Jr. (le commissaire Custao)
Corynne Charbit (Marie Bens)
Maritza Olivares (la prostituée)
André Valardy (M. Meyer)
Jorge Luke (Júan Larbal)
Sergio Calderón (le prisonnier)
Michel Robin (Alexandre Bens)
Robert Dalban (le technicien)
Michel Fortin (le type à Orly)

Scénario et dialogues : Francis Veber

Box-office : 7 079 674 spectateurs

Pour retrouver sa fille malchanceuse disparue au Mexique, un homme d'affaires confie l'enquête à un comptable de son entreprise aussi malchanceux qu'elle.

Après le demi-succès du *Jouet* en 1976, Francis Veber se demande s'il va continuer sa carrière de réalisateur. Il se lance dans l'adaptation pour le cinéma de *La Cage aux folles* puis, suite au triomphe du film de Molinaro, écrit *La Cage aux folles 2*. Un nouveau succès, mais la mise en scène démange le scénariste. Après avoir écrit *Coup de tête* pour Jean-Jacques Annaud, Veber réalise son second long métrage sur un canevas qui a déjà fait son succès en tant que scénariste : le clown blanc costaud face à l'auguste malchanceux.

« J'avais eu Ventura dans *L'Emmerdeur*, je crois avoir assez dit à quel point il était chiant, mais comme il était le meilleur, j'ai replongé », avoue Veber.

Lino Ventura accepte de jouer le détective Campana, puis se rétracte en apprenant qu'il aura pour partenaire Jacques Villeret. Après avoir écarté quelques noms de possibles partenaires, Ventura accepte de partager l'affiche avec Pierre Richard. Pourtant, il ne fera pas le film pour deux raisons. D'une part, le producteur Alain Poiré refuse de donner au comédien le cachet exorbitant qu'il réclame. D'autre part, « il avait peur que Pierre Richard fasse trop de grimaces derrière lui et de paraître ridicule », raconte sa fille Clélia Ventura, et il l'a regretté. Jean-Louis Livi, l'agent de Veber, lui suggère alors Gérard Depardieu. Le cinéaste réunit les compères au restaurant, et à la fin du repas, les vêtements de Depardieu sont couverts de sauce tomate et de miettes d'œuf dur que lui a involontairement envoyées Pierre Richard en mangeant.

« Gérard a eu pour la première fois le regard incrédule de Campana sur Perrin. Mon couple était né. »

Scorpions et sables mouvants

L'équipe s'envole pour le Mexique. Température locale : 40°C à l'ombre. Pendant la première semaine de tournage, l'équipe se camoufle à l'aide de passe-montagnes, de gants et de bottes hautes, afin de se protéger des moustiques, serpents et autres insectes. Increvable, Depardieu survit au venin d'un scorpion qu'il a écrasé à même le pied, ainsi qu'aux bouteilles qu'il siffle avec ardeur. Contrairement à son personnage, Pierre Richard est très chanceux durant le tournage. Aucun serpent ou cafard ne l'atteint : sa chambre était probablement sous la protection des dieux mexicains ! De son côté, Veber joue au papa.

« On était comme deux gamins avec un père gentil mais autoritaire, se souvient Pierre Richard. Comme il surveillait notre nourriture et notre boisson, on buvait en cachette dans la chambre, on sortait la nuit dès qu'il était endormi. On se moquait de lui parce qu'il faisait sa gymnastique tous les matins, et on se cachait derrière les vitres pour le regarder transpirer. »

La force de *La Chèvre* réside dans ses situations extrêmement comiques et les rapports psychologiques très justes des deux personnages.

« Veber a filmé le même sujet dans *La Chèvre* que moi dans *Les Malheurs d'Alfred* : la malchance, raconte Pierre Richard. Le traitement est moins burlesque, mais remarquablement bien construit. J'avoue que je n'ai jamais autant ri en lisant un scénario. »
D'abord ébranlé par les réactions de Perrin, Campana le cartésien bascule petit à petit, contaminé par son compagnon. Pierre Richard accepte de ne pas jouer « comique » et réussit à interpréter brillamment la partition du scénariste. Francis Veber : « Dans la scène des sables mouvants, Pierre m'aide beaucoup parce qu'il faut s'enfoncer en restant impassible, et seul un grand clown peut le faire. »

Le comédien ne rechigne pas à recommencer la scène une dizaine de fois, même si l'équipe l'oublie entre chaque prise, coincé dans son tonneau.

Premier *buddy movie* de la comédie à la française des années 1980, *La Chèvre* est considérée comme un modèle scénaristique. À sa sortie, le film provoque un raz-de-marée au box-office. Le trio récidive deux ans plus tard avec *Les Compères*, puis en 1986 avec *Les Fugitifs*, où figure aussi l'ami Jean Carmet. Trois films, trois succès ! Après Bourvil - de Funès, le couple Richard-Depardieu entre dans la légende. ★

Bonus

LES REMAKES AMÉRICAINS DES FILMS RÉALISÉS ET/OU SCÉNARISÉS PAR FRANCIS VEBER

• *Le Grand Blond avec une chaussure noire* (Yves Robert, 1972) avec Pierre Richard et Mireille Darc devient *The Man with One Red Shoe* (Stan Dragoti, 1985) avec Tom Hanks et Lori Singer.
• *L'Emmerdeur* (Édouard Molinaro, 1973) avec Jacques Brel et Lino Ventura devient *Buddy Buddy* (Billy Wilder, 1981) avec Jack Lemmon et Walter Matthau.
• *Le Jouet* (Francis Veber, 1976) avec Pierre Richard et Michel Bouquet devient *The Toy* (Richard Donner, 1982) avec Richard Pryor et Jackie Gleason.
• *La Cage aux folles* (Édouard Molinaro, 1978) avec Michel Serrault et Ugo Tonazzi devient *The Birdcage* (1996) avec Nathan Lane et Robin Williams.
• *La Chèvre* (Francis Veber, 1981) avec Pierre Richard et Gérard Depardieu devient *Pure Luck* (Nadia Tass, 1991) avec Martin Short et Danny Glover.
• *Les Compères* (Francis Veber, 1983) avec Pierre Richard et Gérard Depardieu devient *Father's Day* (Ivan Reitman, 1997) avec Billy Crystal et Robin Williams.
• *Les Fugitifs* (Francis Veber, 1986) avec Pierre Richard et Gérard Depardieu devient *Three Fugitives* (Francis Veber, 1989) avec Martin Short et Nick Nolte.
• *Le Dîner de cons* (Francis Veber, 1998) avec Jacques Villeret et Thierry Lhermitte devient *Dinner for Schmucks* (Jay Roach, 2010) avec Steve Carell et Paul Rudd.

Campana : *Qu'est-ce qui vous arrive encore ?*
Perrin : *Je ne sais pas. J'm'enfonce.*
Campana : *Pourquoi ?*
Perrin : *Je ne sais pas, je vous dis.*
Campana : *Vous allez arrêter de faire le pitre quand je vous parle ?*
Perrin : *Mais je ne fais pas le pitre. Le terrain se dérobe sous mes pieds. J'm'enfonce.*
Campana : *Et pourquoi je m'enfonce pas, moi ?*
Perrin : *Sans doute parce que vous êtes sur une bande de terrain dur et moi sur une bande de terrain meuble. Si on n'avait pas quitté la route, ça serait pas arrivé, c'est vous qui avez voulu couper.*
Campana : *Et vous vous enfoncez sans réagir ?*
Perrin : *Mais si je réagis, j'm'enfonce encore plus. C'est bien connu. Faut pas se débattre dans les sables mouvants.*
Campana : *Perrin, il n'y a pas de sables mouvants signalés dans cette région.*
Perrin : *Ben, si vous voulez mon avis, il est temps de les signaler.*

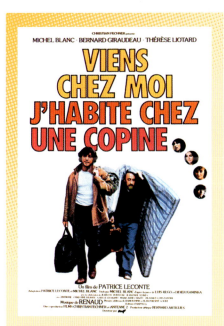

Viens chez moi, j'habite chez une copine

PATRICE LECONTE (1981)

Distribution
Michel Blanc (Guy)
Bernard Giraudeau (Daniel)
Thérèse Liotard (Françoise)
Anémone (Adrienne)
Marie-Anne Chazel (Catherine)
Christine Dejoux (Cécile)
Marie-Pierre Casey (la concierge de Cécile)
Bruno Moynot (le propriétaire de la voiture)

Scénario : Patrice Leconte et Michel Blanc d'après la pièce de Luis Rego et Didier Kaminka
Dialogues : Michel Blanc

Box-office : 2 820 169 spectateurs

Viré de son poste de pompiste et mis à la porte par son propriétaire, Guy s'installe chez son pote Daniel, qui vit avec Françoise. Plus par paresse que par calcul, il s'incruste chez eux pendant plusieurs semaines.

Producteur à succès des films de Claude Zidi, Christian Fechner, qui a adoré *Les Bronzés*, contacte Patrice Leconte et lui propose d'adapter une pièce écrite par Didier Kaminka et Luis Rego, qu'il a connu avec les Charlots. Créée en 1975 au Théâtre des Champs-Élysées à Paris et mise en scène par Luis Rego lui-même, *Viens chez moi j'habite chez une copine* est une sorte de vaudeville musical dont le quiproquo est fondé sur une sauterie à quatre organisée par deux potes. Énorme succès, la pièce est alors jouée dans de nombreux pays, dont les États-Unis. Patrice Leconte accepte la proposition du producteur, à condition que Michel Blanc y participe. Le projet est lancé. Pourtant, même si la pièce les fait rire, Blanc et Leconte ont du mal à l'adapter. Ils décident alors de conserver le titre et de réécrire totalement l'histoire. Le comédien apporte les dialogues autour desquels le scénario sera élaboré. Michel Blanc sera Guy, archétype du personnage pot de colle. Leconte veut Gérard Lanvin, mais Fechner exige Bernard Giraudeau, qui sort tout juste de son premier succès avec *Et la tendresse ?... Bordel !* Giraudeau sera donc Daniel, qui subira la présence envahissante de Guy. Pour compléter le tandem, Leconte appelle Anémone, « une funambule avec cette espèce de grain invraisemblable qui fait son prix », selon ses termes. Le cinéaste se retrouve donc à diriger un petit groupe de comédiens à Paris en décors intérieurs, loin des contraintes qu'il a dû affronter durant le tournage des *Bronzés font du ski*. Fechner décide que le film sera tourné en format Cinémascope, afin d'éviter l'aspect « théâtre filmé ».

« C'est peut-être le film le plus délibérément réaliste que j'aie pu faire, le plus "dans l'air du temps" », dit Leconte.

Très attendu, le film est un succès, accompagné par la chanson-titre de Renaud qui inonde les ondes au même moment. ★

Bonus

→ Le duo Blanc-Lanvin voulu par Patrice Leconte verra finalement le jour trois ans plus tard dans *Marche à l'ombre*.
→ Patrice Leconte a écrit la première version de *Tandem* juste après le tournage du film.

> Françoise : *Elle couche là ce soir ta copine ?*
> Guy : *J'sais pas, j'ai pas encore négocié.*

Bernard Blier en roi du pétrole.

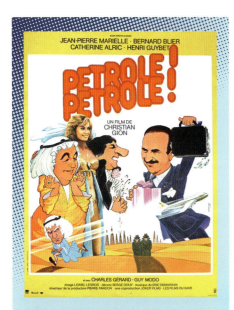

Pétrole ! Pétrole !

CHRISTIAN GION (1981)

Distribution
Jean-Pierre Marielle (Jean-Marie Tardel)
Bernard Blier (l'émir Abdullah)
Catherine Alric (Liza Bérian)
Henri Guybet (Bernard Bérian)
Charles Gérard (le prince Atiz)
Michel Modo (Alain Terrieur)
Bernard Musson (Durieux)

Scénario original et adaptation
Christian Gion

Box-office : 855 346 spectateurs

Un émir arabe, un P-DG fraudeur et un spéculateur pétrolier s'opposent pour devenir le plus important fournisseur de pétrole en France.

En pleine crise pétrolière, Christian Gion s'intéresse à l'affaire Bourdarian, un petit revendeur marseillais qui avait décidé de vendre son carburant moins cher que ses concurrents : « Ce qui me plaisait, c'était le petit contre l'association des gros, qui avaient tout maqué », explique le réalisateur. Lorsque ce dernier entend parler d'une société qui transforme les avions de ligne en avions privés, il se rend à Genève, explique son projet aux dirigeants, et repart avec les plans détaillés d'un 747 comprenant un court de tennis et une piscine.

« J'ai écrit le scénario à partir de ça. Pour recréer toute l'histoire du pétrole, son côté un peu mythique, il me fallait quelque chose de très fort. L'avion avec la piscine était à la hauteur de ce que je souhaitais. »

Le cinéaste n'a aucun mal à vendre le projet à UGC et boucle son scénario après six mois d'écriture. Après *C'est dur pour tout le monde*, Bernard Blier fait à nouveau confiance au cinéaste qui le grime en émir arabe et le fait chanter en patois pyrénéen. Tout un poème ! Henri Guybet retrouve aussi son réalisateur du *Pion*. Le truculent Jean-Pierre Marielle et la ravissante Catherine Alric complètent la distribution de cette satire hilarante des rouages du monde du pétrole.

La visite de Joseph Losey

Quand Bernard Bérian essaye de vendre de l'essence à un prix normal, les multinationales veulent le supprimer par tous les moyens. Après une course-poursuite en jet-ski sur la Seine, le couple Bérian se retrouve coincé dans le fameux avion-palace. L'atmosphère est très détendue, comme sur chaque film du cinéaste. Malgré les 40°C du plateau, Charles Gérard fait le guignol.

« Le décor de l'avion avait été reconstitué à Billancourt, où Joseph Losey avait ses bureaux,

L'émir Abdullah :
La voiture du plus grand producteur pétrolier au monde remorquée par deux chameaux… Au fond, c'est peut-être comme ça que tout ça finira.

se souvient Christian Gion. Il est passé deux ou trois fois sur le plateau, pendant la scène où les tapis se tournent vers La Mecque pour la prière en plein vol. Il aimait l'idée des travellings de projecteurs pour faire les ombres portées. »

Gags mémorables

À l'époque, le milieu du pétrole est inconnu du public. Gion restitue ce que les spectateurs imaginent, et pousse les situations à l'extrême, d'où une suite de gags mémorables. Dans l'entreprise de Jean-Marie Tardel, les décisions économiques se jouent à la roulette, au poker, à la barbichette, au yams, et à la marelle. L'émir Abdullah souffle sur un pissenlit, compte les sept aigrettes restantes, et augmente le baril de sept pour cent. Pour le faire traverser la rue, ses hommes déroulent un tapis-passage piéton. Et quand il ne parvient pas à obtenir une simple omelette, l'émir rachète l'hôtel.

« Un film comme ça serait délicat à faire aujourd'hui à cause des tensions au Moyen-Orient », reconnaît non sans regret Christian Gion. ★

Les Babas Cool
(ou Quand tu seras débloqué, fais-moi signe !)

FRANÇOIS LETERRIER (1981)

Distribution
Christian Clavier (Antoine Bonfils)
Marie-Anne Chazel (Aline)
Anémone (Alexandra)
Philippe Bruneau (Jean-Pierre)
Martin Lamotte (Gilles)
Philippe Léotard (Blaise)
Patrick Fiérry (Francis)
Catherine Frot (Véronique)

Scénario et dialogues
Martin Lamotte et Philippe Bruneau
Adaptation : François Leterrier, Martin Lamotte et Philippe Bruneau

Box-office : 498 781 spectateurs

Suite à une panne de voiture en pleine campagne, Antoine rencontre Aline, jeune femme libérée qui entraîne le jeune directeur commercial dans une communauté hippie.

Après le succès des *Bronzés*, les membres du Splendid commencent à s'émanciper. Premier à s'extirper du groupe, Christian Clavier obtient le rôle principal du film de François Leterrier *Je vais craquer*, une pièce écrite à l'origine par le Splendid en 1973. Essai transformé, la comédie attire 1 053 217 spectateurs. Leterrier demande alors à Clavier d'être la vedette de son prochain film et d'en assurer l'écriture. Occupé sur un autre projet, le comédien propose à Philippe Bruno et Martin Lamotte d'écrire le scénario. Les deux compères, qui jusqu'ici n'ont écrit que des pièces de café-théâtre, mettent alors leurs souvenirs en commun pour rendre plus authentique leur premier projet cinématographique.

« Il y a un quart de réalité et trois quarts de fiction, d'invention », explique Philippe Bruneau, qui a lui-même fait partie du mouvement hippie après mai 68.

Allergique aux poils de chèvre

Trouvant le résultat un peu trop bavard, Leterrier restructure l'ensemble. L'argument du film est de raconter les déboires d'un Parisien un peu coincé dans une communauté d'écolos. Lamotte et Bruneau s'écrivent deux rôles sur mesure : « J'aime bien jouer les cons imbus d'eux-mêmes et pontifiants », avoue ce dernier. L'équipe loge pendant deux mois dans des maisons proches du lieu principal du tournage, une bastide de la région d'Apt (Vaucluse). L'ambiance est détendue, il fait beau, l'équipe reçoit la visite de nombreux amis (Josiane Balasko, Coluche…). Dans cette reconstitution amusante de vie en communauté, les comédiens sont beaucoup moins à l'aise que leurs personnages. Pudique, Chazel doit tourner intégralement nue dès sa première scène. Lamotte, durant une scène de traite, se fait manger sa chemise par une chèvre. Allergique aux poils de chèvre, Clavier a la gorge irritée. Le tournage se déroule malgré tout dans une ambiance de colonie de vacances.

Affublé du titre pénible *Quand tu seras débloqué, fais-moi signe !*, le film, qui aurait dû s'appeler *Les Babas Cool*, n'aiguise pas suffisamment la curiosité des spectateurs.

« Je le regrette parce que je crois que le film aurait certainement mieux marché », estime le producteur Yves Rousset-Rouard.

Trois ans plus tard, le film retrouve son titre initial pour son exploitation vidéo et le nombre d'adeptes augmente sensiblement. Première comédie abordant ce phénomène de société, *Les Babas Cool* déclenche toujours les rires grâce à ses répliques cinglantes et à son casting plus vrai que nature, Anémone en tête. ★

Bonus
→ Nino Ferrer a composé la musique du film.

> Alexandra :
> *Antoine, j'ai rêvé de toi cette nuit, tu étais nu sur un âne et tu jouais du cithare*

Christian Clavier et Martin Lamotte.

Deux heures moins le quart avant Jésus-Christ

JEAN YANNE (1982)

Distribution
Coluche (Ben-Hur Marcel / Aminéméphèt)
Jean Yanne (Paulus)
Michel Serrault (César)
Mimi Coutelier (Cléopâtre)
Darry Cowl (Faucus)
Michel Auclair (Demetrius)
Paul Préboist (le gardien des lions)
Françoise Fabian (Laetitia)
Michel Constantin (le secutor)
André Pousse (un centurion)

Scénario et dialogues : Jean Yanne

Box-office : 4 601 239 spectateurs

Le peuple gronde à Rahatlocum, où un complot contre César va faire d'un garagiste innocent le chantre de la révolution.

À la surprise générale, Jean Yanne retourne à la mise en scène à gros budget après les échecs consécutifs au box-office de *Chobizenesse* (1975) et du polar disco *Je te tiens, tu me tiens par la barbichette* (1978). Coproduit par Claude Berri et le producteur tunisien Tarak Ben Ammar, *Deux heures moins le quart avant Jésus-Christ* est un péplum parodique dans lequel Jean Yanne revisite l'histoire antique en y injectant une solide dose de satire politique et d'anachronismes délirants. Le casting de la super-production tournée en décors naturels à Monastir, en Tunisie, aligne également une distribution faramineuse. Coluche hérite du rôle principal de Ben-Hur Marcel, paisible garagiste appelé à devenir le meneur de l'insurrection populaire face à l'hégémonie de César, interprété par un Michel Serrault en mode Zaza Napoli. On retrouve quelques habitués de la bande de Jean Yanne (Paul Préboist, Mimi Coutelier, et José Artur en tenancier de club gay bardé de cuir), ainsi que quelques héritiers de la grande tradition des seconds rôles du cinéma comique français des années 1960-1970, dont Darry Cowl, André Pousse en centurion râleur et Michel Constantin en gladiateur bas du front.

Anachronismes et jeux du cirque

Équivalent hexagonal et paillard de *La Vie de Brian*, le chef-d'œuvre biblique des Monty Python, *Deux heures moins le quart avant Jésus-Christ* joue à fond la carte du décalage et de l'anachronisme (taxis, publicité, boîtes disco...). Les trois *Astérix* passeront par la même case vingt ans plus tard, mais Jean Yanne profite de son chèque en blanc pour ressusciter la verve anar de *Tout le monde il est beau, tout le monde il est gentil* et des *Chinois à Paris*. Dans sa vision corrosive du berceau de l'humanité, Yanne dépeint une civilisation antique dirigée par des tigres de papier et dont le peuple s'abrutit déjà devant des jeux du cirque sponsorisés par Bananiam, les poêles Tefalum, et commentés par Léon Zitrone. Le JT de 13 heures d'Yves Mourousi vient couronner une comédie historique volontiers crasse et au budget pharaonique, vestige de l'anti-politiquement correct et des folies financières du début des années 1980. ★

Bonus

→ Mimi Coutelier, qui tient le rôle de Cléopâtre, a aussi dessiné la quasi-totalité des 1 100 costumes du film.

Ben-Hur Marcel :
Un gosse qui est né dans une étable à Bethléem, franchement, tu crois que ça va changer la face du monde, toi ? Bah quoi ? J'ai dit une connerie ?

Le Père Noël est une ordure

JEAN-MARIE POIRÉ (1982)

Distribution
Gérard Jugnot (Félix)
Thierry Lhermitte (Pierre Mortez)
Anémone (Thérèse)
Marie-Anne Chazel (Josette)
Christian Clavier (Katia)
Josiane Balasko (Marie-Ange Musquin)
Jacques François (le pharmacien)
Bruno Moynot (Zadko Preskovitch)
Martin Lamotte (M. Leblé)
Michel Blanc (l'obsédé de la cabine téléphonique, voix seulement)

Adaptation et dialogues
Jean-Marie Poiré et Josiane Balasko, Marie-Anne Chazel, Christian Clavier, Gérard Jugnot, Thierry Lhermitte, Bruno Moynot d'après la pièce de l'équipe du Splendid

Box-office : 1 582 732 spectateurs

Le soir de Noël, la permanence de SOS Détresse-Amitié est le théâtre de catastrophes en séries provoquées par l'irruption de personnages plus extravagants les uns que les autres.

Il existe deux types de films cultes. En premier lieu, ceux dont le succès populaire et commercial a engendré un engouement générationnel, plusieurs suites et une multitude de dérivés mercantiles. La deuxième catégorie regroupe les œuvres ayant obtenu un succès d'estime lors de leur sortie initiale, mais dont l'aura a traversé les années pour aboutir à un statut d'icône. Le Père Noël est une ordure appartient résolument à ce groupe comprenant peu d'élus.

À l'instar de Papa, maman, la bonne et moi, Oscar et La Cage aux folles, Le Père Noël a démarré sa tournée sur les planches. Écrite et montée en octobre 1979 par la troupe du Splendid, la pièce met en scène une soirée catastrophe se déroulant à la permanence de SOS Détresse-Amitié, dans laquelle officient Pierre Mortez (Thierry Lhermitte), grand échalas pompeux très à cheval sur l'hygiène, et Thérèse (Anémone), vieille fille coincée et énamourée de son collègue de bureau. Au fil des heures, l'irruption d'un couple de cas sociaux en plein drame conjugal (Félix et Josette, interprétés par Gérard Jugnot et Marie-Anne Chazel), d'un travesti contrarié (Christian Clavier) et de Zadko Preskovitch (Bruno Moynot), voisin originaire des Balkans et pourvoyeur de spécialités locales, va transformer une paisible soirée de Noël en cauchemar festif.

On retrouve dans Le Père Noël est une ordure la verve caustique des Bronzés, le premier succès de la troupe du Splendid. Dans cette satire grinçante « à l'italienne » où aucune couche sociale n'est épargnée, des proto-bobos à la mesquinerie affichée sont confrontés à des prolos dégénérés incarnés par le couple Félix-Josette. Affreux, sales et méchants... Et si le titre retenu par la troupe du Splendid joue la carte de la provocation, il semble particulièrement anodin à côté du premier choix : Le Père Noël s'est tiré une balle dans le cul.

Trois ans après la mise en scène de la pièce et son énorme succès qui lui avait valu d'être déplacée au plus imposant Théâtre de la Gaîté Montparnasse, Jean-Marie Poiré adapte Le Père Noël est une ordure sur grand écran. Pour la troupe du Splendid, ce nouveau projet vient remplacer la mise en chantier d'un hypothétique troisième volet de la saga des Bronzés, censé transporter nos vacanciers lunatiques à New York. Pour sa première collaboration avec les membres du Splendid (Papy fait de la résistance et Twist Again à Moscou suivront bientôt), le réalisateur de Retour en force déplace l'action en extérieur et renforce son casting. Le décor unique de la permanence de SOS Détresse-Amitié côtoie désormais les grands boulevards parisiens et le zoo de Vincennes, mais c'est bien autour du téléphone des bénévoles qu'ont lieu les scènes principales.

Dynamique frénétique

« Mon problème d'adaptation résidait dans le fait que le plus intéressant de l'histoire, c'est ce qui se passait à l'intérieur de la permanence, se souvient Jean-Marie Poiré. Le Père Noël est une ordure, c'est l'histoire d'un lieu interdit à des pauvres et qui, le soir de Noël, à la suite d'une faiblesse d'un des bénévoles, leur sera ouvert. Il fallait donc garder les situations où les

> Marie-Ange Musquin : *Je ne vous jette pas la pierre, Pierre.*

Pierre Mortez :
C'est c'la, oui !

Thérèse :
C'est fin, c'est très fin, ça se mange sans faim.

personnages sont dans cette pièce et autour du téléphone. »
Une panoplie de seconds rôles vient compléter la distribution : Josiane Balasko, absente de la pièce, interprète Marie-Ange Musquin, la dirigeante sur les nerfs de SOS Détresse-Amitié victime d'une malencontreuse panne d'ascenseur le soir du réveillon. Martin Lamotte joue un voisin irascible et gouailleur tandis que le toujours impeccable Jacques François interprète un pharmacien de garde dont le réveillon sera anéanti par une bûche de Noël *made in Sofia*. Son inoubliable « Mais qu'est-ce que c'est que cette matière ? C'est de la merde ? » a été offert gracieusement au Splendid par le grand acteur de théâtre, dont la seule autre proposition de participation non rémunérée de sa carrière avait été refusée plusieurs années plus tôt par... Laurence Olivier ! Invité vocal de la version filmée du *Père Noël...*, Michel Blanc se contente de prêter sa voix aux propos classés X d'un usager des cabines téléphoniques. Thierry Lhermitte, Anémone, Gérard Jugnot, Christian Clavier, Marie-Anne Chazel et Bruno Moynot reprennent leurs rôles respectifs, mais la dynamique frénétique de la pièce et le récit original sont modifiés au profit de nouvelles scènes, dont une introduction tournée boulevard Haussmann, au pied des Galeries Lafayette, ainsi qu'une fin inédite. L'explosion finale qui ravageait l'immeuble de SOS Détresse-Amitié laisse place à une conclusion animalière et gore filmée aux petites heures du matin au zoo de Vincennes.

Les quatre-vingt-dix minutes du *Père Noël est une ordure* sont un déluge incessant de répliques cultes et de situations aussi incongrues que surréalistes. Comme dans *Réveillon chez Bob* (Denys Granier-Deferre, 1984) et *Les Parasites* (Philippe de Chauveron, 1999), la période des fêtes et la nuit du 24 décembre servent de cadre à l'un des pires Noël jamais filmés. Au réveillon *destroy* organisé par le Splendid et leur acolyte Jean-Marie Poiré, on se castagne à coups de fer à repasser, on déguste les fameux *doubitchous* « roulés à la main sous les aisselles », on s'adonne à la bagatelle sous les rideaux de douche et on dessoude les réparateurs d'ascenseurs. On danse aussi : voir le slow hésitant du couple Clavier-Lhermitte au son de *Destinée*, interprété par un Guy Marchand en mode crooner et déjà entendu dans... *Les Sous-Doués en vacances* de Claude Zidi, sorti la même année !

Comédie culte

Sorti sur les écrans le 25 août 1982, le long-métrage est accueilli par une critique mitigée, voire assassine (« Une insulte au spectateur et au cinéma », *Cinéma 82*), et remporte un succès en salles modeste. Mais grâce aux nombreuses rediffusions télévisées programmées dès 1984 sur Canal+ puis au cours des années 1990, *Le Père Noël est une ordure* rejoindra progressivement le rang des incontournables succès du cinéma comique français. Le lendemain matin de chaque diffusion, on rejoue au *Père Noël* dans les cours d'écoles et aux machines à café des entreprises. Dans les quatre coins du pays, des troupes d'amateurs remontent la pièce en délivrant les dialogues du Splendid comme si elles récitaient du Mallarmé.

« J'avais pris l'habitude d'enregistrer au magnétophone les projections dans les salles afin de savoir exactement où les gens riaient, se souvient Jean-Marie Poiré. Ce n'était pas le tout de dire "telle scène est drôle", mais j'avais besoin pour mon travail de metteur en scène de déterminer précisément la réplique qui déclencherait le rire. Dans le film *Pas de problème* réalisé par Georges Lautner et qui avait fait deux millions d'entrées, les gens riaient de bon cœur et comme je constatais qu'ils riaient encore plus pour *Le Père Noël*, j'étais convaincu que le film ferait encore plus d'entrées. »

Un succès hexagonal qu'on tentera de reproduire outre-Atlantique douze ans plus tard : en 1994, Santa Claus se fait malmener de l'autre côté de l'Atlantique dans *Joyeux Noël* de Nora Ephron (titre original : *Mixed Nuts*), un (très) mauvais remake américain avec Steve Martin et Adam Sandler, que personne ne verra. Le Père Noël a beau être une ordure, il préférera toujours le lapin à la moutarde et le Kiravi à la dinde au ketchup. ★

Bonus

→ À l'origine, le slow sur lequel dansent Thierry Lhermitte et Christian Clavier devait être *Vous les femmes*, de Julio Iglesias.
→ Josiane Balasko s'est inspirée de Simone Veil pour composer le personnage de Marie-Ange Musquin. En y regardant de plus près, Thierry Lhermitte ne se serait-il pas fait la tête du jeune Jacques Chirac pour interpréter Mortez ?
→ On entend la voix de Jean-Pierre Darroussin lors d'un appel anonyme à SOS Détresse-Amitié.
→ Lors de la sortie du film en août 1982, la RATP et la mairie de Paris ont refusé de placarder les affiches du *Père Noël est une ordure* à cause de son titre provocateur. Contacté à l'époque par les autorités, le Père Noël s'est refusé à tout commentaire.

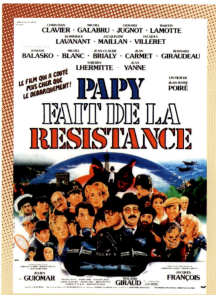

Papy fait de la résistance
JEAN-MARIE POIRÉ (1983)

Distribution
Christian Clavier (Michel Taupin)
Michel Galabru (Jean-Robert Bourdelle, alias Papy)
Roland Giraud (général Herman Spontz)
Gérard Jugnot (Adolfo Ramirez)
Martin Lamotte (Guy-Hubert Bourdelle, alias Super-Résistant)
Dominique Lavanant (Bernadette Bourdelle)
Jacqueline Maillan (Héléna Bourdelle, alias Mamina)
Jacques Villeret (maréchal Reichsminister Ludwig von Apfelstrudel)
Julien Guiomar (colonel Vincent)
Jacques François (Jacques de Frémontel, alias Félix)

Histoire originale : Christian Clavier, Martin Lamotte
Scénario et dialogues : Christian Clavier, Martin Lamotte, Jean-Marie Poiré

Box-office : 4 103 933 spectateurs

Paris, 1940. Une famille de musiciens virtuoses, les Bourdelle, refuse de jouer pour les Allemands. En 1943, son hôtel particulier est réquisitionné pour accueillir le général Spontz. La cohabitation est d'autant plus difficile que l'un des membres de la famille n'est autre que le « Super-Résistant ».

Un pistolet en plastique, un chat à la croix de fer, le demi-frère d'Hitler chantant du Julio Iglesias, des œufs d'autruche à la coque, et un super-résistant déguisé en Mandrake le magicien : bienvenue dans une France occupée totalement extravagante !

Après avoir assisté à l'une des premières représentations de la pièce *Papy fait de la résistance* écrite par Christian Clavier et Martin Lamotte, le producteur Christian Fechner propose aux auteurs de la porter à l'écran. Clavier présente à Fechner Jean-Marie Poiré, avec qui il s'est lié d'amitié depuis *Le Père Noël est une ordure*. « J'aimais beaucoup la pièce de Lamotte et Clavier, raconte le cinéaste, mais le premier scénario qu'ils m'ont proposé était très mauvais, même si j'adorais la scène des gros œufs à la coque, qui est une idée de cinglé de Martin Lamotte. »

Budget pharaonique

La réécriture à trois dure six mois pendant lesquels Poiré tente de gommer l'aspect café-théâtre du texte d'origine. À la lecture du scénario, Fechner accepte de dépenser une grosse somme, à condition de disposer d'une vraie tête d'affiche : le budget sera de trente millions de francs de l'époque et la star sera Louis de Funès. Le comédien, qui a déjà tourné quatre films pour Fechner (dont *L'Aile ou la cuisse* et *La Soupe aux choux*), accepte de partager la vedette avec les membres du Splendid qu'il adore, à condition d'avoir un rôle réduit pour ne pas fatiguer son cœur.

« On parlait sans arrêt de ce qu'on allait faire pour Louis et on évoquait des idées, explique Poiré. Puis brusquement, il est mort. Le film lui est dédié, car s'il n'avait pas accepté de le faire, on n'aurait pas commencé à l'écrire. »
La production de *Papy* est alors suspendue. Mais Fechner, qui croit au projet et soutient le réalisateur, lance l'idée d'un casting *all stars* inspiré de celui du *Jour le plus long* (1962), afin de justifier un budget pharaonique. En guise de clin d'œil, on lira sur l'affiche : « Le film qui a coûté plus cher que le débarquement ! » La valse des acteurs commence : Bernard Blier refuse le rôle de Papy, puis Michel Serrault celui du général Spontz. Robert Hirsch refuse de participer à un projet qu'il ne trouve pas drôle. Jerry Lewis est même envisagé. Fechner, qui a une passion pour Jacques Villeret, lui propose le rôle du maréchal von Apfelstrudel. Pour jouer Mamina, Poiré souhaite Delphine Seyrig et Fechner Annie Girardot. Double refus. Le producteur lance alors l'idée de Jacqueline Maillan.

« Elle a accepté tout de suite, en demandant une somme de star hollywoodienne qu'a

refusée Fechner : j'ai cru que le film n'allait pas se faire de nouveau », se souvient Poiré. Pendant six mois, le film est victime des difficultés liées au casting. Certains comédiens (Blier, Serrault, Girardot...) se passent même le mot afin que leurs camarades ne participent pas à ce projet, qu'ils trouvent accablant.
« Pour jouer Papy, on a proposé Michel Galabru. Fechner voulait une vedette plus importante, mais le fait d'avoir Jean-Claude Brialy, Jean Carmet, Jean Yanne et les autres l'a finalement décidé. »

Nouveaux arrivants

Le tournage a lieu en grande partie en Seine-et-Marne au château de Ferrières, considéré comme le château français le plus luxueux du XIXe siècle. Le casting s'enrichit chaque jour de nouveaux arrivants : Josiane Balasko, Michel Blanc, Pauline Lafont, Jean-Claude Brialy, Jean Carmet, Thierry Lhermitte, Jean Yanne, Roger Carel, Bruno Moynot, Didier Bénureau... Les scénaristes réécrivent certains dialogues en fonction de la personnalité de chaque comédien. Bientôt, tout ce que le cinéma français compte de vedettes participe au tournage, même pour une courte scène, à l'image de Bernard Giraudeau, interprète du rôle le plus court du film. L'ambiance est à la déconne sous l'impulsion des membres du Splendid. Maillan et Lavanant s'entendent à merveille, et les séquences burlesques fondent sur le spectateur à la vitesse de l'éclair, depuis les attaques de Super-Résistant jusqu'à l'empoignade des protagonistes sur un plateau de télévision, sans oublier une parodie musicale dans laquelle Villeret pousse la chansonnette façon Julio Iglesias, mais avec l'accent allemand (*Je n'ai pas changé...*).

Énorme machine

Lors du tournage, les techniciens sentent que l'atmosphère n'a plus rien à voir avec celle du *Père Noël est une ordure* : on est passé d'un film de potes à un grand long-métrage où décors, combats, explosions et effets spéciaux, auxquels s'ajoutent les nombreux costumes et accessoires d'époque, finissent par saler l'addition. Jean-Marie Poiré se retrouve pour la première fois à la tête d'une énorme machine, mais il se sent à l'aise pour diriger cette galerie délirante de collabos et de résistants. Inspiré par les leçons esthétiques de Gérard Oury, il met en scène un film visuellement soigné, truffé de personnages loufoques, de répliques explosives et de gags visuels devenus des classiques. À sa sortie, *Papy* est un énorme succès, malgré la concurrence avec *Le Marginal* de Jean-Paul Belmondo, qui sort le même jour.

Félix : Je vous présente le colonel Vincent, Super-Résistant.
Colonel Vincent : Dois-je vous appeler Super ou Résistant ?
Super-Résistant : Appelez-moi Super, pas de chichis !

Aux détracteurs qui voient d'un mauvais œil cette parodie de la Résistance, le cinéaste offre une réponse implacable : « *Papy* n'est pas un film sur la Résistance, c'est un film sur les films de la Résistance. » ★

Bonus

→ Enceinte au moment du tournage, Marie-Anne Chazel n'a pu rejoindre le casting.

Marche à l'ombre

MICHEL BLANC (1984)

Distribution
Michel Blanc (Denis)
Gérard Lanvin (François)
Sophie Duez (Mathilde)
Mimi Félixine (Marie-Gabrielle)
Jean-François Dérec (le directeur de l'hôtel)
Katrine Boorman (Katrina)
Béatrice Camurat (Martine)
Prosper Niang (Prosper)
Bernard Farcy (M. Christian)
Patrick Bruel (un guitariste du métro)

Scénario : Michel Blanc et Patrick Dewolf
Dialogues : Michel Blanc

Box-office : 6 168 425 spectateurs

De retour à Paris après un « séjour » à l'étranger, Denis et François enchaînent galères et péripéties diverses.

Après de petits rôles chez, entre autres, Bertrand Tavernier (*Que la fête commence*, 1975), Roman Polanski (*Le Locataire*, 1976) et Claude Miller (*La Meilleure Façon de marcher*, également en 1976), Michel Blanc connaît la consécration grâce à son interprétation de l'inénarrable Jean-Claude Dusse dans les deux épisodes des *Bronzés*. En 1983, il entame une nouvelle étape de sa carrière en passant derrière la caméra à l'occasion de *Marche à l'ombre*, qu'il a coécrit avec Patrick Dewolf. Dans sa première réalisation, Michel Blanc endosse le rôle d'un souffre-douleur râleur et hypocondriaque, une sorte de cousin underground du Jean-Claude Dusse des *Bronzés*. On retrouve aussi dans *Marche à l'ombre* la notion de « paire » qui avait si bien fonctionné dans *Viens chez moi, j'habite chez une copine* de Patrice Leconte, tourné trois ans plus tôt. À l'inverse de ce film, dans lequel Gérard Lanvin avait été envisagé pour le rôle finalement tenu par Bernard Giraudeau, c'est Lanvin qui décroche le rôle de François, le compagnon de galère de Denis, qui avait été écrit pour Giraudeau. Gérard Lanvin apporte à la comédie son physique de baroudeur ténébreux et la gouaille pour délivrer les répliques laconiques écrites sur mesure par Michel Blanc. De son côté, Sophie Duez hérite du personnage de Mathilde, pour lequel Michel Blanc avait d'abord songé à Mathilda May.

Système D

Produit par Christian Fechner, le « père » des Charlots et d'un pan entier de la comédie à la française des années 1970, *Marche à l'ombre* renouvelle le genre du *buddy movie*, une formule ayant déjà fait ses preuves dans le cinéma comique hexagonal, du *Corniaud* à *L'Emmerdeur*. Étonnamment, c'est *Macadam Cowboy*, le chef-d'œuvre dramatique de John Schlesinger (1969), qui sert d'inspiration aux déambulations de deux sympathiques marginaux dans le Paris de la première moitié des années 1980, plus précisément celui des squats, de la débrouille et du système D.

Fraîchement débarqués d'Athènes, Denis, créature craintive en proie à une paranoïa carabinée, et François, musicien au sang chaud, remontent à la capitale avec l'ambition de « faire mieux que de s'en sortir ». Leur guide du routard personnalisé les conduit d'hôtels insalubres en squats délabrés, et leurs rencontres débouchent sur des fortunes diverses. Si François rencontre l'amour sous les traits de la danseuse Mathilde, Denis découvre les hallucinations psychotropes causées par l'herbe africaine. Les plans, dont certains pas loin de « foutre les glandes », – comme dans la chanson de Renaud qui sert de leitmotiv musical au film (avec *New York avec toi* de Téléphone) –, se succèdent jusqu'à l'éclaircie finale. Au terme de leurs déboires dans les bas-fonds parisiens, la *skyline* de Manhattan deviendra finalement une réalité, en dépit des sempiternelles complaintes de Denis et d'un avenir incertain dans la Grosse Pomme.

« *Marche à l'ombre* n'est pas un film qui est basé sur des gags tartes à la crème, explique Gérard Lanvin lors du tournage. C'est un film qui se base sur le comique de situation, et ça

François :
Tu supportais pas la chaleur, t'as même fait une insolation dans une boîte de nuit !

François :
À part le fait qu'elle soit coiffée comme un dessous de bras, est-ce qu'elle est bonne sous l'homme, Katrina ?

Denis :
Oui, oh, c'est d'un goût... J'ai pas eu le temps de me rendre compte, figure-toi. Tu fais chier ! Pour une fois que j'ai pas été obligé d'employer la menace.

me ramène au style de comédies dans lesquelles je jouais au café-théâtre avec Coluche et l'équipe du Splendid. La seule différence, c'est que le budget est de 18 millions et qu'on tourne en Cinémascope et en Dolby. *Marche à l'ombre* est un vrai film d'action, d'humour et de tendresse. »

Un cocktail irrésistible qui séduira plus de six millions de spectateurs lors de la sortie du film, en octobre 1984. Néanmoins, Michel Blanc ne reviendra par la suite que par à-coups à la comédie. Il patientera également près de dix ans avant de renouer avec la mise en scène, à l'occasion du très réussi *Grosse fatigue*, co-écrit avec Bertrand Blier. Un peu comme si Michel, égal à son personnage de Denis, avait suivi au pied de la lettre le conseil final de François/Gérard Lanvin : « *Tiens, v'là ton dollar, ta banane mon pote, voilà... Salut, et marche à l'ombre...* » ★

Bonus

→ *Marche à l'ombre* est le premier film réalisé par Michel Blanc. Depuis, le comédien-scénariste-dialoguiste-metteur en scène a dirigé *Grosse fatigue* (1994), *Mauvaise passe* (1999) et *Embrassez qui vous voudrez* (2002).

→ Katrine Boorman qui interprète Katrina est la fille du réalisateur John Boorman (*Délivrance*, *La Forêt d'émeraude*)

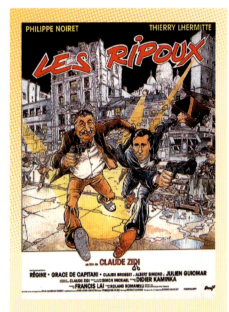

Les Ripoux
CLAUDE ZIDI (1984)

Distribution
Philippe Noiret (René Boisrond)
Thierry Lhermitte (François Lesbuche)
Julien Guiomar (le commissaire Bloret)
Grace de Capitani (Natacha)
Régine (Simone)

Scénario et adaptation
Claude Zidi (d'après une idée originale de Simon Mickaël)
Dialogues : Didier Kaminka

Box-office : 5 882 397 spectateurs

Un inspecteur de police aux méthodes peu orthodoxes initie son jeune collègue à l'art de la magouille policière.

Ripoux, Ripoux contre ripoux, Ripoux 3... Étalée sur dix-neuf ans, la trilogie des *Ripoux* décrit avec humour le quotidien de deux flics de Barbès qui ne crachent pas sur un petit pot-de-vin. C'est pourtant bien loin des trottoirs de la Goutte-d'Or qu'est née une des comédies les plus saluées de l'histoire du cinéma français.

« Je logeais au Carlton pendant le festival de Cannes, raconte Claude Zidi. À l'époque, j'avais un projet avec Gérard Depardieu qui s'appelait *Ma femme me quitte*, et j'apprends qu'il ne pourra pas le faire. Il est midi, je n'ai plus de film. Le même soir, je dîne au Carlton avec Claude Barrois, le monteur de Lelouch. Il était accompagné par son scénariste Simon Mickaël, qui travaillait aussi aux RG. À un moment, Simon parle de ripoux. Le nom me plaît bien et je lui demande de quoi il s'agit. Il me parle de flics qui touchent un peu par-ci par-là pour arrondir leurs fins de mois. Je ne savais pas que ça existait. Il me raconte ensuite quelques anecdotes et je me rends compte très vite qu'on tient là une formidable idée de scénario. On s'est donc mis à l'écrire, juste à partir d'un mot qui a fait tilt : ripoux. »

Comédie policière

Après avoir accompagné les débuts triomphaux des Charlots, participé à *La Course à l'échalote* avec Pierre Richard, choisi entre *L'Aile ou la cuisse* en compagnie de Louis de Funès et aidé des *Sous-Doués* à passer leur bac, Claude Zidi entame l'écriture de sa seconde comédie policière après *Inspecteur la Bavure*.

« Notre premier scénario des *Ripoux*, c'était un peu *Les Charlots au commissariat* et je n'avais pas envie de refaire ça, poursuit Claude Zidi. Pour jouer le rôle de René, on a pensé presque tout de suite à Philippe Noiret. Noiret, ça voulait dire qu'on oubliait le burlesque. Il fallait lui inventer un univers, et l'univers de Noiret, ce sont les chevaux, ce qui amène les courses. Un ripou qui joue aux courses...

Un restaurateur :
Je peux vous offrir un petit cigare ?
René Boisrond :
Pourquoi petit ?

> **François Lesbuche :**
> *La magouille, j'peux plus. J'veux faire honnêtement un métier honnête.*
>
> **René Boisrond :**
> *Tu veux quitter la police ?*

On a trouvé ensuite le lieu où il habitait, un vieux magasin désaffecté, et il vit avec une vieille pute qui n'a plus de clients, au bord d'un canal, dans le vieux Paris de l'accordéon. On a trouvé presque tout le scénario en une demi-heure. La question qu'on se posait, c'était comment un mec qui débarquait d'une école de police pouvait devenir ripou en dix minutes. On avait la moitié du film, l'autre consistait à savoir comment René allait le faire craquer. »

Petites arnaques

Pour interpréter le rôle de François Lesbuche, Claude Zidi et Simon Mickaël engagent Thierry Lhermitte pour une raison purement métaphorique. « On voulait un personnage pur et dur, impeccable, incorruptible... Ce personnage venait d'Épinal, il fallait qu'il ait les yeux bleus à cause de la ligne bleue des Vosges. C'est aussi bête que ça. »

Dans le scénario de Mickaël et Zidi, l'inspecteur René Boisrond arpente depuis vingt ans les rues de Barbès. Bien connu des indics et des petits voyous du quartier, René préfère écouter les courses d'André Théron que les appels d'urgence du central. François Lesbuche, jeune recrue à peine sortie de l'école de police, l'accompagne dans son quotidien où les petites arnaques, les bakchichs et les renvois d'ascenseur n'ont plus de secret pour le débonnaire inspecteur. D'abord rétif aux méthodes peu orthodoxes de son aîné, François va bientôt succomber à la tentation de la corruption sous l'œil distrait du commissaire Bloret (Julien Guiomar).

Le tournage des *Ripoux* débute à Paris en février 1984. Claude Zidi filme ses acteurs en situation dans les artères, les restaurants et les bistrots du 18e arrondissement. Afin de rendre la comédie plus réaliste, la production construit même une réplique du célèbre marché aux voleurs situé sous le quai du métro Barbès-Rochechouart.

« Notre faux marché est devenu un vrai marché aux voleurs : on nous a volé la moitié de ce qu'on avait installé, s'amuse Claude Zidi. On avait aussi installé des faux bonneteaux et les gens voulaient jouer. Personne ne voyait les projecteurs ni les caméras. Lors d'une prise, un type a écarté Noiret pour poser son billet ! »

À l'écran, le tandem comique Noiret-Lhermitte exprime à merveille le décalage entre les générations et leurs méthodes de travail opposées. Encouragée par une écriture à la fois tendre et incisive, soutenue par des seconds rôles solides (Guiomar en commissaire cocaïnomane à son insu et Régine en pute au grand cœur), la comédie policière de Zidi séduira à la fois le public et la profession. Le soir de la 10e cérémonie des César, *Les Ripoux* remporte trois prix, dont celui du meilleur film et du meilleur réalisateur pour Claude Zidi.

« Ce n'est pas un bon souvenir, car j'ai horreur d'être sur scène et j'y suis monté deux fois ce soir-là. Si on me l'avait envoyé par la poste, ça ne m'aurait pas gêné. Et si quelqu'un n'avait jamais pensé aux César, c'était bien moi ! Ce soir-là, il y avait Tavernier, Resnais, Rohmer... J'avais l'impression que c'était un gag. »

Le seul, peut-être, qui aura échappé à la délirante filmographie de Claude Zidi. ★

Bonus

→ Selon une enquête du *Point*, *Les Ripoux* et *La Balance* sont les films préférés des policiers français.

→ Michel Audiard avait été approché par Claude Zidi pour écrire les dialogues des *Ripoux*, mais le dialoguiste, embarqué dans *Canicule* d'Yves Boisset, n'était pas disponible.

→ La série *Les Ripoux anonymes*, commandée par TF1 et réalisée par Claude Zidi et son fils Julien, n'a eu droit qu'à un seul épisode diffusé en février 2011.

Trois hommes et un couffin

COLINE SERREAU (1985)

Distribution
Roland Giraud (Pierre)
Michel Boujenah (Michel)
André Dussollier (Jacques)
Philippine Leroy-Beaulieu (Sylvia)
Dominique Lavanant (Mme Rapons)
Marthe Villalonga (Antoinette)
Annick Alane (la pharmacienne)

Scénario et dialogues : Coline Serreau

Box-office : 10 251 813 spectateurs

L'arrivée impromptue d'un bébé vient perturber l'existence de trois célibataires vivant dans le même appartement.

Le 18 septembre 1985, un bébé de six mois flanqué de trois célibataires endurcis débarque sur les écrans français. Un mois plus tard, Rambo tente de détrôner le mouflet, mais les muscles d'acier de Stallone n'y feront rien. En quelques mois, *Trois hommes et un couffin* devient le plus gros succès français de la décennie.

Après avoir mis du temps à trouver un producteur, Coline Serreau se lance dans la réalisation de son nouveau long-métrage. Elle dispose d'un budget minuscule de sept millions de francs.

« Au départ, j'avais l'image de trois hommes penchés sur un berceau, confie la cinéaste, à la recherche de comédiens aptes à camper les trois apprentis papas. »

Elle propose le rôle de Michel à Daniel Auteuil, qui décide à l'époque de basculer dans un registre plus dramatique : il sera Ugolin dans les films de Claude Berri d'après Marcel Pagnol, *Jean de Florette* et *Manon des sources*. Coline Serreau propose le rôle de Pierre à Guy Bedos, mais le projet met du temps à se monter, et entre-temps le comédien a signé pour une tournée théâtrale. Michel Boujenah, qui rêve de tourner avec la réalisatrice, est abasourdi lorsqu'elle lui propose le rôle de Michel. Après hésitation, la réalisatrice donne le rôle de Pierre à Roland Giraud.

« Au départ, je ne pensais pas qu'il serait si bien dans le rôle, je ne lui avais pas fait complètement confiance, et puis j'ai été surprise : il est très émouvant et très drôle. »

Les horaires de biberon

Après plusieurs refus (Jean-Pierre Bacri, Christophe Lambert, Thierry Lhermitte, Lambert Wilson, Jacques Villeret...), Coline Serreau propose le rôle de Jacques à Jean-Claude Brialy. Mais le producteur Jean-François Lepetit refuse catégoriquement, et André Dussollier hérite finalement du rôle.

Dans un immense appartement parisien du Marais vivent trois hommes qui multiplient les conquêtes féminines : Pierre le publicitaire, Michel le dessinateur de BD, Jacques le steward. Parti trois semaines en Thaïlande, Jacques ignore qu'il est le père d'une petite fille, Marie, que sa maman a déposée devant sa porte. Se retrouvant avec un bébé de six mois sur les bras, la vie quotidienne du trio masculin est chamboulée, et les situations comiques naissent de leur difficulté à s'adapter aux tâches qu'ils croyaient réservées aux femmes. Lors d'une scène inénarrable à la pharmacie, Pierre devient fou devant la multitude de marques de lait maternisé et les vitesses multiples des tétines pour biberon. Plus tard, se débattant avec des couches trop grandes, il peste en voyant les dégâts urinaires du bébé. Face à Mme Rapons de l'agence Seconde Maman (Dominique Lavanant, exceptionnelle), Pierre perd ses nerfs, submergé par un sentiment d'amour maternel pour Marie.

« Le point de vue des hommes vu par une femme est tout à fait subversif et nouveau, raconte la cinéaste, il parle de leur vrai être, de leurs faiblesses, de leurs difficultés à assumer leurs sentiments en même temps que l'image qu'ils doivent donner d'eux-mêmes. »

Roland Giraud se souvient des difficultés de jouer avec les enfants :

« Très souvent, Coline nous disait : "Occupez-vous des gosses, qu'ils s'habituent à vous." Mais ils ne s'habituaient pas à nous du tout, et

> La pharmacienne :
> *Les tétines, normales ou à trois vitesses ?*
>
> Pierre :
> *Ah bon, y a trois vitesses ?*

Le trio gagnant Giraud-Boujenah-Dussollier.

> **Jacques :** *Mais c'est quoi à la fin ce mouflet ?*
> **Pierre :** *Ce mouflet, elle s'appelle Marie, et à ta place je lui cracherais pas trop dessus parce que c'est ta fille !*
> **Michel :** *Et nous, on a autre chose à faire dans la vie que de torcher un nourrisson, même s'il est de toi !*

plus on tournait, plus ils avaient peur de nous. Dès qu'ils nous voyaient, ils pleuraient. Pourtant on n'était pas méchants avec eux. »
Sur le plateau, l'équipe est tributaire du rythme des bébés, des horaires de biberon, de tétée… La star du film, c'est Marie.
« Il y avait ces enfants qu'on était obligé de supporter, d'attendre. Ce qui créait un peu de jalousie de notre part, avoue André Dussollier. Tout le temps qu'on leur accordait était invraisemblable. »

Fous rires

Extrêmement exigeante, Coline Serreau multiplie les prises : « Les acteurs, qui ont travaillé dur, n'étaient pas habitués à ma façon quasi obsessionnelle de chercher l'intonation juste. » Boujenah se souvient avoir recommencé cinquante-deux fois la scène où il mange un sandwich et boit une bière : « Je devenais fou, je crachais entre chaque prise. Coline disait : "Non mon cœur, c'est pas ça, tu reprends." » La réalisatrice a du mal à empêcher les fous rires provoqués par Boujenah, qui chante faux le fameux canon à trois voix d'*Au clair de la lune*. Au contraire, pour faire rire le bébé, les cinquante membres de l'équipe se mettent à faire « gouzi-gouzi » au-dessus du couffin. Le budget initial étant vite dépassé, la tension monte entre le producteur et la réalisatrice, qui parvient à filmer tout ce qu'elle avait prévu. Quant aux comédiens, ils s'attachent petit à petit aux enfants, à l'image des personnages qui ressentent un manque quand la maman vient récupérer Marie.

Phénomène de société

Trois hommes et un couffin devient rapidement un phénomène de société.
« Le film parle des changements qui sont en train de s'opérer entre les femmes, qui savent ce qu'elles ne veulent plus, et les hommes, qui sont en plein désarroi », explique la cinéaste. D'une situation de départ tragique (l'abandon d'un enfant), Coline Serreau réalise un film drôle et touchant. Le bouche-à-oreille est exceptionnel. Intéressés aux entrées, les comédiens et la réalisatrice touchent le pactole. Le film obtient trois Césars : meilleur film, meilleur scénario, meilleur second rôle masculin pour Michel Boujenah. Le conte de fées ne fait que commencer puisque les Américains distribuent le film outre-Atlantique, en font un remake, *Three Men and a Baby* (Leonard Nimoy, 1987) avec Tom Selleck, Steve Guttenberg et Ted Danson, puis une suite, *Three Men and a Little Lady* (Emile Ardolino, 1990). Après avoir refusé de décliner son film en sitcom, Coline Serreau réalise en 2002 une suite : *18 ans après*. Marie est interprétée par la propre fille de la cinéaste. Malgré un budget confortable et la présence du trio magique Boujenah-Dussollier-Giraud, le film essuiera un échec cinglant. ★

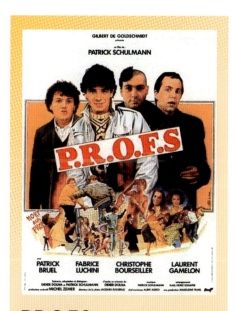

P.R.O.F.S

PATRICK SCHULMANN (1985)

Distribution
Patrick Bruel (Frédéric Game)
Fabrice Luchini (Michel)
Laurent Gamelon (Gérard Biril)
Christophe Bourseiller (Francis Ceze)
Guy Montagné (René Nogret)
Isabelle Mergault (Caroline)
Étienne Draber (Bonnet)
Charlotte Julian (Josiane)
Martine Sarcey (le proviseur)
Jean-René Gossart (Charles Max)

Scénario, adaptation et dialogues
Didier Dolna et Patrick Schulmann
(d'après un scénario original de Didier Dolna)

Box-office : 2 845 580 spectateurs

Dans un lycée de banlieue, un jeune professeur de lettres et ses collègues remettent en question l'enseignement traditionnel.

Conduit par un professeur de lettres aux idées révolutionnaires (Patrick Bruel), un bibliothécaire glandeur (Christophe Bourseiller), un prof de dessin halluciné (Fabrice Luchini) et un professeur de sports parfois extrêmes (Laurent Gamelon), un petit groupe d'enseignants mène une fronde libertaire face à un système éducatif archaïque et dépassé. Leur enthousiasme créatif s'oppose aux méthodes conservatrices de leurs collègues, dont un matheux réac (Guy « bande de p'tits salopards » Montagné), une professeur de physique-chimie bastonneuse (« les meneurs et les petits malins, je leur pète la gueule dès le début de l'année ») et Charles Max, titulaire en histoire-géographie qui affiche une étonnante ressemblance physique avec le leader de la pensée socio-communiste.

Avant P.R.O.F.S, Le Pion et surtout Les Sous-Doués de Claude Zidi étaient récemment passés par la case de la comédie lycéenne. Basé sur une idée de Patrick Schulmann et de Didier Dolna, ancien professeur lui-même, le film se distingue pourtant du lot en inversant son point de vue. Après avoir scruté l'univers des cancres, la parole est donnée cette fois aux enseignants. P.R.O.F.S propose aussi un sous-texte délibérément anar, tout en abordant avec succès plusieurs registres comiques à la fois. Frédéric Game, le professeur interprété par Patrick Bruel, inculque à ses élèves la remise en question et la nécessité de douter des apparences. Pour parvenir à ses fins, il leur impose la lecture d'auteurs imaginaires et, les jours de panne d'oreiller, donne ses cours à distance à l'aide d'une cassette vidéo. Les marques de fabrique du réalisateur de Et la tendresse ?... Bordel ! et de Zig-Zag Story répondent présentes à l'appel, avec une insistante musique synthétique, un sens prononcé du gag visuel (le cours de ski nautique sur béton, une scène de sexe tentaculaire, un cheval qui parle) et un mauvais goût assumé (la métamorphose de Charles Max en Hitler). En bon cinéphile, Patrick Schulmann cite M*A*S*H, la comédie militaire subversive de Robert Altman, au détour d'une séquence de ciné-club. On pense aussi à If, le brûlot estudiantin de Lindsay Anderson (1968), et à l'abrasif Zéro de conduite de Jean Vigo (1933), dont P.R.O.F.S est un réjouissant héritier potache. ★

Bonus

→ La typographie singulière du titre P.R.O.F.S fait écho à celle de M*A*S*H, de Robert Altman (1970).

> Frédéric Game :
> *Crois-moi : parvenir à intéresser même les cons, c'est ce qui demande le plus d'intelligence.*

Fabrice Luchini, Laurent Gamelon, Christophe Bourseiller et Patrick Bruel.

Tenue de soirée
BERTRAND BLIER (1986)

Distribution
Michel Blanc (Antoine)
Gérard Depardieu (Bob)
Miou-Miou (Monique)
Jean-Pierre Marielle (un riche déprimé)
Michel Creton (Pedro)
Jean-François Stévenin (un propriétaire cambriolé)
Mylène Demongeot (l'épouse du propriétaire)
Jean-Yves Berteloot (le gigolo)
Bruno Crémer (l'amateur d'art)

Scénario et dialogues
Bertrand Blier

Box-office : 3 144 799 spectateurs

Négligé par sa fiancée, un homme tombe dans les bras d'un autre homme.

« Pauvre type, espèce de con. T'es vraiment rien qu'une merde. » Jetée à la face du pauvre Michel Blanc par Miou-Miou, la première réplique de *Tenue de soirée* donne le ton de la nouvelle comédie grinçante de Bertrand Blier. Après avoir exploré la facette hétéro de la sexualité mâle dans *Les Valseuses*, le réalisateur de *Calmos* et de *Buffet froid* détourne son objectif pour visiter son versant homosexuel. Rejeté par sa fiancée, Antoine (Blanc) rencontre Bob (Depardieu), un ancien taulard, au cours d'un bal-musette. Fasciné par la tendresse virile du colosse, le jeune homme chétif tombe amoureux de Bob et transforme son couple en détonant ménage à trois.

« *Tenue de soirée* est un sujet que j'avais en tête depuis longtemps, explique Bertrand Blier. Sur le tournage des *Valseuses*, je disais à Gérard, à Patrick (Dewaere) et à Miou-Miou : "Le jour où nos affaires iront mal, on fera *Rimmel*" – le titre initial de *Tenue de soirée*. »

Crue et provocante, la comédie de mœurs de Bertrand Blier a séduit le public – plus de trois millions de spectateurs – autant qu'elle l'a choqué. L'interprétation du trio Blanc-Depardieu-Miou-Miou est stupéfiante, et la première heure de *Tenue de soirée* atteint des cimes vertigineuses. Dans la lignée des meilleures séquences lunaires et surréalistes de la filmographie de Blier, la scène du repas improvisé au domicile d'un aristocrate déprimé (Jean-Pierre Marielle) rejoint les déambulations nocturnes de *Buffet froid* et l'intrusion de Mozart dans le pavillon de banlieue de *Préparez vos mouchoirs*. Néanmoins, le dernier tiers de *Tenue de soirée* souffre d'une baisse de régime significative. Une sombre actualité est venue perturber la vision initiale de Bertrand Blier. L'onde sismique du sida est venue s'immiscer dans la mécanique narrative du réalisateur, contraint d'adoucir la conclusion de son récit. Lors du plan final, Blanc et Depardieu, devenus travestis du trottoir pour le compte d'un mac (Michel Creton), évoquent l'enfant qu'attend Miou-Miou. Rythmé par le lyrisme égrillard des dialogues de Blier et le piano de Gainsbourg, *Tenue de soirée*, malgré cette concession de dernière minute, constitue une des comédies les plus emblématiques des années 1980. Un « putain de film », comme le proclame à juste titre son affiche. ★

Bonus

→ Bertrand Blier avait écrit le rôle d'Antoine pour Bernard Giraudeau.
→ Michel Blanc a remporté le Prix d'interprétation masculine au festival de Cannes 1986.

Michel Blanc et Gérard Depardieu.

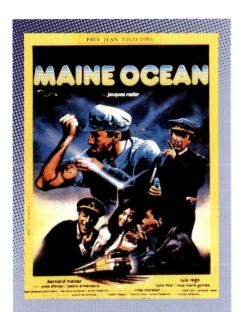

Le Garrec :
Je suis le roi de la samba !

Maine Océan

JACQUES ROZIER (1986)

Distribution
Bernard Menez (le contrôleur Le Garrec)
Luis Rego (le contrôleur Pontorseau)
Yves Afonso (Marcel Petitgas)
Rosa-Maria Gomes (Dejanira)
Lydia Feld (l'avocate)
Pedro Armendáriz Jr. (l'imprésario)
Bernard Dumaine (le juge)
Jean-Jacques Jelot-Blanc (le reporter)

Scénario et dialogues
Lydia Feld et Jacques Rozier

Box-office : 134 955 spectateurs

La rencontre improbable entre une danseuse brésilienne, une avocate, deux contrôleurs SNCF et un marin breton.

Jacques Rozier est un cas à part chez les cinéastes de la nouvelle vague. Révélé en 1961 avec *Adieu Philippine*, il ne tournera que quatre autres longs-métrages. En 1980, il écrit avec Lydia Feld un scénario de téléfilm baptisé *Les Flonflons du Maine-Océan*, dont le personnage est un musicien. Le projet n'aboutit pas. En 1984, le cinéaste rencontre Paolo Branco. « Quand Rozier est venu me voir pour *Maine Océan*, je lui ai dit : "Je vous produis si on commence le tournage le 16 janvier." Sans cette folie de ma part, sans le bluff de cette date butoir, j'aurais grossi la liste des producteurs à avoir essayé en vain de faire un film avec Rozier. »

Ces propos résument bien l'état d'esprit d'un cinéaste réputé ingérable. Branco impose huit semaines de tournage à Rozier, qui tournera malgré tout vingt minutes supplémentaires en une seule journée. Loin de la construction implacable des comédies de Francis Veber, le cinéaste cherche à capter l'imprévu. Il donne les scènes aux comédiens la veille du tournage et les laisse improviser, traquant le comique dans le réel.

Fantaisie brésilienne

Une Brésilienne prend place dans le train Paris – Nantes – Saint-Nazaire de 17 h 27, le Maine-Océan. Parce qu'elle n'a pas composté son billet, deux contrôleurs zélés tentent de lui faire payer un supplément, mais la barrière de la langue complique toute communication. Heureusement, une avocate un peu fantasque propose ses services de traductrice. Rozier tourne dans une voiture accrochée en queue de train. Résultat : une séquence irrésistible, dans laquelle la *vis comica* de Luis Rego et Bernard Menez, confrontée à la beauté brésilienne et à la fantaisie de sa nouvelle amie, donne le ton d'une comédie atypique.
Pour être à la hauteur du rôle de Petitgas, Yves Afonso part côtoyer les marins de l'île d'Yeu, parle leur patois incompréhensible et les invite à participer au tournage. Habitué du cinéaste depuis *Du côté d'Orouët*, Menez campe un personnage drôle (il bougonne en anglais avec un fort accent français), attendrissant (la scène de beuverie avec Petitgas, qui rappelle celle de *Fric-Frac* entre Michel Simon et Fernandel) et naïf (il croit que l'imprésario fera de lui une vedette). Accaparé par le théâtre en semaine, Luis Rego tourne ses scènes le week-end. Rosa-Maria Gomes a été repérée parmi les danseuses de samba qui s'agitent derrière Menez lorsqu'il chante son tube *Jolie poupée*. Comédienne et scénariste, Lydia Feld est surtout le garde-fou du cinéaste. Seul langage compris par tous, la musique brésilienne donne à cette aventure humaine multiculturelle un air de fête. Le seul film de Rozier normalement distribué deviendra son plus gros succès avant d'obtenir le prix Jean Vigo en 1986. ★

Bonus

➜ Dans la fin prévue à l'origine, Le Garrec devait rejoindre Pontorseau à la gare de Nantes, et reprendre son train-train de contrôleur, après avoir vu ses rêves se briser.

Twist Again à Moscou

JEAN-MARIE POIRÉ (1986)

Distribution
Philippe Noiret (Igor Tataïev)
Christian Clavier (Iouri)
Martin Lamotte (Boris Pikov)
Bernard Blier (Alexeï)
Agnès Soral (Tatiana Féodorova)
Jacques François (Maréchal Léonide Bassounov)
Marina Vlady (Natacha Tataïev)
Anaïs Jeanneret (Katrina Tataïev)
Roland Blanche (Sergueï Leontiev)

Scénario et dialogues : Christian Clavier, Martin Lamotte, Jean-Marie Poiré

Box-office : 1 361 683 spectateurs

En 1984 en Russie, un jeune dissident et sa fiancée, une célèbre chanteuse de rock, sont recherchés par le KGB. Ils demandent aide et asile à un riche bourgeois installé par le Parti à la tête d'un grand hôtel moscovite.

Bâtiments gris gigantesques, atmosphère étouffante, magouilles, troc, marché noir, rock'n'roll et chapkas... Nous sommes dans la Russie communiste d'avant la chute du mur de Berlin, et c'est dans ce décor impensable que Jean-Marie Poiré décide d'emmener sa galerie de personnages plus loufoques les uns que les autres. Il fait se confronter deux générations de comédiens : Bernard Blier et Philippe Noiret d'un côté, Christian Clavier et Martin Lamotte de l'autre. Et tous ces acteurs français jouent en français des personnages russes. Ambiance ! Au départ, le film devait être produit par Claude Berri, l'histoire était celle d'un steward pris dans un trafic, et Poiré avait proposé le rôle principal à Pierre Richard... qui ne voulait pas se faire couper les cheveux. C'est finalement Philippe Noiret qui accepte de faire le film car il trouve le réalisateur sympathique.

Jean-Marie Poiré a l'idée du film un jour en Allemagne.

« Je visitais Berlin-Est avec des amis, on faisait la queue pour prendre le métro, et brusquement je vois un homme très distingué avec un beau manteau de fourrure, une écharpe sublime, deux énormes sacs bourrés d'affaires et un porte-cartes entre les dents avec une carte Gold, une carte Diner's Club et la carte du Parti communiste. Il traverse la foule en criant "Achtung !", quelqu'un le bouscule et une douzaine de cassettes d'*Emmanuelle* tombent par terre. »

Un coup du KGB ?

Pour nourrir le scénario, le cinéaste part en Russie avec Clavier et Lamotte. Afin de passer la frontière, ils laissent aux douaniers quelques babioles (stylos Bic, parfums, bas nylon...), tandis qu'on leur propose du caviar au marché noir juste à côté. Ils se rendent vite compte que tout un monde parallèle existe à l'Est, extrêmement gai et sympathique. Désirant louer un taxi, le trio obtient finalement un car en échange de trois cartouches de cigarettes. Ils parviennent à visiter des lieux interdits contre un flacon de parfum. « C'était encore un univers de délation et de surveillance permanente mais plus personne n'y croyait, et on s'est aperçu qu'il y avait un tel point de vue critique et désespéré qu'il y avait moyen de faire une vraie comédie », raconte Christian Clavier. À la lecture du scénario, Marina Vlady pense qu'un dissident soviétique est intervenu dans l'écriture, tellement il est proche de la réalité.

Comme il est impossible de tourner en Russie à cette époque, l'équipe part en Yougoslavie, dont l'architecture est très proche de celle des grandes villes russes. Le tournage est ponctué de nombreux rebondissements. L'équipe se plaignant de la nourriture, Philippe Noiret et ses partenaires instaurent une amende de cinq francs chaque fois que quelqu'un se plaint. Un jour, Martin Lamotte est puni suite à un regard qui en disait long. Avec l'argent de la caisse, Noiret organise pour toute l'équipe un festin à base de produits qu'il fait venir de France. L'ingénieur du son se fait arrêter par la police

> Mamiska :
> *On va finir au goulag, le KGB nous recherche...*
>
> Iouri :
> *Calmez-vous Mamiska, le KGB est aussi lent et mou que le reste du pays. Alors le temps qu'il vous trouve, ça laisse une bonne semaine pour réfléchir.*

qui le prend pour un espion, alors qu'il enregistrait simplement le bruit d'un tramway. Un jour, lors d'une scène tournée dans la toundra à –25 °C, survient une panne d'eau, d'électricité et de chauffage : l'équipe pense que c'est un coup du KGB. Fausse alerte.
Inspiré par Charlie Chaplin dans *Le Dictateur* (1940), Jean-Marie Poiré invente une scène baroque délirante dans laquelle Bernard Blier et Jacques François se battent à l'aide d'une faucille et d'un marteau gonflables de taille XXL au bord d'une piscine. Malgré leur anthologique baiser sur la bouche « à la russe », les relations sont tendues entre Jacques François et Bernard Blier. Les anciens (Blier, Noiret, François) sont obligés de suivre le rythme frénétique imposé par les plus jeunes (Clavier, Lamotte, Soral). Du concert de rock clandestin à la poursuite en troïka, en passant par les colères irrésistibles de Pikov (Lamotte, exceptionnel) et le show de Bernard Blier en crooner soviétique, les situations comiques s'enchaînent à un tempo infernal durant quatre-vingt-dix minutes.

Succès clandestin

En fin de tournage, la température monte brusquement de –14 °C à 28 °C, la neige se met à fondre, si bien que l'équipe part tourner en Haute-Savoie. Lors d'une scène avec un avion, au cours de laquelle l'hélice doit exploser, les acteurs échappent de peu à la mort : au dernier moment, le réalisateur a une intuition et remplace les acteurs par des mannequins. L'hélice part comme une fusée et les mannequins finissent en tas de cendre.
Malgré l'échec commercial dû au budget pharaonique du film (il a coûté deux fois plus cher que *Les Visiteurs*) et à son faible résultat au box-office français, *Twist Again à Moscou* a acquis au fil des ans le statut de film culte. Selon Jean-Marie Poiré, « il manquait sans doute une clé pour comprendre le film car l'univers soviétique était difficile à décoder, contrairement à celui de *Papy fait de la résistance* ». Certains spectateurs sont gênés par le fait que des Russes soient joués par des acteurs français qui parlent français. La majorité des médias français de l'époque parlent d'anticommunisme primaire. Le film a pourtant eu un gros succès en cachette en Russie, y compris auprès des autorités soviétiques, ainsi qu'en Allemagne où l'on était au courant de ce qui se passait derrière le rideau de fer. ★

Bonus

➜ C'est Moustique, le photographe de plateau du film, qui a inspiré à Jean-Marie Poiré le personnage de Dany (Jean-Pierre Darroussin) dans *Mes meilleurs copains*.

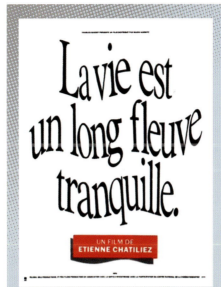

La Vie est un long fleuve tranquille
ÉTIENNE CHATILIEZ (1988)

Distribution
Benoît Magimel (Maurice Le Quesnoy / Momo Groseille)
Hélène Vincent (Marielle Le Quesnoy)
André Wilms (Jean Le Quesnoy)
Christine Pignet (Mme Groseille)
Maurice Mons (M. Groseille)
Patrick Bouchitey (le père Aubergé)
Catherine Jacob (Marie-Thérèse)
Catherine Hiegel (Josette)
Daniel Gélin (le docteur Mavial)
Valérie Lalonde (Bernadette Le Quesnoy)
Tara Römer (Million Groseille)
Jérôme Floch (Toc-Toc Groseille)
Emmanuel Cendrier (Paul Le Quesnoy)

Scénario et dialogues
Étienne Chatiliez et Florence Quentin

Box-office : 4 088 009 spectateurs

Un échange de berceaux à la maternité modifie le destin de deux enfants et bouleverse leurs familles respectives.

La publicité mène à tout, à condition de pouvoir en sortir. Étienne Chatiliez, le *wonderboy* des campagnes Eram (souvenez-vous : « Il faudrait être fou pour dépenser plus ! »), passe à l'écriture et à la réalisation cinématographique en 1987 avec l'inexpérience la plus totale. Son challenge tient en quelques mots : après avoir fait rire le spectateur pendant trente secondes

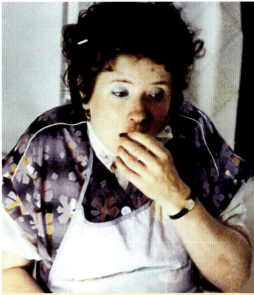

Marie-Thérèse :
Mais madame j'vous jure que j'attends un bébé là, ça c'est sûr, hein… mais que je n'ai jamais couché avec un garçon !

avec un spot publicitaire, comment réussir à le faire rire pendant quatre-vingt-dix minutes avec un film ? En compagnie de Florence Quentin, apprentie scénariste et ancienne assistante de Maurice Pialat sur *À nos amours*, Chatiliez imagine les destins croisés de deux familles d'origines sociales diamétralement opposées. D'un côté, les Le Quesnoy, bourgeois catholiques pratiquants et coincés, où l'on porte des jeans repassés le dimanche et où l'on se vouvoie à table. De l'autre, les Groseille, famille tuyau de poêle tout droit sortie d'*Affreux, sales et méchants*, échantillon de la France d'en bas entassé dans un F2 aux murs décorés par les couvertures alarmantes d'*Ici Paris* (« Linda de Suza : le terrible secret »).

Séjour d'écriture

Quelques éléments autobiographiques viennent s'ajouter au récit. Le nord de la France, dont est originaire Étienne Chatiliez, et la disparité entre les couches sociales dont a été témoin lors de sa jeunesse le futur réalisateur de *Tatie Danielle* et *Le bonheur est dans le pré*. Les éléments du scénario se mettent progressivement en place, mais Chatiliez et Quentin ignorent encore le lien qui va réunir les Groseille et les Le Quesnoy. Le duo décide alors de s'octroyer un séjour d'écriture à Porquerolles. Étienne Chatiliez et Florence Quentin ont emporté dans leurs bagages des dizaines d'ouvrages consacrés à l'élaboration de scripts et de scénarios. Ils n'en

Marielle Le Quesnoy :
C'est lundi, c'est ravioli !

ouvriront aucun, car le chaînon manquant entre les deux familles sera rapidement trouvé…

Le ver dans le fruit

La vengeance est un plat qui se mange froid, et il est encore meilleur lorsqu'il est surgelé. L'infirmière Josette (Catherine Hiegel) est amoureuse du docteur Mavial (Daniel Gélin), un médecin-accoucheur, avec qui elle entretient une liaison adultère. Lors d'un réveillon de Noël, celui-ci l'abandonne lâchement pour retrouver son épouse. Ivre de rage, Josette se rend à la maternité et échange les bracelets de deux enfants qui viennent de naître. Douze ans plus tard, suite à une nouvelle provocation du docteur Mavial, l'infirmière révèle l'affaire aux deux familles. Maurice (alias Momo) est alors recueilli chez les bourgeois en peignoirs à carreaux, qui ne se doutent pas que le ver vient de s'installer dans le fruit.

Josette :

Mon pauvre Louis. Ah, tu ne pourras pas la remplacer ? Ton chagrin faisait peine à voir au cimetière. En effet, ce jour est à marquer d'une pierre blanche : non seulement tu as perdu ta chère épouse, mais aussi ton métier, ta renommée, ta vie, et je vais t'écraser comme une merde !

Ci-contre : Daniel Gélin.

Contrairement à ce qu'indique le titre du film d'Étienne Chatiliez, les Le Quesnoy réaliseront bientôt que la vie *n'est pas* un long fleuve tranquille.

Jésus revient

Cette comédie sociale et grinçante doit une grande partie de son succès au style décapant de Chatiliez, mais aussi à son casting composé majoritairement d'inconnus du grand écran. À l'exception de Daniel Gélin, vu chez Delannoy et Hitchcock, le long-métrage révèle André Wilms, acteur de théâtre « exigeant » dans le rôle d'un bourgeois collet monté, et Benoît Magimel qui, à l'âge de treize ans, est épatant dans le rôle de Maurice Groseille/Le Quesnoy. Deux autres personnalités du cinéma comique hexagonal explosent également au grand jour, dont Catherine Jacob pour son interprétation de Marie-Thérèse, bonne à tout faire dotée d'un solide accent compiégnois. Avec Catherine Jacob, Patrick Bouchitey est l'autre grande révélation du film : sa performance renversante de ravi de la crèche dans la peau du père Aubergé est aussi culte que la chanson *Jésus revient*, une bondieuserie terminale jouée à la guitare douze cordes comme si Jimi Hendrix et Mick Jagger avaient rejoint les Petits Chanteurs à la Croix de Bois.

« C'est un film qui fait rigoler violemment sur des choses profondes », commentera Étienne Chatiliez des années après le triomphe inattendu de *La vie est un long fleuve tranquille*, qui récoltera quatre millions d'entrées lors de sa sortie.

La chance du débutant ? Une tatie acariâtre, un chef d'entreprise à la mémoire fragile et un adolescent attardé de vingt-huit ans allaient bientôt prouver le contraire. ★

Bonus

→ *La Vie est un long fleuve tranquille* a remporté quatre Césars en 1989 : celui du meilleur second rôle féminin pour Hélène Vincent, du meilleur espoir féminin pour Catherine Jacob, du meilleur premier film et du meilleur scénario original pour Étienne Chatiliez et Florence Quentin.
→ Jean Yanne était le premier acteur pressenti pour interpréter le rôle du docteur Mavial.

Mes meilleurs copains

JEAN-MARIE POIRÉ (1988)

Distribution
Gérard Lanvin (Richard Chappoteaux)
Christian Clavier (Jean-Michel Tuilier)
Jean-Pierre Bacri (Éric Guidolini alias Guido)
Philippe Khorsand (Antoine Jobert)
Jean-Pierre Darroussin (Daniel Peccoud alias Dany)
Louise Portal (Bernadette Legranbois)
Marie-Anne Chazel (Anne)
Yolande Gilot (Carole)

Scénario et dialogues
Jean-Marie Poiré et Christian Clavier

Box-office : 358 394 spectateurs

À l'occasion du passage en France de Bernadette, une vedette du rock qu'ils ont aimée autrefois, cinq copains quadragénaires se retrouvent le temps d'un week-end à la campagne. L'occasion de régler de vieux comptes.

« Nous voulions changer le monde, mais le monde nous a changés ! » déclare un des protagonistes de *Nous nous sommes tant aimés* d'Ettore Scola. Après trois collaborations cinématographiques fructueuses (*Le Père Noël est une ordure, Papy fait de la résistance, Twist Again à Moscou*), le duo Clavier-Poiré part à la recherche de nouvelles idées. La chanteuse et leader des Pretenders, Chrissie Hynde, avait fait partie, en 1973, du groupe de Jean-Marie Poiré, les Frenchies, puis l'avait quitté. En découvrant cette histoire, Christian Clavier propose à Poiré d'en faire un film. Ils définissent ainsi le sujet : comment réagiraient les membres du groupe si Chrissie Hynde revenait ? Marqués par le film de Scola, qui suit de 1945 à 1975 le destin de trois amis que la vie sépare puis réunit, ils en retiennent la trame et l'adaptent à leurs propres souvenirs de jeunesse pour en faire une comédie.

Les Frenchies

À la toute fin des années 1960, Jean-Marie Poiré vit aux États-Unis, où il tourne notamment des films psychédéliques et érotiques en super-8. Critique new-yorkais influent, Jonas Mekas remarque les œuvres expérimentales du jeune hippie aux *platform shoes* à paillettes, contribuant ainsi à la notoriété du jeune Poiré. Ce sont ces films super-8, aujourd'hui disparus, qui ont été reconstitués à l'identique dans *Mes meilleurs copains*. Après son escapade américaine où il côtoie le groupe glam-rock The New York Dolls, Poiré rentre en France au début des années 1970 et monte son propre *band* : les Frenchies. Il est alors débauché par un producteur de United Artists, qui le lance en solo sous le nom de Martin Dune. Tant pis pour le

groupe… et tant pis pour lui puisque le disque fait un bide !

Dans *Mes meilleurs copains*, Bernadette Legranbois est débauchée par le producteur Lou Bill Baker qui, bien entendu, veut se passer du groupe. Un peu plus de dix ans après la réussite d'*Un éléphant ça trompe énormément* et *Nous irons tous au paradis*, Clavier et Poiré posent à leur tour un regard nostalgique et drôle sur leur propre passé à travers cinq personnages masculins qui, au contact de la femme qui a marqué leur jeunesse, révèlent leurs failles secrètes et règlent leurs comptes. « Je suis allé voir Christian Fechner , se souvient Poiré, et je lui ai dit : "On va faire un film avec Clavier, Lanvin et Bette Midler… le tout en anglais !" »

Jean-Pierre Darroussin, Gérard Lanvin, Jean-Pierre Bacri, Louise Portal, Philippe Khorsand et Christian Clavier.

> Dany :
> *Faut dire qu'il est bon ce rouge, hein, il s'boit comme de la p'tite bière.*
> Richard :
> *Ouais, t'es gentil pour la p'tite bière. Saint-émilion 71…*
> *Si tu préfères la bière, y en a plein le frigo.*

Le producteur refuse un film en anglais et suggère Diane Dufresne. Les deux scénaristes se rendent chez la chanteuse, qui habite au-dessus d'une station-service dans la banlieue ouvrière de Montréal. « En la voyant avec une voilette comme celle de ma grand-mère, on s'est dit que ça ne fonctionnerait pas. » Après un casting montréalais, Louise Portal est finalement engagée. Initialement, le rôle de Guido était écrit pour Thierry Lhermitte, et celui de Dany pour Michel Blanc. Suite aux refus des deux membres du Splendid, Jean-Pierre Bacri devient Guido, et après avoir longtemps hésité entre Patrick Bouchitey et Gilles Gaston-Dreyfus, le réalisateur choisit Jean-Pierre Darroussin pour interpréter l'homme au perfecto : « Je ne voulais pas me tromper sur ce rôle car c'était mon préféré. » Le personnage est inspiré de Mimiche de Montreuil (guitariste solo des Frenchies) pour sa dégaine de rocker, et de Moustique (photographe de plateau sur *Twist Again à Moscou*) pour son côté lunaire et sa façon de parler.

« Moustique est une des personnes qui m'ont fait le plus rire dans ma vie, raconte Poiré. En vérité, Dany est le rôle principal, car c'est lui qui a la philosophie du film à la fin : "Faut pas vous biler les gars, je serais jamais parti sans vous" ». Le film ne disposant que d'un petit budget, le tournage s'avère éprouvant. Le réalisateur n'aime pas la maison, le climat est épouvantable et l'équipe s'enfonce jusqu'à mi-cuisse dans la boue du jardin. Sur le plateau, des clans se forment. Le chef opérateur devient soudainement caractériel et le cadreur est tellement mauvais que Poiré prend sa place.

« J'ai eu aussi un clash avec Bacri parce qu'il ne jouait pas exactement comme j'avais envisagé, alors qu'il avait été génial à la première lecture. Je l'ai engueulé publiquement, je le regrette, et je m'en excuse auprès de lui. J'étais producteur pour la première fois, j'avais mis tout mon argent dans ce film, pour moi l'enjeu était terrible. »

Y'a pas mort d'homme…

Le cinéaste filme néanmoins avec amusement cette joyeuse troupe qui ressasse ses souvenirs d'espoir et d'insouciance. Pour la scène hilarante de théâtre de rue engagé, Poiré mélange les gestes ridicules des pièces de Marc'O avec les poèmes de Diane di Prima, poétesse américaine révolutionnaire gauchiste. À l'heure du bilan dans la maison de campagne de Richard, les personnages s'affrontent à coup de répliques cinglantes. La bande-son alterne les classiques du rock (*Walk on the Wild Side* de Lou Reed, *With a Little Help from My Friends* interprétée par Joe Cocker), avec des compositions de Michel Goglat et de Poiré lui-même (*Révolution*).

À sa sortie, le film est un échec commercial. Poiré en est très affecté et se lance alors avec Clavier dans une série de comédies d'aventures, très loin de l'intimisme de *Mes meilleurs copains* ou de son premier film, *Les Petits Câlins* (1978). Il faudra attendre les rediffusions télé pour que le public découvre le film et l'aime. Aujourd'hui, les dialogues sont connus par cœur, comme ceux des *Bronzés* ou du *Père Noël*, et le mythique "Y'a pas mort d'homme" de Dany est entré dans le langage courant. ★

Bonus

→ Jean-Marie Poiré interprète M. Lagache qui, sur son vélo, prononce une phrase totalement incompréhensible.

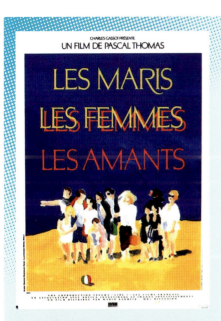

Les Maris, les Femmes, les Amants

PASCAL THOMAS (1989)

Distribution
Jean-François Stévenin (Martin)
Catherine Jacob (Marie-Françoise Tocanier)
Michel Robin (Tocanier)
Daniel Ceccaldi (Jacques)
Hélène Vincent (Odette)
Émilie Thomas (Émilie)
Clément Thomas (Clément)
Guy Marchand (Bruno)

Scénario
Pascal Thomas et François Caviglioli

Box-office : 540 772 spectateurs

Pendant que les maris sont en vacances sur l'île de Ré avec les enfants, les femmes sont à Paris et travaillent.

Huit ans après *Celles qu'on n'a pas eues*, Pascal Thomas revient enfin au cinéma avec un divertissement à la fois intimiste et burlesque, dans le cadre idyllique d'une île de Ré pas encore envahie par les bobos. En mai 1987, le cinéaste saisit son grand carnet à croquis et y écrit le titre d'un film : *Les Maris, les Femmes, les Amants*. Une semaine et trois cents pages plus tard, il invite François Caviglioli à retravailler le scénario afin de le réduire. De trois cents, ils passent à quatre cent cinquante pages ! La production démarre quand même, et Pascal Thomas emmène son équipe sur l'île de Ré où, enfant, il passait ses vacances. Il filme le pont en pleine construction et le dernier bac, détruit un an plus tard.

« Il me paraissait important de fixer le charme d'un lieu appelé bientôt à disparaître », commente le réalisateur.

État de grâce et vis comica

Au fil du tournage, le cinéaste fait apparaître ou disparaître des personnages, développe certains rôles : au lieu des trois jours prévus, Michel Robin reste trois semaines. Venue accompagner sa sœur au casting, Ludivine Sagnier séduit le cinéaste, qui l'engage.

« On retire beaucoup du plaisir à faire du cinéma en voulant tout régler à l'avance », avoue Pascal Thomas, qui laisse les comédiens s'épanouir, tout en mettant en forme ce qu'ils proposent. « L'essentiel est de saisir les moments de bonheur, les instants magiques de la vie, d'être en état de grâce. »

À l'image de la scène joyeusement improvisée où tous chantent autour du piano le fameux *Via Con Me* de Paolo Conte.

Dans ce ballet virevoltant où chaque réplique rivalise de drôlerie, on croise Jacques le pharmacien pontifiant, Bruno le cocu flamboyant, Martin le distrait...

« Nous avons tenté de conduire notre vingtaine de personnages principaux au terme du film sans en négliger ou en privilégier aucun », dit le cinéaste, qui entrecroise habilement plusieurs histoires avec une joie et un humour contagieux. « Jean-François Stévenin devait jouer un personnage équilibré. Le premier jour de tournage, il est arrivé complètement bourré, détruit par la violence avec laquelle Pialat l'avait viré du plateau de *Sous le soleil de Satan*. »

Mais comme le répète Martin : « Les vrais problèmes sont à Beyrouth. » Parmi cette troupe délicieuse, Clément, le fils du metteur en scène, se révèle un jeune premier de comédie élégant et tendre. Et la *vis comica* de Catherine Jacob est dévastatrice. Film solaire truffé de gags extravagants (Odette et son amoureux obligés de faire l'amour dans un placard), de scènes de groupe joyeuses (pêche aux anguilles, balades à vélo) et de drames (Jacques découvre que sa femme le trompe), *Les Maris, les Femmes, les Amants* jouit d'une liberté de ton qui fait aimer la vie et le cinéma de Pascal Thomas. ★

> Jacques :
> *Dis-toi bien ça Bruno !*
> *Dans un couple français, il y a toujours au moins trois personnes. Sociologique !*

Les autres comédies marquantes des années 1980

Signé Furax
MARC SIMENON (1981)
Avec Bernard Haller, Jean Le Poulain, Jean-Pierre Darras, Michel Galabru, Gérard Loussine.
Transposition cinéma du feuilleton radiophonique culte de Francis Blanche et Pierre Dac. Un casting *all stars* (Galabru, Coluche, Desproges, Tchernia...) pour un monument absurde réalisé par le fils de Georges Simenon. Un festival de jeux de mots couronné par l'hymne reggae *Des figues, des bananes, des noix*, interprété par le Grand Babu en personne !

Les Hommes préfèrent les grosses
JEAN-MARIE POIRÉ (1981)
Avec Josiane Balasko, Luis Rego, Dominique Lavanant, Daniel Auteuil, Ariane Lartéguy.
La vie en colocation d'un mannequin et d'une fille au physique ingrat. Regrettant d'avoir relégué le personnage de Balasko au second plan dans *Les Petits Câlins* (1978), Poiré est heureux de lui offrir ici le rôle principal. Écrite d'après une idée de Balasko, cette comédie aux dialogues étourdissants et au casting impeccable suit avec délectation les déboires de Lydie qui, de flops amoureux en cure d'amaigrissement douteuse, parvient à faire briller ses rondeurs aux yeux de Daniel Auteuil. Un must !

Psy
PHILIPPE DE BROCA (1980)
Avec Patrick Dewaere, Anny Duperey, Michel Creton, Catherine Frot.
Un psychologue soixante-huitard organise des thérapies de groupe dans sa villa campagnarde. Le retour inopiné d'une ancienne fiancée va bouleverser le quotidien et les convictions d'un psy aux méthodes thérapeutiques douteuses. Un des meilleurs rôles comiques de Patrick Dewaere dans un huis clos rural inspiré de la bande dessinée de Gérard Lauzier. Délectable aussi pour son aréopage de patients déboussolés interprétés par Catherine Frot, Jean-Pierre Darroussin et Dominique Besnehard.

Celles qu'on n'a pas eues
PASCAL THOMAS (1981)
Avec Michel Aumont, Daniel Ceccaldi, Michel Galabru, Bernard Menez, Jacques François.
Renouant avec les films à sketches chers au cinéma italien qu'il affectionne, Pascal Thomas réunit un casting ébouriffant dans un train, invitant chacun à raconter ses exploits ou échecs amoureux. « C'est très bien engagé, mais je sens que vous allez commettre quelques sottises ! » commente Galabru à l'écoute des prouesses sexuelles de Menez. Les personnages se prennent au jeu des récits tragiques ou comiques, toujours dédramatisés par la légèreté de la mise en scène et la finesse des dialogues.

Clara et les chics types
JACQUES MONNET (1981)
Avec Isabelle Adjani, Daniel Auteuil, Josiane Balasko, Christophe Bourseiller, Christian Clavier, Thierry Lhermitte, Marianne Sergent.
La rencontre de six Grenoblois avec Clara va perturber leur week-end à Paris. Écrite par Jean-Loup Dabadie, cette comédie intelligente sur des trentenaires refusant de quitter l'adolescence n'a pas eu le succès escompté. Pourtant on s'attache à ces personnages réunis par l'amour de la musique (signée Michel Jonasz). Il est temps de redécouvrir cette troupe réjouissante, témoin d'une époque pas si lointaine.

Le Coup du parapluie
GÉRARD OURY (1980)
Avec Pierre Richard, Valérie Mairesse, Christine Murillo, Gérard Jugnot, Gordon Mitchell.
Deux ans après *La Carapate*, le réalisateur de *La Grande Vadrouille* retrouve l'acteur du *Grand Blond*. Un comédien se retrouve malgré lui au centre d'une périlleuse mission mafieuse. Une parodie de thriller où les parapluies empoisonnés sont aussi stupéfiants que les imprévisibles inventions burlesques de Gérard Oury. On s'y marre comme des baleines.

La Soupe aux choux
JEAN GIRAULT (1981)
Le roman comico-SF de René Fallet mis en scène par Jean Girault, avec Louis de Funès dans le rôle du Glaude, Jean Carmet dans celui du Bombé et Jacques Villeret dans celui de la Denrée, l'extraterrestre de la planète Oxo, accro à la soupe aux choux. Une comédie culte dans les cours de récréations grâce à ses flatulences cosmiques et au langage glougloutant de Villeret. La scène d'adieu de Louis de Funès à sa partenaire est aussi une des plus émouvantes de la carrière du comique survolté.

Pourquoi pas nous ?
MICHEL BERNY (1981)
Avec Aldo Maccione, Dominique Lavanant, Gérard Jugnot, Maurice Biraud, Henri Guybet.
Rencontre amoureuse improbable entre une libraire et un catcheur. Duo inattendu pour une comédie attachante tirée du roman éponyme de Patrick Cauvin. Complexé par ses poils qui le font ressembler à un animal, Marcello, alias Cromagnon, est timide avec les femmes, jusqu'au jour où il passe par-dessus les cordes du ring et casse la jambe de Jacqueline, dont il tombe amoureux. Les situations comiques naissent des difficultés à séduire la jeune femme, célibataire endurcie. Michel Berny réalise une comédie pleine de drôlerie et de sentiments.

Pour 100 briques, t'as plus rien !
ÉDOUARD MOLINARO (1982)
Avec Daniel Auteuil, Gérard Jugnot, Anémone, Jean-Pierre Castaldi, François Perrot.
Un après-midi de chien à la française, tiré de la pièce de Didier Kaminka et réalisé par Édouard Molinaro. Braqueurs amateurs d'une agence bancaire, Daniel Auteuil et Gérard Jugnot, la paire des Héros n'ont pas froid aux oreilles (Charles Némès, 1979), sympathisent avec les otages jusqu'à partager la rançon exigée aux autorités. Mitraillettes en plastique et bons mots en rafales pour une épatante parodie de thriller policier.

Signes extérieurs de richesse
JACQUES MONNET (1983)
Avec Claude Brasseur, Josiane Balasko, Jean-Pierre Marielle, Charlotte de Turckheim.
Le réalisateur de Clara et les chics types change sa caméra d'épaule pour une comédie sociale opposant le patron prospère d'une clinique vétérinaire (Brasseur) et une redoutable agent du fisc (Balasko). Une réflexion amusante sur le pouvoir de l'argent, avec un Jean-Pierre Marielle grand cru en comptable sournois. La chanson-titre est signée Johnny Hallyday, qui en connaît aussi un bout sur la question fiscale.

Le Téléphone sonne toujours deux fois !!
JEAN-PIERRE VERGNE (1985)
Avec Didier Bourdon, Bernard Campan, Pascal Légitimus, Seymour Brussel, Smaïn.
Le premier méfait cinématographique des futurs Inconnus (à l'époque, Seymour Brussel et Smaïn font toujours partie de la bande) est une hilarante parodie de film noir parcourue de jeux de mots capillotractés et d'absurde total. On y tue à coups de cadrans de téléphone (ce qui n'est plus possible aujourd'hui) et on y croise une flopée de visiteurs égarés, de Darry Cowl à Jean Yanne en passant par Patrick Sébastien et un Jean Reno encore inconnu.

T'empêches tout le monde de dormir
GÉRARD LAUZIER (1982)
Avec Daniel Auteuil, Catherine Alric, Anne Jousset, Tanya Lopert, Philippe Khorsand.
Un guitariste fauché mais heureux s'installe dans l'appartement de deux femmes séduisantes. Auteur de BD, Lauzier écrit en 1980 Le Garçon d'appartement, radiographie des rapports hommes-femmes en pleine mutation, joué et mis en scène par Daniel Auteuil. Succès. Il transpose alors cette comédie de boulevard au ton original sur grand écran. Répliques hilarantes, Auteuil en forme olympique, Khorsand en dépressif irrésistible, Alric et Jousset en femmes libres partageant le même homme. Réjouissant !

Banzaï
CLAUDE ZIDI (1983)
Avec Coluche, Valérie Mairesse, Didier Kaminka, Marthe Villalonga.
Quand Michel Bernardin, employé d'une grande compagnie d'assurance, doit quitter son bureau pour secourir les touristes en détresse en terres étrangères, une pluie de quiproquos internationaux s'abat sur lui. Une spectaculaire comédie romantique long-courrier et un des plus gros succès de Coluche, aux prises avec une Valérie Mairesse pétillante et un chameau particulièrement bruyant. « Fais pas le con, Marcel... »

Black mic-mac
THOMAS GILOU (1986)
Avec Jacques Villeret, Isaac de Bankolé, Félicité Wouassi, Daniel Russo.
Un inspecteur sanitaire découvre avec stupéfaction l'univers haut en couleur de la communauté africaine dans les squats du nord de Paris. Face à l'éternellement placide Jacques Villeret, Isaac de Bankolé interprète avec une formidable aisance un faux marabout aux intentions douteuses. Succès surprise lors de sa sortie, Black mic-mac propose une plongée savoureuse dans un Paris underground rarement dépeint à l'écran au cours des années 1980.

La Petite Bande
MICHEL DEVILLE (1983)
Avec François Marthouret.
Sept petits anglais entre sept et dix ans prennent le ferry-boat en douce et se retrouve en France, sans argent, livrés à eux-mêmes. Michel Deville s'est inspiré d'un fait divers de 1979 et a imaginé ce qui a pu se passer pendant les huit jours qu'a duré cette aventure délirante. Prenant le parti des enfants face à la perversité de certains adultes, le cinéaste mélange les genres (comique, fantastique, dessin animé...), créant une œuvre attachante, poétique et burlesque. Grâce aux bouilles irrésistibles des héros, aux situations cocasses, à la musique d'Edgar Cosma et à la richesse de son propos, cette friandise cinématographique n'a pas fini de réjouir petits et grands.

Les Rois du gag
CLAUDE ZIDI (1985)
Avec Michel Serrault, Thierry Lhermitte, Gérard Jugnot, Macha Méril, Mathilda May.
D'abord prévue pour les Charlots, cette excellente (mais mal aimée) comédie de Claude Zidi oppose deux générations de comiques. Le Splendid croise Michel Serrault, alias Gaëtan, amuseur public en quête de sérieux. D'après Zidi, le personnage de Robert Wellson, le réalisateur pontifiant, aurait été inspiré par un souvenir de Serrault où un grand maître italien s'était assoupi pendant une prise de vues. On n'ose pas écrire le nom de Fellini...

Le Miraculé
JEAN-PIERRE MOCKY (1987)
Avec Michel Serrault, Jean Poiret, Jeanne Moreau, Sylvie Joly, Roland Blanche.
Près d'un quart de siècle après Un Drôle de paroissien, Mocky déboulonne à nouveau l'Église en filmant – clandestinement – les simulacres de la grotte de Lourdes. Le dernier Poiret-Serrault, celui-ci jouant le rôle d'un paralysé muet et britannique. « Serrault était sur une chaise roulante et il avait planqué une caméra sous une couverture. Il y avait mille pèlerins là-dedans avec des bougies et on leur a piqué la scène », s'amuse Mocky. Son attaque au vitriol de la foi aveugle est sortie le jour de la Sainte-Bernadette !

Jean Reno dans *Les Visiteurs*.

Comédies françaises des années 90

À l'exception de rares évolutions et d'une poignée de disparitions, les années 1990 sont celles du changement dans la continuité pour le cinéma comique français. Les sous-genres, tendance lourde des années 1960, 1970 et 1980, tirent progressivement leur révérence, victimes de l'insuccès croissant des dernières franchises. Adieux Bidasses, Gendarmes, Charlots et cancres du bachotage... Plus conservatrices, les années 1990 prolongent la décennie précédente en pérennisant le succès des valeurs sûres d'un passé proche (**Francis Veber**, le **Splendid**, les films de **Jean-Marie Poiré** et d'**Étienne Chatiliez**).

Après s'être imposés dans les années 1980, les anciens membres de la troupe du Splendid poursuivent leur OPA sur le cinéma comique français en décrochant quelques-uns des plus gros succès populaires de la période. Christian Clavier rassemble plus de treize millions de spectateurs avec *Les Visiteurs*, un *Retour vers le futur* médiéval réalisé par le fidèle Jean-Marie Poiré. **Thierry Lhermitte** triomphe de son côté dans *Un Indien dans la ville* (Hervé Palud, 1994) et surtout *Le Dîner de cons*, l'adaptation de la pièce de Francis Veber, sortie au printemps 1998. **Michel Blanc** et **Josiane Balasko** ne sont pas en reste en interprétant et en réalisant respectivement les remarqués *Grosse fatigue* (1993) et *Gazon maudit* (1995). **Patrice Leconte**, le réalisateur fétiche des premiers succès de la troupe du Splendid, en profite aussi pour tourner *Les Grands Ducs*, savoureux hommage à la grande tradition des comédiens populaires réunissant **Jean-Pierre Marielle**, **Jean Rochefort** et **Philippe Noiret** en 1996.

Face à cette domination générationnelle, de nouvelles figures de la comédie parviennent toutefois à s'imposer. Côté metteurs en scène, la décennie s'avère riche en nouveaux talents : on découvre le ton léger mais lucide de **Cédric Klapisch** dans les attachants *Riens du tout* (1992), *Le Péril jeune* (1995) et *Chacun cherche son chat* (1996), mais c'est *Un air de famille*, la chronique aigre-douce écrite par le couple **Jean-Pierre Bacri**, **Agnès Jaoui**, qui va le révéler auprès du grand public. **Philippe Harel**, étonnant double imaginaire de Michel Houellebecq dans *Extension du domaine de la lutte*, signe le désopilant premier volet du diptyque des *Randonneurs* en 1997. Dans un registre nettement plus coloré, **Gabriel Aghion** et **Fabien Onteniente** titillent respectivement le box-office avec *Pédale douce* (1996), suivi par *Jet Set* (2000). Originaire du one-man show, **Albert Dupontel** propose le radical *Bernie* (1996), le premier long-métrage culte d'un francتireur du cinéma comique français. Au rayon acteurs, **Benoît Poelvoorde** s'enfonce encore plus profondément dans la comédie noire avec *C'est arrivé près de chez vous*, le faux documentaire-choc qu'il coréalise avec Rémy Belvaux et André Bonzel (1992), puis étonne à nouveau dans le méconnu *Les Convoyeurs attendent* de Benoît Mariage en 1998.

Nombreuses sont aussi les vedettes émergentes du genre venant de la télévision. Après avoir sévi dans la petite lucarne, une nouvelle lignée d'acteurs, scénaristes, réalisateurs (et parfois producteurs) explose sur grand écran. De la même manière que la télévision a pris le relais de la caricature politique et sociale grâce à ses émissions satiriques (*Les Guignols*, *Canal International*), ses comiques infiltrent dorénavant les rouages de la comédie à la française. **Les Nuls** sont les premiers à dégainer après avoir contribué aux plus belles heures de Canal+. *La Cité de la peur* (Alain Berbérian, 1994) transpose avec succès la formule parodique du trio Alain Chabat, Dominique Farrugia, Chantal Lauby. **Dominique Farrugia** récidive deux ans plus tard en réalisant la comédie romantique décalée *Delphine 1, Yvan 0*, puis **Alain Chabat** cartonne en interprétant le rôle d'un labrador dans *Didier* en 1997. Un autre trio découvert sur les planches mais révélé par ses interventions télévisuelles exauce également ses ambitions cinématographiques : après le premier pas encourageant du *Téléphone sonne toujours deux fois* (1985), **les Inconnus** (Bernard Campan, Pascal Légitimus et Didier Bourdon) décrochent leur plus grand succès en salles avec *Les Trois Frères* en 1995, qui sera suivi du *Pari* deux ans plus tard. Plus discrète, une autre bande d'agitateurs, celle des futurs citoyens de *Groland*, commet son premier méfait avec *Michael Kael contre la World Company* (Christophe Smith, 1997), qui anticipe une série d'essais mi-drôlatiques, mi-poétiques réalisés par Benoît Delépine et Gustave Kervern au cours des années 2000.

Une lueur d'impertinence à l'aube d'un début de nouveau millénaire qui sera marqué par l'emprise sans relâche des comiques télévisuels et le recyclage des vieilles recettes.

Alain Chabat dans *Didier*.

Les Visiteurs

JEAN-MARIE POIRÉ (1993)

Distribution
Christian Clavier (Jacquouille / Jacquart)
Jean Reno (Godefroy de Montmirail)
Valérie Lemercier (Frénégonde / Béatrice de Montmirail)
Marie-Anne Chazel (Ginette)
Christian Bujeau (Jean-Pierre)
Isabelle Nanty (Fabienne Morlot)
Gérard Séty (Edgar Bernay)
Didier Pain (Louis VI)
Jean-Paul Muel (maréchal des logis Gibon)
Arielle Séménoff (Jacqueline)
Michel Peyrelon (Edouard Bernay)
Didier Bénureau (l'interne)

Scénario et dialogues : Christian Clavier et Jean-Marie Poiré (d'après une idée originale de Jean-Marie Poiré)

Box-office : 13 782 991 spectateurs

Transportés du Moyen Âge au XXᵉ siècle après avoir absorbé une potion magique, le comte Godefroy de Montmirail et son fidèle écuyer Jacquouille la Fripouille sillonnent les couloirs du temps afin de reconquérir la gente dame Frénégonde et assurer à Godefroy fertile descendance.

« À l'âge de dix-sept ans, j'avais découvert la place d'Arras, qui était extraordinaire, se souvient Jean-Marie Poiré. Pourries par la pollution, les maisons du Moyen Âge étaient effrayantes et me fascinaient. J'ai imaginé un court-métrage dans lequel Robert Hossein et Robert Dalban, qui venaient souvent chez mon père, joueraient le rôle du chevalier et de son écuyer. Le sujet des Visiteurs était déjà là. L'histoire commençait sur la place d'Arras, avec une foule de manants, un bûcher et une tribune. Le chevalier débarquait et une femme lui disait : "Ma sœur n'est pas une sorcière !" Il la priait de s'écarter, et elle mettait une drogue dans son vin. Pendant que le maître et son valet buvaient la potion, la sorcière, qui commençait à brûler, leur jetait un sort. Ils disparaissaient, se retrouvaient dans la forêt à notre époque, étaient effrayés par les voitures sur une autoroute, et comme ils n'arrivaient pas à analyser qu'ils avaient voyagé dans le temps, ils se sentaient attaqués par le diable ou un autre monde, et faisaient une prière : "Ce sont les forces du mal qui sont venues. Viens, mon fidèle écuyer, on va se battre jusqu'à la mort !" Ils partaient sur la musique liturgique russe de La Jetée (Chris Marker, 1962) qui m'avait beaucoup impressionné. Bob Dalban était emballé. Je l'ai alors proposé à Hossein qui a habilement botté en touche : "C'est tellement formidable qu'il faut en faire un long-métrage." J'ai donc abandonné le projet. »

Rôle noble

Presque trente ans plus tard, Poiré retombe sur ces feuillets lors d'un déménagement, constate que son histoire est trop sérieuse et qu'il pourrait en faire une merveilleuse comédie. Malheureusement, le cinéaste sort tout juste de l'échec de Mes meilleurs copains, et pour pouvoir réaliser un film en costumes, il doit d'abord renouer avec le succès. Pendant la promotion de L'Opération Corned Beef (déjà avec Clavier, Reno et Lemercier) qui vient d'engranger près d'un million et demi d'entrées, Poiré constate, en observant Jean Reno lire son journal, que le comédien est incroyablement huppé, et qu'il possède le menton des nobles espagnols qui portaient la collerette. Il décide donc de lui écrire un rôle très noble.

« Je me suis souvenu du sujet des Visiteurs et je l'ai proposé à Clavier, qui y a tout de suite cru. »

Les couloirs du temps

Les deux scénaristes écrivent une première version qu'ils présentent à Alain Terzian, le producteur de Corned Beef.

« Quand il a lu le scénario, il a détesté et a voulu abandonner le projet, se souvient le réalisateur. On a fait ce film contre vents et marées. À part Clavier qui m'a soutenu dès le début, tout le monde trouvait ça nul et pas commercial avec tous ces dialogues en ancien français... »

Le projet patine, Poiré pense le proposer à Claude Berri ou à Christian Fechner.

« La mère de Nicolas Seydoux, le P-DG de Gaumont, trouvait le sujet bon. Patrice Ledoux a accepté de produire le film à condition de retirer des scènes spectaculaires qui coûtaient trop cher. Le film devait s'ouvrir sur une bataille militaire, avec des morts partout, une figuration considérable... Le début des Visiteurs est plus modeste. Je n'ai jamais eu plus de six chevaux ! »

Initialement titré Les Explorateurs de Louis VI le Gros, Les Visiteurs peuvent enfin entreprendre leur voyage à travers les couloirs du temps.

Valérie Lemercier.

Après une longue hésitation, Jean Reno et Valérie Lemercier s'embarquent dans l'aventure. « J'avais adoré Lemercier dans *Corned Beef* et lui avais promis de lui écrire un rôle principal dans mon prochain film. D'ailleurs, elle aurait dû avoir le César du meilleur rôle, pas celui du second. »

En Laurel et Hardy du Moyen Âge, Clavier et Reno se retrouvent propulsés à notre époque, provoquant d'irrémédiables catastrophes hilarantes : ils détruisent une « chariotte » de la poste à la masse d'armes, dévastent un restaurant, se lavent dans la cuvette des WC, font déborder les lavabos… Épaulés par Marie-Anne Chazel en clocharde délicieusement vulgaire et Valérie Lemercier en maîtresse de maison à la fois snob et bienveillante, le duo masculin distille son vocabulaire et sa syntaxe moyen-âgeux avec une extrême jubilation. Lorsque Jacquouille découvre un mot aussi banal que « Okay », Clavier le joue avec une telle délectation contagieuse qu'il emporte le rire du public. À partir du drame vécu par Jacquouille et son maître, la comédie fantastique survoltée de Poiré mélange habilement gags visuels et répliques délirantes.

Triomphe exceptionnel

Durant le tournage, les relations entre Valérie Lemercier et les deux comédiens vedettes sont assez tendues.
« Sur le tournage, elle était sublime en Frénégonde, mais elle ne jouait pas Béatrice comme je l'aurais voulu, se souvient Poiré. Du coup, ça a pris du temps, et on a fait beaucoup de prises. Mais même si elle a pas mal souffert sur le tournage, je passais mon temps à me marrer avec elle. Elle a fait un travail dément et j'ai finalement obtenu les rushes que je voulais. Elle est très responsable du triomphe des *Visiteurs*. »

Découvrant le film pendant les séances de doublage, la comédienne fait pleurer de rire les techniciens et rit elle-même.
« Elle s'est mise à aimer le film en voyant les rushes et m'a proposé de refaire un doublage de tout le film, raconte le cinéaste. Elle a inventé une phrase géniale que j'ai gardée : "Ouille, c'est dur", quand elle se prend le pommeau de l'épée de Jean Reno dans le ventre à la fin du film. »

Après le triomphe exceptionnel du film, le cinéaste n'a aucun mal à produire *Les Visiteurs 2* cinq ans plus tard. Un énorme succès malgré un scénario moins original et l'absence de Valérie Lemercier, remplacée par Muriel Robin. ★

Christian Clavier et Jean Reno.

La Cité de la peur
(Une comédie familiale)

ALAIN BERBÉRIAN (1994)

Distribution
Alain Chabat (Serge Karamazov)
Dominique Farrugia (Simon Jérémi)
Chantal Lauby (Odile Deray)
Gérard Darmon (le commissaire Patrick Bialès)
Sam Karmann (Émile Gravier)
Jean-Christophe Bouvet (Jean-Paul Martoni)
Tchéky Karyo (premier projectionniste)
Daniel Gélin (deuxième projectionniste)
Jean-Pierre Bacri (troisième projectionniste)
Eddy Mitchell (quatrième projectionniste)
Valérie Lemercier (la veuve du premier projectionniste)
Dave (Dave)

Scénario et dialogues : Alain Chabat, Dominique Farrugia et Chantal Lauby

Box-office : 2 216 436 spectateurs

Un tueur en série sème la terreur au festival de Cannes.

Figures tutélaires de l'humour Canal+, les Nuls ont commis leurs premiers délires sur la chaîne cryptée en 1986 dans la cultissime série spatio-décalée *Objectif : Nul*. Durant cinq années, Alain Chabat, Dominique Farrugia, Chantal Lauby et Bruno Carette (disparu en 1989) multiplient sketches, parodies, journaux télévisés anarchiques, publicités et bandes-annonces détournées, tout en rêvant à leur premier long-métrage. Celui-ci devient réalité en 1994 sous la direction d'Alain Berbérian, réalisateur de nombreux sketches et de fausses pubs des Nuls.

Une synthèse d'humour potache

Résumer l'intrigue de *La Cité de la peur* avec un minimum de sérieux relève de l'impossible : les projectionnistes du nanar gore *Red Is Dead* sont assassinés l'un après l'autre par un *serial killer* (communiste ?) équipé d'une faucille et d'un marteau. Odile Deray, attachée de presse du film présenté au festival de Cannes, en profite pour en assurer la promotion et celle de son acteur principal, Simon Jérémi, benêt décérébré qui exprime sa gratitude en vomissant. Pendant ce temps, l'agent de sécurité Serge Karamazov (pas de lien de parenté avec la saga familiale de Dostoïevski, assure Alain Chabat) et le commissaire Patrick Bialès (Gérard Darmon) mènent l'enquête chacun à leur manière, c'est-à-dire n'importe comment.

Sous-titré « Une comédie familiale », *La Cité de la peur* synthétise l'humour potache et sous influence de la joyeuse bande du *JTN* (N pour Nul, bien sûr) et de *TVN 595*. Un irrépressible rouleau-compresseur comique où viennent se télescoper des dialogues absurdes, quelques recyclages de vieux sketches (le fameux « doigt de whisky », exhumé de *Les Nuls : l'émission*) et les marques d'une solide (sous-)culture cinématographique (les nombreux clins d'œil à *Basic Instinct*, *Terminator*, *Pretty Woman*...). L'influence du trio David Zucker, Jim Abrahams, Jerry Zucker, les auteurs de *Y a-t-il un pilote dans l'avion ?*, *Top Secret* et *Y a-t-il un flic pour sauver la reine ?*, est également perceptible dans le rythme effréné des gags (environ un toutes les vingt secondes) et les multiples détails humoristiques insérés au fond du cadre. *La Cité de la peur* rend aussi un hommage appuyé au génial John Landis en reprenant la chanson du générique d'*Hamburger Film Sandwich* (1977), le désopilant film à sketches du réalisateur des *Blues Brothers* et d'*Un fauteuil pour deux*. *La Carioca* est la bande-son d'un impayable numéro de music-hall exécuté avec une aisance et une grâce déconcertantes par Alain Chabat et Gérard Darmon sur la scène du Grand Palais à Cannes.

Comédie en grand large

Tournée lors de l'édition 1993 du festival international du film et bénéficiant de moyens confortables, *La Cité de la peur* ne se contente pas de reproduire la dynamique restreinte des expériences télévisuelles des Nuls. Au contraire, la comédie utilise toutes les possibilités du Cinémascope via la représentation visuelle imaginative des gags les plus improbables (des interludes sud-américains à la tapette à souris géante) et la mise en scène enlevée d'Alain Berbérian. Deux scènes illustrent cette volonté de cinéma en grand large : la spectaculaire poursuite à pied sur la Croisette, un *French Connection* pédestre filmé comme une cascade de Rémy Julienne, et la montée des marches finale avec son ralenti saisissant emprunté, au choix, au *Cuirassé Potemkine* ou aux *Incorruptibles* de Brian De Palma.

La première apparition cinématographique des Nuls opère avec succès la transition du petit au grand écran pour Alain Chabat, Dominique

Alain Chabat et Gérard Darmon.

> Le commissaire Patrick Bialès :
> **Vous voulez un whisky ?**
>
> Odile Deray :
> **Oh, juste un doigt.**
>
> Le commissaire Patrick Bialès :
> **Vous ne voulez pas un whisky d'abord ?**

Farrugia et Chantal Lauby. Tous les trois allaient bientôt s'investir dans l'écriture, la réalisation et la production de longs-métrages divers, de *Delphine 1, Yvan 0* (Farrugia) à *Laisse tes mains sur mes hanches* (Lauby), sans oublier *Astérix et Obélix : Mission Cléopâtre*, dirigé avec succès par Chabat en 2002. *La Cité de la peur* demeure également une comédie pionnière dans la mesure où « Le film de Les Nuls » anticipe la présence de plus en plus marquée des comiques originaires de la petite lucarne dans le cinéma hexagonal. ★

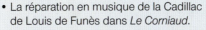

→ Envoyez les violons !
LES 12 MEILLEURES SÉQUENCES MUSICALES DE LA COMÉDIE À LA FRANÇAISE

- La réparation en musique de la Cadillac de Louis de Funès dans *Le Corniaud*.
- La valse des serveurs du *Grand Restaurant* chorégraphiée par Colette Brosset.
- « La femme faux-cils » interprétée par Annie Girardot dans *Erotissimo*.
- Les « Piti piti pas » de la troupe de Louis de Funès dans *L'Homme orchestre*.
- La performance transformiste de Sim en « Libellule » dans *Elle boit pas, elle fume pas, elle drague pas, mais… elle cause !*
- Le concert perturbé du *Retour du grand blond* (« Les Brahms m'en tombent »).
- Le groupe Magma interprétant une improvisation psychédélique devant les yeux écarquillés de Michel Serrault dans *Moi y'en a vouloir des sous*.
- La danse de Louis de Funès et des jeunes hassidiques dans *Les Aventures de Rabbi Jacob*.
- Jacques Villeret reprend « Je n'ai pas changé » de Julio Iglesias dans *Papy fait de la résistance*.
- « Révolution », l'hymne des étudiants soixante-huitards de *Mes meilleurs copains*.
- « Jésus revient », chanté en chœur par Patrick Bouchitey et ses ouailles dans *La vie est un long fleuve tranquille*.
- Jean Dujardin reprenant le « Bambino » de Dalida dans *OSS 117 : Le Caire, nid d'espions*.

Neuf mois
PATRICK BRAOUDÉ (1994)

Distribution
Patrick Braoudé (Samuel)
Philippine Leroy-Beaulieu (Mathilde)
Daniel Russo (Georges)
Catherine Jacob (Dominique)
Patrick Bouchitey (Marc)
Pascal Légitimus (le médecin accoucheur)
Anna Gaylor (la mère de Mathilde)
Jean-Roger Richer (le père de Mathilde)

Scénario et dialogues : Patrick Braoudé (d'après une idée originale de Daniel Russo et Patrick Braoudé)

Box-office : 921 333 spectateurs

Un psychanalyste est terrifié par la perspective de sa paternité imminente.

Sujet peu exploité au cinéma, la paternité sert de toile de fond au deuxième long métrage de Patrick Braoudé. Après être apparu dans quelques comédies (dont *Je hais les acteurs* de Gérard Krawczyk) et avoir participé à l'écriture de *L'Œil au beur(re) noir* et de *Black mic-mac*, le comédien-réalisateur-scénariste-producteur s'est inspiré de son propre vécu pour donner naissance à sa plus réjouissante création. Écrit par Patrick Braoudé, le scénario de *Neuf mois* est largement autobiographique. L'idée du film est d'abord apparue à Braoudé au moment où son épouse Guila, elle-même réalisatrice, était enceinte de leur premier enfant. À l'époque, Daniel Russo venait d'être père pour la seconde fois, et les hommes n'ont pas tardé à réaliser que leurs expériences personnelles de la grossesse de leurs épouses comportaient de troublantes similitudes.

Comédie pédiatrique

Coproduit par Christophe Lambert, qui avait déjà participé au financement de *Génial, mes parents divorcent* de Braoudé trois ans plus tôt, *Neuf mois* décrit avec une drôlerie impertinente les tourments de Samuel, psychiatre parisien terrorisé par son imminente paternité. Mathilde, sa fiancée, tente de le raisonner, mais les craintes et l'immaturité de Samuel le poussent à commettre l'irréparable : il succombe à la tentation adultère et va devoir compter sur le soutien de Georges (Daniel Russo) et Dominique (Catherine Jacob) pour reconquérir Mathilde et vaincre ses appréhensions paternelles. Tournée en cinq petites semaines, la comédie pédiatrique de Patrick Braoudé réussit l'exploit de combiner l'humour névrosé d'un Woody Allen (les extravagantes séances de psy) et le burlesque le plus débridé lors de la scène finale de l'accouchement, une fusion improbable et hystérique d'*Urgences* et des Marx Brothers.

Au bord de la surchauffe

Servi par une mise en scène hyper-dynamique et astucieuse (les inserts de plans de mantes religieuses qui, comme chacun sait, dévorent le mâle après l'accouplement), *Neuf mois* s'appuie également sur un aréopage de seconds rôles irrésistibles, parmi lesquels Patrick

Bouchitey en peintre séducteur et Pascal Légitimus en médecin accoucheur un peu trop sur les nerfs. Daniel Russo et Catherine Jacob

Georges : Il a plus la tê-tête. Comment il va prendre la tétée s'il a plus la tê-tête ?

forment un épatant couple de petits-bourgeois au bord de la surchauffe, et leur abattage prodigieux sera logiquement récompensé par deux nominations aux Césars 1995. ★

Bonus

→ *Neuf mois aussi*, le remake américain de la comédie avec Hugh Grant, Julianne Moore et Robin Williams, a été coproduit par Patrick Braoudé et Christophe Lambert.

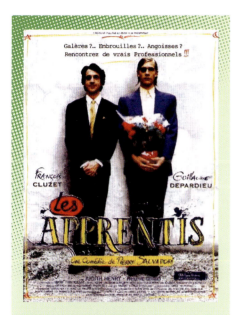

Les Apprentis

PIERRE SALVADORI (1995)

Distribution
François Cluzet (Antoine)
Guillaume Depardieu (Fred)
Marie Trintignant (Lorette)
Judith Henry (Sylvie)
Philippe Girard (Nicolas)
Claire Laroche (Agnès)
Bernard Yerlès (Patrick)
Elizabeth Kaza (la grand-mère)

Scénario et adaptation
Pierre Salvadori et Philippe Harel
Dialogues : Pierre Salvadori

Box-office : 538 740 spectateurs

Guillaume Depardieu et François Cluzet.

> Antoine : *Moi, je suis en septième année de médecine et Fred prépare math sup.*
> La grand-mère : *Math sup, math spé ?*
> Fred : *Euh… j'sais pas, j'hésite encore… Maths sup, maths spé…*

Les galères d'un écrivain raté et de son jeune acolyte insouciant.

De *La Grande Vadrouille* aux *Valseuses* en passant par *La Chèvre*, on ne compte plus les paires d'acteurs indissociables des plus grands succès de la comédie à la française. C'est pourtant un duo d'un type inédit que propose Pierre Salvadori dans *Les Apprentis*, son deuxième long-métrage sorti sur les écrans en décembre 1995. Antoine (François Cluzet), écrivain et dramaturge raté vivant de ses piges à *Karatéka magazine*, et Fred (Guillaume Depardieu), réparateur de mobylettes bohème, cohabitent pour le meilleur et pour le pire en enchaînant petits boulots et grosses beuveries. Cette solitude à deux prend une tournure imprévue lorsqu'ils doivent quitter l'appartement qu'ils occupent gratuitement. Au terme d'une suite de déconvenues, Antoine et Fred n'ont plus qu'une option : celle du braquage des locaux de *Karatéka magazine*.

« J'ai longtemps hésité à tourner *Les Apprentis* car c'était un film très autobiographique, jusqu'au jour où mon producteur Martin Philippe m'a dit : "Quitte à raconter ta vie, raconte-la maintenant plutôt que quand tu auras cent cinquante ans dans un film nostalgique baignant dans une lumière dorée." », explique Pierre Salvadori.

Personnages insolites

Les expériences personnelles du réalisateur ont donc façonné la personnalité névrosée d'Antoine et insouciante de Fred. Une bipolarité qui s'exprime dans la comédie alerte de Salvadori au travers des prises de tête monumentales d'Antoine et des délires potaches de deux éternels adolescents trompant leur ennui, par exemple, en dévalant une cage d'escalier… à ski ! Le film généreux de Salvadori est aussi traversé de personnages insolites, du petit copain voyeur (et partageur) de la jolie Agnès, le flirt de Fred, à l'inquiétante retraitée propriétaire de l'appartement des deux compagnons, qui leur propose gentiment des Pepito avant de leur annoncer froidement leur expulsion. Dans ce *Macadam Cowboy* version 11e arrondissement de Paris, c'est l'amitié et l'insouciance de Fred qui finiront par sauver Antoine de la dépression. À un émouvant final ascensionnel vient aussi s'ajouter une pensée pour Guillaume Depardieu et Marie Trintignant, tous deux disparus depuis le tournage de cette comédie culte et générationnelle. ★

Bonus

→ Guillaume Depardieu a remporté le César du meilleur espoir masculin en 1996 pour son interprétation de Fred.

Les Trois Frères

DIDIER BOURDON et BERNARD CAMPAN (1995)

Distribution
Didier Bourdon (Didier Latour)
Bernard Campan (Bernard Latour)
Pascal Légitimus (Pascal Latour)
Antoine du Merle (Michael Rossignol)
Marine Jolivet (Christine Rossignol)
Anne Jacquemin (Marie)
Annick Alane (Geneviève Rougemont)
Pierre Meyrand (Charles-Henri Rougemont)
Isabelle Gruault (Marie-Ange Rougemont)
Bernard Farcy (Steven)
Élie Semoun (Brice)
Claude Berri (le juge)

Scénario et dialogues : Didier Bourdon et Bernard Campan (avec la participation de Michel Lengliney)

Box-office : 6 667 549 spectateurs

Trois frères qui ne s'étaient jamais rencontrés doivent se partager un important héritage.

Un an après les débuts cinématographiques des Nuls dans *La Cité de la peur*, les Inconnus confirment le passage progressif des comiques issus de la télévision au grand écran. *Les Trois Frères* n'est pourtant pas le coup d'essai des anciens piliers du *Petit Théâtre de Bouvard*. Dix ans plus tôt, Didier Bourdon, Bernard Campan, Pascal Légitimus, Smaïn et Seymour Brussel (les deux derniers ont respectivement quitté la bande en 1985 et 1988) avaient tâté une première fois de la pellicule dans *Le téléphone sonne toujours deux fois !!* (Jean-Pierre Vergne, 1985), une parodie de film noir abracadabrante et farfelue.

Deux ans après le décès de leur mère expatriée aux États-Unis, Didier, Bernard et Pascal sont convoqués par un huissier et apprennent simultanément qu'ils sont frères et qu'ils ont hérité d'une somme de trois millions de francs. Le choc est total pour ces trois trentenaires originaires d'horizons radicalement opposés. Pascal Latour (Pascal Légitimus) est chasseur de têtes (à claques) dans une grande agence publicitaire parisienne. L'apprenti comédien Bernard Latour (Bernard Campan) vit de la débrouille tandis que Didier Latour (Didier Bourdon), promis à la peu avenante Marie-Ange Rougemont (Isabelle Gruault), est vigile dans un supermarché et lecteur de Michel de Montaigne à ses heures perdues. Le gain puis la perte de l'héritage vont les propulser dans un *road movie* burlesque en compagnie du petit Michael (Antoine du Merle), qui pourrait bien être le fils caché d'un des membres de la fratrie Latour.

Épopée mouvementée

On retrouve dans *Les Trois Frères* l'empreinte des sketches télévisés à l'origine du succès des Inconnus, des interludes chantés (la séquence de la manche) à la scène finale du jeu du *Millionnaire*, un rejeton de l'inégalable *Télémagouilles*. Mais bien plus qu'une simple réadaptation sur grand écran des sketches du trio cathodique, la comédie réalisée par Didier Bourdon et Bernard Campan campe avec une verve toute mockyenne une série d'observations sociales particulièrement acides.

Dans *Les Trois Frères*, les caricatures du beauf raciste, des requins de la pub (interprétés par Bernard Farcy et Élie Semoun), du corps policier, des notaires obséquieux et des huissiers véreux alimentent l'épopée familiale mouvementée des Latour. Une mauvaise foi et un sens de la dénonciation contagieux, puisque *Les Trois Frères* obtiendra le César de la meilleure première œuvre en 1996 et sera vu par près de sept millions de spectateurs. Cette réussite anticipe pourtant une situation de crise pour Bourdon, Campan et Légitimus, car le plus gros succès cinématographique des Inconnus coïncide aussi avec leur auto-sabordage. Un conflit financier avec le producteur Paul Lederman, qui les avait lancés dix ans plus tôt, met fin à la collaboration officielle des auteurs d'*Auteuil-Neuilly-Passy (Rap BCBG)*. Lederman, avec qui le trio avait signé un contrat portant sur trois longs-métrages, interdit à Didier Bourdon, Bernard Campan et Pascal Légitimus de se produire ensemble sous le nom des Inconnus. « On avait signé un contrat pour trois films, *Les Rois mages* (2001) est par conséquent le deuxième. Le producteur voulait obtenir des droits sur *Le Pari* (1998) et *L'Extraterrestre* (2000), Mais Bourdon et Campan considéraient que deux Inconnus sur trois, ce n'était pas les Inconnus, et on leur a donné raison puisque le producteur a perdu son procès », expliquera plus tard Pascal Légitimus au sujet du litige.
On ne s'étonnera donc pas si, dans l'hypothétique suite annoncée depuis plusieurs années, un personnage de producteur était la nouvelle cible du jeu de massacre des ex-Inconnus. ★

Bonus

→ Une suite intitulée *Les Trois Pères* fait partie des prochains projets cinématographiques du trio Bourdon-Campan-Légitimus.

Geneviève Rougement : **Votre colin, avec ou sans patates ?**
Didier Latour : **Cent patates !!**

Gazon maudit

JOSIANE BALASKO (1995)

Distribution
Victoria Abril (Loli)
Josiane Balasko (Marijo)
Alain Chabat (Laurent Lafaye)
Ticky Holgado (Antoine)
Catherine Hiegel (Dany)
Catherine Samie (la prostituée)
Michèle Bernier (Solange)
Miguel Bosé (Diego)

Scénario et dialogues : Josiane Balasko
Adaptation : Josiane Balasko et Telsche Boorman

Box-office : 3 990 094 spectateurs

Une femme délaissée se laisse séduire par une autre femme sous l'œil courroucé de son époux volage.

Pour sa quatrième réalisation après *Sac de nœuds* (1984), *Les Keufs* (1987) et *Ma vie est un enfer* (1991), Josiane Balasko n'a pas choisi le thème comique le plus évident.
« *Gazon maudit* était un pari difficile puisque je n'avais pour références en la matière que des films pour la plupart faits par des hommes concernant les hommes, l'homosexualité masculine ayant été déclinée à l'écran sous toutes les coutures, à la différence du lesbianisme, plongé dans le silence du non-dit », explique l'actrice de la troupe du Splendid au sujet de son scénario imaginé au lendemain du tournage du troublant *Trop belle pour toi* de Bertrand Blier (1989).

Josiane Balasko, Victoria Abril et Alain Chabat.

En panne de camping-car dans le sud de la France, Marijo, une routarde lesbienne aux allures de camionneur, trouve refuge dans la villa d'un couple (apparemment) modèle. Loli est une charmante jeune femme au foyer qui élève ses deux enfants en compagnie de Laurent, son époux, un agent immobilier qui accumule les plus-values et les maîtresses. Bien vite, la relation entre la chaleureuse Loli et l'imposante Marijo gagne en ambiguïté. Un nouveau couple se forme sous le toit des Lafaye, et leur quotidien se voit bouleversé par ce ménage à trois d'un genre inédit. Le couple Balasko-Abril irradie de naturel et de sensualité, et Alain Chabat se surpasse dans le rôle d'un beauf super-macho totalement débordé par les événements. On lui doit les répliques misogynes les plus cinglantes (« une femme qui trompe son mari, ça c'est dégueulasse ») et quelques séquences de pétage de plomb résolument burlesques (une vibrante déclaration d'indépendance masculine déclamée en nu intégral). En outre, le rôle de Laurent offre à l'ex-Nul les premiers épanchements dramatiques de sa carrière.

Retournement de situation

Aux côtés d'Alain Chabat, le débonnaire Ticky Holgado cristallise avec finesse le ton aigre-doux du film en incarnant un « quadra » usé par le divorce et la tentation adultère. En alternant rires francs et séquences dramatiques, *Gazon maudit* aligne des références comiques à la comédie italienne. Pourtant, la chronique sentimentalo-corrosive de Josiane Balasko s'achève sur un déconcertant retournement de situation : c'est autour d'un berceau que se conclura cette intrigante rencontre du troisième type ou, plus prosaïquement, de la deuxième nana. ★

> **Marijo :**
> *S'il te plaît Loli, est-ce que tu pourrais demander à ton mari qu'il ait la gentillesse de passer un slip ? Merci.*
>
> **Laurent Lafaye :**
> *Oh, p'tite nature. On a peur de la bête ?*
>
> **Marijo :**
> *Non, je trouve ça moche à regarder, c'est tout !*
>
> **Laurent Lafaye :**
> *Eh oui, mais je suis chez moi, et chez moi, je me balade à poil, si je veux…*

Bonus

→ Bertrand Blier a donné à Josiane Balasko l'idée du titre du film.
→ *Gazon maudit* a décroché le César du meilleur scénario en 1996.
→ Telsche Boorman qui a collaboré à l'adaptation est la fille du réalisateur John Boorman (*Délivrance*, *La Forêt d'émeraude*).

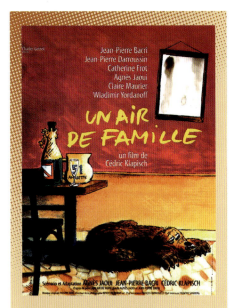

Un air de famille

CÉDRIC KLAPISCH (1996)

Distribution
Jean-Pierre Bacri (Henri)
Jean-Pierre Darroussin (Denis)
Catherine Frot (Yolande)
Agnès Jaoui (Betty)
Claire Maurier (Mme Ménard, la mère)
Wladimir Yordanoff (Philippe)

Scénario et adaptation : Agnès Jaoui, Jean-Pierre Bacri, Cédric Klapisch, d'après la pièce *Un air de famille* de Jaoui et Bacri

Box-office : 2 411 224 spectateurs

Chaque vendredi soir, les Ménard se retrouvent *Au père tranquille*. Au cours du dîner d'anniversaire de Yolande, la famille règle ses comptes et dévoile les secrets de chacun.

Au début des années 1990, un vent nouveau souffle sur la comédie française. Après quelques petits rôles pour elle et de nombreux seconds rôles pour lui, Agnès Jaoui et Jean-Pierre Bacri se lancent dans l'écriture commune de pièces de théâtre. Suite à *Cuisine et dépendances*, adapté au cinéma par Philippe Muyl en 1993, Cédric Klapisch décide d'adapter leur second succès créé au Théâtre de la Renaissance le 27 septembre 1994 : *Un air de famille*. La pièce obtient en 1995 le Molière du meilleur spectacle comique et celui de la meilleure comédienne dans un second rôle pour Catherine Frot. Le cinéaste a la bonne idée de conserver le casting qui a triomphé sur scène, en particulier Catherine Frot, dont c'est le premier rôle important au cinéma, avant de s'imposer définitivement avec *La Dilettante* de Pascal Thomas trois ans plus tard. Le cinéaste est confronté à un défi fréquent au cinéma : adapter une pièce de théâtre sans donner l'impression d'assister à du théâtre filmé. Pour agrandir l'espace du café, où se déroulent la majorité des scènes, il filme en Cinémascope. Benoît Delhomme, qui a éclairé son précédent film *Chacun cherche son chat*, utilise des filtres particuliers et des teintes jaunes et rouges qui donnent de la chaleur au lieu, et contrastent avec les moments plus sombres et bleutés en fonction de l'humeur des personnages.

Yolande :
Oh, encore une laisse !

Philippe :
Hé non, c'est un collier, chérie.

Yolande :
Mais c'est beaucoup trop luxueux pour un chien !

Philippe :
Non, c'est pour toi, c'est pas pour le chien, c'est pour toi !

Yolande :
Oh merci mon chéri, merci je…

Philippe :
C'est un collier pour femme !

Ci-dessus : Catherine Frot et Jean-Pierre Darroussin.

Le costume de Bacri est un morceau d'anthologie à lui seul : chemise jaune poussin, cravate rouge épaisse et gilet gris à grosses mailles. On ne peut s'empêcher de penser aux costumes de Thierry Lhermitte dans une autre pièce devenue film : *Le Père Noël est une ordure*.

Jean-Pierre Darroussin et Jean-Pierre Bacri.

Récompenses
Premier grand succès de Klapisch, le film obtient le César du meilleur second rôle masculin pour Darroussin et celui du meilleur second rôle féminin pour Catherine Frot. Tout juste auréolé du César du meilleur scénario, le couple Jaoui-Bacri entame alors une collaboration fructueuse avec Alain Resnais (*Smoking/No Smoking*, *On connaît la chanson*) avant de se consacrer à l'écriture des films d'Agnès Jaoui (*Le Goût des autres*, *Comme une image*, *Parlez-moi de la pluie*). ★

Yolande : **À quoi ça sert de garder un chien paralysé comme ça ?**
Denis : *C'est décoratif. C'est comme un tapis, mais vivant, quoi !*

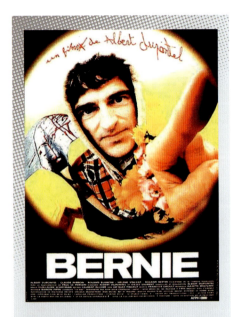

Bernie

ALBERT DUPONTEL (1996)

Distribution
Albert Dupontel (Bernie Noël)
Claude Perron (Marion)
Roland Blanche (Donald Willis)
Hélène Vincent (Mme Clermont)
Roland Bertin (Ramonda)
Paul Le Person (Bernie, le gardien)
Éric Elmosnino (le vendeur du magasin de vidéo)

Scénario
Albert Dupontel et Gilles Laurent

Dialogues
Albert Dupontel

Box-office : 618 530 spectateurs

Trente ans après avoir été jeté dans une poubelle à la naissance, un orphelin part à la recherche de ses parents.

Dès ses premiers méfaits sur les planches et sur le petit écran (*Les Sales Histoires* diffusées sur Canal+), il était clair qu'Albert Dupontel n'allait pas faire carrière dans le registre familial. *Bernie*, son premier long-métrage sorti en novembre 1996, confirme également ce que les habitués de ses one-man shows *destroy* savaient déjà : son humour absurde et totalement ravageur ne laisse personne indemne. Dans ses débuts en tant qu'acteur-réalisateur, Albert Dupontel campe Bernie Noël (« vingt-neuf ans, bientôt trente-deux »), un ancien enfant de la DDASS qui mène une enquête déjantée pour retrouver ses parents, Donald Willis (Roland Blanche, grandiose en arriéré mental sodomite) et son ex-épouse, Mme Clermont (Hélène Vincent), une bourgeoise versaillaise décatie. En chemin, Bernie s'éprend de Marion (Claude Perron), une fleuriste-dealeuse qui a pour habitude de glisser des sachets de coco entre deux pivoines.

Coupe au bol

Conjugaison hirsute de l'esprit « bête et méchant » de l'âge d'or d'*Hara-Kiri* et des cartoons casse-cou de Tex Avery, *Bernie* taille dans le lard du politiquement correct et possède tous les atouts d'un cousin hexagonal du belge et brutal *C'est arrivé près de chez vous*. Au cours de sa quête familiale, le simple d'esprit à la coupe au bol termine les femmes de ménage à la pelle et au tuyau de fonte, il scalpe des rastas à mains nues et, dans sa scène la plus célèbre, croque un canari tout cru comme s'il s'agissait d'un panini. L'apothéose du jeu de massacre est atteinte lors du combat épique entre les géniteurs du retardé mental, qui n'est pas sans rappeler les plus belles joutes de *La Guerre des Rose*, voire de *Predator*. Omniprésents dans *Bernie*, l'humour gore et la violence graphique coïncident avec une forme visuelle libre et volontairement brouillonne par endroits. Ingénieuse idée de mise en scène : les plans caméra à l'épaule et les inserts tournés en vidéo illustrent la confusion qui règne dans l'esprit dérangé de Bernie. Dernier ingrédient de ce conte picaresque et banlieusard : une bande-son déviante signée Ramon Pipin, le leader des immortels Odeurs, qui parachève la comédie punk la plus extrême des années 1990. Interdit aux moins de douze ans (et aux canaris). ★

Bonus

→ « Si Albert Dupontel sortait son film aujourd'hui, il serait tout de suite mis en examen. » (Bertrand Blier)

Marion :
C'est la société qu'est bien foutue. Ils mettent des uniformes aux connards pour qu'on puisse les reconnaître.

Les Randonneurs

PHILIPPE HAREL (1997)

Distribution
Benoît Poelvoorde (Éric)
Karin Viard (Coralie)
Géraldine Pailhas (Nadine)
Vincent Elbaz (Mathieu Lacaze)
Philippe Harel (Louis Lacaze)

Scénario et dialogues
Philippe Harel, Nelly Ryher et Éric Assous (d'après une idée originale de Dodine Herry)

Box-office : 1 422 318 spectateurs

Louis : *Si on faisait une pause ?*
Éric : *Non. Écoutez, on va pas commencer à s'arrêter chaque fois qu'on est fatigués, hein ! Sinon on n'est pas près d'arriver.*
Louis : *Bah, on s'arrête quand, alors ?*

Quatre trentenaires décidés à changer le cours de leur vie partent faire une randonnée en Corse.

Perdues dans les paysages enchanteurs de l'île de Beauté, cinq minuscules silhouettes avancent à pas de fourmi sur les sentiers du célèbre GR20. Soudain, la petite troupe s'arrête : « J'en ai plein les pattes, je crois pas que je vais pouvoir aller plus loin », avoue Coralie, essoufflée.

« Quand Philippe Harel m'a proposé d'écrire avec lui, il m'a dit : "Ne fais pas le GR20, je viens de le faire : c'est très ennuyeux et très fatigant." J'ai suivi son conseil, raconte le scénariste Éric Assous. On a élaboré le scénario des Randonneurs à partir des notes prises par Philippe pendant son périple corse, et d'un fascicule de randonnée. »

Écrit en un mois et demi, le film connaît des difficultés de production. Gérard Lanvin est contacté pour jouer le guide.

« On voulait un acteur athlétique et séduisant, se souvient Assous. Lanvin n'ayant pas répondu, on a contacté Thierry Lhermitte. Il ne souhaitait pas jouer dans un film avec une vision si négative de l'humanité. »

Rire transgressif

La production suggère Benoît Poelvoorde, connu à l'époque pour le corrosif *C'est arrivé près de chez vous* (1992). Après l'avoir applaudi sur la scène du Café de la Gare, Harel adopte le comédien qui interprétera Éric, le guide antipathique et pontifiant. Mathieu Kassovitz donne un accord de principe mais, pris par ses projets de réalisateur, il est finalement remplacé par Vincent Elbaz, qui campe Mathieu, un jeune branleur des années 1990. Karin Viard est Coralie, l'irrésistible râleuse, et Géraldine Pailhas est Nadine, la fille joyeuse et arrangeante. Cousin du Droopy de Tex Avery, Philippe Harel complète ce quintette en jouant avec beaucoup d'élégance le lâche de service.

« Il y a eu un malentendu, avoue Éric Assous, car notre intention de départ était d'écrire un film un peu sombre sur l'amitié. On voulait montrer comment la solidarité entre amis pouvait voler en éclats dans les moments difficiles. On riait beaucoup en l'écrivant, mais d'un rire cruel, transgressif. Or le public a trouvé le film sympathique. »

Le tournage se déroule en parfaite harmonie, ponctué de fréquentes crises de fous rires. Le réalisateur doit parfois freiner l'inventivité de Poelvoorde, qui ajoute des répliques ou des mimiques à chaque prise.

L'humour décapant des auteurs touche la critique, et le public réserve aux *Randonneurs* un beau succès. Dix ans plus tard, l'équipe repart à l'aventure.

« Je pensais que la Bretagne était un lieu idéal pour nos randonneurs, explique Éric Assous, mais Philippe a préféré les envoyer à Saint-Tropez. »

Le tournage se passe moins bien à cause de l'ego des comédiens devenus des vedettes. Pourtant, à part une faiblesse dans les dernières minutes, le film distille des répliques bien senties qui font des *Randonneurs à Saint-Tropez* un divertissement trois étoiles. ★

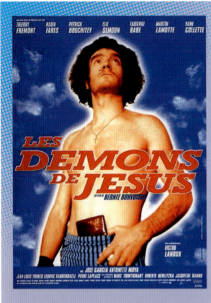

Les Démons de Jésus

BERNIE BONVOISIN (1997)

Distribution
Thierry Frémont (Jésus Jacob)
Patrick Bouchitey (René Jacob)
Nadia Farès (Marie Jacob)
Élie Semoun (Gérard)
Roberto Herlitzka (Raymond Piacentini)
José Garcia (Bruno Piacentini)
Victor Lanoux (Joseph Jacob)
Marie Trintignant (Levrette)
Martin Lamotte (Caldet)
Yann Collette (Morizot)

Scénario et dialogues
Bernie Bonvoisin

Box-office : 377 916 spectateurs

Embrouilles et petites combines entre truands dans la banlieue rouennaise, à l'aube de mai 68.

Il était une fois dans l'Ouest. Enfin… dans la banlieue ouest. La famille Jacob, des anciens forains sédentarisés dans un pavillon des confins de Rouen, est contrôlée par son patriarche Joseph (Victor Lanoux) et ses deux fils Jésus (Thierry Frémont) et René (Patrick Bouchitey). Magouilleurs à la petite semaine, Jésus et René entretiennent à contrecœur un business de ferraille avec leurs ennemis jurés, les Piacentini (Roberto Herlitzka et José Garcia, étonnant en demeuré congénital). Une agression impliquant la belle Marie (Nadia Farès), la fille cadette des Jacob, va mettre le feu aux poudres.

Bernie Bonvoisin, le chanteur-compositeur de Trust, groupe emblématique du hard-rock français des années 1970-1980 (*Antisocial*, *Marche ou crève*), troque en 1996 les montagnes d'amplis Marshall contre un stock de pellicule pour tourner *Les Démons de Jésus*, sa première réalisation. Situé à la fin des années 1960, son film est illustré par une BO blues-rock-soul impeccable (Janis Joplin, Free, Aretha Franklin, etc.). Ce cadre vintage s'accompagne d'une écriture typique de la comédie à la française des années 1960 et d'un mélange explosif d'argot manouche et de saillies audiardiennes.

Polar banlieusard

Le décapant polar banlieusard de Bernie Bonvoisin offre ainsi un festival de répliques cinglantes, et, à l'occasion, tridimensionnelles. Témoin l'envolée lyrique de Martin Lamotte, flic pathétique et grand théoricien de la « tosserie » : « À la CIA, on serait spécialistes dans la branche pour faire roter les Portugais. On va finir par attraper la tosserie. (…) C'est un virus. Quand ça se déclare, t'as des poils qui poussent. Après, c'est les cols roulés et ensuite t'as les futals qui raccourcissent. (…) On a même vu des types se faire greffer des mobylettes orange avec, au guidon, des filets à commissions remplis de poules. Vivantes. (…) Les femmes, elles, c'est autre chose : elles ont tout de suite une grosse poussée de poils avec une envie subite de monter le courrier. » De quoi impressionner des personnages principaux prénommés Jésus, Marie et Joseph ! Dans cette représentation de Jésus très éloignée de celle du maigrichon barbu et cloué de la Bible, les apôtres ont aussi une place de choix à la table du Christ : Élie Semoun s'illustre en petite frappe gouailleuse et pleutre, et Marie Trintignant interprète une prostituée en chaise roulante (et au langage savamment ordurier) répondant au doux surnom de Levrette. Bref, la Cène revue et corrigée par Bernie Bonvoisin, version pot-au-feu picon-bière. ★

Le postier :
Une lettre, si tu mets pas de timbre, elle part pas.

Joseph Jacob :
C'est hors de question que je lèche le cul de la République.

La Vérité si je mens !

THOMAS GILOU (1997)

Distribution
Richard Anconina (Eddie Vuibert)
Vincent Elbaz (Dov Mimran)
José Garcia (Serge Benamou)
Bruno Solo (Yvan)
Gilbert Melki (Patrick Abitbol)
Amira Casar (Sandra Benzakem)
Aure Atika (Karine Benchetrit)
Élie Kakou (Rafi Styl'mode)
Richard Bohringer (Victor Benzakem)

Scénario, adaptation et dialogues
Gérard Bitton et Michel Munz

Box-office : 4 899 862 spectateurs

Un goy fait son trou dans le Sentier en se faisant passer pour un juif.

Après les Africains de *Black mic-mac* (1995) et les Beurs de *Raï* (1986), Thomas Gilou suit les aventures d'Édouard Vuibert, un jeune chômeur qui ment sur son identité pour intégrer la communauté juive du Sentier. Son mensonge provoque d'inévitables quiproquos, mais le jeune homme finira par se faire adopter par cette nouvelle famille haute en couleur.
À l'origine du projet, la société de production Vertigo avait pris une option sur *Rock Casher*, un roman de Michel Munz paru en 1988. Mais le projet est abandonné, malgré un travail d'adaptation et l'obtention d'une avance sur recette. Le producteur Georges Benayoun reprend le flambeau, et Munz s'attelle à l'écriture d'un scénario avec son complice Gérard Bitton. Ils tentent ensemble de répondre à la question centrale du film : peut-on faire fortune dans le Sentier quand on n'est pas juif ? Benayoun n'aime pas le résultat et abandonne le projet. Entre-temps, suite au succès du *Péril jeune* (Cédric Klapisch, 1995), Vertigo est financièrement apte à produire le film et engage Thomas Gilou pour le réaliser.

Folie contagieuse

Pour le rôle principal, le réalisateur cherche une tête d'affiche. Il hésite à donner le rôle d'un goy à Anconina, qui est juif, mais le comédien insiste et finit par obtenir le rôle d'Eddie, dont il se sent proche. Bruno Solo passe des essais pour ce personnage, mais il est finalement engagé pour jouer le rôle d'Yvan. De son côté, José Garcia passe des essais pour les rôles de Rafi Styl'mode et de Serge Benamou. « J'ai dit à Thomas Gilou que s'il me donnait le rôle de Serge Benamou, j'en ferais un truc génial, raconte le comédien. Une semaine après, il me l'a donné. »
Pour le rôle de Dov, Gilou envoie le scénario à Gad Elmaleh qui accepte aussitôt et passe des essais avec Aure Atika. Mais entre-temps, on lui propose *XXL* (Ariel Zeitoun, 1997). Obligé de faire un choix, il décide de suivre Zeitoun, et Vincent Elbaz endosse le costume de Dov. Le précieux Gilbert Melki complète la distribution très masculine, malgré deux atouts charme : Aure Atika et Amira Casar. Sur le plateau, la folie de certains comédiens est contagieuse : José Garcia et Bruno Solo s'amusent à déstabiliser Richard Anconina, qui succombe régulièrement aux fous rires. Basé sur l'autodérision, l'humour dévastateur des gars du Sentier et la fulgurance de leurs reparties conquièrent le public.

Trois ans plus tard, Gad Elmaleh reprend le rôle de Dov dans *La Vérité si je mens ! 2*, qui explose le score du premier film (7 469 664 spectateurs), puis Vincent Elbaz est revenu dans *La Vérité si je mens ! 3*. Yalaaaa ! ★

Serge : *Et alors il est pas juif ! Sa mère elle est goy ! Eh ! La vérité si je mens, et ça l'empêche pas d'aller passer les fêtes de Pessah à Courchevel !*
Patrick : *Il est con lui, où t'as vu qu'il fallait être juif pour aller à Courchevel ?*

Bonus

→ *La Vérité si je mens ! 2* est dédié à Élie Kakou, décédé en 1999.

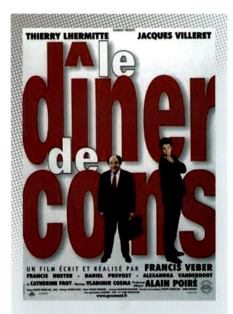

Le Dîner de cons

FRANCIS VEBER (1998)

Distribution
Jacques Villeret (François Pignon)
Thierry Lhermitte (Pierre Brochant)
Francis Huster (Juste Leblanc)
Daniel Prévost (Lucien Cheval)
Alexandra Vandernoot (Christine Brochant)
Catherine Frot (Marlène Sasseur)

Scénario et dialogues : Francis Veber

Box-office : 9 231 507 spectateurs

Un grand éditeur parisien invite un employé des Impôts qu'il veut emmener à un dîner de cons. À cause d'un tour de reins, il se retrouve bloqué chez lui avec son con.

« J'avais entendu parler de ces repas qui réunissaient des méchants et des abrutis, les premiers invitant les seconds pour se moquer d'eux », raconte Francis Veber.
Suite à l'échec cuisant de son film américain *Out on a Limb* (1992) avec Matthew Broderick, le cinéaste, qui vit à Los Angeles, décide de revenir au théâtre après vingt-quatre années d'abstinence.
« Chaque matin, je m'installais dans mon bureau et j'écrivais. Pas directement la pièce, mais tout ce qui me passait par la tête. J'alignais des insignifiances jusqu'au moment où Pignon se mettait brusquement à parler et Brochant à lui répondre. Et la pièce reprenait vie. »

De passage à Paris, Veber croise Alain Poiré, qui achète l'idée de la pièce, même si le deuxième acte n'est pas encore écrit. Le producteur est persuadé que la pièce marchera et que le film qu'ils feront ensemble sera bon. Après un an d'écriture, Veber envoie le scénario du *Dîner de cons* à son agent Jean-Louis Livi, qui l'envoie au nouveau directeur du Théâtre des Variétés : Jean-Paul Belmondo. Emballé, ce dernier bloque des dates pour la création de la pièce. Pour le film, Alain Poiré devra patienter. Jacques Villeret est engagé pour interpréter François Pignon, le nom fétiche des boulets dans les comédies de Veber depuis *L'Emmerdeur* (1973) où il était incarné par Jacques Brel, puis *Les Compères* (1983) et

Les Fugitifs (1986), où Pierre Richard avait pris la relève. Claude Brasseur jouera Pierre Brochant, suite au refus de Pierre Arditi. Malgré l'annulation de six représentations, due à l'état d'ébriété de Villeret, la pièce mise en scène par Pierre Mondy connaît un succès phénoménal durant plusieurs saisons. Des salles entières se tordent de rire devant un Pignon au sommet.
« Brasseur avait du mal à garder son sérieux parce qu'il était sans arrêt surpris par les trouvailles de Villeret, qui démontrait dans *Le Dîner de cons* son génie de la comédie », témoigne Veber.

Du théâtre en cinémascope

Trois ans et un *Jaguar* plus tard, *Le Dîner de cons* va enfin devenir un film, au grand soulagement d'Alain Poiré. Veber se lance dans l'adaptation de sa propre pièce afin de la raccourcir, et utilise le format Cinémascope afin de la déthéâtraliser. Pour la distribution, même si l'idée de reformer le tandem Pierre Richard-Gérard Depardieu l'effleure un instant, le cinéaste souhaite que Depardieu donne la réplique à Jacques Villeret. Mais l'interprète de *Cyrano de Bergerac* pose une condition : il veut être Pignon. Malgré son insistance auprès du réalisateur, Veber refuse. Pour accentuer le contraste entre Brochant et Pignon, le cinéaste cherche un acteur éloigné physiquement de Villeret. Thierry Lhermitte est contacté par Alain Poiré et accepte aussitôt le rôle de Brochant, sans se douter des souffrances qu'il va subir. Pour interpréter Juste Leblanc, Villeret suggère à Veber d'engager Francis Huster, qu'il a connu au conservatoire et qui, selon lui, possède un rire remarquable.

Trois semaines avant le début du tournage, des répétitions sont organisées dans le splendide décor créé par Hugues Tissandier. Même s'il connaît son texte sur le bout des doigts, Jacques Villeret est troublé car il doit jouer sans les rires du public qu'il avait intégrés à la partition de la pièce durant trois saisons. Thierry Lhermitte est catastrophé par la méthode Veber : « Je n'avais jamais été confronté à quelqu'un d'aussi exigeant, qui n'est pas intéressé par ce que les acteurs apportent, mais par la partition qui est marquée sur le papier. » Le comédien débarque tous les jours sur le plateau avec une énorme appréhension concernant sa propre performance.
« Quand j'ai vu le film , avoue Lhermitte, je me suis dit : "Il a raison tout le temps." »
Même si Daniel Prévost confesse avoir beaucoup rigolé avec Thierry Lhermitte, Jacques Villeret confirme : « Ce n'est pas sur les films de Francis qu'on s'amuse le plus, car il maintient

> **Pierre Brochant :**
> *Il s'appelle Juste Leblanc.*
>
> **François Pignon :**
> *Ah bon, il a pas de prénom ?*
>
> **Pierre Brochant :**
> *Je viens de vous le dire : Juste Leblanc (...) Leblanc c'est son nom, et c'est Juste son prénom. (...) Monsieur Pignon, votre prénom, à vous, c'est François, c'est juste ?*
>
> **François Pignon :**
> *Oui.*
>
> **Pierre Brochant :**
> *Eh ben lui c'est pareil, c'est Juste.*

toujours une grosse pression, et paradoxalement, sur le plateau, on est très sérieux. »
La subtilité des dialogues force l'admiration et déclenche les rires. Qui peut résister à la fulgurance de certains gags entièrement construits autour d'un nom ou d'un prénom, qu'il s'agisse de Marlène Sasseur ou de Juste Leblanc ? Pendant le tournage de la scène où Brochant tente de faire comprendre à Pignon que c'est Juste son prénom, les comédiens jouent au premier degré le drame que vivent leurs personnages, mais derrière la caméra, l'équipe est écroulée.
« La scripte est sortie treize fois du plateau pour rire », se souvient le réalisateur.

Le premier montage du film étant un peu court (une heure douze), Veber retourne des scènes pour arriver à une heure vingt : l'accident de voiture de Christine Brochant, le boomerang au bois de Boulogne, les cons discutant au bar, la rencontre entre Brochant et son acolyte.
Le jour de sa sortie, le film ébranle le box-office hexagonal. Lors de la cérémonie des Césars, Villeret est sacré meilleur acteur, Daniel Prévost meilleur second rôle, et Veber est récompensé pour le meilleur scénario.
« En me poussant à adapter une pièce inadaptable, avoue le cinéaste, Alain Poiré m'avait offert mon plus beau succès. » ★

Jacques Villeret, Daniel Prévost, Thierry Lhermitte et Francis Huster.

Bonus

→ Guy Béart avait d'abord été pressenti pour la chanson du générique. *Le temps ne fait rien à l'affaire* de Brassens est finalement apparue comme une évidence à Francis Veber.

→ Jay Roach a tourné un remake, *Dinner for Schmucks* (2010) avec Steve Carell et Paul Rudd.

Valérie Lemercier à la fois actrice et réalisatrice du film *Le Derrière*.

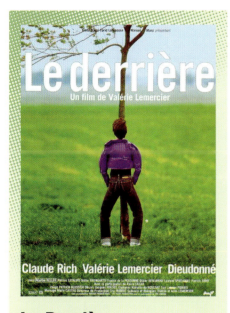

Le Derrière

VALÉRIE LEMERCIER (1998)

Distribution
Valérie Lemercier (Frédérique/Frédéric Sénèque)
Claude Rich (Pierre Arroux)
Dieudonné (Francis)
Marthe Keller (Christina)
Patrick Catalifo (Jean-François)
Didier Brengarth (Marc)
Franck de la Personne (Georgette)
Amira Casar (Anne-Laure)
Didier Bénureau (M. Mulot)
Alain Doutey (le patient français)
Laurent Spielvogel (Patrick)
Patrick Zard (Philippe)

Scénario et dialogues
Valérie et Aude Lemercier

Box-office : 872 747 spectateurs

Pensant mieux pénétrer l'univers de son père qu'elle n'a jamais connu et qui se trouve être un homosexuel très esthète et très parisien, une jeune provinciale va revêtir les atours du « gay cliché » et se faire passer pour son fils.

Deux ans après son adaptation réussie du *Quadrille* de Sacha Guitry, Valérie Lemercier repasse derrière la caméra et se grime en garçon. « Depuis des années, je me pose la question de la place de la femme par rapport aux homosexuels, raconte la réalisatrice. L'idée de jouer un garçon efféminé est venue plus tard. D'autre part, j'ai autour de moi des amies dont le père s'est révélé homosexuel après avoir élevé ses enfants. Je me demandais si, pour une fille, c'était plus compliqué de voir son père en compagnie d'une maîtresse ou d'un amant. »

Fortes personnalités

Très complices, Valérie Lemercier et sa sœur Aude passent trois mois à écrire le scénario du *Derrière* en se fixant une règle : le nombre d'heures de sortie le soir dépendra du nombre de pages écrites dans la journée.
« Valérie avait fait des dessins des différentes scènes qu'elle avait envie d'écrire, mais au départ on n'avait pas de fil conducteur, se souvient Aude. On écrivait les scènes les unes à la suite des autres sans savoir comment ça allait se dénouer. »
Pour le rôle du père, la réalisatrice pense à Michel Piccoli et lui envoie le scénario : « Il a répondu qu'il n'était pas libre alors qu'aucune date n'était indiquée », se souvient Aude Lemercier. Après avoir envisagé Georges Descrières, c'est finalement Claude Rich qui est choisi pour incarner le personnage inspiré de Pierre Bergé, compagnon d'Yves Saint Laurent. Dieudonné joue Francis, le très chic petit ami de Pierre qui déteste la saleté. Très à l'aise, les deux comédiens forment un couple irrésistible qui se chamaille avec distinction.
« Dieudonné arrivait tous les matins en retard et sans savoir son texte, poursuit Aude Lemercier. Je le faisais répéter, et parfois même en espagnol ou en dansant. Au final, il est toujours très juste. Claude Rich, lui, voulait montrer une facette sympathique de Pierre Arroux alors que le personnage du scénario est arrogant. »
Durant dix semaines, la réalisatrice doit s'adapter à la forte personnalité de ses comédiens. Parfois scabreux mais toujours subtil, *Le Derrière,* initialement titré *Fri-Fri,* surprend par sa liberté de ton, et son habile mélange de situations cocasses (l'examen rectal, la saillie du cheval), de gags visuels (Frédérique fait pipi debout contre un arbre) et de dialogues qui font mouche fait oublier les quelques maladresses narratives. Brillante dans son double rôle de fille-garçon, Valérie Lemercier met en scène les codes de l'homosexualité avec autodérision et nous montre avec beaucoup d'élégance son propre derrière. ★

> **Francis :**
> *Combien de temps il va falloir se la coltiner la lopette, là ?*
>
> **Pierre :**
> *Je t'en prie, Francis, c'est quand même mon fils !*

Les autres comédies marquantes des années 1990

L'Opération Corned beef
JEAN-MARIE POIRÉ (1991)
Avec Christian Clavier, Jean Reno, Valérie Lemercier, Isabelle Renauld, Jacques François.

Squale (Reno), un espion français qui doit démanteler un réseau international de trafic d'armes, tente de manipuler Jean-Jacques Granianski (Clavier), psychologue d'entreprise, mais ce dernier lui pose plus de problème que prévu. Après l'échec de *Mes meilleurs copains*, Jean-Marie Poiré se lance dans cette comédie d'aventure efficace, réunissant pour la première fois le couple Clavier-Reno. Le film révèle Valérie Lemercier au cinéma et incitera le cinéaste à reformer le trio gagnant deux ans plus tard pour *Les Visiteurs*.

Grosse fatigue
MICHEL BLANC (1994)
Avec Michel Blanc, Carole Bouquet, Josiane Balasko, Christian Clavier.

Basé sur une idée de Bertrand Blier et Michel Blanc, *Grosse fatigue* repose sur une idée fantasmagorique : qu'arriverait-

il si un sosie d'un acteur connu s'emparait de son identité pour commettre les pires méfaits ? Une satire féroce où les vedettes du cinéma français interprètent leur propre rôle, conclue par une étonnante pirouette scénaristique mettant en scène (le vrai ?) Philippe Noiret.

Tatie Danielle
ÉTIENNE CHATILIEZ (1990)
Avec Tsilla Chelton, Catherine Jacob, Éric Prat, Laurence Février, Isabelle Nanty.

Le deuxième long-métrage du réalisateur de *La vie est un long fleuve tranquille* s'attaque à une

catégorie rarement dépeinte dans le cinéma comique français : les vieux. Dans la peau d'une octogénaire acariâtre, Tsilla Chelton se surpasse dans les domaines de la mauvaise foi, de la méchanceté gratuite et de l'incontinence volontaire. Une satire mordante qui a révélé Isabelle Nanty dans le rôle de la dompteuse de vioque.

La Crise
COLINE SERREAU (1992)
Avec Vincent Lindon, Patrick Timsit, Zabou Breitman, Maria Pacôme, Yves Robert.

Stigmatisant l'individualisme et l'égoïsme grandissants, la réalisatrice de *Trois hommes et un couffin* dresse un portrait sans concession de la société de la fin du XXe siècle. Quitté par sa

femme et licencié de son entreprise, Victor est lâché par son entourage. Désemparé par la décision radicale de sa mère (Maria Pacôme) de quitter son mari (Yves Robert) pour un homme plus jeune, Victor se tourne vers la seule personne à l'écoute, Michou (Timsit en paumé attachant). Comédie sociale de référence, *La Crise* est surtout de rire !

Le Bonheur est dans le pré
ÉTIENNE CHATILIEZ (1995)
Avec Michel Serrault, Eddy Mitchell, Sabine Azéma, Carmen Maura, Éric Cantona.

Criblé de dettes, harcelé par ses employées et victime des brimades de son épouse et de

sa fille, un fabricant de lunettes de W.C. (!) fuit ses responsabilités après avoir découvert sa véritable identité grâce à une émission de télé-réalité. Accueilli dans le Gers, Francis Bergeade redécouvre la joie de vivre auprès de sa nouvelle famille, mais le doute s'installe bientôt au sujet de son mystérieux passé... Un hymne aux valeurs rurales (la vie au grand air, la bonne chère) doublé d'un nouvel énorme succès populaire pour Chatiliez. César du meilleur second rôle pour un Eddy Mitchell rabelaisien à souhait face à un Serrault qui a repris au pied levé le rôle de Jean Carmet, emporté par la maladie quelques semaines avant le début du tournage.

La Totale
CLAUDE ZIDI (1991)
Avec Thierry Lhermitte, Eddy Mitchell, Miou-Miou, Michel Boujenah, Jean Benguigui.

Super-agent international, François Voisin (Lhermitte) se fait passer aux yeux de ses proches pour un paisible cadre des télécoms. Croyant que son épouse (Miou-Miou) fréquente un autre homme, François met en œuvre les techniques d'espionnage les plus sophistiquées pour démasquer le couple illégitime. Une comédie d'espionnage efficace avec un méchant inattendu (Jean Benguigui) et une trame qui sera reprise en 1994 dans *True Lies*, avec Arnold Schwarzenegger et pas mal d'effets pyrotechniques.

Un Indien dans la ville
HERVÉ PALUD (1994)
Avec Thierry Lhermitte, Patrick Timsit, Ludwig Briand, Miou-Miou, Arielle Dombasle.

Coproduite par Thierry Lhermitte, cette comédie familiale d'Hervé Palud (*Les Frères Pétard*) devient le plus gros succès français de 1994. Indien d'Amazonie, le jeune Mimi-Siku (nom qui signifie « pipi de chat ») découvre Paris. La confrontation de l'adolescent à la grande ville, suspendu à la tour Eiffel ou en pirogue sur la Seine, réserve son lot de séquences burlesques. Les Américains en feront un pâle remake trois ans plus tard avec Tim Allen, *Jungle 2 Jungle*.

Didier
ALAIN CHABAT (1997)
Avec Alain Chabat, Jean-Pierre Bacri, Isabelle Gélinas, Caroline Cellier, Lionel Abelanski.
Dominique Farrugia avait marqué le premier avec *Delphine 1, Yvan 0*. Alain Chabat égale l'année suivante en signant sa première réalisation avec *Didier*, l'histoire d'un chien transformé en homme aux instincts canins. Chabat excelle dans un rôle extrême de labrador humain face à un Jean-Pierre Bacri tout aussi cabot. César de la meilleure première œuvre pour Alain Chabat en 1998.

Tenue correcte exigée
PHILIPPE LIORET (1997)
Avec Jacques Gamblin, Elsa Zylberstein, Zabou Breitman, Jean Yanne, Daniel Prévost.
Une soirée délirante dans un grand palace parisien où se déroule LE rendez-vous annuel du gratin de la planète. Second long-métrage de l'excellent Philippe Lioret, cette satire sociale menée tambour battant est l'occasion de croiser une galerie de personnages au bord de la crise de nerfs. À la vision de ce véritable bijou scénaristique, porté par des dialogues justes et des acteurs investis, on souhaite que le cinéaste revienne rapidement à la comédie.

Taxi
GÉRARD PIRÈS (1998)
Avec Samy Naceri, Frédéric Diefenthal, Marion Cotillard, Bernard Farcy.
Au début des années 1980, un futur réalisateur nommé Luc Besson demande conseil à Gérard Pirès. Vingt ans plus tard, ce dernier met en scène *Taxi*, produit par Besson. « Je n'étais pas fan du scénario, mais je l'ai fait pour Luc qui m'a permis de refaire du cinéma », explique Gérard Pirès, qui a également déniché Marion Cotillard et le duo Naceri-Diefenthal alors que la production souhaitait Yvan Attal et Olivier Martinez. Sa rutilante comédie automobile tournée sous le soleil de la Canebière sera suivie par trois suites réalisées par Gérard Krawczyk.

Pédale douce
GABRIEL AGHION (1996)
Avec Patrick Timsit, Fanny Ardant, Richard Berry, Michèle Laroque, Jacques Gamblin.
La comédie de Gabriel Aghion crée l'événement en s'imposant au box-office des films français de l'année 1996. Chassé-croisé amoureux entre cinq personnages qui ont du mal à fixer leur sexualité, le film n'évite pas toujours la caricature, mais les acteurs jouent avec une telle conviction qu'ils rendent les situations irrésistibles. Sur l'air de Mylène Farmer *Sans contrefaçon, je suis un garçon*, le film dialogué par Pierre Palmade reflète une société qui est en train de perdre les pédales. César de la meilleure actrice pour Fanny Ardant.

Le Pari
DIDIER BOURDON et BERNARD CAMPAN (1997)
Avec Didier Bourdon, Bernard Campan, Isabelle Otero, Régis Laspalès.
Suite à un pari familial, un chef d'entreprise et un enseignant décident d'arrêter de fumer. Moins saluée que *Les Trois Frères*, la troisième apparition des Inconnus (deux sur trois, en l'occurrence) sur grand écran contient de nombreuses scènes désopilantes. À ne pas manquer lors de la séquence de la secte anti-tabac : l'apparition de Régis Laspalès en ayatollah de la nicotine.

La Bûche
DANIÈLE THOMPSON (1999)
Avec Sabine Azéma, Emmanuelle Béart, Charlotte Gainsbourg, Claude Rich, Françoise Fabian, Jean-Pierre Darroussin.
Règlements de compte en famille pendant les fêtes de Noël. Après avoir longtemps écrit avec son père Gérard Oury, Danièle Thompson travaille désormais avec son fils Christopher. Film choral par excellence, cette première réalisation de la scénariste de *La Boum* prouve qu'elle a non seulement le sens des mots, mais aussi celui de la mise en scène. Dialogues pétillants, situations justes, acteurs au sommet : tout fonctionne dans cette comédie joyeuse inspirée en partie de la propre famille de la cinéaste. Mention spéciale à Sabine Azéma, hallucinante en danseuse russe.

Les Grands Ducs
PATRICE LECONTE (1996)
Avec Jean-Pierre Marielle, Philippe Noiret, Jean Rochefort, Michel Blanc, Catherine Jacob.
Trois comédiens sexagénaires au chômage (un amnésique illuminé, un retardataire incompétent et un séducteur en ruine, qui rivalisent de cabotinage) se font embaucher sur un vaudeville minable : *Scoubidou*. Malgré un trio d'acteurs sublimes, la folie contagieuse de Catherine Jacob, le rythme effréné et des dialogues truculents, le film ne rencontre pas le succès escompté. Burlesque et parodique à la fois, *Les Grands Ducs* est heureusement entré depuis dans la catégorie des films cultes.

Le Ciel, les oiseaux et... ta mère !
DJAMEL BENSALAH (1997)
Avec Jamel Debbouze, Lorànt Deutsch, Julien Courbey, Olivia Bonamy.
Pendant que l'équipe de France de football remporte la coupe du monde, Djamel Bensalah tourne son premier film et révèle une toute jeune génération de comédiens pratiquant l'improvisation comme Zidane le foot. Symbole de la France black-blanc-beur, le film suit les pérégrinations en bord de mer de quatre banlieusards dont l'amitié s'étiole, loin de leur cité. Entre drague, tchatche et ennui, le film distille une fraîcheur de jeu et des dialogues réalistes et souvent drôles. Mention spéciale à la craquante Olivia Bonamy.

Danny Boon

Comédies françaises des années 2000

Des frères Lumière à la 3D, la comédie à la française a – comment dire… – évolué de manière *significative* depuis le siècle dernier. Après les premiers pas du muet, l'explosion des années 1950 et l'âge d'or du genre dans les années 1960 et 1970, les années 1980 et 1990 ont confirmé le renouvellement perpétuel du cinéma comique hexagonal. Chaque décennie a ainsi vu naître de nouveaux talents et se succéder plusieurs générations de comiques dans un tourbillon ininterrompu de rires, de répliques cultes et d'inoubliables numéros d'acteurs. Si la comédie populaire n'est toujours pas estimée à sa juste valeur par un appareil critique désespérément frileux et allergique aux succès populaires, l'industrie du cinéma français n'a jamais cessé de produire les articles favoris du grand public, et les années 2000 n'échappent pas à l'équation coutumière opposant les grands triomphes nationaux aux succès modestes, mais tout aussi réjouissants. *Podium* (2004) tiré du roman de **Yann Moix** et mettant en scène un sosie de Cloclo incarné par **Benoît Poelvoorde**, puis *Brice de Nice* (**James Huth**, 2005) et *Camping* (**Fabien Onteniente**, 2006, sans oublier sa suite en 2010 et son troisième volet annoncé pour 2012) font partie des réussites commerciales de la décennie. Aucun de ces films ne s'approche pourtant de l'incroyable exploit réalisé par la comédie phénomène des années 2000. À la surprise générale, *Bienvenue chez les Ch'tis* de **Dany Boon** pulvérise en 2008 tous les records d'entrées en venant chatouiller les scores du *Titanic* et de *La Grande Vadrouille*. Cette percée aussi historique qu'inattendue confirme la vitalité du genre et l'engouement réaffirmé du grand public français pour son cinéma comique.

Parallèlement à cette performance d'exception, la prolifération des comédies interprétées par les vedettes du petit écran se poursuit avec l'arrivée de **Michaël Youn** (*La Beuze* et *Les 11 Commandements*, de François Desagnat et Thomas Sorriaux en 2003 et 2004), des **Robins des bois** (*RRRrrrr !!!*, **Alain Chabat**, 2004), de **Kad Mérad** et **Olivier Baroux** (*Mais qui a tué Pamela Rose ?*, 2003, et *Un ticket pour l'espace*, 2006, d'Éric Lartigau) et d'**Éric et Ramzy** (*La Tour Montparnasse infernale* de Charles Némès en 2001). La première décennie du nouveau siècle se caractérise également par un grand nombre de recyclages en tous genres. Un film, ou plutôt deux cristallisent toutes les grandes orientations du cinéma comique français des années 2000. Les deux épisodes de la série des *OSS 117* réalisés par **Michel Hazanavicius** cumulent plusieurs tendances de l'époque en s'inspirant d'une série B du passé et en mettant en scène un acteur principal issu de la télévision. Repéré sur le petit écran dans les sketches des *Nous C Nous* et dans le programme court *Un gars, une fille*, **Jean Dujardin**, l'interprète du James Bond franchouillard et du surfer décérébré de *Brice de Nice*, est aussi, pour certains, le descendant direct d'une autre figure tutélaire du passé : Jean-Paul Belmondo.

Les exemples de (ré)adaptations et de *reboots* pullulent au cours de la décennie. Bandes dessinées, séries télévisées des années 1960-1970 et franchises vintage, du *Petit Nicolas* à *L'Emmerdeur* (version Timsit-Berry), sont transposées sur grand écran à une cadence impressionnante. Dans la foulée du succès d'*Astérix et Obélix contre César* (**Claude Zidi**, 1999), les aventures du petit Gaulois retors et de son comparse porteur de menhirs font l'objet de deux suites, *Astérix et Obélix : Mission Cléopâtre* (Alain Chabat, 2002) et *Astérix aux Jeux olympiques* de **Frédéric Forestier** et **Thomas Langmann** en 2008. Moins réussies, les adaptations de *Lucky Luke* (*Les Dalton* de Philippe Haïm en 2004 et la tentative ratée de James Huth en 2009, avec Jean Dujardin), d'*Iznogoud* (**Patrick Braoudé**, 2005) ou de *L'Enquête corse*, le désopilant thriller régional de Pétillon filmé mollement par **Alain Berbérian** en 2004, témoignent d'une singulière paresse créative. En revanche, **Riad Sattouf** apporte un vent frais à la comédie adolescente en 2009 avec *Les Beaux Gosses*, le passage au grand écran des planches de sa saga générationnelle *Retour au collège*.

On retrouve également la marque du passé au travers des supposés « héritiers » de la grande tradition comique nationale. Dans l'inconscient collectif d'une industrie et d'un public confortés dans leurs valeurs refuges, Dany Boon ressuscite la poésie naïve d'un Bourvil ; déjà, une dizaine d'années plus tôt, on avait comparé Christian Clavier à Louis de Funès. Les gags visuels et la personnalité lunaire de Pierre-François Martin-Laval (alias PEF) s'inscrivent en droite lignée du personnage créé par Pierre Richard dans les années 1970. Pour certains, Jean Dujardin et son enthousiasme contagieux apparaissent comme un décalque contemporain du Belmondo des années 1960. Pour d'autres, Éric et Ramzy rendent un hommage indirect aux entreprises gaguesques de Claude Zidi en s'imposant comme des Charlots du nouveau millénaire.

Le cinéma comique des années 2000 serait-il condamné à faire du neuf avec du vieux ? Serait-il victime d'une crise des scénarios ? D'une absence d'auteurs ? D'une pénurie de gagmen ? Les comédies ciselées de **Bruno Podalydès** – *Liberté Oléron*, 2001 et *Bancs publics (Versailles rive droite)* en 2009 –, **Philippe Harel** (*Le Vélo de Ghislain Lambert*, 2001) et **Julie Delpy** (*2 Days in Paris*, 2007, et *Le Skylab*, 2011) prouvent heureusement le contraire. Déjà remarquées au cours des années 1990, ces valeurs sûres sont rejointes par de nouveaux scénaristes-dialoguistes-réalisateurs bénéficiant d'un remarquable savoir-faire, à commencer par **Olivier Nakache** et **Éric Toledano** qui alignent successivement les excellents *Je préfère qu'on reste amis…* (2005), *Nos jours heureux* (2006) et *Tellement proches* (en 2009). Aux croisements du cinéma burlesque de Jacques Tati et des marivaudages d'Éric Rohmer, **Emmanuel Mouret** est l'auteur des délicieux quiproquos romantiques d'*Un baiser s'il vous plaît* (2007) et *Fais-moi plaisir !* en 2009. La première décennie du siècle nouveau couronne également trois irrésistibles comédies au ton résolument contemporain : *L'Arnacœur* de **Pascal Chaumeil**, *Tout ce qui brille*, de **Géraldine Nakache** et **Hervé Mimran** et *Le Nom des gens*, de **Michel Leclerc** (2010). D'une richesse et d'une diversité toujours d'actualité, le médium centenaire de la comédie à la française rayonne encore, et on n'a pas fini d'en rire…

Jet Set

FABIEN ONTENIENTE (2000)

Distribution
Samuel Le Bihan (Mike)
Lambert Wilson (Arthus de Poulignac)
Ornella Muti (Camilla Balbeck)
Ariadna Gil (Andréa Dionakis)
Bruno Solo (Jimmy)
José Garcia (Mellor da Silva)
Estelle Larrivaz (Lydia)
Lorànt Deutsch (Fifi)
Elli Medeiros (Danièle Joubert)
Guillaume Gallienne (Evrard Sainte-Croix)

Scénario : Fabien Onteniente
Dialogues : Fabien Onteniente, Bruno Solo et Emmanuel de Brantes (avec la collaboration d'Olivier Chavarot)

Box-office : 1 912 895 spectateurs

Pour attirer la jet-set qui sauverait son bar de la faillite, Jimmy envoie son pote Mike, comédien au chômage, à la pêche aux « people ».

Comédie dans l'air d'un temps où prolifèrent les magazines à scandales, rebaptisés magazines *people* au début des années 2000, la comédie de Fabien Onteniente dresse à sa manière un portrait de la société à travers le regard d'un innocent banlieusard du « 9-3 » plongé dans un monde parallèle totalement irréel, celui de la jet-set. Afin de crédibiliser son histoire, Fabien Onteniente part à la recherche de mondains qui pourraient collaborer au scénario. Lors d'une soirée au Pavillon Ledoyen où il parvient à s'incruster, il fait la rencontre du fantasque jet-setteur Emmanuel de Brantes.

« Sous le déguisement de l'amuseur public, un personnage complexe, subtil et plein de fantaisie, m'a initié aux arcanes de ce milieu, m'a introduit dans toutes ses fêtes, raconte Onteniente. Grâce à lui j'ai rencontré les modèles vivants de mes petites photos. »

Pseudo-victimes

Avec Bruno Solo, le réalisateur et son nouveau collaborateur mondain se lancent dans l'écriture du scénario. Pendant un an, les trois scénaristes injectent du Roland-Garros, du gala de charité et de la soirée tropézienne dans une trame classique mais efficace.

Contrairement à l'idée souvent répandue selon laquelle les célébrités sont victimes de cette presse « dégueulasse », le réalisateur montre au contraire comment les pseudo-victimes savent très bien utiliser les médias pour véhiculer l'image qu'elles souhaitent donner d'elles-mêmes. Dans ce cadre, Lambert Wilson campe un ersatz d'Emmanuel de Brantes très convaincant, tout en exagération et manipulateur, qui lui vaudra une nomination aux César dans la catégorie du meilleur second rôle masculin.

Plongé dans cet univers hallucinogène composé d'aristos, de pseudo-vedettes de cinéma, de milliardaires, de noctambules et de pique-assiettes en tout genre, l'innocent Mike a pour mission d'infiltrer les soirées mondaines afin d'attirer un maximum de personnalités dans un rade paumé de la banlieue parisienne : le Bombay Bar. Le choc des cultures s'avère efficace, l'acteur candide se prenant peu à peu au jeu des artifices. C'est la rencontre amoureuse avec la belle Andréa qui sauvera notre héros. Grâce à des répliques bien senties et à un casting audacieux – Guillaume « c'est génial, j'adore ! » Gallienne en tête –, le film de Fabien Onteniente se regarde comme un agréable divertissement et un témoignage sur un mouvement qui gangrène notre société médiatique depuis trop longtemps. ★

Arthus :
Grosse fortune, un vrai SDF.

Mike :
Il est ruiné ?

Arthus :
Mais non, SDF : Sans Difficultés Financières.

Bonus

→ En 2004, Onteniente tourne une suite, *People*, un échec artistique et une déception commerciale (806 907 spectateurs tout de même).

Bruno Solo et Lorànt Deutsch.

La Tour Montparnasse infernale

CHARLES NÉMÈS (2000)

Distribution
Éric Judor (Éric)
Ramzy Bédia (Ramzy)
Marina Foïs (Stéphanie Lanceval)
Michel Puterflam (Lanceval)
Serge Riaboukine (Michel Vignault, dit « machin »)
Jean-Claude Dauphin (le commissaire)
Peter Semler (Hans)
Pierre-François Martin-Laval (Jean-Louis)
Edgar Givry (Greg)

Scénario et dialogues
Éric Judor, Ramzy Bédia, Kader Aoun et Xavier Matthieu, avec la collaboration de Lionel Dutemple et Pierre-François Martin-Laval

Box-office : 2 083 034 spectateurs

Deux laveurs de carreaux crétins déjouent une prise d'otage dans la tour Montparnasse.

Ce qui apparaissait comme une gageure dans les années 1980 devient une formalité à l'aube du nouveau millénaire. Désormais, il n'y a plus besoin de faire la majeure partie de sa carrière à la télévision avant de pouvoir accéder aux salles obscures. Remarqués sur le petit écran avec *Les Mots d'Éric et Ramzy*, une série de courts sketches absurdes basés sur des jeux de mots souvent discutables, Éric Judor et Ramzy Bedia franchissent un premier pas vers la comédie avec la série télévisée *H*, aux côtés de Jamel Debbouze, Jean-Luc Bideau, et d'un panel de réalisateurs confirmés, dont Édouard Molinaro. C'est à Charles Némès, le record-man de réalisation d'épisodes de *H*, à qui l'on devait déjà *Les héros n'ont pas froid aux oreilles* (1979) et *La Fiancée qui venait du froid* (1984), que revient la tâche d'immortaliser la première apparition sur grand écran d'Éric et Ramzy. À des années-lumière des sitcoms *cheap* et claustrophobes, *La Tour Montparnasse infernale* ose le Cinémascope et la pyrotechnie grâce à un budget confortable de 9 570 000 euros. Bref, on a vu grand.

« C'est un croisement délibéré entre un vrai film d'action qui fait des clins d'œil admiratifs à *Piège de cristal* – on casse un hélicoptère, une gare parisienne et deux étages de la tour Montparnasse – et du pur Éric et Ramzy, absurde, jeux de mots et burlesque à volonté », confirme Némès.

Les nouveaux Charlots ?

Parsemée de références cinématographiques appuyées (d'*Indiana Jones* à *Speed* en passant par *Matrix* et *Le Jeu de la mort*) et de gags nigauds, *La Tour Montparnasse infernale* décrit une prise d'otage déjouée par deux laveurs de carreaux décérébrés. Panique à tous les étages ! À l'aise dans leurs non-rôles d'ahuris en roue libre, Éric et Ramzy repoussent les limites du burlesque infantile jusqu'à l'extrême (à un gangster chinois : « Tu ne m'auras pas

Éric : *Dieu soit en location !*

comme ça, San Ku Kaï ! ») et cabotinent comme deux exclus du casting de *Dumb and Dumber*. Déconseillée aux membres du fan-club d'Alain Tanner, la comédie retardée de Charles Némès exerce cependant un étrange pouvoir de fascination sur le spectateur des années 2000, peu habitué à une telle avalanche de blagues crétinisantes et totalement gratuites. Un humour régressif, une insouciance presque insolente, des gags à chaque plan et des comédiens qui portent leur vrai prénom à l'écran… Et si Éric et Ramzy étaient les nouveaux Charlots ? ★

Bonus

→ Joey Starr effectue une courte apparition dans le rôle d'un agent de police allergique au tabac.

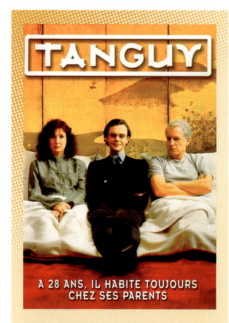

Tanguy

ÉTIENNE CHATILIEZ (2001)

Distribution
Éric Berger (Tanguy Guetz)
André Dussollier (Paul Guetz)
Sabine Azéma (Édith Guetz)
Hélène Duc (Mme Guetz)
Jean-Paul Rouve (Bruno Lemoine)
André Wilms (le psychiatre)
Aurore Clément (Carole)
Philippe Gildas (Philippe Gildas)

Scénario : Laurent Chouchan avec Étienne Chatiliez, d'après une idée de Yolande Zauberman

Box-office : 4 310 477 spectateurs

À vingt-huit ans, Tanguy vit toujours chez ses parents, qui aimeraient bien le voir quitter le cocon familial… le plus tôt possible !

Tanguy Guetz mène une existence des plus enviables : vue de l'extérieur, la vie de l'agrégé de philo spécialiste des langues orientales ressemble à un long fleuve tranquille. Mais Tanguy possède un secret : il vit toujours chez ses parents et continue de mener, à l'approche de la trentaine, une vie d'adolescent qui rentre à pas d'heure, vide le frigo et fait déborder quotidiennement le panier à linge. Las de la situation, ses parents aimants se mettent à rêver du jour où leur « adolescent » quittera pour de bon le giron familial. La perspective d'une muta-

Sabine Azéma et André Dussollier.

tion de leur fiston à Pékin leur laisse entrevoir l'espoir, mais la zénitude de leur imperturbable rejeton va bientôt les plonger dans une incroyable guerre psychologique.

« La scénariste Yolande Zauberman avait pensé à moi après avoir lu un article du *Courrier international* au sujet d'une femme, en Italie, qui avait voulu virer son fils âgé de trente et un ans de chez elle, explique Étienne Chatiliez. Elle avait fait changer les verrous, il l'avait traînée en justice et elle avait été condamnée à le reprendre sous son toit. Généralement, ce sont les enfants qui veulent se débarrasser de leurs parents. Là, pour une fois, c'était l'inverse. Il y avait dans cette histoire quelque chose de sacrilège qui me plaisait infiniment. »

Fantaisie et sensibilité

Tanguy s'attaque à un tabou ultime : le rejet des enfants par leurs propres géniteurs. Dans le rôle du paternel, André Dussollier exulte dans un de ses meilleurs rôles comiques. Le voir sortir progressivement de sa réserve bourgeoise pour se transformer en paquet de nerfs au langage ordurier constitue l'un des plaisirs coupables du quatrième long-métrage de Chatiliez. À ses côtés, Sabine Azéma prolonge son étonnante performance de « quinqua » décoincée dans *Le bonheur est dans le pré*. Le rôle-titre a été confié à l'excellent Éric Berger, un comédien issu des planches parfait en bredin rétif à toute notion d'autonomie, mais que la fantaisie et la sensibilité finissent par rendre attachant. Enfin, Hélène Duc, l'inoubliable Mahaut d'Artois des *Rois maudits*, interprète avec malice et objectivité la grand-mère du « parasite ».

Signe d'une indéniable reconnaissance, le prénom de Tanguy est entré dans le langage courant et désigne aujourd'hui une population indistincte qui, la faute à la crise, s'est multipliée au cours des dernières années. À voir en famille. ★

Paul :
T'es rien. Une petite gêne. Un caillou dans une chaussure. Un poil de cul coincé entre les dents ! Débarrasse, poil de cul !

Tanguy :
Si fin soit-il, le cheveu aussi a une ombre.

Paul :
Et tu fais chier avec tes proverbes chinois !

Astérix et Obélix : Mission Cléopâtre

ALAIN CHABAT (2002)

Distribution
Christian Clavier (Astérix)
Gérard Depardieu (Obélix)
Jamel Debbouze (Numérobis)
Claude Rich (Panoramix)
Monica Bellucci (Cléopâtre)
Alain Chabat (César)
Gérard Darmon (Amonbofis)
Édouard Baer (Otis)
Dieudonné (Caius Céplus)
Marina Foïs (Sucettalanis)
Jean Benguigui (Malococsis)
Bernard Farcy (Barbe-Rouge)
Isabelle Nanty (Itinéris)
Mouss Diouf (Baba)
Noémie Lenoir (Guimieukis)
Pierre Tchernia (le narrateur)

Scénario et dialogues : Alain Chabat, d'après l'œuvre de René Goscinny et Albert Uderzo

Box-office : 14 194 819 spectateurs

Nous sommes en 50 avant Jésus-Christ ; toute la Gaule est occupée par les Romains... Toute ? Non ! Car un village peuplé d'irréductibles Gaulois résiste encore et toujours à l'envahisseur...

Avec près de 300 millions d'albums vendus et traduits en plus d'une centaine de langues, Astérix est devenu l'ambassadeur officiel de la Gaule à travers le monde. La bande dessinée créée par René Goscinny et Albert Uderzo en 1959 avait déjà fait l'objet d'une série de dessins animés démarrée en 1967 (souvenez-vous : la voixoff de Pierre Tchernia, le doublage assuré par Roger Carel et Pierre Tornade), avant la création de sa version *live*, quarante ans après sa naissance dans les pages de *Pilote*. On doit cette initiative à Thomas Langmann, le fils de Claude Berri, qui, à l'instar de millions de jeunes lecteurs, était tombé dans *Astérix* quand il était petit. Après avoir été convaincu par son rejeton, Berri signe avec Albert Uderzo un contrat comportant trois clauses bien précises : l'esprit de la bande dessinée originale doit être préservé, le film doit bénéficier de moyens financiers importants et le rôle d'Obélix doit être attribué à Gérard Depardieu. Claude Zidi,

avec qui Berri avait déjà travaillé dans les années 1970, est choisi pour réaliser le long-métrage, et c'est Christian Clavier qui hérite des bacchantes blondes d'Astérix après que Daniel Auteuil a été pressenti par la production.

La fine fleur des acteurs comiques

Tourné à Munich (pour les scènes de cirque) et à La Ferté-Alais (Essonne), où le village gaulois a été reconstitué dans le plus gros studio jamais construit en Europe jusque-là, *Astérix et Obélix contre César* pioche dans plusieurs albums de la série pour imaginer les nouvelles aventures des irréductibles résistants à l'hégémonie romaine. Tous les ingrédients indissociables de la bande dessinée sont de la partie : rien ne manque, de la fameuse potion magique

> Itinéris :
> *Je m'appelle Itinéris.*
> Numérobis :
> *J'écoute.*
> Itinéris :
> *Vous avez deux nouveaux messages.*

Alain Chabat, réalisateur et acteur d'*Astérix et Obélix : Mission Cléopâtre*.

aux menhirs d'Obélix, sans oublier les personnages récurrents de la saga (Panoramix, Assurance-tourix, Abraracourcix et bien, sûr, le fidèle Idéfix). Pour donner vie aux planches de Goscinny et Uderzo, la coproduction franco-italo-allemande a ajusté avec précision le casting de ce premier épisode : outre le duo vedette Clavier-Depardieu, Roberto Benigni incarne l'ignoble Detritus aux côtés d'un stupéfiant aéropage d'acteurs emblématiques de la comédie à la française (Daniel Prévost, Michel Galabru, Jean-Pierre Castaldi, Sim et Claude Piéplu pour sa dernière apparition sur grand écran). Miracle de la technologie : les soldats romains peuvent enfin décoller littéralement de leurs sandales après avoir essuyé les baffes monumentales d'Obélix.

Malgré des critiques mitigées déplorant une surenchère de trucages numériques et un certain manque d'imagination, *Astérix et Obélix contre César* remporte un grand succès public et triomphe dans toute l'Europe.

Distribution rajeunie

Un deuxième épisode entre en phase de préparation peu de temps après. Toujours sur l'impulsion de Claude Berri, ce second volet est confié à Alain Chabat. Le tournage d'*Astérix et Obélix : Mission Cléopâtre* a lieu à Ouarzazate, au Maroc. Dans cette nouvelle aventure, la construction d'un palais érigé à la gloire de César pousse nos indestructibles Gaulois à déguster une ration supplémentaire de la potion magique de Panoramix (sauf Obélix, qui, quand il était petit...). Christian Clavier et Gérard Depardieu reprennent leurs rôles face à Monica Bellucci, qui interprète une sculpturale Cléopâtre, reine d'Égypte. La distribution est rajeunie avec la présence des nouvelles têtes du comique télévisuel (dont Jamel, Édouard Baer et les Robins des bois). Dans le rôle de l'architecte Numérobis, Jamel Debbouze vole d'ailleurs la vedette au duo Clavier-Depardieu dans son réjouissant numéro d'histrion gaffeur. Les anachronismes et les allusions cinématographiques (de *Pulp Fiction* à *La Guerre des étoiles*) abondent, et Alain Chabat a particulièrement soigné les patronymes de ses personnages : Cartapus, Sucettalanis, Guimieukis, Couloirdebus... Dommage pour Niquelapolix, le personnage de Joey Starr, absent de la version finale. En parvenant à mêler l'esprit enjoué de la bande dessinée à l'humour estampillé Canal+, Alain Chabat renouvelle la franchise avec succès et sa *Mission Cléopâtre* pulvérise le score de son prédécesseur au box-office. Avec ses quatorze millions de spectateurs, le film s'imposera même comme le plus gros succès populaire des années 2000, avant d'être détrôné par les Ch'tis de Dany Boon. Curieusement, le seul déçu de ce nouveau triomphe est Albert Uderzo, qui ne cachera pas sa désapprobation face à l'adaptation personnalisée de l'ex-Nuls.

Débauche de moyens

Après avoir refusé à Gérard Jugnot l'occasion de réunir l'équipe du Splendid dans un hypothétique *Astérix en Hispanie*, Albert Uderzo débarque Claude Berri et prend lui-même les rênes du troisième épisode de la série. Débute alors un nouveau jeu de chaises musicales : Christian Clavier cède d'abord le rôle d'Astérix à Lorànt Deutsch, puis à José Garcia, mais c'est finalement à Clovis Cornillac que revient la plus célèbre moustache de la Gaule. Fidèle au poste, Gérard Depardieu reprend son rôle d'Obélix, et une pléiade de sportifs professionnels (Michael Schumacher, Zinedine Zidane, Tony Parker) vient renforcer la distribution, Jeux olympiques obligent. Coréalisé par Frédéric Forestier (*Le Boulet*) et Thomas Langmann, *Astérix aux Jeux olympiques* déçoit pourtant, malgré une nouvelle débauche de moyens (plus de 78 millions d'euros de budget !) et une distribution poids lourd, avec Alain Delon et Benoît Poelvoorde respectivement dans les

Bonus

→ **QUELQUES BD ADAPTÉES AU CINÉ**

Bécassine (Pierre Caron, 1940), *Les Aventures des Pieds Nickelés* et *Le Trésor des Pieds Nickelés* (Marcel Aboulker, 1948 et 1950), *Bibi Fricotin* (Marcel Blistène, 1951), *Les Pieds Nickelés* (Jean-Claude Chambon, 1964), *La Famille Fenouillard* (Yves Robert, 1960), *Tintin et le mystère de la Toison d'Or* (Jean-Pierre Vierne, 1961), *Tintin et les oranges bleues* (Philippe Condroyer, 1964), *Je vais craquer* (François Leterrier, 1980), *Le Roi des cons* (Claude Confortès, 1981), *Fais gaffe à la gaffe !* (Paul Boujenah, 1981), *Vive les femmes* (Claude Confortès, 1984), *Gros dégueulasse* (Bruno Zincone, 1985), *Paulette, la pauvre petite milliardaire* (Claude Confortès, 1986), *Les Bidochons* (Serge Korber, 1996), *Le Nouveau Jean-Claude* (Didier Tronchet, 2002), *Les Dalton* (Philippe Haïm, 2004), *L'Enquête corse* (Alain Berbérian, 2004), *Iznogoud* (Patrick Braoudé, 2005), *Lucky Luke* (James Huth, 2009), *Le petit Nicolas* (Laurent Tirard, 2009), *Le Marsupilami* (Alain Chabat, 2012).

Monica Bellucci et Jamel Debbouze.

rôles de Jules César et de son fourbe fils Brutus. Alourdi par de nombreuses longueurs, des gags qui tombent souvent à plat et une avalanche d'effets spéciaux numériques, *Astérix aux Jeux olympiques* laisse la curieuse impression de ne pas avoir été conçu par un être humain, par Toutatis !

Prévu pour 2012, *God Save Britannia,* le quatrième volet des aventures des irréductibles Gaulois (avec Édouard Baer dans le rôle d'Astérix, Fabrice Luchini dans celui de Jules César, Catherine Deneuve en reine d'Angleterre, Dany Boon, Valérie Lemercier, Gérard Jugnot et Jean Rochefort), réalisé en 3D par Laurent Tirard et inspiré d'*Astérix chez les Bretons*, parviendra-t-il à retrouver le goût enivrant de la potion magique d'*Astérix et Obélix : Mission Cléopâtre* ? ★

> Numérobis :
> **C'est trop calme...
> J'aime pas trop beaucoup ça....
> J'préfère quand
> c'est un peu trop plus
> moins calme !**

L'Auberge espagnole

CÉDRIC KLAPISCH (2002)

Distribution
Romain Duris (Xavier)
Judith Godrèche (Anne-Sophie)
Audrey Tautou (Martine)
Cécile de France (Isabelle)
Kelly Reilly (Wendy)

Scénario original, adaptation et dialogues : Cédric Klapisch

Box-office : 2 966 271 spectateurs

Xavier, vingt-cinq ans, part à Barcelone pour sa dernière année d'études. Il partage un appartement avec sept étudiants européens. Commence alors pour lui une expérience unique : la vie en communauté.

Au début des années 1990, Cédric Klapisch part en vacances chez sa sœur, qui vit à Barcelone en colocation avec deux Françaises, un Italien, un Espagnol et un Allemand. « Pour rigoler, j'avais appelé ça "l'auberge espagnole", parce que j'avais un peu l'impression que c'était un squat », se souvient Klapisch.

Dix ans plus tard, le cinéaste prépare son nouveau film *Personne n'est comme tout le monde*, rebaptisé *Ni pour, ni contre (bien au contraire)*, mais le tournage est repoussé de quatre mois. Il se lance alors dans l'aventure de cette colocation qui lui trotte dans la tête depuis pas mal de temps, et décide de s'inspirer de sa propre expérience d'étudiant.

« J'ai d'ailleurs longtemps pensé situer le film à New York en me basant sur une histoire d'étudiant en cinéma, un truc un peu dans l'esprit de *Fame*. Mais c'était trop proche de moi. Pour aller dans le sens de la fiction, il valait mieux que je raconte l'histoire de ma sœur. J'ai aussi une copine, plus récemment, qui a fait Erasmus à Barcelone. J'ai un peu mélangé les trois histoires. »

Personnalités extravagantes

Klapisch écrit le scénario en douze jours et Romain Duris est choisi d'emblée pour interpréter Xavier, l'étudiant parisien qui part à l'étranger pour fuir la banalité de son quotidien. Alter ego cinématographique de Klapisch, il découvre la vie en communauté auprès de colocataires aux personnalités extravagantes. Pour compléter la distribution, le cinéaste parcourt toute l'Europe à la recherche des autres comédiens. « L'idée de base de ce film était de partir d'acteurs avant de partir des personnages. » N'ayant pas décidé de quels pays viendraient ses personnages, il se laisse guider par le talent des acteurs eux-mêmes. « Mes seuls critères étaient qu'il fallait qu'ils "fassent" Allemand, Italien, Anglais et qu'ils arrivent à entrer dans cette histoire qui n'existait pas encore vraiment. »

Ses rencontres avec de jeunes comédiens lui donnent de nouvelles idées pour étoffer son scénario : « Le soir dans mon hôtel, j'écrivais des petits bouts de texte pour faire des essais avec ceux qui me plaisaient le plus. » Même si certains de ces textes ont été coupés au montage, ils ont nourri les personnalités de chacun. Une foi défini le casting idéal, des répétitions sont organisées à Paris, puis l'équipe part pour Barcelone. Le film est tourné en caméra numérique, comme si l'un des personnages avait utilisé son caméscope. Les dialogues sont en français, anglais, espagnol, allemand, italien et danois, si bien que les acteurs qui ne parlent que leur langue sont plus à l'écoute de leurs partenaires pour bien les comprendre, et le cinéaste les laisse improviser en toute liberté. Pour se glisser au mieux dans la peau de Xavier, Romain Duris prend trois semaines de cours d'espagnol et s'imprègne du premier tome de la saga proustienne *À la recherche du temps perdu*, que Klapisch lui a demandé de lire... dans son intégralité. Le cinéaste voulait rassembler des gens de différentes nationalités et observer leur comportement.

Après une première version brouillon, Klapisch retravaille le montage, ajoute la voix off de Romain Duris, des musiques, et finit par créer un film cohérent où l'on vérifie que l'Europe existe dans sa diversité : « Le but était de parler du bordel, du bric-à-brac, de choses chaotiques. Et finalement, c'est un bordel très organisé. » À sa sortie, le film attire dans toute l'Europe 4 852 366 spectateurs. Ce succès amène le cinéaste à tourner une suite trois ans plus tard.

Liberté d'écriture

Dans *Les Poupées russes*, Xavier, devenu écrivain, est déchiré entre la réalité de la vie en couple et ses propres fantasmes.

« J'avais envie de retrouver la liberté d'écriture et de fabrication de *L'Auberge espagnole* », explique Klapisch qui, après Barcelone, veut tourner à Saint-Pétersbourg, Londres et Paris. Avant d'accepter ou non de faire une suite, Romain Duris visionne avec le réalisateur la saga Antoine Doinel de François Truffaut. Les deux hommes partent une nouvelle fois à l'aventure sans avoir de scénario définitif. La confiance dans l'équipe est encore plus grande. Klapisch n'hésite pas à réécrire certains dialogues pendant le tournage et, comme si les langues du premier opus ne suffisaient pas, il y ajoute le russe. Le cinéaste choisit une vraie danseuse de ballet russe pour incarner Natacha et part tourner à Saint-Pétersbourg. Les retrouvailles de nos Européens enthousiasment le public : dans toute l'Europe, le film attire 3 411 400 spectateurs. En attendant un troisième volet… ★

Bonus

→ Cédric Klapisch fait une apparition dans ses deux films : en professeur d'université dans l'opus un, puis en voyageur dans l'Eurostar dans l'opus deux.
→ Cécile de France a obtenu le César du meilleur espoir féminin pour *L'Auberge espagnole* et le César de la meilleure actrice dans un second rôle pour *Les Poupées russes*.

Romain Duris et Cécile de France.

Xavier :
Tout paraît clair, simple, limpide à présent. Je suis lui, lui et lui… Je suis comme l'Europe, je suis tout ça. Je suis un vrai bordel.

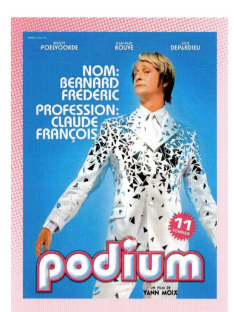

Podium

YANN MOIX (2004)

Distribution
Benoît Poelvoorde (Bernard Frédéric)
Jean-Paul Rouve (Jean-Baptiste Coussaud / alias Couscous)
Julie Depardieu (Véro)
Marie Guillard (Vanessa)
Anne Marivin (Anne)
Odile Vuillemin (Odile)
Olivier Mag (Claude David)
Armelle (Laure)
Évelyne Thomas (Évelyne Thomas)

Scénario et dialogues : Olivier Dazat, Yann Moix et Arthur-Emmanuel Pierre

Box-office : 3 410 019 spectateurs

Tiraillé entre ses rêves de gloire et sa vie de famille, un sosie professionnel de Claude François participe au grand concours télévisé de *La Nuit des sosies*.

Née d'un scénario de Yann Moix, puis d'un roman publié en 2002, la version filmée de *Podium* a nécessité près de cinq ans d'écriture. « Je voulais faire un film sur une idole, comme Moix. Je me suis rendu compte que l'idole devait avoir trois qualités pour accéder à ce statut : être très populaire, être mort, et être mort jeune, si possible dans des circonstances dramatiques. C'est comme ça que naissent les mythes. C'est ainsi que les gens finissent par prendre l'idole pour un dieu. Mon sujet, c'est la naissance d'une religion. »

Show multicolore

Dévots du culte de saint (Claude) François, les sosies professionnels Bernard Frédéric (Poelvoorde) et Couscous (alias Michel Polnargé, clone saisissant de Polnareff interprété par Jean-Paul Rouve) sont restés bloqués quelque part aux alentours de 1974. Le film aussi : la mise en scène de Yann Moix reproduit à la patte d'éléphant près les scénographies des shows mul-

Jean-Paul Rouve et Benoît Poelvoorde.

> Bernard Frédéric :
> *Je peux vous dire que Johnny Hallyday au Stade de France, à côté, c'est un Playmobil dans un évier !*

ticolores de Maritie et Gilbert Carpentier. *Podium* dépoussière également les authentiques costumes de scène de Claude François, une esthétique inspirée des célèbres photos de Jean-Marie Périer et une bande-son cent pour cent variété française réarrangée par Jean-Claude Petit, l'orchestrateur vedette des plus grands succès de Johnny Hallyday, de Michel Sardou et de l'interprète du *Téléphone pleure*. Plusieurs séquences ont été également tournées au Moulin de Dannemois, l'ancienne « ferme du bonheur » de Claude François. Pour obtenir sa performance éblouissante, Benoît Poelvoorde a dû suivre des cours de chant et de danse d'une rigueur militaire. Rétif aux perruques, le feu follet belge a même souffert en fin de tournage d'une violente allergie à la colle à moumoute. Dans la peau d'un sosie schizophrène de Claude François, Benoît Poelvoorde réussit surtout l'exploit de transcender la personnalité du chanteur alors qu'il ne ressemble en rien au Cloclo original. La nuance de son jeu dramatique entraîne la comédie à paillettes de Yann Moix vers une réflexion sur l'idolâtrie et la dépendance à la célébrité. Dans le roman de Yann Moix, le sosie succombait à son rêve impossible. À la demande de Benoît Poelvoorde, le double fantasmé de l'idole accédera finalement à la rédemption. Bernard Frédéric pourra continuer à goûter au parfum des magnolias. *Forever.* ★

Bonus

→ Le personnage de Bernard Frédéric apparaît en clin d'œil dans une scène de *Jean-Philippe*, de Laurent Tuel (2006).

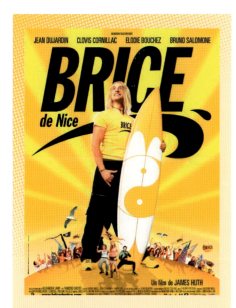

Brice de Nice

JAMES HUTH (2005)

Distribution

Jean Dujardin (Brice Agostini / alias Brice de Nice)
Clovis Cornillac (Marius Lacaille / alias Marius de Fréjus)
Alexandra Lamy (Chantal / alias Alice de Nice)
Élodie Bouchez (Jeanne)
Bruno Salomone (Igor d'Hossegor)
François Château (Bertrand Agostini)
Delphine Chanéac (Marjorie)
Mathias Mlekuz (Eudes)

Scénario : Karine Angeli, Jean Dujardin et James Huth (d'après une idée originale de Jean Dujardin)

Box-office : 4 424 136 spectateurs

Un surfeur idiot attend l'arrivée d'une vague géante sur la plage de Nice.

Dans les années 1990, les Nuls puis les Inconnus avaient effectué avec succès la transition entre le petit et le grand écran. Une décennie plus tard, une nouvelle génération de comiques cathodiques infiltre les rouages de la production cinématographique hexagonale. Star incontestée du cinéma populaire des années 2000, Jean Dujardin a démarré sa carrière sur les planches du Théâtre du Carré blanc avec la future troupe des Nous C Nous, dont les premiers sketches ont été diffusés en 1997 dans *Fiesta*, une émission de Patrick Sébastien.

Vainqueurs à trois reprises de l'émission *Graines de star* diffusée par M6, les Nous C Nous enchaînent ensuite les apparitions télévisées jusqu'à la création d'*Un gars, une fille*, un programme court quotidien où Jean Dujardin, au côté d'Alexandra Lamy, excelle dans le rôle-titre masculin. *Un gars, une fille* devient rapidement une success-story du PAF, mais c'est sous une autre identité que « Chouchou » va réaliser sa percée sur grand écran. Brice de Nice, surfeur décérébré aux cheveux et aux accoutrements jaune canari, est né dans les premiers sketches de Jean Dujardin imaginés pour les shows des Nous C Nous. L'alter ego méditerranéen du futur OSS 117 doit son inspiration à un individu bien réel :

« En classe de terminale, je connaissais un Brice qui était franchement ridicule, se souvient Jean Dujardin. Son manque de recul m'amusait follement. Il passait son temps à casser les gens, et se prenait pour quelqu'un d'intelligent et de très spirituel. Ce gars-là, je l'ai archivé dans un coin de ma tête. À côté de ça, habitant à l'époque la région du Médoc, j'avais l'occasion de croiser des surfeurs. Je les observais et les écoutais beaucoup, du moins ceux qui préféraient jongler ou frimer au lieu d'aller à la baille. J'ai alors pensé qu'en connectant le Brice du lycée avec un surfeur, j'obtiendrais un personnage intéressant… Au niveau de son "staïle", la perruque blonde s'est imposée tout de suite. Pareil pour l'espèce de fausse dent au cou et le T-shirt bien jaune et bien moulant que j'ai acheté dans un magasin de fringues de filles. Un copain des Beaux-Arts a eu l'idée d'y inscrire le prénom avec la typo de Nike, ce qui faisait extrêmement prétentieux. »

Joutes verbales

La nouvelle vague ? Pour Brice Agostini, alias Brice de Nice, l'expression désigne davantage le ressac marin que le mouvement cinématographique des années 1960. Obsédé par *Point Break*, le thriller hyper-testostéroné dans lequel Keanu Reeves et Patrick Swayze affrontent les rouleaux meurtriers du Pacifique, Brice attend en vain le retour de la vague géante qui avait affolé les côtes niçoises en 1979. Chaque jour, Brice empoigne sa planche de surf et patauge au milieu des pédalos et des retraités en villégiature. Le soir venu, le post-adolescent oisif organise ses fameuses « nuits jaunes » où il s'adonne à son autre passion : le « cassage » (ou *kassssage*), des joutes verbales plus proches de *Yo Mama !*, l'émission de *battles* rap de MTV, que des saillies littéraires (morceau choisi : « Tu es comme le H d'Hawaï : tu sers à rien ! »). Dans sa quête de tsunami méridional et de vannes terminales, Brice est épaulé par Marius Lacaille (alias Marius de Fréjus, interprété par Clovis Cornillac) pour affronter son rival, Igor d'Hossegor, joué par Bruno Salomone, ancien membre des Nous C Nous. Mais Brice est aussi un rêveur romantique quand, Alice, une sirène idéalisée interprétée par Alexandra Lamy, vient troubler ses songes.

Comédie fun et estivale, *Brice de Nice* s'autorise par endroits la référence cinéphilique, à l'image de la séquence de la « nuit jaune », qui glisse un clin d'œil amusé à *La Party* du regretté Blake Edwards. Une citation visuelle que ne renie pas le réalisateur James Huth :

« À l'image d'un Peter Sellers dans *La Party*, Jean a su créer un personnage qui n'appartient qu'à lui. Un personnage qui a la grâce. Son humour, sa vision quasi poétique du monde, sa démarche, sa gestuelle et sa manière de parler restent uniques. Au départ, Brice aurait tout pour être détestable : c'est un gosse de riche, il se regarde trois heures dans la glace tous les matins, il casse les autres toute la journée. Et pourtant, on s'attache à lui. Pourquoi ? Parce que Jean apporte son humanité, sa gentillesse au personnage. Brice n'est jamais délibérément méchant. Il dit juste ce qu'il pense au moment où il le pense. »

Si la critique ne s'enthousiasme pas pour la comédie « adolescente » de James Huth, Brice de Nice devient un personnage culte auprès du jeune public, à la grande surprise du box-office et de Jean Dujardin lui-même, qui ne s'attendait certainement pas au succès incontesté de la première comédie « LOL » de l'histoire du cinéma français. ★

Bonus

→ Une partie du décor a été ravagée par les flammes à la veille du tournage.

Casssssé !

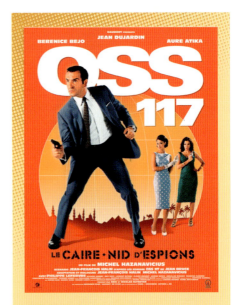

OSS 117 : Le Caire, nid d'espions
MICHEL HAZANAVICIUS (2006)

Distribution
Jean Dujardin (Hubert Bonisseur de La Bath / alias OSS 117)
Bérénice Bejo (Larmina El Akmar Betouche)
Aure Atika (la princesse Al Tarouk)
Philippe Lefebvre (Jack Jefferson)
Constantin Alexandrov (Sétine)
Claude Brosset (Armand Lessignac)
François Damiens (Raymond Pelletier)

Scénario : Jean-François Halin
(d'après les romans *OSS 117* de Jean Bruce)
Adaptation et dialogues
Jean-François Halin et Michel Hazanavicius

Box-office
2 224 538 spectateurs

Jean Dujardin et Bérénice Bejo

Les aventures internationales d'Hubert Bonisseur de La Bath, alias OSS 117, le super-espion français.

Les deux épisodes des nouvelles aventures d'OSS 117 ont la particularité d'incarner deux tendances lourdes du cinéma comique français des années 2000. En ayant fait ses premières armes au petit écran avant de triompher dans les salles, Jean Dujardin appartient à la nouvelle vague des comiques cinématographiques originaires de la télévision. D'autre part, *OSS 177 : Le Caire, nid d'espions* et *OSS 117 : Rio ne répond plus...* sont des adaptations de franchises créées dans les années 1950 et 1960, à l'instar des adaptations et remakes qui pullulent depuis le début de la décennie. Né de l'imagination de Jean Bruce, un ancien résistant, le super-agent américain d'origine française Hubert Bonisseur de La Bath s'illustre dans près de 80 romans d'espionnage publiés entre 1949 et 1963, l'année de la disparition de l'auteur dans un tragique accident automobile. Six ans plus tôt, *OSS 117 n'est pas mort* (Jean Sacha, 1957), la première adaptation des aventures de l'espion, apparaît sur les écrans. Mais c'est André Hunebelle qui popularise le héros brucien avec *OSS 117 se déchaîne* (1963), réalisé un an avant son *Fantômas*. Malgré l'insistance de Jean Marais pour tenir le rôle-titre, le cinéaste engage un acteur américain : Kerwin Mathews. Le rôle sera repris deux épisodes plus tard par Frederick Stafford, un représentant en produits pharmaceutiques d'origine Tchèque déniché à Bangkok !

Détourner les codes du genre

Éclipsé à la fin de la décennie par la saga triomphale des James Bond, Hubert Bonisseur de La Bath interrompt ses missions périlleuses mêlant exotisme, violence et espionnage. On le retrouve en 2006 sous les traits de Jean Dujardin, – alias Brice de Nice et le Chouchou du programme court *Un gars, une fille* – dans une nouvelle transposition cinématographique plus proche des parodies colorées du *Magnifique* et du triptyque des *Austin Powers* que des séries B d'André Hunebelle. Réalisé par Michel Hazanavicius (qui avait signé le génial *Grand Détournement* en 1993) et coécrit avec Jean-François Halin, un ancien des Guignols, *OSS 117 : Le Caire, nid d'espions*, plonge le héros en 1955 au milieu de sombres complots ourdis à la fois par les héritiers de Farouk, le roi déchu, par les Aigles de Khéops, une inquiétante secte religieuse, sans oublier les barbouzes françaises, britanniques, belges et russes. Heureusement, l'envoyé très secret du président René Coty veille au grain...

« Notre idée était de détourner les codes des livres de Jean Bruce en poussant tous les principes au bout de leur logique, explique

> *OSS 117 :*
> **En tout cas on peut dire que le soviet éponge !**

Jean-François Halin. Le décor ? Dans une ambiance de guerre froide, une ville exotique où la paranoïa règne entre espions de tous bords. Les romans contiennent aussi tout ce qui fut la France des années 1950, la IVe République, la fin de l'empire colonial, un rapport à la femme assez macho, assez misogyne mais aussi une certaine condescendance vis-à-vis des peuples colonisés. »
Au cours de sa mission égyptienne, Hubert Bonisseur de La Bath traite ainsi tous les membres féminins du casting comme ses secrétaires/objets sexuels. Il distribue des pho-

tos du président René Coty en guise de talismans et tabasse les muezzins qui troublent son sommeil avec leurs incantations matinales. Politiquement incorrect et porté par le charme Bondien d'un Jean Dujardin gaffeur à souhait, *OSS 117 : Le Caire, nid d'espions* fait rire en rafales (de Beretta) et en Technicolor.

La suite à Rio de Janeiro

Le succès du film est tel qu'un deuxième épisode voit le jour trois ans plus tard. Michel Hazanavicius et son héros sont de retour pour une nouvelle mission, brésilienne, encore plus réussie que la précédente. Douze ans après avoir résolu l'intrigue cairote, Hubert Bonisseur de La Bath se rend à Rio de Janeiro pour récupérer un microfilm contenant une liste de collaborateurs nazis réfugiés en Amérique du Sud. OSS 117 passe ainsi de *Bambino* au *flower power*.

« Nous avons changé d'époque, ce qui nous a permis de garder le personnage et toute sa bêtise et de changer son rapport en ne le changeant pas lui, mais le monde qui l'entoure, précise Hazanavicius. Entre 1955 et 1967, le monde a énormément évolué et OSS se retrouve maintenant face à des gens qui prennent la parole. Les femmes, les jeunes, les minorités ne se contentent plus de le regarder d'un œil réprobateur. Ils lui répondent et forcément, vu qu'OSS n'est pas le plus intelligent des hommes, il est rapidement mis en situation d'échec. »

Dans *OSS 117 : Rio ne répond plus...*, Hubert Bonisseur de La Bath multiplie les bourdes en faisant preuve d'une muflerie étourdissante, d'antisémitisme primaire et en s'adonnant aux joies du LSD. Mais avant tout, OSS 117 s'acquitte une nouvelle fois de sa mission première : rire et laisser mourir. ★

OSS 117 :
J'aime quand on m'enduit d'huile !

Bonus

→ **5 parodies d'espionnage à la française**
Les Barbouzes (Georges Lautner, 1964)
Le Grand Blond avec une chaussure noire et *Le Retour du grand blond* (Yves Robert, 1972, 1974)
Le Magnifique (Philippe de Broca, 1973)
Bons baisers de Hong Kong (Yvan Chiffre, 1975)
La Totale (Claude Zidi, 1990)

→ La bande-annonce d'*OSS 117 : Le Caire, nid d'espions* annonce la couleur : *Un peu de Sean, beaucoup de conneries*.

OSS 117 :
J'aime me beurrer la biscotte !

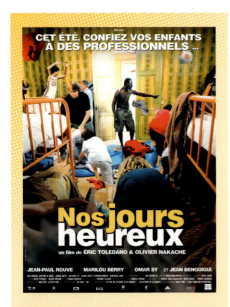

Nos jours heureux

**OLIVIER NAKACHE
et ÉRIC TOLEDANO** (2006)

Distribution
Jean-Paul Rouve (Vincent Rousseau)
Omar Sy (Joseph)
Marilou Berry (Nadine)
Guillaume Cyr (Truman)
Joséphine de Meaux (Caroline)
Jacques Boudet (Albert)
Jean Benguigui (Mimoun)
Arthur Mazet (Guillaume)
Yannis Belal (Youssef)
Johanna Ansart (Léa)
Jérémy Denisty (Timothy)

Scénario et dialogues
Olivier Nakache et Éric Toledano

Box-office : 1 473 273 spectateurs

Un animateur qui dirige sa première colonie de vacances doit faire face aux problèmes quotidiens causés par ses colons et sa propre équipe d'encadrement.

Ah, les jolies colonies de vacances (refrain connu). Dans *Nos jours heureux*, Vincent Rousseau, un éducateur plutôt psychorigide, appréhende sa première expérience d'animateur en chef de centre de vacances. Pas rassuré non plus par une équipe d'encadrement composée d'un dragueur impénitent, d'une secouriste sans diplôme, d'une fausse timide et d'un expatrié québécois aux blagues aussi lourdes que son accent, Vincent s'apprête à vivre un séjour éducatif particulièrement pénible. Mais malgré les débordements de certains animateurs, la visite surprise d'une délégation du ministère de la Jeunesse et des Sports et la cuisine trop riche du cuistot (Benguigui, qui préfère les loukoums aux légumes verts), l'animateur va vivre l'un des plus beaux étés de sa vie.

« Ce qu'on a voulu raconter dans *Nos jours heureux* n'est qu'un échantillon des ambiances, des rigolades et des émotions que nous avons vécues en tant qu'animateurs de colonies de vacances pendant près de dix ans », expliquent les deux metteurs en scène.

Musée de la Charentaise

Ce n'est donc pas un hasard si Olivier Nakache et Éric Toledano ont choisi de filmer les excursions en car, repas à la cantine et visite au musée de la Charentaise (qui existe réellement !). Les auteurs-réalisateurs de *Je préfère qu'on reste amis...* (2005) retournent sur les traces de leur adolescence, en allant même jusqu'à réinvestir le château de Marton, à quelques kilomètres d'Angoulême, celui qui avait accueilli leurs premiers pas d'éducateurs quelques années plus tôt. Avant de devenir un film en 2006, *Nos jours heureux* avait déjà vécu une première carrière avec *Ces jours heureux*, un court-métrage où les rôles principaux étaient tenus par Lorànt Deutsch, Barbara Schultz, Omar Sy et Fred Testot. Quatre ans plus tard, Jean-Paul Rouve, Marilou Berry, Guillaume Cyr et l'étonnante Joséphine de Meaux reprennent en charge la colonie pour le grand écran. Plus proche de l'humour bon enfant du *Maître*

d'école que des contes cruels de *La Meilleure Façon de marcher* ou de *Préparez vos mouchoirs*, la comédie d'Olivier Nakache et Éric Toledano joue la carte de la tendresse et de l'émotion, à l'image du magique *I Wanna Be Where You Are*, chanté par un Michael Jackson juvénile, qui traverse le film comme le souffle nostalgique de l'enfance. ★

> Vincent :
> *Monsieur, comment sait-on si les enfants sont bien arrivés ?*
>
> Joseph :
> *Ben écoutez Monsieur, je vous propose d'écouter la radio. Généralement, ils préviennent quand il y a un accident.*

Camping

FABIEN ONTENIENTE (2006)

Distribution
Franck Dubosc (Patrick Chirac)
Gérard Lanvin (Michel Saint-Josse)
Mathilde Seigner (Sophie Gatineau)
Antoine Duléry (Paul Gatineau)
Claude Brasseur (Jacky Pic)
Mylène Demongeot (Laurette Pic)

Scénario et dialogues
Fabien Onteniente, Franck Dubosc, Philippe Guillard, Emmanuel Booz (d'après une idée originale de Franck Dubosc et Fabien Onteniente)

Box-office : 5 491 412 spectateurs

Le camping des Flots bleus, près d'Arcachon, est le théâtre d'incidents et de rencontres imprévues.

Si les vacances ont souvent servi de cadre à des comédies estivales de niveau aléatoire, le camping et ses aficionados n'ont eu que très rarement les honneurs du grand écran. Aux antipodes des estivants déviants de *Camping Cosmos* (Jan Bucquoy, 1996) ou des beaufs anxiogènes de *Dupont-Lajoie* (Yves Boisset, 1975), la communauté du camping des Flots bleus abrite une joyeuse galerie de juilletistes et d'aoûtiens. Il y a le couple Gatineau, dont le mari volage préfère, dixit son épouse, « les minous aux bulots ». Les Pic, originaires du Nord, louent depuis plus de trente ans l'emplacement 17, un enclos aussi jalousement

Patrick Chirac : **Chassez le naturiste, il revient au bungalow !**

protégé que les codes de la bombe nucléaire. Franck Dubosc s'est attribué le rôle de Patrick Chirac, un loser sentimental à l'homonymie aussi embarrassante que son T-shirt rose bonbon estampillé « J'aime le Cotentin ». C'est à la vedette du stand-up que l'on doit l'idée originale de *Camping*.

« J'en ai fait jusqu'à l'âge de trente-six ans, explique Franck Dubosc à la sortie du film. J'ai d'abord connu la tente, puis la caravane pliante tirée par une Opel Kadett, puis la première caravane. Avec mes parents, nous allions toujours au même endroit, à Cenac, dans le Périgord. Pour moi, le camping, c'est vraiment trois semaines dans la vie de gens qui ne se voient pas du tout le reste de l'année, trois semaines très intenses, avec des joies, des déchirures… Et puis, tout s'arrête. La porte des vacances se referme et on sait qu'on la rouvrira un an plus tard. »

Barbecue perpétuel

Dans *Camping*, le quotidien des vacanciers sédentaires est bouleversé par l'arrivée de Michel Saint-Josse, chirurgien esthétique en carafe obligé de partager la tente de Patrick Chirac. D'abord réticent aux us et coutumes des accros des moustiquaires et du thon à la catalane, le CSP+ finira par se rapprocher des adeptes de la « couillette », un doseur de pastis pour consommateurs économes. Plus de cinq millions de spectateurs goûteront aux joies de l'apéro de 18 heures et du barbecue perpétuel, si bien qu'au cours de l'été 2009 les Gatineau, les Pic et Patrick Chirac replantent leurs piquets et parquent à nouveau leurs caravanes pour une suite au budget enviable de 24 millions d'euros (budget Benco non inclus).

Le scénario de *Camping 2* reproduit, à quelques nuances près, la trame du premier épisode. Richard Anconina succède à Gérard Lanvin (fâché avec la production et, dit-on, quelques acteurs), dans le rôle d'un cadre d'une compagnie d'assurance échoué aux Flots bleus. Lui aussi succombera aux charmes du caravaning et finira par lever son verre de jaune en déclamant le rituel : « Pastis par temps bleu, pastis délicieux ! » ★

Bonus

→ Le rôle de Jacky Pic, tenu par Claude Brasseur dans les deux films, avait été écrit pour Jacques Villeret.

Bienvenue chez les Ch'tis

DANY BOON (2008)

Distribution
Dany Boon (Antoine Bailleul)
Kad Merad (Philippe Abrams)
Zoé Félix (Julie Abrams)
Philippe Duquesne (Fabrice Canoli)
Anne Marivin (Annabelle Deconninck)
Line Renaud (Mme Bailleul)
Michel Galabru (le grand-oncle de Julie)
Stéphane Freiss (Jean)
Patrick Bosso (le gendarme)
Guy Lecluyse (Yann Vandernoout)
Zinedine Soualem (Momo)
Jérôme Commandeur (l'inspecteur Lebic)

Scénario et dialogues : Dany Boon, Alexandre Charlot et Franck Magnier (d'après une idée originale de Dany Boon)

Box-office : 20 328 052 spectateurs

En tentant de se faire muter sur la Côte d'Azur, le directeur d'un bureau de poste de Salon-de-Provence atterrit à Bergues, une petite ville du Nord-Pas-de-Calais. L'atmosphère et l'accueil chaleureux des Ch'tis balaieront bientôt ses préjugés.

« *Bienvenue chez les Ch'tis*, c'est avant tout une histoire très personnelle. J'avais depuis longtemps en tête l'envie de faire un film sur ma région. Ça fait des années que je revendique mon identité ch'timi, que j'en joue et que je fais rire avec. C'est là où j'ai grandi, et, ça peut paraître fou, mais chaque fois que j'y retourne, je suis toujours rassuré de retrouver les paysages, les odeurs, les nuages très bas, les gens, l'accent… »

Après avoir réalisé en 2006 *La Maison du bonheur*, une adaptation de sa pièce *La Vie de chantier*, le comédien Dany Boon base son deuxième long-métrage sur des souvenirs d'enfance et une partie de sa jeunesse passée dans le nord de la France. La nostalgie n'est pourtant pas le moteur premier d'une comédie alerte et tendre qui s'inscrit en décalage total avec les visions misérabilistes de certains cinéastes. Chez Dany Boon, le Nord évoque davantage la douceur de vivre et la franche camaraderie que les épopées minières et les drames sociaux.

« L'idée du film est partie de la vision qu'ont ceux qui ne connaissent pas le Nord-Pas-de-Calais, poursuit Dany Boon. Ces Français qui ont une vision très négative et terrible de la région, que ce soit sur la pauvreté, le désespoir, le chômage ou les mines. D'où l'envie de faire une comédie très humaine, dont le personnage principal, n'étant pas originaire du Nord, va découvrir la culture ch'timi, le sens de l'accueil, du partage… Tout ce que résume le proverbe : *Un étranger qui vient dans le Nord pleure deux fois : quand il arrive et quand il repart.* »

Un casting sur mesure

En opposant les corons aux santons de Provence, *Bienvenue chez les Ch'tis* joue également la carte du contre-pied en délaissant les décors ensoleillés d'une longue lignée de comédies azuréennes au profit du ciel gris et des maisons en briques de la région Nord. Cette inversion des clichés géographiques et culturels constitue le cœur du film, dont le scénario repose sur la mutation du directeur d'un bureau de poste provençal vers les supposées contrées froides et hostiles du Nord-Pas-de-Calais. Pour interpréter Philippe Abrams, le cadre dépressif de la poste, Dany Boon envisage une série d'acteurs de premier plan. José Garcia, Daniel Auteuil, Jean Dujardin et Jean-Paul Rouve déclinent, et c'est finalement Kad Merad, la moitié du délirant duo Kad et Olivier, qui joue le rôle de l'expatrié sur une suggestion de Richard Pezet, un des coproducteurs du film. Dany Boon s'octroie celui d'Antoine Bailleul, facteur aux manières un peu rustres qui dissimule sous sa casquette des PTT une immense sensibilité romantique. Zoé Félix, épatante dans *Le Cœur des hommes*, interprète Julie Abrams, l'épouse du cadre victime du mal du pays, tandis que Line Renaud, elle-même originaire de Pont-de-Nieppe, près d'Armentières, apparaît en régionale de l'étape dans le rôle de la mère du facteur Bailleul. Stéphane Freiss, Anne Marivin, Patrick Bosso, Zinedine Soualem et Jérôme Commandeur complètent la distribution, mais c'est (une fois de plus !), l'inépuisable Michel Galabru qui s'octroie une des scènes les plus réussies du film : la description catastrophiste des périls du grand Nord, lors d'un remake pour rire du climax d'*Apocalypse Now* où l'adjudant Gerber de la série des *Gendarmes* devient soudain le colonel Kurtz alias Marlon Brando !

Tourné en cinquante-trois jours entre Salon-de-Provence, Bruay-la-Buissière, Malo-les-Bains, le stade Félix-Bollaert de Lens et Bergues,

Dany Boon et Kad Merad.

Philippe Abrams :	*Il fait très froid ?*
Le grand-oncle de Julie :	**En été, ça va, parce que tu as zéro, zéro-un, mais l'hiver, ça descend, ça descend, ça descend. Moins dix, moins vingt, moins vingt-moins trente. Tu dis : je reste couché, ils te foutent une moins quarante, tu vois ?**
Philippe Abrams :	*Moins quarante ?*
Le grand-oncle de Julie :	**C'est le Nooord…**

Bienvenue chez les Ch'tis bénéficie d'une irrésistible arme secrète. La langue, ressort comique des plus grandes comédies, d'Aristophane à Audiard, trouve ici un écho régional avec le parler ch'ti. Le parler local sert de rampe de lancement idéal aux dialogues concoctés par Dany Boon, Alexandre Charlot et Franck Magnier. Une ouverture furtive du lexique franco-ch'ti s'impose : en langage ch'timi, qui n'a rien à voir avec une quelconque déformation accidentelle de la mâchoire, les « s » se prononcent « sheu », qui peut également se décliner en « que » à l'occasion, tandis que le très usité « biloute » désigne à la fois un terme affectueux et un attribut génital de petite taille. Les habitudes gastronomiques régionales possèdent aussi leurs spécificités : ne pas se formaliser si le petit déjeuner implique la présence de chicorée et de maroilles bien coulant. Le cours accéléré de linguistique enseigné par les collègues de Kad Merad lors d'un repas au contenu calorique affolant donne lieu à une des scènes les plus réjouissantes du film. Cette séquence culinaire vient s'ajouter à une suite de situations établies sur des procédés comiques ayant déjà fait leurs preuves. Le duo antagoniste, l'arrivée de l'étranger en milieu inconnu et les chocs culturels qui en découlent rejoignent quelques classiques du genre, dont l'inévitable scène de beuverie destinée à souder des liens et l'incontournable bêtisier du générique de fin. Tous ces éléments sont de sortie pour un long-métrage qui, lors de sa conception, n'imaginait sûrement pas l'extraordinaire engouement qu'il allait bientôt provoquer.

La ch'timania s'emballe

Le 20 février 2008, *Bienvenue chez les Ch'tis* sort en avant-première sur les écrans du Nord-Pas-de-Calais et de la Somme. Une semaine plus tard, le reste de la France découvre la comédie interrégionale de Dany Boon. Un bouche-à-oreille enthousiaste, accentué par une recrudescence soudaine de l'accent ch'ti dans le langage courant, fera le reste. De semaine en semaine, les chiffres d'exploitation enflent de manière irrésistible. Les spectateurs n'hésitent pas à retourner en salles plusieurs fois d'affilée pour revivre l'épopée nordiste de Philippe Abrams. L'effet *Titanic* se reproduit également quand une génération de spectateurs qui avait déserté le grand écran retrouve le chemin des salles obscures. Dans certains cinémas, des spectateurs d'âge respectable demandent des places au balcon... La ch'timania s'invite même à l'Élysée lors d'une projection privée organisée pour le couple présidentiel. Du jamais vu depuis *La Grande Vadrouille* pour Charles de Gaulle et *Le Fabuleux Destin d'Amélie Poulain* pour Jacques Chirac !

Un film aux valeurs refuges

Bienvenue chez les Ch'tis s'impose rapidement comme un film phénomène en phase avec la réalité sociale du moment. La comédie familiale et astucieusement conservatrice de Dany Boon fait figure de valeur refuge dans une France qui entre début 2008 dans une crise économique dont elle n'entrevoit toujours pas la fin. Au final, plus de vingt millions de spectateurs porteront en triomphe le long-métrage de Dany Boon (à la même période, *Astérix aux Jeux olympiques*, au budget démentiel, se vautre : victoire de la France d'en bas sur la France bling-bling). Un succès hors normes dont les conséquences seront multiples : Dany Boon est canonisé figure historique de la région Nord

week-end, une petite foule d'anonymes se presse ainsi sur la place du beffroi, dans l'ancienne cité minière et autour des remparts qui abritent les 4 306 âmes de Bergues, histoire de vérifier ce que les gens du Nord ont dans le cœur... ★

Bonus

→ Le succès historique de *Bienvenue chez les Ch'tis* a poussé de nombreux producteurs internationaux à entreprendre des remakes de la comédie de Dany Boon. L'Italie a tiré la première avec *Benvenuti al Sud* (Luca Miniero, 2010). Dans cette version, les personnages effectuent le trajet inverse en se rendant de Milan à Naples, dans le sud du pays. Les États-Unis vont ensuite embrayer le pas sous l'égide de Will Smith avec *Welcome to the Sticks*, où l'action sera transposée dans le Dakota du Nord. Steve Carell (*40 ans, toujours puceau*) serait pressenti pour reprendre le rôle de Kad Merad. Plus près de chez nous, on mentionnera également une version X rebaptisée *Bienvenue chez les ch'tites coquines*, sous-titrée *Sortez vos biloutes* !

Dany Boon et Line Renaud.

et Kad Merad, qui quelques années plus tôt jouait encore de la guitare avec son zboube dans le rôle de Manitas de la Bitas, devient l'acteur comique le plus *bankable* du moment. Au-delà des recettes astronomiques et de la mise en chantier de remakes internationaux du film (voir Bonus), les ventes de maroilles explosent, les baraques à frites prospèrent et la petite ville de Bergues devient un lieu de pèlerinage grâce au « Ch'ti Tour », une visite guidée des lieux foulés par Dany Boon, Kad Merad et son équipe lors du tournage. Chaque

→ Nommé une seule fois à la cérémonie des César 2009 (pour le meilleur scénario original), Dany Boon a menacé de boycotter la soirée en déplorant que seules deux comédies faisaient partie des cent nominations annoncées. Après s'être vu refuser la création d'un César de la meilleure comédie, l'auteur-réalisateur-acteur de *Bienvenue chez les Ch'tis* s'est finalement rendu à la cérémonie vêtu d'un jogging orange en expliquant que toute « l'affaire » avait été montée par Jacques Séguéla.

Louise-Michel

BENOÎT DELÉPINE et GUSTAVE KERVERN (2009)

Distribution
Yolande Moreau (Louise)
Bouli Lanners (Michel)
Robert Dehoux (le prêtre)
Sylvie Van Hiel (Sylvie)
Jacqueline Knuysen (Jackie)
Francis Kuntz (Flambart)
Hervé Desinge (Poutrain)
Terence Debarle (Terence)
Christophe Salengro (Christophe Salengro)

Scénario
Benoît Delépine et Gustave Kervern

Box-office : 369 676 spectateurs

Un groupe d'ouvrières licenciées après la délocalisation sauvage de leur usine textile engagent un tueur à gages pour liquider leur ancien patron.

Dans *Aaltra* (2004), deux handicapés revanchards en chaise roulante sillonnaient la Finlande dans un hommage indirect à Libertad le Béquillard, anarchiste français du XIXᵉ siècle qui réclamait justice à coups de béquilles. *Avida* (2006), le deuxième film de Benoît Delépine et Gustave Kervern, évoquait le chef indien Seattle et son discours pacifiste et écologiste. Louise Michel, alias « la Vierge rouge », figure emblématique de l'anarchie communarde, est à l'honneur dans la troisième réalisation des agitateurs de *Groland*. *Louise-Michel* s'inspire même d'un des sketches de l'émission satirique de Canal+. Dans *Don Quichotte de la révolution*, un chevalier à mobylette et son Sancho Pança pourfendaient les patrons indélicats. Transposée dans le Pas-de-Calais, l'action de *Louise-Michel* fait aussi écho à un sordide fait divers industriel : en 2006, un P-DG d'Angoulême avait offert des blouses toutes neuves à ses ouvriers la veille d'un déménagement sauvage des machines de l'usine dans un pays de l'Est. Le même incident se produit dans l'usine textile où travaille Louise (Yolande Moreau), sous la direction de l'ignoble Flambart (Francis Kuntz). L'indignation et le désespoir poussent les ouvrières à engager Michel, un tueur à gages balourd et inexpérimenté (Bouli Lanners, sidérant), pour liquider le responsable de leur détresse sociale. Ce contrat conduit Michel et Louise de Bruxelles à Jersey, à la recherche d'hommes de paille marrons et de holdings anonymes. Au fur et à mesure de leur progression, le couple mal assorti effectue des rencontres incongrues dans un univers économique mondialisé de plus en plus opaque.

« On cherchait une villa de milliardaire pour tourner la scène finale, explique Benoît Delépine au sujet de la conclusion ahurissante de *Louise-Michel*. On est tombés sur une sorte de villa néo-moderne toute blanche, d'une beauté extraordinaire. Elle appartenait au propriétaire d'un club de foot londonien. On a sonné, on a vu une petite caméra s'agiter dans un globe et une voix a dit : "What do you want ?" Gus a fait ce qu'il a pu : il a essayé d'expliquer qu'on voulait sa maison pour tourner au mois de septembre. Il a dit : "We want your House for September." Le type a compris : "We want your Ass for September." On veut ton cul pour septembre ! Évidemment, il a refusé. Il a envoyé un vigile pour faire la commission : "The boss is not interested." C'est tout le film. » ★

Bonus
→ Matthieu Kassovitz, Benoît Poelvoorde, Philippe Katerine, Siné et Albert Dupontel (en tueur des Balkans idiot) font des apparitions amicales dans le long-métrage de Delépine et Kervern.

Yolande Moreau.

> Michel : **Une usine. En Picardie. En France.**
> Le milliardaire : **C'est une blague ? Ça fait au moins deux ans qu'il n'y a plus d'usines en France !**

Les Beaux Gosses

RIAD SATTOUF (2009)

Distribution
Vincent Lacoste (Hervé)
Anthony Sonigo (Camel)
Alice Trémolières (Aurore)
Noémie Lvovsky (la mère d'Hervé)
Christophe Vanvelde (le père d'Hervé)
Hassan Guerrar (le père de Camel)
Irène Jacob (la mère d'Aurore)
Emmanuelle Devos (la directrice du collège)
Roch Amédet Banzouzi (le CPE)
Valeria Golino (l'actrice du film X)

Scénario, adaptation et dialogues
Riad Sattouf et Marc Syrigas (d'après une idée originale de Riad Sattouf)

Box-office : 867 715 spectateurs

La quête amoureuse désespérée de deux collégiens en plein âge ingrat.

Depuis Méliès, combien de longs-métrages se sont-ils achevés par un baiser langoureux entre le héros et sa conquête ? *Les Beaux Gosses* inversent la tradition en s'ouvrant sur un spectaculaire roulage de pelle prodigué par deux bouches mitraillées d'acné juvénile. Réalisée sans trucage ni maquillage, cette étreinte buccale, clin d'œil à l'ouverture de *Kids* (Larry Clark, 1995), introduit la saga romantico-trash d'Hervé et Camel, deux ados boutonneux en classe de 3ᵉ dans un collège de Rennes. Perturbés par la proximité quotidienne de filles (bouffées de chaleur, mains moites…) et leurs poussées hormonales, le gandin fan de hip-hop (Vincent Lacoste) et son acolyte hard-rockeur (Anthony Sonigo et sa coiffure *mulet* à la Philippe Candeloro) passent leur temps entre leur collection de râteaux amoureux et des visites régulières sur www.mamanchaudasse.com, généralement conclues par une vigoureuse branlette (option chaussette). La perspective d'une idylle entre Hervé et la séduisante Aurore va rapidement bouleverser leur univers intime. « *Les Beaux Gosses* est un film sur le monde secret des garçons tel que j'ai pu le vivre avec mes copains », explique Riad Sattouf, l'auteur des BD de *Pascal Brutal* et du réjouissant *Retour au collège*, qui signe ici sa première réalisation. « Il y a toute une catégorie de garçons qui a beaucoup de mal à exprimer sa crise d'adolescence, qui est désarçonnée par la fin de l'enfance. Ils se retrouvent dans des corps qui changent, et pas forcément de la façon qu'ils avaient imaginée. Ils vivent aussi un malaise intense par rapport au monde extérieur. »

Gueules d'ados

Le casting déterminant du long-métrage a été réalisé auprès de cinq cents adolescents au profil atypique. À des années-lumière des stéréotypes des productions adressées aux teenagers, *Les Beaux Gosses* aligne une

Hervé et Camel : Chaussette !

épatante galerie de gueules d'ados dignes de la distribution d'un Jean-Pierre Mocky. On y trouve des jeunes mâles dominants (Loïc et Mohamed), un leader ténébreux (Wulfran), un bon copain stoïque (Benjamin), un garçon manqué (Mégane), sans oublier Mahmoude, le débile léger et tête de Turc de la classe. Ponctué par des gags allant du potache au noir burlesque (des séquences masturbatoires au suicide acrobatique du prof de techno), une excellente interprétation globale (Noémie Lvovsky en tête) et une rafale de répliques impitoyables (« Elle a les yeux bleus comme du canard WC »), *Les Beaux Gosses* bénéficie surtout d'un ton inédit, à la fois cru et touchant, qui prouve que les États-Unis ne détiennent pas le monopole de la nouvelle comédie adolescente. ★

Bonus

→ L'auteur de BD Marjane Satrapi effectue une brève apparition dans le rôle de la vendeuse du magasin de musique.

Fais-moi plaisir !

EMMANUEL MOURET (2009)

Distribution
Emmanuel Mouret (Jean-Jacques)
Judith Godrèche (Elisabeth)
Déborah François (Aneth)
Frédérique Bel (Ariane)
Dany Brillant (Rudolph)
Jacques Weber (le Président de la République)

Scénario et dialogues
Emmanuel Mouret

Box-office : 151 287 spectateurs

Persuadée qu'il fantasme sur une autre femme, Ariane pousse son compagnon à passer à l'acte. Mais la jeune femme en question n'est autre que la fille du Président de la République.

« Ce qui m'a fait aimer le cinéma et donné envie d'en faire, ce sont les personnages de maladroits : Buster Keaton, Jacques Tati, Jerry Lewis, Peter Sellers, Pierre Richard… », déclare Emmanuel Mouret qui, après quatre comédies sentimentales très réussies, décide de faire de son cinquième long-métrage une comédie burlesque.
S'attaquant à un genre qui a bercé sa jeunesse, le cinéaste promène sa silhouette de timide dans un univers qu'il détraque par sa maladresse.
Jeune inventeur farfelu, Jean-Jacques vit avec Ariane. Lorsqu'elle le soupçonne de fantasmer sur une autre femme, elle le pousse dans les bras de cette inconnue, pensant ainsi sauver son couple.
« Ce qui me plaisait dans la structure narrative, c'était de montrer quelqu'un qui, dans la même soirée, a trois occasions de conclure sexuellement, et que chaque fois ça lui file sous le nez. »

Tradition burlesque

Jean-Jacques déclenche des catastrophes en voulant toujours bien faire, ce qui le rend attachant. Il se coince le doigt dans une potiche, s'électrocute avec un grille-pain, fait tomber son téléphone dans la cuvette des WC… Dans la tradition des grandes comédies burlesques, le cinéaste prend soin d'étaler ses gags dans le temps. Clin d'œil à la célèbre scène du *Grand Blond avec une chaussure noire*, la scène où il coince le rideau dans sa braguette place le jeune homme dans des postures gênantes durant quinze minutes, se retrouvant au final en caleçon face au président de la République.
Après Marie Gillain et Virginie Ledoyen, la pétillante Judith Godrèche fait une entrée fracassante dans la galaxie Mouret.
« Elle n'a pas peur d'aller à fond dans cette ingéniosité, cette candeur, tout en restant très sincère », dit d'elle le cinéaste.
Frédérique Bel insiste auprès du réalisateur pour jouer toute nue : « Je pense qu'elle ne voulait pas que le public puisse songer que Jean-Jacques ait le désir d'aller voir ailleurs parce

qu'elle n'était pas désirable », explique Mouret. Déborah François apporte à Aneth une simplicité et un naturel plein de grâce et de modestie. Quant à Jacques Weber, il incarne une sorte de Président idéal.
Construit avec une extrême rigueur, *Fais-moi plaisir !* distille ses gags avec beaucoup d'élégance. Le comique n'est plus seulement verbal mais aussi gestuel. Promenant sa curiosité dans une party mondaine que ne renierait pas Blake Edwards, grimé d'une fausse moustache à la Groucho Marx, suspendu à une façade d'immeuble à la manière d'Harold Lloyd, le comédien explore toutes les facettes de la gestuelle *slapstick* de ceux qui l'inspirent.
« J'ai revisité à ma façon des gags issus de la tradition burlesque, en essayant de leur apporter une fraîcheur ou une perception différente. »
Soignée visuellement, cette comédie rythmée et hilarante mérite d'être (re)découverte. ★

Emmanuel Mouret et Frédérique Bel.

Ariane :
Pour que notre couple aujourd'hui résiste, il faut être moderne. C'est pour ça qu'il faut absolument que tu ailles coucher avec cette femme !

Potiche

FRANÇOIS OZON (2010)

Distribution
Catherine Deneuve (Suzanne Pujol)
Gérard Depardieu (Maurice Babin)
Fabrice Luchini (Robert Pujol)
Karin Viard (Nadège)
Judith Godrèche (Joëlle Pujol)
Jérémie Rénier (Laurent Pujol)

Scénario, adaptation et dialogues :
François Ozon, librement adapté de la pièce de Barillet et Grédy

Box-office : 2 314 019 spectateurs

L'émancipation d'une épouse de riche industriel bourgeois dans la France giscardienne de 1977.

Créée en 1980, la nouvelle pièce de boulevard de Pierre Barillet et Jean-Pierre Grédy est un succès. *Potiche*, dont Jacqueline Maillan est la vedette, est jouée cinq cent soixante-dix fois au Théâtre Antoine, avant de partir en tournée nationale, avec Danielle Darrieux dans le rôle de Suzanne Pujol. Vingt ans plus tard, alors qu'il tourne *8 femmes*, François Ozon découvre la pièce, envisage d'en faire un film et propose le rôle principal à Catherine Deneuve. Dix ans après, c'est dans une tenue de jogging rouge aux trois rayures blanches (la même, couture pour couture, que celle portée par Jacqueline Maillan) que Catherine Deneuve ouvre le film à petites foulées, rejouant avec autodérision une scène de *Peau d'âne*, entourée d'innocents animaux… enfin, presque.

Judith Godrèche, Catherine Deneuve, Fabrice Luchini, Karin Viard, Jérémie Rénier et Gérard Depardieu.

> Suzanne : *Écoute, Robert, si tu veux mon avis…*
> Robert : *Ton avis ? Quel avis ? Tu as un avis ?*

Cols pelle à tarte, papiers peints fleuris, parures de lit en velours, téléphones recouverts de moquette, choucroutes capillaires et pattes d'eph', pas de doute, nous sommes dans la France contestataire des seventies.

« Depuis longtemps, je voulais faire un film sur la position des femmes dans la société et en politique », explique le cinéaste, qui s'attelle à moderniser le matériau d'origine.

Théâtralité assumée

Avec le soutien et les suggestions de Barillet lui-même, Ozon insuffle au scénario des éléments qui font écho à la société et la politique actuelles, notamment les petites phrases de Nicolas Sarkozy (« Casse-toi pauv' con ! », « Travailler plus pour gagner plus »).

« Le fait de rester dans les années 1970 offrait plus de distance et permettait de faire écho à la crise actuelle sur un ton de comédie, auquel je tenais beaucoup. »

Ozon assume la théâtralité de la pièce, écrit des répliques irrésistibles prononcées par un casting cinq étoiles, et y ajoute cruauté et distanciation.

« Dans le théâtre de boulevard, on joue avec toutes les transgressions possibles – sociales, familiales, affectives, politiques – mais à la fin, tout le monde retombe toujours sur ses pattes. Dans mon adaptation, j'ai essayé que les choses bougent et se transforment vraiment : Suzanne trouve finalement une réelle place en tant que femme dans la société, l'ordre patriarcal est véritablement bafoué et le fils est vraisemblablement incestueux. »

Fabrice Luchini succède à l'immense Jacques Jouanneau dans le rôle de l'époux autoritaire et très vieille France, tandis que Gérard Depardieu succède à l'inspecteur Terrasson des *Brigades du Tigre*, Pierre Maguelon. Cécile de France tournant avec Clint Eastwood, et Ludivine Sagnier étant enceinte, c'est Judith Godrèche qui interprète avec justesse la fille Pujol, tendance *Figaro*, « sorte de réincarnation de Farrah Fawcett, avec son brushing blond cendré et son sourire ultra bright », dixit Ozon.

Présenté au festival de Venise 2010, le film sort le 10 novembre et devient le deuxième plus gros succès du cinéaste après *8 femmes*. ★

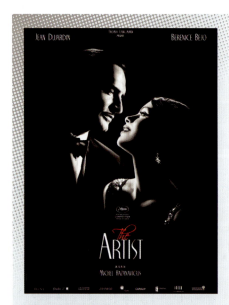

The Artist

MICHEL HAZANAVICIUS (2011)

Distribution
Jean Dujardin (George Valentin)
Bérénice Bejo (Peppy Miller)
John Goodman (Zimmer)
James Cromwell (Clifton)
Penelope Ann Miller (Cloris)
Missi Pyle (Constance)
Uggy (Jack, le chien)

Scénario, adaptation et dialogues :
Michel Hazanavicius

Une star du cinéma muet voit son destin bouleversé par l'arrivée du parlant.

Hollywood, 1927. George Valentin, dandy désinvolte à la fine moustache et au sourire cabotin, triomphe sur les écrans dans des superproductions muettes alliant action, aventures, humour et romantisme. Riche et célèbre, Valentin mène le quotidien insouciant d'une star hollywoodienne, mais son destin bascule lors de l'apparition d'un gadget à première vue inoffensif : le cinéma parlant. Gonflé d'orgueil et de certitudes, Valentin persiste à creuser le sillon du burlesque silencieux. En vain : le parlant explose et, au moment où son étoile se met à décliner, celle de Peppy Miller, une jeune figurante qu'il a lui-même découverte, s'envole au firmament.

Jean Dujardin, Bérénice Bejo et le réalisateur Michel Hazanavicius, soit le trio gagnant d'*OSS 117 : Le Caire, nid d'espions*, sont à l'origine d'un pari aussi fou qu'audacieux : exhumer en 2011 la grammaire du cinéma muet hollywoodien des années 1920, avec ses éclairages bichromes, sa bande-son exclusivement musicale et ses cartons de dialogues. « C'est un film tellement à contre-courant, anachronique même. On était en pleine folie *Avatar*, en pleine explosion de la 3D. J'avais l'impression qu'il n'y avait que des formules 1 autour de moi et que, moi, je roulais en 4L ! » explique Michel Hazanavicius. Après quatre mois d'écriture et grâce à la ténacité du producteur Thomas Langmann, l'équipe part à Hollywood réaliser son rêve. « Chez tous les Américains, acteurs en tête, John Goodman ou le très classieux James Cromwell, mais aussi les techniciens, on sentait une vraie curiosité, une grande excitation, une véritable affection pour notre projet », raconte Jean Dujardin, qui compose l'extravagant George Valentin, un éclatant composite du charisme de Douglas Fairbanks et de l'humour tendre de Charlie Chaplin. Bérénice Bejo, sa resplendissante partenaire féminine, campe Peppy Miller, une apprentie starlette à l'aube de la célébrité, synthèse de Joan Crawford, Marlene Dietrich, Gloria Swanson, et d'Eleanor

Powell pour les scènes dansées. Le duo étincelle d'inventivité burlesque dans une première partie éblouissante où le cinéaste restitue avec brillance le lustre des Keystone comedies de Buster Keaton, Harold Lloyd et Harry Langdon. Les clins d'œil aux grands classiques abondent (*Les Lumières de la ville*, *Sunset Boulevard*, *Chantons sous la pluie*), et le jeu sans paroles des comédiens renoue avec la grande tradition comique de l'âge d'or du muet. Mais au-delà des références cinéphiliques, le film s'adresse au spectateur d'aujourd'hui, l'entraînant dans une histoire d'amour pleine d'humour et d'émotions. « Les choses drôles sont toujours en contrepoint d'une histoire très émouvante, souligne le cinéaste. Quand vous regardez les Chaplin, on a tendance à ne se souvenir que des moments comiques mais ces histoires sont des mélodrames purs et durs, où les jeunes filles ne sont pas seulement orphelines, mais aveugles ! »

Jean Dujardin et Bérénice Bejo

Cinéma sensoriel

Dans *The Artist*, la comédie se traduit d'abord par l'expression d'un corps, d'un visage, d'un regard appuyé, d'un simple sourcil relevé ou encore les acrobaties millimétrées de Jack, le fidèle compagnon canin de George Valentin. « C'est un cinéma où tout passe par l'image, par l'organisation des signes que vous envoyez au spectateur. Et puis c'est un cinéma très émotionnel, sensoriel, le fait de ne pas passer par le texte vous ramène à une manière de raconter très essentielle, qui ne fonctionne que sur les sensations que vous créez », commente Michel Hazanavicius. Jean Dujardin inscrit son jeu dans la lignée des grands acteurs américains sachant tout faire, y compris chanter et danser, offrant avec sa partenaire un morceau de bravoure chorégraphique qui fait écho au couple Fred Astaire-Eleanor Powell.

Le 22 mai 2011, le jury du 64e festival de Cannes présidé par Robert De Niro remet la Palme du meilleur acteur à Jean Dujardin pour son incroyable performance dans *The Artist*, prix que le comédien partage très justement avec sa partenaire, Bérénice Bejo.

Un siècle après la consécration de Max Linder à Hollywood, le film de Michel Hazanavicius renoue avec la tradition burlesque américaine, elle-même inspirée des pionniers du cinéma comique français. De *L'Arroseur arrosé* à *The Artist*, la comédie à la française continue de faire rire les spectateurs du monde entier. ★

Bonus

→ Pour interpréter le numéro final du film, Jean Dujardin et Bérénice Bejo ont suivi quatre mois de cours intensifs de danse et de claquettes dans l'ancien studio de Debbie Reynolds et Gene Kelly.

→ Trois chiens étaient prévus pour interpréter Jack, mais un seul a tourné : Uggy. « La seule chose compliquée, c'était d'avoir des bouts de saucisse dans la poche toute la journée pour le faire obéir, raconte Jean Dujardin. Certains jours, je finissais par avoir le sentiment de n'être moi-même qu'une grosse saucisse ! »

Les autres comédies marquantes des années 2000

Mercredi, folle journée
PASCAL THOMAS (2001)
Avec Vincent Lindon, Victoria Lafaurie, Alessandra Martines, Isabelle Carré, Catherine Frot.
Le temps d'un mercredi, un parieur et sa fille s'apprivoisent dans un PMU des faubourgs nantais. « Heureusement qu'il y a les enfants pour s'occuper des enfants » : cette phrase d'un des enfants résume à elle seule tout le film, réussite majeure du cinéaste, qui met en scène sa propre fille et lui donne un papa dépassé par les événements, Vincent Lindon, dans un de ses rôles les plus touchants. En inversant les rôles parents-enfants, Pascal Thomas réalise une comédie légère et intelligente, teintée de burlesque. Un condensé de vie réjouissant.

Saint-Jacques La Mecque
COLINE SERREAU (2005)
Avec Muriel Robin, Artus de Penguern, Jean-Pierre Darroussin, Pascal Légitimus.
Deux frères et une sœur qui se détestent doivent se rendre ensemble à Saint-Jacques-de-Compostelle afin de toucher l'héritage de leur mère décédée. Cette marche forcée s'avère éprouvante pour les comédiens, soumis au perfectionnisme de la réalisatrice. Mais le résultat est là : multipliant les quiproquos, les conflits, les amours, les rêves et les chemins intérieurs des personnages, ce *road movie* à l'humour caustique et au message de tolérance, confirme le talent comique de Penguern, Darroussin et Légitimus, et offre à Muriel Robin son meilleur rôle.

La Bostella
ÉDOUARD BAER (2000)
Avec Édouard Baer, Gilles Gaston-Dreyfus, Jean-Michel Lahmi, Patrick Mille, Isabelle Nanty.
Durant un été, une bande de potes met au point un show télé programmé à la rentrée. Inspiré par son expérience d'animateur sur Canal+, où il officiait chaque soir dans le cultissime *Centre de visionnage*, Édouard Baer met en scène dans cette comédie loufoque à la limite de l'expérimental ses véritables amis et collaborateurs dans le cadre idyllique d'une maison en Camargue. La fine équipe filme au caméscope ses joies, ses doutes et ses délires. Entre rire et cruauté, *La Bostella* est une véritable comédie humaine.

Le Vélo de Ghislain Lambert
PHILIPPE HAREL (2001)
Avec Benoît Poelvoorde, José Garcia, Sacha Bourdo, Daniel Ceccaldi.
Le biopic de Ghislain Lambert, champion cycliste imaginaire des années 1970 originaire d'outre-Quiévrain interprété par un Benoît Poelvoorde en roue libre. Une des meilleures comédies de Philippe Harel alliant dérapages stupéfiants (la désopilante séquence du dopage), fidélité de la reconstitution historique et une pointe de nostalgie.

Essaye-moi
PIERRE-FRANÇOIS MARTIN-LAVAL (2005)
Avec PEF, Julie Depardieu, Pierre Richard, Kad Merad, Isabelle Nanty, Wladimir Yordanoff.
Un enfant de neuf ans dit à une fillette de son âge : « Épouse-moi. » Vingt-quatre ans plus tard, il n'a pas changé d'avis mais elle est déjà mariée. Première réalisation de l'ex-Robin des bois, *Essaye-moi* lorgne plus du côté des fables poétiques des premiers films de Pierre Richard que des pitreries télévisuelles de Pouf le cascadeur, l'un de ses personnages récurrents à la télé. Les dialogues fins sont portés par des acteurs qui nous font plonger avec enthousiasme dans l'univers onirique et burlesque du réalisateur.

Liberté-Oléron
BRUNO PODALYDÈS (2000)
Avec Denis Podalydès, Guilaine Londez, Patrick Pineau, Éric Elmosnino, Arnaud Jalbert.
Les vacances des Monot s'annonçaient bien, mais le père de famille s'ennuie... alors il s'offre un voilier d'occasion. N'ayant aucune notion de la voile, il perd peu à peu de son assurance et révèle sa couardise lors d'une mémorable tempête en pleine mer. Denis Podalydès campe avec délectation ce tyran inoffensif se débattant avec son rafiot, et dont les colères provoquent l'hilarité. La justesse des situations et des dialogues fait de cette comédie burlesque et grinçante une vraie réussite.

Chouchou
MERZAK ALLOUACHE (2003)
Avec Gad Elmaleh, Alain Chabat, Claude Brasseur, Catherine Frot, Roschdy Zem.
Assistant dans le cabinet d'une psychothérapeute, Choukri mène une double vie. Le soir venu, il devient Chouchou, l'égérie d'un club de travestis parisien. Le premier rôle ciné- matographique marquant de Gad Elmaleh, transfuge des planches et de la télévision, est basé sur un personnage récurrent de ses triomphaux one-man shows. Une pluie de seconds rôles l'accompagne dans sa quête amoureuse, dont un étonnant Roschdy Zem en enfant de chœur atypique.

Mauvaise foi
ROSCHDY ZEM (2006)
Avec Cécile de France, Roschdy Zem, Pascal Elbé, Jean-Pierre Cassel.
Elle est juive, il est arabe, ils attendent un enfant. Écrite par Roschdy Zem et Pascal Elbé, cette comédie drôle et émouvante  stigmatise l'intolérance et les préjugés à travers l'histoire d'un couple mixte très moderne. Pour son premier essai derrière la caméra, Roschdy Zem réalise une des meilleures comédies sur le sujet, portée par la justesse de son jeu et celui de l'étonnante Cécile de France.

Prête-moi ta main
ÉRIC LARTIGAU (2006)
Avec Alain Chabat, Charlotte Gainsbourg, Bernadette Lafont, Wladimir Yordanoff.
La mère et les sœurs de Luis, quarante-trois ans, décident qu'il est temps pour lui de se marier. Très à l'aise dans son rôle de quarantenaire cool, Alain Chabat est à la fois drôle et touchant. Face à lui, Charlotte Gainsbourg campe avec un plaisir coupable une épouse factice qui n'hésite pas à mettre en avant ses défauts (mais lesquels ?) pour de l'argent. *Screwball comedy* à la française, *Prête-moi ta main* est un des succès surprises de l'année 2006.

L'Arnacœur
PASCAL CHAUMEIL (2010)
Avec Romain Duris, Vanessa Paradis, François Damiens, Julie Ferrier.
Un séducteur professionnel est chargé de briser un couple dix jours avant son mariage. L'un des grands succès de 2010 repose sur l'alchimie et l'association glamour de Romain Duris et Vanessa Paradis, et la performance cyclonique de François Damiens relève une comédie romantique à l'écriture particulièrement soignée.

Le Nom des gens
MICHEL LECLERC (2010)
Avec Jacques Gamblin, Sara Forestier, Zinedine Soualem.
Une jeune fille couche avec des hommes de droite pour tenter de les faire changer d'opinion. En partie autobiographique, cette comédie sur l'identité tranche avec la production habituelle. Quelle joie de retrouver une liberté de ton typique des seventies ! Face au jospiniste Arthur Martin (Jacques Gamblin), la sémillante Sara Forestier promène sa nudité avec un naturel insolent, et obtient le César de la meilleure actrice. En *guest*, le vrai Lionel Jospin.

Tellement proches
OLIVIER NAKACHE et ÉRIC TOLEDANO (2009)
Avec Vincent Elbaz, François-Xavier Demaison, Omar Sy, Isabelle Carré, Joséphine de Meaux.
Deux ans après l'épatant *Nos jours heureux*, Olivier Nakache et Éric Toledano rendent hommage aux familles dysfonctionnelles avec une comédie chorale (et totalement hystérique !) servie par les performances remarquables de Vincent Elbaz en père de famille *slacker* et de François-Xavier Demaison en avocat marron.

Fatal
MICHAËL YOUN (2010)
Avec Michaël Youn, Stéphane Rousseau, Isabelle Funaro, Vincent Desagnat, Fabrice Éboué.
Rien ne va plus pour Fatal Bazooka, la superstar mondiale du rap, après la sournoise révélation de son rival Kris Prolls : Fatal n'a pas grandi dans le ghetto, mais dans les verts alpages de la Savoie ! Parodie jouissive d'un milieu hip-hop français déjà couvert de ridicule, *Fatal* reprend avec succès le pitch de *Zoolander* sur une bande-son de chansons déjà cultes (*J'veux du Uc*, *Tuvaferkwa*, *C'est la fête dans mon slim*, etc.).

Rien à déclarer
DANY BOON (2011)
Avec Benoît Poelvoorde, Dany Boon, Karin Viard, François Damiens, Julie Bernard.
Un douanier belge francophobe est contraint et forcé d'inaugurer la première brigade volante mixte franco-belge avec un collègue français qu'il déteste. Après le triomphe intersidéral de *Bienvenue chez les Ch'tis*, Dany Boon était attendu au tournant. Inspirée de ses souvenirs de jeunesse, l'histoire du film oppose deux personnalités fortes du cinéma comique français. En quelques semaines, le film devient le plus gros succès français de l'année, même si le public ne retrouve pas la tendresse des Ch'tis.

Incognito
ÉRIC LAVAINE (2009)
Avec Franck Dubosc, Bénabar, Jocelyn Quivrin, Isabelle Nanty.
Réalisé par Éric Lavaine, un des artisans de la série culte *H*, *Incognito* décrit les péripéties d'une star du rock français tentant de dissimuler sa célébrité à celui qu'il croit être l'auteur de ses chansons, après plusieurs années d'absence. Dans un échange de registres inattendu, Franck Dubosc frôle (légèrement) la sobriété tandis que Bénabar s'avère aussi pertinent dans le genre comique que dans son activité régulière de chanteur.

Tout ce qui brille
GÉRALDINE NAKACHE et HERVÉ MIMRAN (2010)
Avec Géraldine Nakache, Leïla Bekhti, Virginie Ledoyen, Audrey Lamy.
Entre comédie *girlie* et étude sociologique des comportements urbains, *Tout ce qui brille* dépeint le clash culturel de deux banlieusardes attirées par les atouts clinquants et le jet-set nocturne de la capitale. *Tout ce qui brille* révèle Géraldine Nakache, qui excellait déjà dans les sketches hilarants de *La Téloose* (diffusés sur Comédie !) avant de briller sur grand écran.

Et si on vivait tous ensemble ?
STÉPHANE ROBELIN (2012)
Avec Pierre Richard, Jane Fonda, Guy Bedos, Géraldine Chaplin, Claude Rich, Daniel Brühl.
Pour éviter la maison de retraite à l'un d'entre eux, cinq amis septuagénaires décident de vivre en communauté dans une grande maison. Aidé des personnalités aussi attachantes qu'extravagantes des six comédiens vedettes, le réalisateur réussit le pari de traiter de la vieillesse avec beaucoup d'humour et d'émotion. Dans la lignée d'*Un éléphant ça trompe énormément*, le film multiplie les situations comiques (notamment liées à la sexualité) avec beaucoup d'élégance, et donne irrésistiblement envie d'aller vivre avec cette joyeuse bande de copains.

BOX-OFFICE DES COMÉDIES FRANÇAISES 1945-2011

Les acteurs. Fernandel est le premier à faire trembler le box-office dès les années 1930. Entre 1945 et 1970, il attire 200 millions de spectateurs. Dans les années 1950 et 1960, Bourvil séduit plus de 100 millions de spectateurs. Au milieu des années 60, le phénomène Louis de Funès éclate. Il réunira plus de 170 millions de spectateurs. Dans les années 1970 et 1980, Pierre Richard réunit plus de 50 millions de spectateurs, et Les Charlots, 40 millions.

Les réalisateurs. Dès l'après-guerre, Jacques Tati attire plus de 16 millions de spectateurs en 3 films. Les champions du box-office s'appellent : Claude Zidi (74 millions en 18 films) ; Gérard Oury (64,5 millions de spectateurs en 11 films) ; Jean Girault (61 millions en 14 films) ; Francis Veber (41 millions en 9 films), Jean-Marie Poiré (38 millions en 8 films) ; Yves Robert (30 millions en 10 films) ; Édouard Molinaro (25 millions en 7 films) ; Georges Lautner (25 millions en 12 films) ; André Hunebelle (23,5 millions en 7 films) ; Philippe de Broca (21 millions en 9 films) ; Patrice Leconte (20,5 millions en 7 films) ; Gilles Grangier (17 millions en 4 films) ; Jean Boyer (16 millions en 4 films) ; Henri Verneuil (15 millions en 3 films) ; Jean Yanne (14 millions en 5 films) ; Claude Pinoteau (13,5 millions en 4 films).
Plus récemment, Dany Boon (29 millions en 3 films), Gérard Krawczyk (21,5 millions avec les 3 suites de *Taxi*), Thomas Gilou (18,5 millions en 4 films dont les deux *La Vérité si je mens !*), Étienne Chatiliez (17 millions en 5 films), Fabien Onteniente (15 millions en 5 films).

Les succès surprise. Bienvenue chez les Ch'tis (20 millions) ; *Trois hommes et un couffin* (10 millions) Certaines comédies cultes n'ont pas eu le succès qu'on imagine à leur sortie, *Mes meilleurs copains* (358 394), *Le Père Noël est une ordure* (1 582 732) *Les Bronzés* (2 295 317) ou encore *Les Bronzés font du ski* (1 535 781).

	ANNÉE	TITRE DU FILM	RÉALISATEUR	NOMBRE D'ENTRÉES
	PLUS DE 20 MILLIONS DE SPECTATEURS			
1	2008	**BIENVENUE CHEZ LES CH'TIS**	BOON Dany	20 328 052
	PLUS DE 15 MILLIONS DE SPECTATEURS			
2	1966	**LA GRANDE VADROUILLE**	OURY Gérard	17 267 607
	PLUS DE 10 MILLIONS DE SPECTATEURS			
3	2002	**ASTÉRIX ET OBÉLIX : MISSION CLÉOPÂTRE**	CHABAT Alain	14 194 819
4	1993	**LES VISITEURS**	POIRÉ Jean-Marie	13 728 242
5	1952	**LE PETIT MONDE DE DON CAMILLO**	DUVIVIER Julien	12 790 676
6	1965	**LE CORNIAUD**	OURY Gérard	11 739 783
7	2006	**LES BRONZÉS 3, AMIS POUR LA VIE**	LECONTE Patrice	10 355 928
8	2000	**TAXI 2**	KRAWCZYK Gérard	10 349 454
9	1985	**TROIS HOMMES ET UN COUFFIN**	SERREAU Coline	10 251 465
	PLUS DE 5 MILLIONS DE SPECTATEURS			
	1962	LA GUERRE DES BOUTONS	ROBERT Yves	9 877 144
	1998	LE DÎNER DE CONS	VEBER Francis	9 231 507
	1999	ASTÉRIX ET OBÉLIX CONTRE CÉSAR	ZIDI Claude	8 944 457
	1959	LA VACHE ET LE PRISONNIER	VERNEUIL Henri	8 849 752
	2011	RIEN À DÉCLARER	BOON Dany	8 123 041
	1998	LES VISITEURS 2	POIRÉ Jean-Marie	8 035 342
	1994	UN INDIEN DANS LA VILLE	PALUD Hervé	7 870 802
	1964	LE GENDARME DE SAINT-TROPEZ	GIRAULT Jean	7 809 334
	2001	LA VÉRITÉ SI JE MENS ! 2	GILOU Thomas	7 469 664
	1971	LES BIDASSES EN FOLIE	ZIDI Claude	7 460 911
	1953	LE RETOUR DE DON CAMILLO	DUVIVIER Julien	7 425 550
	1973	LES AVENTURES DE RABBI JACOB	OURY Gérard	7 295 727
	1981	LA CHÈVRE	VEBER Francis	7 079 674
	1967	LES GRANDES VACANCES	GIRAULT Jean	6 986 777
	1968	LE GENDARME SE MARIE	GIRAULT Jean	6 828 626
	2008	ASTÉRIX AUX JEUX OLYMPIQUES	LANGMAN Thomas/FORESTIER Frédéric	6 818 824
	1952	FANFAN LA TULIPE	CHRISTIAN-JAQUE	6 712 512
	1949	JOUR DE FÊTE	TATI Jacques	6 679 608
	1995	LES TROIS FRÈRES	CAMPAN Bernard/BOURDON Didier	6 667 549
	2003	TAXI 3	KRAWCZYK Gérard	6 522 121

Year	Title	Director	Spectators
1998	TAXI	PIRÈS Gérard	6 464 411
1963	LA CUISINE AU BEURRE	GRANGIER Gilles	6 396 439
1979	LE GENDARME ET LES EXTRA-TERRESTRES	GIRAULT Jean	6 280 070
1984	MARCHE À L'OMBRE	BLANC Michel	6 168 425
1967	OSCAR	MOLINARO Édouard	6 120 862
1984	LES RIPOUX	ZIDI Claude	5 882 397
1976	L'AILE OU LA CUISSE	ZIDI Claude	5 841 956
1972	LES FOUS DU STADE	ZIDI Claude	5 744 270
1995	LES ANGES GARDIENS	POIRÉ Jean-Marie	5 734 059
1974	LES VALSEUSES	BLIER Bertrand	5 726 031
1976	À NOUS LES PETITES ANGLAISES	LANG Michel	5 704 446
1969	LE CERVEAU	OURY Gérard	5 574 299
1971	LA FOLIE DES GRANDEURS	OURY Gérard	5 562 576
1968	LE PETIT BAIGNEUR	DHÉRY Robert	5 542 755
2009	LE PETIT NICOLAS	TIRARD Laurent	5 520 194
1965	LE GENDARME À NEW YORK	GIRAULT Jean	5 495 045
2006	CAMPING	ONTENIENTE Fabien	5 491 412
1982	L'AS DES AS	OURY Gérard	5 452 593
1978	LA CAGE AUX FOLLES	MOLINARO Édouard	5 406 614
1954	PAPA, MAMAN, LA BONNE ET MOI	LE CHANOIS Jean-Paul	5 374 131
2001	LE PLACARD	VEBER Francis	5 317 828
1955	LA GRANDE BAGARRE DE DON CAMILLO	GALLONE Carmine	5 087 231

PLUS DE 4 MILLIONS DE SPECTATEURS

Year	Title	Director	Spectators
1953	LES VACANCES DE MONSIEUR HULOT	TATI Jacques	4 945 053
1995	LE BONHEUR EST DANS LE PRÉ	CHATILIEZ Etienne	4 929 723
1997	LA VÉRITÉ SI JE MENS !	GILOU Thomas	4 899 862
1956	LA TRAVERSÉE DE PARIS	AUTANT-LARA Claude	4 893 174
1957	LE TRIPORTEUR	PINOTEAU Jacques	4 888 151
1970	LE GENDARME EN BALLADE	GIRAULT Jean	4 870 609
1983	LES COMPÈRES	VEBER Francis	4 847 229
1964	L'HOMME DE RIO	DE BROCA Philippe	4 800 626
1959	BABETTE S'EN VA-T-EN GUERRE	JACQUE Christian	4 657 610
1982	DEUX HEURES MOINS LE QUART AVANT JÉSUS CHRIST	YANNE Jean	4 601 239
1958	MON ONCLE	TATI Jacques	4 588 915
1950	UNIFORMES ET GRANDES MANŒUVRES	LE HÉNAFF Robert	4 588 407
2007	TAXI 4	KRAWCZYK Gérard	4 553 198
1986	LES FUGITIFS	VEBER Francis	4 496 827
1964	FANTÔMAS	HUNEBELLE André	4 492 419
2005	BRICE DE NICE	HUTH James	4 424 136
1980	LA BOUM	PINOTEAU Claude	4 378 430
1948	LES CASSE-PIEDS	DRÉVILLE Jean	4 328 290
2001	TANGUY	CHATILIEZ Etienne	4 310 477
1950	LE ROSIER DE MADAME HUSSON	BOYER Jean	4 304 624
1961	DON CAMILLO… MONSEIGNEUR !	GALLONE Carmine	4 280 338
1965	FANTÔMAS SE DÉCHAÎNE	HUNEBELLE André	4 212 446
1982	LE GENDARME ET LES GENDARMETTES	GIRAULT Jean	4 209 139
1971	LES CHARLOTS FONT L'ESPAGNE	GIRAULT Jean	4 162 897
1996	PÉDALE DOUCE	AGHION Gabriel	4 158 212
1974	LES BIDASSES S'EN VONT EN GUERRE	ZIDI Claude	4 154 509
1961	LA BELLE AMÉRICAINE	DHÉRY Robert	4 151 247
1954	LE MOUTON À CINQ PATTES	VERNEUIL Henri	4 136 843
1954	ALI BABA ET LES 40 VOLEURS	BECKER Jacques	4 117 641
1983	PAPY FAIT DE LA RÉSISTANCE	POIRÉ Jean-Marie	4 103 933
1988	LA VIE EST UN LONG FLEUVE TRANQUILLE	CHATILIEZ Etienne	4 088 009
1972	TOUT LE MONDE IL EST BEAU…	YANNE Jean	4 076 678
1958	ARCHIMÈDE LE CLOCHARD	GRANGIER Gilles	4 073 891
1982	LA BOUM 2	PINOTEAU Claude	4 071 585
1956	LE COUTURIER DE CES DAMES	BOYER Jean	4 051 318

PLUS DE 3 MILLIONS DE SPECTATEURS

Year	Title	Director	Spectators
1954	CADET ROUSSELLE	HUNEBELLE André	3 995 795
1995	GAZON MAUDIT	BALASKO Josiane	3 990 094

Box-office des comédies françaises

Année	Titre	Réalisateur	Entrées
1980	LES SOUS-DOUÉS	ZIDI Claude	3 985 214
2010	CAMPING 2	ONTENIENTE Fabien	3 978 255
1973	MAIS OÙ EST DONC PASSÉE LA 7ème COMPAGNIE ?	LAMOUREUX Robert	3 944 014
1952	COIFFEUR POUR DAMES	BOYER Jean	3 922 252
1952	LE TROU NORMAND	BOYER Jean	3 915 583
1973	LE GRAND BAZAR	ZIDI Claude	3 913 477
1966	LE GRAND RESTAURANT	BESNARD Jacques	3 878 520
2003	CHOUCHOU	ALLOUACHE Merzak	3 876 572
1997	LE PARI	LES INCONNUS	3 825 825
1972	L'AVENTURE C'EST L'AVENTURE	LELOUCH Claude	3 815 477
2010	L'ARNACŒUR	CHAUMEIL Pascal	3 798 089
1956	PAPA, MAMAN, MA FEMME ET MOI	LE CHANOIS Jean-Paul	3 791 342
1983	BANZAÏ	ZIDI Claude	3 769 687
1975	ON A RETROUVÉ LA 7ème COMPAGNIE !	LAMOUREUX Robert	3 740 209
2006	PRÊTE-MOI TA MAIN	LARTIGAU Eric	3 734 704
1974	LA MOUTARDE ME MONTE AU NEZ !	ZIDI Claude	3 702 322
1980	INSPECTEUR LABAVURE	ZIDI Claude	3 697 576
2009	LOL (laughing out loud)	AZUELOS Lisa	3 662 059
1965	LES GRANDES GUEULES	ENRICO Robert	3 593 724
1982	LES SOUS-DOUÉS EN VACANCES	ZIDI Claude	3 570 887
1967	FANTÔMAS CONTRE SCOTLAND YARD	HUNEBELLE André	3 557 971
1960	LES VIEUX DE LA VIEILLE	GRANGIER Gilles	3 477 455
1972	LE GRAND BLOND AVEC UNE CHAUSSURE NOIRE	ROBERT Yves	3 471 266
1965	VIVA MARIA	MALLE Louis	3 450 559
1984	JOYEUSES PÂQUES	LAUTNER Georges	3 428 889
2004	PODIUM	MOIX Yann	3 410 019
1970	LA GRANDE JAVA	CLAIR Philippe	3 385 636
1974	LA GIFLE	PINOTEAU Claude	3 385 541
1969	HIBERNATUS	MOLINARO Édouard	3 366 973
1979	ET LA TENDRESSE, BORDEL ?	SCHULMANN Patrick	3 359 170
1973	L'EMMERDEUR	MOLINARO Édouard	3 354 756
1963	LES TONTONS FLINGUEURS	LAUTNER Georges	3 321 121
1982	PLUS BEAU QUE MOI TU MEURS	CLAIR Philippe	3 264 775
1949	L'HÉROÏQUE MONSIEUR BONIFACE	LABRO Maurice	3 261 238
1968	LE TATOUÉ	DE LA PATELLIÈRE Denys	3 211 778
1951	TOPAZE	PAGNOL Marcel	3 184 380
2002	LE BOULET	BERBERIAN Alain	3 159 591
1977	L'ANIMAL	ZIDI Claude	3 157 789
1986	TENUE DE SOIRÉE	BLIER Bertrand	3 144 799
2003	TAIS-TOI !	VEBER Francis	3 139 195
1981	LE MAÎTRE D'ÉCOLE	BERRI Claude	3 105 596
1981	LA SOUPE AUX CHOUX	GIRAULT Jean	3 093 319
2006	LA DOUBLURE	VEBER Francis	3 087 562
1980	LA CAGE AUX FOLLES 2	MOLINARO Édouard	3 015 152
1963	BÉBERT ET L'OMNIBUS	ROBERT Yves	3 012 410
2009	COCO	ELMALEH Gad	3 008 677
PLUS DE 2 MILLIONS DE SPECTATEURS			
2004	LES 11 COMMANDEMENTS	DESAGNAT François/SORRIAUX Thomas	2 971 700
1975	LA COURSE À L'ÉCHALOTE	ZIDI Claude	2 956 550
1968	LES CRACKS	JOFFÉ Alex	2 946 373
1976	UN ÉLÉPHANT ÇA TROMPE ÉNORMÉMENT	ROBERT Yves	2 925 868
1978	LA CARAPATE	OURY Gérard	2 923 257
1990	RIPOUX CONTRE RIPOUX	ZIDI Claude	2 910 070
1997	DIDIER	CHABAT Alain	2 902 960
1980	LE GUIGNOLO	LAUTNER Georges	2 876 016
1955	LES HUSSARDS	JOFFÉ Alex	2 875 093
2005	LES POUPÉES RUSSES	KLAPISCH Cédric	2 865 813
1964	L'ÂGE INGRAT	GRANGIER Gilles	2 862 204
1975	BONS BAISERS DE HONG KONG	CHIFFRE Yvan	2 859 962
1985	P.R.O.F.S	SCHULMANN Patrick	2 845 580
1981	VIENS CHEZ MOI, J'HABITE CHEZ UNE COPINE	LECONTE Patrice	2 820 169

Année	Titre	Réalisateur	Entrées
1973	LE MAGNIFIQUE	DE BROCA Philippe	2 803 412
1978	LA ZIZANIE	ZIDI Claude	2 798 787
1994	LA CITÉ DE LA PEUR	BERBERIAN Alain	2 779 190
2005	PALAIS ROYAL	LEMERCIER Valérie	2 762 386
2002	L'AUBERGE ESPAGNOLE	KLAPISCH Cédric	2 748 605
1965	LES TRIBULATIONS D'UN CHINOIS EN CHINE	DE BROCA Philippe	2 701 748
2004	L'ENQUÊTE CORSE	BERBERIAN Alain	2 667 275
1984	LA VENGEANCE DU SERPENT À PLUMES	OURY Gérard	2 663 303
1951	L'AUBERGE ROUGE	AUTANT-LARA Claude	2 662 329
1964	ALLEZ FRANCE	DHÉRY Robert	2 612 735
1955	L'IMPOSSIBLE MONSIEUR PIPELET	HUNEBELLE André	2 591 219
1975	L'INCORRIGIBLE	DE BROCA Philippe	2 568 325
2005	IZNOGOUD	BRAOUDÉ Patrick	2 544 546
1958	TAXI, ROULOTTE ET CORRIDA	HUNEBELLE André	2 542 671
1978	L'HÔTEL DE LA PLAGE	LANG Michel	2 534 702
2009	NEUILLY SA MÈRE	JULIEN-LAFFERIÈRE Gabriel	2 527 265
1958	NI VU… NI CONNU…	ROBERT Yves	2 510 837
1973	MOI Y'EN A VOULOIR DES SOUS	YANNE Jean	2 504 266
2009	OSS 117 : RIO NE RÉPOND PLUS	HAZANAVICIUS Michel	2 486 293
1971	JO	GIRAULT Jean	2 466 966
1980	LE COUP DU PARAPLUIE	OURY Gérard	2 451 606
2008	DISCO	ONTENIENTE Fabien	2 435 015
1980	L'AVARE	GIRAULT Jean	2 433 452
1964	LES BARBOUZES	LAUTNER Georges	2 430 611
1965	DON CAMILLO EN RUSSIE	COMENCINI Luigi	2 424 200
1984	PINOT, SIMPLE FLIC	JUGNOT Gérard	2 418 756
1996	UN AIR DE FAMILLE	KLAPISCH Cédric	2 411 224
1996	LE JAGUAR	VEBER Francis	2 390 580
1963	UN DRÔLE DE PAROISSIEN	MOCKY Jean-Pierre	2 371 855
1992	LA CRISE	SERREAU Coline	2 350 189
2010	POTICHE	OZON François	2 318 221
1974	LE PERMIS DE CONDUIRE	GIRAULT Jean	2 309 606
1978	JE SUIS TIMIDE MAIS JE ME SOIGNE	RICHARD Pierre	2 308 644
1978	LES BRONZÉS	LECONTE Patrice	2 295 317
2006	OSS 117 : LE CAIRE NID D'ESPIONS	HAZANAVICIUS Michel	2 224 538
1968	ALEXANDRE LE BIENHEUREUX	ROBERT Yves	2 219 405
1994	LA CITÉ DE LA PEUR	BERBERIAN Alain	2 216 436
2011	LES FEMMES DU 6ème ÉTAGE	LE GAY Philippe	2 213 187
1974	LE RETOUR DU GRAND BLOND	ROBERT Yves	2 195 219
1972	LE VIAGER	TCHERNIA Pierre	2 191 183
1974	LES QUATRE CHARLOTS MOUSQUETAIRES	HUNEBELLE André	2 190 139
1964	UNE RAVISSANTE IDIOTE	MOLINARO Édouard	2 186 603
1980	C'EST PAS MOI C'EST LUI	RICHARD Pierre	2 181 439
1986	LES FRÈRES PÉTARD	PALUD Hervé	2 179 370
1963	POUIC-POUIC	GIRAULT Jean	2 169 854
1987	LÉVY ET GOLIATH	OURY Gérard	2 166 907
2006	HORS DE PRIX	SALVADORI Pierre	2 153 956
1990	TATIE DANIELLE	CHATILIEZ Etienne	2 151 463
1970	ELLE BOIT PAS, ELLE FUME PAS, ELLE DRAGUE PAS…	AUDIARD Michel	2 148 506
1970	L'HOMME ORCHESTRE	KORBER Serge	2 141 879
1962	UN SINGE EN HIVER	VERNEUIL Henri	2 124 873
1968	LA GRANDE LESSIVE	MOCKY Jean-Pierre	2 111 923
1969	EROTISSIMO	PIRÈS Gérard	2 102 017
2001	LA TOUR MONTPARNASSE INFERNALE	NEMÈS Charles	2 083 034
1977	NOUS IRONS TOUS AU PARADIS	ROBERT Yves	2 080 789
1973	QUELQUES MESSIEURS TROP TRANQUILLES	LAUTNER Georges	2 067 380
1984	VIVE LES FEMMES !	CONFORTÈS Claude	2 064 455
1994	LA VENGEANCE D'UNE BLONDE	SZWARC Jeannot	2 039 370
1994	GROSSE FATIGUE	BLANC Michel	2 015 230
1981	TAIS-TOI QUAND TU PARLES	CLAIR Philippe	2 009 653
1968	FAUT PAS PRENDRE LES ENFANTS DU BON DIEU POUR…	AUDIARD Michel	2 006 177

Box-office des comédies françaises

PLUS DE 1 MILLION DE SPECTATEURS

Année	Titre	Réalisateur	Entrées
1976	LE JOUR DE GLOIRE	BESNARD Jacques	1 991 801
2002	LA BEUZE	DESAGNAT François/SORRIAUX Thomas	1 982 196
2009	SAFARI	BAROUX Olivier	1 966 156
2004	LES DALTON	HAÏM Philippe	1 955 836
1981	LES HOMMES PRÉFÈRENT LES GROSSES	POIRÉ Jean-Marie	1 931 038
1964	FAITES SAUTER LA BANQUE	GIRAULT Jean	1 918 785
1999	JET SET	ONTENIENTE Fabien	1 912 895
1977	ARRÊTE TON CHAR... BIDASSE !	GÉRARD Michel	1 907 513
1972	LA VIEILLE FILLE	BLANC Jean-Pierre	1 889 299
1966	NE NOUS FÂCHONS PAS	LAUTNER Georges	1 877 412
2009	LUCKY LUKE	HUTH James	1 877 009
1982	TÊTE À CLAQUES	PERRIN Francis	1 874 037
1981	LE ROI DES CONS	CONFORTÈS Claude	1 872 390
2004	DOUBLE ZÉRO	PIRÈS Gérard	1 850 031
1993	TOUT ÇA POUR ÇA	LELOUCH Claude	1 847 381
1961	LE TRACASSIN OU LES PLAISIRS DE LA VILLE	JOFFÉ Alex	1 842 130
1965	LA GROSSE CAISSE	JOFFÉ Alex	1 836 779
1965	PAS QUESTION LE SAMEDI	JOFFÉ Alex	1 827 286
1951	LA POISON	GUITRY Sacha	1 811 164
1975	PAS DE PROBLÈME	LAUTNER Georges	1 810 393
2009	DE L'AUTRE CÔTÉ DU LIT	POUZADOUX Pascale	1 792 382
1977	LA 7ème COMPAGNIE AU CLAIR DE LUNE	LAMOUREUX Robert	1 792 134
1978	TENDRE POULET	DE BROCA Philippe	1 790 827
1983	L'AFRICAIN	DE BROCA Philippe	1 786 296
1965	LA VIE DE CHÂTEAU	RAPPENEAU Jean-Paul	1 758 930
1976	COURS APRÈS MOI... QUE JE T'ATTRAPE	POURET Robert	1 755 935
1985	SCOUT TOUJOURS	JUGNOT Gérard	1 755 081
1984	LE JUMEAU	ROBERT Yves	1 737 306
1999	QUASIMODO DEL PARIS	TIMSIT Patrick	1 707 386
1985	LA CAGE AUX FOLLES 3 - ELLES SE MARIENT	LAUTNER Georges	1 693 202
1984	LE JOLI CŒUR	PERRIN Francis	1 687 346
1983	LE BOURREAU DES CŒURS	GION Christian	1 652 422
1974	LES CHINOIS À PARIS	YANNE Jean	1 651 959
2008	LA PREMIÈRE ÉTOILE	JEAN-BAPTISTE Lucien	1 647 563
1991	LA TOTALE	ZIDI Claude	1 639 813
1968	CES MESSIEURS DE LA FAMILLE	ANDRÉ Raoul	1 626 941
1999	LA BÛCHE	THOMPSON Danièle	1 625 709
1971	SUR UN ARBRE PERCHÉ	KORBER Serge	1 622 836
1969	LE DIABLE PAR LA QUEUE	DE BROCA Philippe	1 620 703
1970	L'OURS ET LA POUPÉE	DEVILLE Michel	1 617 853
1950	ÉDOUARD ET CAROLINE	BECKER Jacques	1 606 068
1980	ON A VOLÉ LA CUISSE DE JUPITER	DE BROCA Philippe	1 598 584
1988	L'ÉTUDIANTE	PINOTEAU Claude	1 583 067
1982	LE PÈRE NOËL EST UNE ORDURE	POIRÉ Jean-Marie	1 582 732
2003	18 ANS APRÈS	SERREAU Coline	1 550 011
1973	ELLE COURT, ELLE COURT LA BANLIEUE	PIRÈS Gérard	1 549 617
1979	LES BRONZÉS FONT DU SKI	LECONTE Patrice	1 535 781
1973	PLEURE PAS LA BOUCHE PLEINE	THOMAS Pascal	1 529 868
1993	LA SOIF DE L'OR	OURY Gérard	1 517 890
1964	DES PISSENLITS PAR LA RACINE	LAUTNER Georges	1 517 887
1962	LE SOUPIRANT	ETAIX Pierre	1 513 512
1985	LES ROIS DU GAG	ZIDI Claude	1 510 930
1985	LE MARIAGE DU SIÈCLE	GALLAND Philippe	1 493 351
1983	LA FEMME DE MON POTE	BLIER Bertrand	1 485 746
1973	JE SAIS RIEN MAIS JE DIRAI TOUT	RICHARD Pierre	1 485 350
1974	LE CHAUD LAPIN	THOMAS Pascal	1 481 812
2010	LE MAC	BOURDIAUX Pascal	1 481 381
1991	L'OPÉRATION CORNED BEEF	POIRÉ Jean-Marie	1 475 580
1972	SEX-SHOP	BERRI Claude	1 465 092
1957	ASSASSINS ET VOLEURS	GUITRY Sacha	1 461 362

Année	Titre	Réalisateur	Entrées
1978	LE PION	GION Christian	1 453 597
2006	NOS JOURS HEUREUX	TOLEDANO Eric/NAKACHE Olivier	1 431 614
1970	LE DISTRAIT	RICHARD Pierre	1 424 216
1997	LES RANDONNEURS	HAREL Philippe	1 422 318
1971	FANTASIA CHEZ LES PLOUCS	PIRÈS Gérard	1 409 528
1984	ALDO ET JUNIOR	SCHULMANN Patrick	1 406 468
1971	LAISSE ALLER... C'EST UNE VALSE !	LAUTNER Georges	1 386 576
1974	LES CHARLOTS EN FOLIE - À NOUS QUATRE CARDINAL	HUNEBELLE André	1 386 200
1986	NUIT D'IVRESSE	NAUER Bernard	1 381 464
2010	TOUT CE QUI BRILLE	NAKACHE Géraldine/MIMRAN Hervé	1 371 908
1986	TWIST AGAIN À MOSCOU	POIRÉ Jean-Marie	1 361 683
1967	UN IDIOT À PARIS	KORBER Serge	1 360 642
1965	LES COPAINS	ROBERT Yves	1 353 735
1982	LE QUART D'HEURE AMÉRICAIN	GALLAND Philippe	1 337 893
1992	LE BAL DES CASSE-PIEDS	ROBERT Yves	1 333 914
1982	LE CADEAU	LANG Michel	1 324 672
1978	PRÉPAREZ VOS MOUCHOIRS	BLIER Bertrand	1 321 087
1972	LES MALHEURS D'ALFRED	RICHARD Pierre	1 304 579
1982	POUR 100 BRIQUES, T'AS PLUS RIEN !	MOLINARO Édouard	1 303 784
1976	ON AURA TOUT VU	LAUTNER Georges	1 290 565
1970	L'ÉTALON	MOCKY Jean-Pierre	1 278 907
1978	ET VIVE LA LIBERTÉ !	KORBER Serge	1 277 646
2002	3 ZÉROS	ONTENIENTE Fabien	1 271 238
1972	LA MANDARINE	MOLINARO Édouard	1 266 317
2008	AGATHE CLÉRY	CHATILIEZ Etienne	1 253 096
1976	LE JOUET	VEBER Francis	1 249 452
1972	LES ZOZOS	THOMAS Pascal	1 232 919
1986	BLACK MIC MAC	GILOU Thomas	1 228 154
1967	PLAYTIME	TATI Jacques	1 227 699
1999	LE CIEL, LES OISEAUX ET... TA MÈRE !	BENSALAH Djamel	1 221 550
1973	LA VALISE	LAUTNER Georges	1 208 862
2010	FATAL	YOUN Michael	1 208 113
2008	INCOGNITO	LAVAINE Eric	1 202 370
1982	MA FEMME S'APPELLE REVIENS	LECONTE Patrice	1 188 840
1982	MON CURÉ CHEZ LES NUDISTES	THOMAS Robert	1 173 770
2010	LES ÉMOTIFS ANONYMES	AMÉRIS Jean-Pierre	1 169 009
1975	COUSIN COUSINE	TACCHELLA Jean-Charles	1 161 394
1982	T'EMPÊCHES TOUT LE MONDE DE DORMIR	LAUZIER Gérard	1 135 181
2009	L'AMOUR C'EST MIEUX À DEUX	FARRUGIA Dominique/LEMORT Arnaud	1 123 061
1972	ELLE CAUSE PLUS, ELLE FLINGUE !	AUDIARD Michel	1 110 539
1983	LE RETOUR DES BIDASSES EN FOLIE	VOCORET Michel	1 106 593
1979	LES CHARLOTS EN DÉLIRE	BASNIER Alain	1 103 094
1975	LES GALETTES DE PONT-AVEN	SÉRIA Joël	1 085 622
1983	CIRCULEZ Y'A RIEN À VOIR	LECONTE Patrice	1 084 439
1983	SIGNES EXTÉRIEURS DE RICHESSE	MONNET Jacques	1 074 802
2006	MON MEILLEUR AMI	LECONTE Patrice	1 067 616
1979	JE TE TIENS, TU ME TIENS PAR LA BARBICHETTE	YANNE Jean	1 065 991
1980	JE VAIS CRAQUER	LETERRIER François	1 053 217
1978	VA VOIR MAMAN, PAPA TRAVAILLE	LETERRIER François	1 051 955
1993	FANFAN	JARDIN Alexandre	1 045 393
1974	VOS GUEULES, LES MOUETTES	DHERY Robert	1 045 135
1979	LE CAVALEUR	DE BROCA Philippe	1 038 413
1978	ROBERT ET ROBERT	LELOUCH Claude	1 020 933
1985	À NOUS LES GARÇONS	LANG Michel	1 016 144
1970	DOMICILE CONJUGAL	TRUFFAUT François	1 006 825
1979	LA GUEULE DE L'AUTRE	TCHERNIA Pierre	1 000 704

Source : CNC - CBO

Bibliographie

100% Charlots
  Valérie et Jean Sarrus (Ramsay, 2004)

200 films au soleil
  Alain Poiré (Ramsay, 1988)

80 grands succès du cinéma comique français
  Pierre Tchernia et Jean-Claude Romer (Casterman, 1988)

Audiard par Audiard
  (René Château, 1999)

Auguste et Louis Lumière, les 1000 premiers films
  Jacques Rittaud-Hutinet (Philippe Sers éditeur, 1990)

Autoportrait
  Claude Berri (Editions Léo Scheer, 2003)

Aux sources du burlesque cinématographique : les comiques français des premiers temps
  Sous la direction de Laurent Guido et Laurent Le Forestier (AFRHC n°61, septembre 2010)

L'Aventure des bronzés
  Caroline Réali (France-Empire, 2006)

Bernard Blier, un homme façon puzzle
  Jean-Philippe Guérand (Robert Laffont, 2009)

La Cage aux souvenirs
  Pierre Mondy (Plon, 2006)

Cette fois je flingue
  Jean-Pierre Mocky (Florent Massot, 2006)

Demain, tout commence
  Danièle Delorme (Robert Laffont, 2008)

Dictionnaire du cinéma populaire français
  Yanick Dehée, Christian-Marc Bosséno (Nouveau Monde Éditions, 2009)

Elle s'appelait Françoise
  Catherine Deneuve, Patrick Modiano (Canal + Editions, 1996)

L'Esprit du cinéma muet
  Pierre Allard (Cheminements, 2008)

Le Gendarme de Saint-Tropez
  Sylvain Raggianti (Flammarion, 2007)

Les Génies du cinéma
  collectif (Éditions Atlas, 1991)

Initials B.B.
  Brigitte Bardot (Grasset, 1996)

J'arrête le cinéma
  Patrice Leconte (Calmann-Lévy, 2011)

Jacques Becker ou l'exercice de la liberté
  Valérie Vignaux (Editions du Céfal, 2000)

Jacques Rozier le funambule
  Sous la direction d'Emmanuel Burdeau (Cahiers du Cinéma/Centre Pompidou, 2001)

Jean-Pierre Mocky
  Eric Le Roy (BiFi/Durante, 2000)

Je suis un imposteur
  Patrice Leconte (Flammarion, 2000)

Louis de Funès, grimaces et gloire
  Bertrand Dicale (Grasset, 2009)

Ma vie de Branquignol
  Robert Dhéry avec Caroline Alexander (Calmann-Lévy, 1978)

Magic ciné
  Pierre Tchernia (Fayard, 2003)

Mémoire cavalière
  Philippe Noiret (Robert Laffont, 2007)

Mémoires d'un canaillou
  Darry Cowl (Calmann-Lévy/Éditions N°1, 2005)

Le Métier de Pierre Étaix
  René Marx (Éditions Henri Berger, 1994)

Michel Audiard
  Philippe Durant (Le cherche Midi, 2005)

Nos films de toujours
  Marc Combier et Pierre Tchernia (Larousse, 2006)

Par trente-six chemins
  Robert Lamoureux (Plon, 1999)

Philippe de Broca
  Alain Garel, Dominique Maillet, Jacques Valot et Jean-Pierre Zarader (Henri Veyrier, 1990)

Pleins feux sur le père Noël est une ordure
  Pierre-Jean Lancry (Horizon illimité, 2004)

Que ça reste entre nous
  Francis Veber (Robert Laffont)

Sur la piste de Fantômas
  Marc Lemonier (Éditions Hors Collection/Gaumont, 2005, 1996)

Sur la route de "La Grande Vadrouille"
  Vincent Chapeau (Hors Collection Editions, 2004)

Tout Guitry
  Jacques Lorcey (Séguier, 2007)

Trois petits tours et puis s'en vont...
  Michel Galabru (Flammarion, 2002)

Un homme de joie
  Yves Robert (Flammarion, 1996)

... Vous avez dit Serrault ?
  Michel Serrault (Florent Massot, 2001)

Index

11 Commandements, Les : 201
18 ans après : 166
2 Days in Paris : 201
40 ans, toujours puceau : 218
7ème Compagnie au clair de lune, La : 112
8 femmes : 223

A
A.D.G. (alias Alain Fournier) : 112, 113
À nos amours : 171
À nous la liberté : 12
À nous les petites Anglaises : **130**
Aaltra : 220
Abelanski, Lionel : 199
Aboulker, Marcel : 206
Abrahams, Jim : 182
Abril, Victoria : 187
Achard, Marcel : 37
Acrobate, L' : **145**
Adam, Alfred : 80
Adam, Noëlle : 88
Adams, Puck : 88
Ademaï au Moyen Âge : 12
Ademaï aviateur : 12
Adieu Philippine : 169
Adjani, Isabelle : 176
Adler, Philippe : 148
Afonso, Yves : 169
Affreux, sales et méchants : 171
Âge ingrat, L' : **80**
Agence Intérim : 117
Aghion, Gabriel : 179, 199
Ah ! les belles bacchantes : 69
Aile ou la cuisse, L' : 83, **128-129**, 130, 160, 163
Alane, Annick : 165, 186
Alane, Bernard : 81
Alexandre le bienheureux : **67**, 84
Alexandrov, Constantin : 212
Ali Baba et les quarante voleurs : **23**
Allain, Marcel : 51
Allégret, Catherine : 95
Allégret, Marc : 13
Allen, Tim : 198
Allen, Woody : 184
Allez France ! : **49**, 100
Allouache, Merzak : 226
Allwright, Graeme : 61
Alric, Catherine : 145, 154, 177
Altariba, Béatrice : 24
Altman, Robert : 167
Amadou, Jean : 145
Amidou : 116
Amants, Les : 34
Amour à vingt ans, L' : 85
Amour en fuite, L' : 85
Amoureux sans perruque, L' : 9
Anconina, Richard : 193, 215
Anderson, Lindsay : 167
André, Jean : 126
André, Raoul : 33, 70, 81
Andress, Ursula : 58, 59
Andrex : 12, 13, 46
Anémone : 153, 155, 158, 159, 177
Angeli, Karine : 211
Angelvin, Jacques : 56
Annaud, Jean-Jacques : 140, 145, 151
Anouilh, Jean : 40, 128
Ansart, Johanna : 214
Antezac, Jean-Claude : 101
Antoine : 83, 89
Antoine et Colette : 85
Aoun, Kader : 203
Apocalypse Now : 216
Apprentis, Les : **185**
Arbuckle, Fatty : 11
Archimède le clochard : 36
Ardant, Fanny : 199
Arditi, Pierre : 194
Ardolino, Emile : 166
Aristophane : 217
Arius, Henri : 46
Arletty : 12
Armendáriz Jr., Pedro : 151, 169
Armoire volante, L' : 13
Armstrong, Louis : 125
Arnacoeur, L' : 201, **227**
Arnel, France : 39
Arnoux, Robert : 12
Arrête de ramer, t'attaques la falaise ! : 109
Arroseur arrosé, L' : **9**, 225
Art de la turlute, L' : 78
Artur, José : 156
Asherov, Mischa : 80
Aslan, Grégoire : 24, 80
Assassins et voleurs : **24-25**
Assous, Éric : 191
Astaire, Fred : 225
Astérix aux Jeux Olympiques : 201, 206, 207, 219
Astérix et Obélix contre César : 201, 205, 206
Astérix et Obélix : Mission Cléopâtre : 183, 201, **205-207**
Atika, Aure : 193, 212
Attal, Yvan : 199
Attention les yeux ! : 83
Auberge espagnole, L' : **208-209**
Auberge rouge, L' : **17**, 94
Aubert, Pierre : 20
Auclair, Michel : 156
Audiard, Michel : 7, 13, 17, 28, 30, 32, 33, 36, 42, 44, 45, 50, 60, 61, 70, 75, 80, 86, 90, 109, 112, 113, 116, 119, 134, 145, 149, 164, 217
Audran, Stéphane : 119
Aumont, Jean-Pierre : 12
Aumont, Michel : 127, 145, 176
Aurenche, Jean : 17
Aurel, Jean : 24, 109
Austin Powers : 212
Autant-Lara, Claude : 12, 17, 30, 40, 56
Auteuil, Daniel : 147, 148, 165, 176, 177, 205, 216
Auzepy, Michèle : 86
Avare, L' : 92, 147
Avatar : 224
Aventure, c'est l'aventure, L' : **98-99**, 110, 111, 131
Aventures de Rabbi Jacob, Les : 83, **104-105**, 128, 183
Aventures des Pieds Nickelés, Les : 206
Avery, Tex : 35, 140, 190, 191
Aveu, L' : 105
Aveugle fin de siècle, L' : 10
Avida : 220
Avril, Mag : 46
Aymé, Marcel : 22
Azéma, Sabine : 125, 198, 199, 204

B
Babas cool, Les : **155**
Babette s'en va t-en guerre : **28-29**, 33, 55, 65
Bachelet, Pierre : 137
Bacri, Jean-Pierre : 165, 173, 174, 179, 182, 188, 189, 199
Baer, Édouard : 205, 207, 226
Baisers volés : 85
Balance, La : 164
Balasko, Josiane : 17, 30, 131, 135, 136, 137, 147, 155, 158, 159, 160, 161, 176, 177, 179, 187, 198
Balducci, Richard : 47, 109
Balutin, Jacques : 50, 76, 78
Balzac, Honoré de : 17
Banzaï : **177**
Banzouzi, Roch Amédet : 221
Barbouzes, Les : 33, **50**, 60, 61, 90, 116, 213
Barbulée, Madeleine : 22
Bardot, Brigitte : 28, 29, 77, 80, 117
Barillet, Pierre : 223
Barjac, Sophie : 130
Barjavel, René : 18
Barnley, Pierre : 67
Baroux, Lucien : 12, 24
Baroux, Olivier : 201
Barratier, Christophe : 38
Barrault, Jean-Louis : 12
Barrault, Marie-Christine : 84
Barre, Jacques : 134
Barrier, Maurice : 102
Barrois, Claude : 144, 163
Basic Instinct : 182
Bastia, Jean : 33
Bataille, Lucien : 10
Bates, Alan : 81
Batti, Jeannette : 30
Bazin, André : 20
Béart, Emmanuelle : 150, 199
Béart, Guy : 195
Beauvais, Robert : 118
Beaux Gosses, Les : 201, **221**
Bébert et l'omnibus : 44, **80**
Bécassine : 206
Beccarie, Claudine : 126
Becker, Jacques : 23, 30
Becker, Jean : 30
Bécourt, Alain : 26
Bedia, Ramzy : 203
Bedos, Guy : 131, 132, 165, 227
Beineix, Jean-Jacques : 129
Béjo, Bérénice : 212, 224, 225
Bekhti, Leïla : 227
Bel, Frédérique : 222
Belal, Yannis : 214
Belle Américaine, La : 49, 69, **80**, 100
Bellemare, Pierre : 67
Beller, Georges : 92, 114, 144
Belles, blondes et bronzées : 147
Bellucci, Monica : 205, 206, 207
Belmondo, Jean-Paul : 53, 54, 58, 59, 71, 76, 77, 80, 106, 107, 117, 123, 161, 194, 201
Belvaux, Rémy : 179
Ben Ammar, Tarak : 156
Bénabar : 227
Benayoun, Georges : 193
Benedek, Laszlo : 36
Benguigui, Jean : 142, 198, 205, 214
Benigni, Roberto : 206
Benjamin ou les mémoires d'un puceau : 77
Bensalah, Djamel : 199
Bénureau, Didier : 161, 180, 197
Benvenuti al Sud : 218
Berbérian, Alain : 179, 182, 201, 206
Bergé, Pierre : 197
Berger, Éric : 204
Berger, Sophie : 143
Berghauer, Hiroko : 85
Bernard, Julie : 227
Bernie : 179, **190**
Bernier, Marcel : 60, 67
Bernier, Michèle : 187
Berny, Michel : 176
Berri, Claude : 83, 95, 101, 108, 109, 148, 156, 165, 170, 180, 186, 205, 206
Berry, Jules : 12
Berry, Marilou : 214
Berry, Richard : 110, 199, 201
Berset, Fernand : 70
Berteloot, Jean-Yves : 168
Berthomieu, André : 13, 24
Bertin, Pierre : 62
Bertin, Roland : 190
Berto, Juliet : 95
Bertolucci, Bernardo : 97, 101
Besnard, Jacques : 55, 66, 124, 145
Besnehard, Dominique : 149, 176
Besson, Luc : 199
Bête humaine, La : 139
Beuze, La : 201
Beylie, Claude : 20
Beytout, Gérard : 47
Bézu, André : 122
Bibi Fricotin : 206
Bidasses en folie, Les : 83, **89**, 92
Bidasses en vadrouille, Les : 89
Bideau, Jean-Luc : 123, 143, 203
Bidochons, Les : 206
Bienvenue chez les ch'tis : 65, 121, 200, 201, **216-219**, 227, 228
Bienvenue chez les ch'tites coquines : 218
Bilis, Teddy : 80
Biraud, Maurice : 144, 176
Birdcage, The : 139, 152
Birkin, Jane : 117, 119
Bisciglia, Paul : 111
Bisset, Jacqueline : 106, 107
Bitton, Gérard : 193
Black mic-mac : **177**, 184, 193
Blakely, Colin : 49
Blanc, Jean-Pierre : 97
Blanc, Michel : 135, 136, 137, 141, 147, 153, 158, 159, 161, 162, 163, 168, 174, 179, 198, 199
Blanc et le noir, Le : 13
Blanche, Francis : 28, 33, 40, 41, 42, 43, 44, 50, 68, 74, 78, 79, 80, 81, 87, 89, 176
Blanche, Roland : 170, 177, 190
Blasi, Silvana : 85
Bleustein-Blanchet, Marcel : 144
Blier, Bernard : 7, 14, 30, 33, 42, 43, 44, 50, 66, 70, 75, 84, 86, 90, 94, 96, 102, 103, 118, 124, 126, 142, 144, 154, 160, 161, 170, 171
Blier, Bertrand : 83, 90, 116, 121, 122, 126, 142, 145, 147, 163, 168, 187, 190, 198
Blistène, Marcel : 206
Blondin, Antoine : 23, 80
Blot, Anne-Marie : 131
Blot, Florence : 94
Blues Brothers, Les : 182
Bodard, Mag : 77
Bogart, Humphrey : 44
Bohringer, Richard : 193
Boisset, Yves : 164, 215
Bon roi Dagobert, Le : 114
Bonamy, Olivia : 199
Boney M : 139
Bonheur est dans le pré, Le : 171, **198**, 204
Bonnaire, Sandrine : 148, 150
Bonne chance : 13
Bons baisers… à lundi : 119
Bons baisers de Hong Kong : 213
Bonvoisin, Bernie : 192
Bonzel, André : 179
Boon, Dany : 65, 200, 201, 206, 207, 216, 217, 218, 219, 227, 228
Boorman, John : 163, 187
Boorman, Katrine : 162, 163
Boorman, Telsche : 187
Booz, Emmanuel : 215
Borel, Jacques : 129
Borsche, Dieter : 23
Bosé, Miguel : 187
Bosetti, Roméo : 10
Bosso, Patrick : 216
Bossu, Le (1960) : 51
Bost, Pierre : 17
Bostella, La : **226**
Boucher, Victor : 12
Bouchez, Élodie : 211
Bouchitey, Patrick : 171, 173, 174, 183, 184, 192
Boudet, Jacques : 214
Boudu sauvé des eaux : 12
Bouise, Jean : 103, 145
Boujenah, Michel : 165, 166, 198
Boujenah, Paul : 206
Boulanger, Daniel : 53, 54, 58, 72, 85, 106
Boulet, Le : 206
Boum, La : 24, 147, **150**, 199
Boum 2, La : 150
Bouquet, Carole : 142, 198
Bouquet, Michel : 127, 152
Bourbon, Ernest : 10
Bourdet, Édouard : 12
Bourdiaux, Pascal : 90
Bourdo, Sacha : 226
Bourdon, Didier : 177, 179, 186, 199
Bourse et la vie, La : 68
Bourseiller, Christophe : 131, 132, 167, 176
Bourvil : 30, 33, 40, 41, 46, 51, 56, 57, 62, 63, 64, 65, 74, 76, 81, 83, 87, 91, 92, 105, 129, 152, 201, 228
Bouteille, Romain : 84, 122
Bouvard, Philippe : 128, 186
Bouvet, Jean-Christophe : 182
Boxeurs en tonneaux : 9
Boyer, François : 37, 80
Boyer, Jean : 12, 13, 33, 228
Brahms, Johannes : 142, 183
Branco, Paolo : 169
Brando, Marlon : 36, 216
Branquignols : 33, 49, 69, 80
Braoudé, Guila : 184
Braoudé, Patrick : 184, 201, 206
Brassens, Georges : 70, 195
Brasseur, Claude : 100, 131, 132, 149, 150, 177, 194, 215, 226
Brasseur, Pierre : 18, 54, 55, 81, 120
Braunberger, Pierre : 78, 92
Bréal, Pierre-Aristide : 30
Breitman, Zabou : 198,199
Brel, Jacques : 70, 98, 99, 110, 152, 194
Brengarth, Didier : 197
Brialy, Jean-Claude : 24, 81, 161, 165
Briand, Ludwig : 198
Brice de Nice : 201, **211**, 212
Brigades du Tigre, Les : 223
Brillant, Dany : 222
Brion, Françoise : 67
Broderick, Matthew : 194
Bronzés, Les : 83, 124, **135-137**, 147, 153, 155, 158, 162, 174, 228
Bronzés font du ski, Les : 135-137, 153, 228
Bronzés 3 - amis pour la vie, Les : 135, 136
Brook, Claudio : 62
Brooks, Mel : 132
Brosset, Claude : 212
Brosset, Colette : 49, 62, 66, 69, 80, 183
Bru, Laurence : 145
Bruce, Jean : 212
Bruel, Patrick : 162, 167
Brühl, Daniel : 227
Bruneau, Philippe : 155
Brussel, Seymour : 177, 186
Bûche, La : **199**
Bucquoy, Jan : 215
Buddy Buddy : 110, 152
Buffet froid : 121, **142**, 168
Bujeau, Christian : 180
Bujold, Geneviève : 81
Buñuel, Juan Luis : 98-99
Buñuel, Luis : 83, 142
Burel, Léonce-Henri : 41
Burgalat, Bertrand : 129
Bussières, Raymond : 49, 128, 129, 145, 148
Buyle, Evelyne : 119
Buzzanca, Lando : 56
Bye bye Barbara : 77

C
C'est arrivé près de chez vous : 179, 190, 191
C'est dur pour tout le monde : **144**, 154
C'est pas moi c'est lui : 140
C'est pas parce qu'on a rien à dire qu'il faut fermer sa gueule : 66, **124**
Cadet Rousselle : **30**
Cage aux folles, La : 83, **138-139**, 141, 151, 152, 158
Cage aux folles II, La : 139, 151
Cage aux folles III - elles se marient, La : 42, 139
Calderón, Sergio : 151
Calfan, Nicole : 81, 118, 119
Calmos : 83, 121, **126**, 142, 168
Calvi, Gérard : 69, 101, 144
Camerini, Mario : 19
Cameron, James : 65
Cammage, Maurice : 13
Campan, Bernard : 177, 179, 186, 199
Camping : 201, **215**
Camping 2 : 201, 215
Camping Cosmos : 215
Campion, Léo : 143
Camurat, Béatrice : 162
Camus, Marcel : 55
Candeloro, Philippe : 221
Canicule : 164
Cantona, Éric : 198
Capitan, Le : 33, 51
Caprioli, Vittorio : 34, 106, 117, 128, 129
Capshaw, Kate : 54
Carapate, La : **145**, 176
Carel, Roger : 24, 81, 114, 141, 161, 205
Carell, Steve : 152, 195, 218
Carette, Bruno : 182
Carette, Julien : 17
Carl, Raymond : 20
Carmet, Jean : 7, 28, 49, 67, 69, 70, 75, 86, 102, 103, 108, 109, 119, 142, 144, 152, 161, 176, 198
Carné, Marcel : 12, 13, 17
Carol, Martine : 28
Caron, Pierre : 206
Carère, Christine : 30
Carpentier, Maritie et Gilbert : 210
Carré, Isabelle : 226, 227
Carrel, Dany : 70
Carrière, Anne-Marie : 46
Carrière, Jean-Claude : 39, 40
Cartier, Caroline : 81, 101
Carton, Pauline : 24, 30
Cartouche : 53
Casar, Amira : 193, 197
Casey, Marie-Pierre : 153
Casse-pieds, Les : **14**
Cassel, Jean-Pierre : 71, 77, 80, 226
Casta, Laetitia : 38
Castaldi, Jean-Pierre : 131, 177, 206
Castans, Raymond : 46
Castel, Colette : 102
Castel, Robert : 103, 115, 140, 144
Castelli, Philippe : 50, 74, 90, 112, 113
Castelnuovo, Nino : 110
Catalifo, Patrick : 197
Catherine, Philippe : 145
Cause toujours, tu m'intéresses : 103
Caussimon, Jean-Roger : 17, 52, 96
Cauvin, Patrick : 176
Cavaleur, Le : **145**
Cavalier, Alain : 54, 55
Cavanna, François : 84
Cave se rebiffe, Le : 46
Caviglioli, François : 175
Cayatte, Alain : 75
Ceccaldi, Daniel : 53, 77, 81, 85, 101, 108, 109, 144, 175, 176, 226
Céline, Louis-Ferdinand : 123
Celles qu'on n'a pas eues : 175, **176**
Cellier, Caroline : 110, 199
Cendrier, Emmanuel : 171
Centre de visionnage, Le : 226
Cerveau, Le : 33, **76**
Cervi, Gino : 18-19
Ces messieurs de la famille : 33, **81**
Cet obscur objet du désir : 142
Chabat, Alain : 38, 179, 182, 183, 187, 199, 201, 205, 206, 226, 227
Chabrol, Claude : 55, 96, 98
Chacun cherche son chat : 179, 188
Chailleux, Jacques : 121
Chalais, François : 112

Chamaret, Christiane : 108
Chambon, Jean-Claude : 206
Chanéac, Delphine : 211
Change pas de main : 126
Chantons sous la pluie : 224
Chapier, Henri : 44, 78
Chaplin, Charlie : 6, 7, 11, 12, 15, 35, 49, 69, 171, 224
Chaplin, Géraldine : 227
Charbit, Corynne : 151
Charlan, Bernard : 67
Charlie et ses deux nénettes : 122, 133
Charlot, Alexandre : 216, 217
Charlots, Les : 83, 89, 92, 114, 117, 128, 144, 153, 162, 163, 177, 179, 201, 203, 228
Charme discret de la bourgeoisie, Le : 142
Charon, Jacques : 17
Charpin : 13
Charrier, Jacques : 28
Château, François : 211
Chatiliez, Étienne : 171, 173, 179, 198, 204, 228
Chaud lapin, Le : **144**
Chauffard, René-Jean : 68, 74, 87
Chaumeil, Pascal : 201, 227
Chavarot, Olivier : 202
Chazel, Marie-Anne : 129, 135, 136, 146, 147, 153, 155, 158, 159, 161, 173, 180, 181
Chelton, Tsilla : 67, 84, 124, 198
Chérasse, Jean : 56
Chère Louise : 106
Chèvre, La : 103, 144, 147, **151-152**, 185
Chinois à Paris, Les : **118**, 156
Chirac, Jacques : 160, 218
Chobizenesse : 156
Cholet, Jean-Marc : 101
Chouchan, Laurent : 204
Chouchou : **226**
Chouraqui, Elie : 99, 131
Chourreau, Etchika : 30
Christian-Jaque : 13, 19, 28, 30, 33, 54, 55
Ciel, les oiseaux et… ta mère !, Le : **199**
Cigalon : 13
Cinéma de papa, Le : 95
Circonstances atténuantes : 12
Cité de l'indicible peur, La : 68, 74
Cité de la peur, La : 179, **182-183**, 186
Clair, Philippe : 28, 87, 89, 109, 147
Clair, René : 10, 11, 12
Claisse, Georges : 77
Clara et les chics types : **176**, 177
Clark, Larry : 221
Claudon, Paul : 39
Clavier, Christian : 17, 124, 135, 136, 146, 147, 155, 158, 159, 160, 170, 171, 173, 174, 176, 179, 180, 181, 198, 201, 205, 206
Clech, Yvonne : 34, 94
Clément, Aurore : 204
Clément, Claude : 69
Clément, René : 14, 15, 34, 37
Clinic : 90
Clouzot, Henri-Georges : 102
Cluzet, François : 185
Cocker, Joe : 174
Cocteau, Jean : 51, 91
Cœur des hommes, Le : 216
Cogan, Henri : 112
Colé, Annie : 101, 108, 109
Colé, Patrick : 101
Colin, Éric : 111
Colin-maillard au baquet : 9
Collette, Yann : 192
Colombier, Pierre : 13
Colpeyn, Louisa : 78
Coluche : 83, 90, 114, 115, 128, 129, 145, 147, 155, 156, 157, 163, 176, 177
Coluzzi, Francesca Romana : 95
Comencini, Luigi : 19
Commandeur, Jérôme : 216
…comme la lune : 122, **133**
Comme une bête : 143
Comme une image : 189
Comment réussir… quand on est con et pleurnichard : **119**
Compagnons de la Marguerite, Les : **68**
Companeez, Nina : 77
Compartiment tueurs : 72
Compères, Les : 103, 147, 152, 194
Condroyer, Philippe : 206
Confortès, Claude : 206
Connery, Sean : 51
Conrad, Joseph : 53
Constantin, Michel : 60, 90, 116, 156
Conte, Paolo : 175
Conti, Marie-Catherine : 143
Convoyeurs attendent, Les : 179
Cooper, Saul : 100, 120
Coppel, Alec et Myra : 94
Coquatrix, Bruno : 16
Cordy, Annie : 115
Corne, Léonce : 67
Corniaud, Le : 33, 48, 51, **56-57**, 62, 63, 66, 76, 91, 128, 129, 162, 183
Cornillac, Clovis : 206, 211
Cosma, Edgar : 177
Cosma, Vladimir : 140, 145
Cosso, Pierre : 150
Cosson, Pierre : 84
Costa-Gavras : 72
Cotillard, Marion : 199
Coty, René : 212-213
Couderc, Roger : 49
Coup de tête : 103, **145**, 151
Coup du parapluie, Le : **176**
Courage fuyons : **145**
Courbey, Julien : 199
Courcel, Nicole : 22, 98
Course à l'échalote, La : 117, 163
Courteline, Georges : 12
Courval, Nathalie : 115
Coutelier, Mimi : 140, 156
Couzinet, Émile : 13
Cowl, Darry : 24, 25, 58, 81, 156, 177
Cracks, Les : **81**
Crawford, Joan : 224
Crémer, Bruno : 168
Creton, Michel : 137, 168, 176
Cri du cormoran, le soir au-dessus des jonques, Le : 109
Crime ne paie pas, Le : 56
Crise, La : **198**
Croce, Gérard : 144
Crocodile, Le : 83, 128
Croisy, Danièle : 81
Crombey, Bernard : 142
Cromwell, James : 224
Crystal, Billy : 152
Cuirassé Potemkine, Le : 182
Cuisine au beurre, La : 33, 44, **46**
Cuisine et dépendances : 188
Cyr, Guillaume : 214
Cyrano de Bergerac : 55, 194

D

D'Yd, Didier : 17
Dabadie, Jean-Loup : 7, 14, 102, 131, 132, 176
Dac, Pierre : 33, 49, 69, 80, 176
Daisy Town : 100
Dalban, Robert : 33, 36, 42, 43, 49, 50, 51, 52, 60, 70, 75, 84, 86, 111, 112, 113, 116, 119, 145, 151, 180
Dalibert, André : 36
Dalio, Marcel : 104
Dalton, Les : 201, 206
Damien, Éva : 121
Damiens, François : 212, 227
Dancigers, Georges : 53, 58
Dani : 112
Danno, Jacqueline : 96
Danon, Marcello : 138
Danon, Raymond : 97
Danson, Ted : 166
Darc, Mireille : 50, 60, 80, 86, 90, 92, 93, 102, 103, 116, 152
Darcy, Catherine : 68
Darmon, Gérard : 182, 183, 205
Daroy, Jacques : 38
Darras, Jean-Pierre : 86, 97, 100, 110, 115, 145, 176
Darrieux, Danielle : 91, 145, 223
Darroussin, Jean-Pierre : 160, 171, 173, 174, 176, 188, 189, 199, 226
Dassault, Marcel : 112, 118, 127
Dassin, Jules : 80
Daumier, Sophie : 119, 133
Dauphin, Claude : 134
Dauphin, Jean-Claude : 203
Dave : 182
David, Mario : 24, 58, 71, 75, 106
Davis, Robin : 116
Davray, Dominique : 121, 128
Dax, Micheline : 145
Dazat, Olivier : 210
De Bankolé, Isaac : 177
De Brantes, Emmanuel : 202
De Bresson, Edgar : 120
De Broca, Philippe : 53, 54, 58, 59, 72, 73, 81, 106, 107, 145, 176, 213, 228
De Buron, Nicole : 78, 115
De Capitani, Grace : 163
De Chalonge, Christian : 25
De Chauveron, Philippe : 159
De France, Cécile : 208, 209, 223, 226
De Funès, Louis : 22, 30, 33, 40, 47, 48, 51, 52, 56, 57, 62, 63, 64, 65, 66, 69, 71, 72, 76, 80, 81, 83, 88, 91, 92, 94, 104, 105, 128, 129, 147, 152, 160, 163, 176, 183, 201, 228
De Funès, Olivier : 81, 88
De Gaulle, Charles : 15, 50, 75, 145, 218
De Givray, Claude : 85
De la Patellière, Denys : 72
De la Personne, Franck : 197
De Meaux, Joséphine : 214, 227
De Mendoza, Alberto : 91
De Montreuil, Mimiche : 174
De Niro, Robert : 225
De Palma, Brian : 182
De Penguern, Artus : 226
De Ré, Michel : 81
De Roubaix, François : 74, 88
De Sica, Vittorio : 18, 22
De Suza, Linda : 171
De Turckheim, Charlotte : 177
Débandade, La : 95
Debarle, Terence : 220
Debary, Jacques : 101
Debbouze, Jamel : 199, 203, 205, 206, 207
Debucourt, Jean : 18, 30
Débuts de Max au cinéma, Les : 11
Decomble, Guy : 15, 36
Deed, André : 10
Dehoux, Robert : 220
Dejoux, Christine : 153, 176
Delair, Suzy : 104
Delamare, Gil : 54
Delannoy, Jean : 173
Delbat, Germaine : 71
Delbourg, Véronique : 130
Delcassan : 15
Delcher, Stéphane : 143
Delépine, Benoît : 179, 220
Delerue, Georges : 59, 72, 81
Delhomme, Benoît : 188
Délivrance : 163, 187
Delluc, Louis : 11, 14, 21, 40, 55
Delmont, Édouard : 23
Delon, Alain : 77, 92, 93, 206
Delon, Nathalie : 95
Delorme, Danièle : 37, 38, 131
Delphine 1, Yvan 0 : 179, 183, 199
Delpy, Julie : 201
Delubac, Jacqueline : 13
Demaison, François-Xavier : 227
Demoiselles d'Avignon, Les : 115
Demongeot, Catherine : 34, 35
Demongeot, Mylène : 51, 168, 215
Démons de Jésus, Les : **192**
Demy, Jacques : 75
Deneuve, Catherine : 54, 55, 77, 145, 207, 223
Denis, Jacques : 120
Denisty, Jérémy : 214
Dennek, Barbara : 81
Denner, Charles : 98, 99, 144
Dents de la mer, Les : 21
Depardieu, Gérard : 7, 83, 121, 122, 142, 144, 145, 147, 149, 151, 152, 163, 168, 194, 205, 206, 223
Depardieu, Guillaume : 185
Depardieu, Julie : 210, 226
Depraz, Xavier : 110
Dérec, Jean-François : 162
Dernier Tango à Paris, Le : 97, 101
Derrière, Le : **196-197**
Des Pissenlits par la racine : 42, 50
Desagnat, François : 201
Desagnat, Vincent : 227
Deschamps, Hubert : 34, 35, 106, 148
Descrières, Georges : 197
Désespoir de Cathode, Le : 135
Desinge, Hervé : 220
Désiré : 13
Desproges, Pierre : 176
Deutsch, Lorànt : 199, 202, 206, 214
Deux crocodiles, Les : 122
Deux heures moins le quart avant Jésus-Christ : **156-157**
Deville, Michel : 77, 177
Devos, Emmanuelle : 221
Devos, Raymond : 93
Dewaere, Patrick : 83, 121, 122, 145, 168, 176
Dewolf, Patrick : 162
Dhéry, Robert : 33, 47, 49, 66, 69, 72, 80, 100, 101
Diable par la queue, Le : **72-73**
Diamant-Berger, Henri : 40
Dictateur, Le : 171
Didier : 179, **199**
Diefenthal, Frédéric : 199
Dietrich, Marlene : 224
Dieudonné : 197, 205
Dieudonné, Hélène : 36, 108
Dilettante, La : 188
Dîner de cons, Le : 103, 152, 179, **194-195**
Dinner for Schmucks : 152, 195
Diouf, Mouss : 205
Diplômés du dernier rang, Les : 147
Disney, Walt : 23
Distrait, Le : 83, **84**, 103, 144
Doll, Dora : 126
Dolna, Didier : 167
Dombasle, Arielle : 198
Domicile conjugal : **85**
Don Camillo en Russie : 19
Don Camillo et les contestataires : 19
Don Camillo Monseigneur : 19
Donner, Richard : 152
Dorfmann, Robert : 22, 46, 55, 62, 64, 69
Doris, Pierre : 24
Dorléac, Françoise : 53, 54, 55
Dors, Diana : 49
Dorville : 12
Douche du colonel, La : 10
Doutey, Alain : 111, 197
Draber, Étienne : 167
Dragoti, Stan : 103, 152
Dragueurs, Les : 40
Dress, Évelyne : 143
Dréville, Jean : 14
Drôle de drame : 12, 13
Drôles de zèbres : **145**
Du Boisrouvray, Albina : 101
Du côté d'Orouët : **81**, 108, 169
Du Merle, Antoine : 186
Dubillard, Roland : 68, 74, 145
Dubois, Marie : 62, 80
Dubosc, Franck : 215, 227
Duc, Hélène : 204
Duchaussoy, Michel : 103
Dudicourt, Marc : 67, 120
Duez, Sophie : 162
Dufilho, Jacques : 34, 37, 38, 80, 89, 92
Dufresne, Diane : 174
Dugan, Tommy : 60
Duhalde, Gilbert : 97
Duhamel, Claire : 85
Duhour, Clément : 24, 25
Dujardin, Jean : 183, 201, 211, 212, 213, 216, 224, 225
Dulac, Germaine : 11
Duléry, Antoine : 215
Dumaine, Bernard : 169
Dumarçay, Philippe : 121, 126
Dumas, Alexandre : 11
Dumas, Roger : 53
Dumb And Dumber : 203
Dumesnil, Jacques : 42, 43
Dune, Martin : 173
Duperey, Anny : 103, 131, 132, 144, 176
Dupont-Lajoie : 215
Dupontel, Albert : 179, 190, 220
Dupuis, Jean-Michel : 150
Duquesne, Philippe : 216, 219
Duran, Michel : 13
Durand, Jean : 10
Duris, Romain : 208, 209, 227
Duru, Frédéric : 101, 108
Dussollier, André : 165, 166, 204
Dutronc, Jacques : 149
Duval, Roland : 101, 108
Duvivier, Julien : 18, 19
Dyer, Charles : 138
Dynam, Jacques : 51, 52, 66
Dynamite Jack : 33

E

Eastwood, Clint : 223
Éboué, Fabrice : 227
École des facteurs, L' : 15
Ede, François : 16
Édouard et Caroline : **30**
Edwards, Blake : 211, 222
Eisenberg, Josy : 104
Elbaz, Vincent : 191, 193, 227
Elbé, Pascal : 226
Elle boit pas, elle fume pas, elle drague pas, mais… elle cause ! : **86**, 113, 183
Elle cause plus, elle flingue : 86
Elle court, elle court la banlieue : 93, **115**
Elmaleh, Gad : 193, 226
Elmosnino, Éric : 38, 190, 226
Embrassez qui vous voudrez : 163
Embrouille est dans le sac, L' : 72
Emmanuel, Jacques : 28
Emmanuelle : 83, 135, 170
Emmerdeur, L' : 98, 103, 106, **110**, 127, 138, 151, 152, 162, 194
Emmerdeur, L' (2008) : 201
Enquête Corse, L' : 201, 206
Entourloupe, L' : **149**
Entrée des artistes : 13, 134
Ephron, Nora : 160
Epstein, Jean : 11, 17
Équipée sauvage, L' : 36
Erotissimo : **78-79**, 84, 92, 93, 96, 115, 183
Escamotage d'une dame chez Robert-Houdin : 10
Espions, Les : 102
Essaye-moi : 226
Et la tendresse ?... bordel ! : 83, **143**, 153, 167
Étaix, Pierre : 26, 27, 39, 40, 49, 81
Étalon, L' : 83, **87**
Êtes-vous fiancée à un marin grec ou à un pilote de ligne ? : 109
Étievant, Yvette : 36, 37
Étroit mousquetaire, L' : 11
Étudiante, L' : 150
Évenou, Danièle : 145
Exbrayat, Charles : 80
Exhibition : 126
Extension du domaine de la lutte : 179
Extraterrestre, L' : 186

F

Fabian, Françoise : 156, 199
Fabre, Michel : 114, 117, 128, 148
Fabre, Saturnin : 12, 13
Fabrice : 78
Fabrizi, Franco : 69
Fabuleux Destin d'Amélie Poulain, Le : 218
Fairbanks, Douglas : 224
Fais gaffe à la gaffe ! : 206
Fais-moi plaisir ! : 201, **222**
Faisons un rêve : 13
Faites sauter la banque : 47
Falcon, André : 98, 104
Fallet, René : 24, 36, 70, 176
Fame : 208
Famille Fenouillard, La : 37, 38, 206
Fanfan la Tulipe : **30**
Fantasia chez les ploucs : **92-93**, 115, 149
Fantômas : 33, 48, **51-52**, 56, 57, 66, 97, 212
Fantômas contre Scotland Yard : 52
Fantômas se déchaîne : 51-52
Farcy, Bernard : 162, 186, 199, 205
Farès, Nadia : 192
Farmer, Mylène : 199
Farrugia, Dominique : 179, 182, 183, 199
Fatal : **227**
Father's Day : 152
Fauchois, René : 12
Faut pas prendre les enfants du bon Dieu pour des canards sauvages : **75**, 86, 113
Faux cul-de-jatte, Le : 9
Fawcett, Farrah : 223
Fechner, Christian : 128-129, 153, 160, 161, 162, 173, 180
Fechner, Jean-Guy : 89, 114
Feld, Lydia : 169
Félix, Zoé : 216, 219
Félixine, Mimi : 162
Fellini, Federico : 177
Fernandel : 10, 12, 13, 17, 18, 19, 23, 30, 31, 33, 36, 46, 80, 83, 108, 169, 228
Fernandel, Franck : 80
Ferré, Léo : 52
Ferréol, Andréa : 122, 123
Ferrer, Nino : 155
Ferrier, Julie : 227
Ferrière, Martine : 122
Ferry, Jean : 28
Feuillade, Louis : 10, 51
Février, Laurence : 198
Feydeau, Georges : 12, 91
Fiancée qui venait du froid, La : 203
Fields, W.C. : 20
Fiérry, Patrick : 155
Filipelli, Gérard : 89, 114
Fille en rouge, La : 132
Fleming, Ian : 51
Floch, Jérôme : 171, 172
Flon, Suzanne : 80
Foïs, Marina : 203, 205
Folie des grandeurs, La : 83, **91-92**, 104
Fonda, Jane : 227
Fonda, Peter : 33
Fonteray, Jacques : 92
Forestier, Frédéric : 201, 206
Forestier, Sara : 227
Forêt d'émeraude, La : 163, 187
Fortin, Michel : 120, 151
Fossey, Brigitte : 121, 122, 126, 150
Fou du labo 4, Le : 66, 124
Foucaud, Pierre : 51
Fous du stade, Les : 83, **144**
François 1er : 13
François, Claude : 145, 210
François, Déborah : 222
François, Jacques : 30, 96, 104, 118, 127, 140, 158, 159, 160, 170, 171, 176, 198
Franju, Georges : 55, 89, 120
Frank, Horst : 42, 43
Frankeur, Paul : 15, 75
Franklin, Aretha : 192
Franquin : 143
Fraser, Ronald : 49
Fratellini, Annie : 34, 81
Free : 192
Frégis, Lucien : 20
Freiss, Stéphane : 216
Frémont, Thierry : 192
French Connection, The : 56, 182

Frenchies, Les : 173, 174
Frères Ennemis, Les : 96
Frères Pétard, Les : 198
Fresnay, Pierre : 36
Fresson, Bernard : 122, 123
Fric-frac : 13, 169
Friedkin, William : 56
Friedland, Dahlia : 80
Frot, Catherine : 155, 176, 188, 189, 194, 226
Fugain, Michel : 144
Fugitifs, Les : 103, 147, 152, 194
Funaro, Isabelle : 227

G
Gabin, Jean : 13, 18, 30, 36, 42, 80, 139
Gainsbourg, Charlotte : 199, 227
Gainsbourg, Serge : 78, 95, 122, 168
Galabru, Michel : 37, 46, 47, 48, 69, 94, 100, 101, 112, 113, 114, 116, 134, 138, 139, 144, 148, 160, 161, 176, 206, 216, 217
Galettes de Pont-Aven, Les : 83, **122-123**, 133, 143
Galland, Jean : 30
Gallienne, Guillaume : 202
Gallone, Carmine : 19
Gamal, Samia : 23
Gamblin, Jacques : 199, 227
Game, Marion : 89, 124, 145
Gamelon, Laurent : 167
Gance, Abel : 11
Ganz, Isabelle : 108
Garcia, José : 90, 192, 193, 202, 206, 216, 226
Garcia, Nicole : 145
Garcin, Ginette : 96, 97, 119
Garcin, Henri : 54, 55
Gary, Manuel : 18
Gaspards, Les : 141, **144**
Gassman, Vittorio : 72
Gaston-Dreyfus, Gilles : 174, 226
Gaudeau, Yvonne : 145
Gaylor, Anna : 133, 184
Gazon maudit : 179, **187**
Gélin, Daniel : 30, 131, 171, 172, 173, 182
Gélin, Xavier : 72, 73, 77, 98, 104
Gélinas, Isabelle : 199
Gendarme à New-York, Le :
Gendarme de Saint Tropez, Le : 33, **47-48**, 51, 56, 66
Gendarme en ballade, Le : 48
Gendarme et les extra-terrestres, Le : 48
Gendarme et les gendarmettes, Le : 48, 71, 147
Gendarme se marie, Le : 48
Genès, Henri : 49, 56
Génial, mes parents divorcent : 184
Génin, René : 30
Gensac, Claude : 48, 71, 72, 81, 94, 128, 129, 176
Gentleman d'Epsom, Le : 36
Gérard, Charles : 98, 99, 127, 154
Géret, Georges : 141
Germain, Lud : 17
Gérôme, Raymond : 76, 106, 110
Gifle, La : 150
Gil, Ariadna : 202
Gildas, Philippe : 204
Gillain, Marie : 222
Gilot, Yolande : 173
Gilou, Thomas : 177, 193, 228
Gion, Christian : 134, 144, 147, 154
Girard, Philippe : 185
Girardot, Annie : 78-79, 86, 97, 145, 160, 161, 183
Giraud, Claude : 104, 105
Giraud, Roland : 134, 143, 160, 161, 165, 166
Giraudeau, Bernard : 143, 150, 153, 161, 162, 168
Girault, Jean : 33, 47, 48, 80, 81, 94, 144, 147, 177, 228
Givry, Edgar : 203
Gleason, Jackie : 152
Glorio, Leda : 18
Glover, Danny : 152
God Save Britannia : 207
Godard, Alain : 140
Godard, Jean-Luc : 34
Godrèche, Judith : 208, 222, 223
Goebbels, Joseph : 13
Goglat, Michel : 174
Golino, Valeria : 221
Gomes, Rosa-Maria : 169
Gondry, Michel : 144
Gonin, Alexandra : 150
Goodman, John : 224
Goscinny, René : 100, 101, 205, 206
Gossart, Jean-René : 143, 167
Gotlib, Marcel : 101, 129, 145
Goupil, Jeanne : 122, 123
Goût des autres, Le : 189
Goya, Mona : 36
Grad, Geneviève : 47, 48
Grand amour, Le : **81**
Grand bazar, Le : 83, **114**, 129
Grand Blond avec une chaussure noire, Le : 82, **102-103**, 152, 213
Grand détournement, Le : 212
Grand Meaulnes, Le : 150
Grand restaurant, Le : 51, **66**, 94, 124, 183
Grande bagarre de Don Camillo, La : 19
Grande Bouffe, La : 120, 123, 126, 138
Grande Java, La : 89
Grande lessive (!), La : 33, 68, **74**
Grande maffia, La : 89
Grande vadrouille, La : 28, 33, 51, 55, **62-65**, 66, 76, 91, 105, 121, 176, 185, 201, 218
Grandes vacances, Les : 71, **81**
Grands Ducs, Les : 179, **199**
Grangier, Gilles : 33, 36, 46, 56, 80, 228
Granier-Deferre, Denys : 159
Granier-Deferre, Pierre : 33
Grant, Cary : 55, 77
Grant, Hugh : 184
Grappelli, Stéphane : 122
Grease : 139
Greco, Fabrice : 127
Grédy, Jean-Pierre : 223
Grenier, Roger : 120
Grey, Denise : 150
Griffe, Maurice : 23
Grimm, Giselle : 122
Gros, Brigitte : 115
Gros dégueulasse : 206
Grosse caisse, La : **81**
Grosse fatigue : 163, 179, **198**
Grosso, Guy : 47, 56, 62, 65
Gruault, Isabelle : 186
Gruel, Brigitte : 144
Guareschi, Giovannino : 18
Guégan, Françoise : 81
Guerrar, Hassan : 221
Guerre des boutons, La : **37-38**, 39, 80
Guerre des étoiles, La : 206
Guerre des Rose, La : 190
Gueule de l'autre, La : 83, **141**
Guevara, Che : 98
Guillard, Marie : 210
Guillard, Philippe : 215
Guinness, Alec : 80
Guiomar, Julien : 81, 117, 128, 129, 160, 163, 164
Guitry, Lucien : 13
Guitry, Sacha : 7, 12, 13, 24, 25, 30, 197
Guttenberg, Steve : 166
Guy, Alice : 10
Guybet, Henri : 104, 105, 112, 113, 117, 125, 134, 144, 148, 154, 176

H
H : 203, 227
Habit vert, L' : 12
Hahn, Jess : 33, 50, 58, 90, 102
Haïm, Philippe : 201, 206
Halain, Jean : 30, 51, 66, 71, 88, 124
Halin, Jean-François : 212
Haller, Bernard : 176
Hallyday, Johnny : 98, 149, 177, 210
Hamburger Film Sandwich : 182
Hamer, Robert : 80
Hanks, Tom : 103, 152
Hardy, Françoise : 149
Hardy, Oliver : 39, 181
Harel, Philippe : 179, 185, 191, 201, 226
Harispuru, Bernard : 124
Havard, René : 30
Hazanavicius, Michel : 201, 212, 213, 224, 225
Hendrix, Jimi : 173
Henry, Judith : 185
Hepburn, Katharine : 77
Herbet, Percy : 49
Hergé : 53, 58
Herlitzka, Roberto : 192
Herman, Jean : 149
Hernandez, Gérard : 145
Héros n'ont pas froid aux oreilles, Les : 177, 203
Herry, Dodine : 191
Herviale, Jeanne : 119
Heureux anniversaire : 39
Hibernatus : 33, 72, **81**
Hiegel, Catherine : 171, 172, 187
Higelin, Jacques : 78, 80, 115
Hillel, Stéphane : 130
Hirsch, Robert : 80, 81, 160
Hitchcock, Alfred : 44, 94, 173
Hitler, Adolphe : 100, 160, 167
Hitler... connais pas ! : 121
Holgado, Ticky : 187
Homme de Rio, L' : **53-54**, 58, 59, 106
Homme orchestre, L' (1900) : 10
Homme orchestre, L' (1970) : **88**, 183
Homme qui aimait les femmes, L' : 98
Hommes préfèrent les grosses, Les : **176**
Hopper, Dennis : 33
Hossein, Robert : 180
Hôtel du Nord : 13
Houellebecq, Michel : 129, 179
Howard, Ronald : 28
Hugo, Victor : 91
Hunebelle, André : 30, 33, 51, 54, 212, 228
Huppert, Isabelle : 121
Hussards, Les : **30**, 56
Hussenot, Olivier : 30
Huster, Francis : 194, 195
Huston, John : 44
Huth, James : 201, 206, 211
Hynde, Chrissie : 173

I
If : 167
Iglesias, Julio : 160, 161, 183
Ignace : 13
Il était une fois un flic : 102, 116
Ils étaient neuf célibataires : 13
Impossible Monsieur Pipelet, L' : **30**
Incognito : **227**
Inconnus, Les : 177, 179, 186, 199, 211
Incorruptibles, Les : 182
Indiana Jones et le temple maudit : 54
Inkijinoff, Valéry : 58
Inspecteur la Bavure : 163
Interlenghi, Franco : 18
Ionesco, Eugène : 34
Irakane, Marie : 85
Iselta, Michel : 37
Iznogoud : 201, 206

J
Jabbour, Gabriel : 120
Jackson, Michael : 214
Jacob, Catherine : 171, 173, 175, 184, 198, 199
Jacob, Irène : 221
Jacquemin, Anne : 186
Jade, Claude : 85, 134
Jagger, Mick : 173
Jaguar, Le : 103, 194
Jamais le dimanche : 80
James Bond 007 contre Dr No : 51, 58
Janey, Alain : 81
Jaoui, Agnès : 179, 188, 189
Jardinier, Le : 9
Javal, Bertrand : 105
Je hais les acteurs : 184
Je préfère qu'on reste amis... : 201, 214
Je sais rien mais je dirai tout : 84, 120, 140, **144**
Je suis timide mais je me soigne : **140**
Je te tiens, tu me tiens par la barbichette : 156
Je vais craquer : 135, 155, 206
Jean de Florette : 165
Jean-Philippe : 210
Jeanneret, Anaïs : 170
Jeanson, Henri : 13
Jelot-Blanc, Jean-Jacques : 169
Jet Set : 179, **202**
Jetée, La : 180
Jeu de la mort, Le : 203
Jeux interdits : 37
Jo : **94**
Joano, Clotilde : 72, 73
Jobert, Marlène : 67, 75
Joffé, Alex : 30, 56, 80, 81
Jolivet, Marine : 186
Joly, Sylvie : 121, 126, 177
Jonasz, Michel : 176
Joplin, Janis : 192
Jospin, Lionel : 227
Jouanneau, Jacques : 85, 144, 223
Jouet, Le : 27, 103, 125, **127**, 151, 152
Joueurs de cartes arrosés : 9
Jour de fête : **15-16**, 20, 26
Jour de gloire, Le : 55
Jour le plus long, Le : 160
Jourdan, Louis : 55
Jousset, Anne : 149, 177
Jouvet, Louis : 7, 12, 13
Joyeux Noël : 160
Judor, Éric : 203
Jugnot, Gérard : 17, 38, 121, 124, 125, 126, 127, 135, 136, 147, 158, 159, 160, 161, 176, 177, 206, 207
Julian, Charlotte : 167
Julienne, Rémy : 113, 182
Jullian, Marcel : 56, 60, 61, 62, 76, 91, 105
Julliard, René : 40
Jument verte, La : 17
Jungle 2 Jungle : 198
Jürgens, Curd : 141
Jurgenson, Albert : 69

K
Kakou, Élie : 193
Kaminka, Didier : 92, 144, 148, 153, 163, 177
Kantoff, Albert : 124
Karmann, Sam : 182
Karyo, Tchéky : 182
Kassak, Fred : 86, 119
Kassovitz, Mathieu : 191, 220
Katerine, Philippe : 220
Kaye, Danny : 84
Kaza, Elizabeth : 185
Keaton, Buster : 7, 11, 14, 15, 24, 27, 39, 40, 69, 84, 89, 140, 222, 224
Keller, Marthe : 72, 73, 97, 115, 197
Kelly, Gene : 225
Kelly, Martine : 144
Kennedy, John Fitzgerald : 42
Kervern, Gustave : 179, 220
Kerwin, Maureen : 134
Keufs, Les : 187
Key Largo : 44
Khorsand, Philippe : 90, 173, 174, 177
Kids : 221
Kinks, The : 61
Klapisch, Cédric : 179, 188, 189, 193, 208, 209
Klein, William : 35
Knuysen, Jacqueline : 220
Korber, Serge : 33, 70, 84, 88, 206
Koubesserian, Charly : 107
Krawczyk, Gérard : 17, 184, 199, 228
Kubrick, Stanley : 126
Kuntz, Francis : 220

L
La Bruyère, Jean de : 14, 84
La Fontaine, Jean de : 88
Labarrière, Lionel « Jo » : 87
Lachens, Catherine : 141
Lacoste, Vincent : 221
Lafaurie, Victoria : 226
Laffon, Yolande : 22
Lafont, Bernadette : 70, 141, 227
Lafont, Pauline : 161
Laffont, Patrice : 40
Lagrange, Jacques : 20, 26
Lagrange, Valérie : 58
Lahmi, Jean-Michel : 226
Laisse aller... c'est une valse ! : 61, **90**
Laisse tes mains sur mes hanches : 183
Lalonde, Valérie : 171
Laloux, Daniel : 149
Lambert, Christophe : 165, 184
Lamotte, Martin : 128, 155, 158, 159, 160, 161, 170, 171, 192
Lamoureux, Robert : 22, 55, 111, 112
Lamy, Alexandra : 211
Lamy, Audrey : 227
Landis, John : 72, 182
Landru : 55, 98
Lane, Nathan : 139, 152
Lang, Michel : 130
Langdon, Harry : 11, 15, 224
Langlet, Daniel : 128
Langmann, Thomas : 201, 205, 206, 224
Lanier, Jean : 149
Lanners, Bouli : 220
Lanoux, Victor : 83, 84, 115, 131, 132, 145, 192
Lanvin, Gérard : 129, 149, 153, 162, 163, 173, 174, 191, 215
Laroche, Claire : 185
Laroche, Guy : 103
Laroque, Michèle : 199
Larquey, Pierre : 12, 24
Larrivaz, Estelle : 202
Lartéguy, Ariane : 176
Lartigau, Éric : 201, 227
Lartigue, François : 37
Lartigue, Martin : 37, 38, 80
Laspalès, Régis : 199
Lauby, Chantal : 179, 182, 183
Laure, Carole : 145
Laure, Odette : 100
Laurel, Stan : 27, 39, 181
Laurent, Gilles : 190
Laurent, Rémi : 130, 138
Lautner, Georges : 33, 42, 43, 44, 45, 50, 60, 61, 70, 83, 90, 102, 112, 113, 116, 121, 122, 125, 139, 140, 144, 160, 213, 228
Lauzier, Gérard : 176, 177
Lavaine, Éric : 227
Lavalette, Bernard : 40, 41, 144
Lavanant, Dominique : 122, 123, 126, 133, 135, 137, 141, 145, 147, 150, 160, 161, 165, 176
Lax, Francis : 144
L'Herbier, Marcel : 11
L'Hôte, Jean : 26, 49
Le Bihan, Samuel : 202
Le Chanois, Jean-Paul : 22
Le Coq, Bernard : 144
Le Corbusier : 26
Le Lay, Patrick : 74
Le Person, Paul : 67, 70, 102, 103, 190
Le Poulain, Jean : 86, 110, 176
Lean, David : 112
Léaud, Jean-Pierre : 85
Lebeau, Madeleine : 30
Lebel, Sylvain : 116
LeBrock, Kelly : 132
Lebrun, Michel : 86
Leclerc, Michel : 201, 227
Lecluyse, Guy : 216, 219
Leconte, Patrice : 83, 129, 135, 136, 137, 145, 147, 153, 162, 179, 199, 228
Lederman, Paul : 186
Ledoux, Fernand : 22
Ledoux, Patrice : 180
Ledoyen, Virginie : 222, 227
Lee, Christopher : 21
Leeb, Michel : 137
Lefaur, André : 12
Lefebvre, Jean : 42, 43, 44, 47, 48, 49, 60, 70, 80, 103, 106, 107, 111, 112, 113, 116, 124, 144, 145
Lefebvre, Philippe : 212
Lefèvre, Raymond : 47, 144
Légitimus, Pascal : 177, 179, 184, 186, 226
Legras, Jacques : 49, 69, 87, 95, 115, 144
Legris, Roger : 68
Lehmann, Maurice : 12
Leiris, Noëlle : 87
Lelouch, Claude : 83, 98, 99, 110, 131, 140, 163
Lemaire, Francis : 120
Lemercier, Aude : 197
Lemercier, Valérie : 129, 180, 181, 182, 196, 197, 198, 207
Lemmon, Jack : 62, 110, 152
Lengliney, Michel : 186
Lenoir, Noémie : 205
Lenoir, Rudy : 41, 68
Leone, Sergio : 92, 126
Léotard, Philippe : 155
Lepetit, Jean-François : 165
Leroy, Philippe : 145
Leroy-Beaulieu, Philippine : 165, 184
Lester, Richard : 86, 89
Leterrier, François : 135, 155, 206
Levitte, Jean : 46
Lévy, Raoul J. : 28, 34
Lévy-Corti, Pierre : 46, 67
Lewis, Jerry : 7, 79, 160, 222
Lhermitte, Thierry : 121, 124, 135, 136, 137, 146, 147, 152, 158, 159, 160, 161, 163, 164, 165, 174, 176, 177, 179, 188, 191, 194, 195, 198
Lhomme, Pierre : 97
Liberté Oléron : 201, **226**
Lignères, Laurence : 39, 46
Linder, Max : 9, 10, 11, 20, 225
Lindon, Vincent : 198, 226
Lioret, Philippe : 199
Liotard, Thérèse : 153
Livi, Jean-Louis : 151, 194
Lloyd, Harold : 11, 27, 40, 222, 224
Locataire, Le : 162
Lollobrigida, Gina : 30
Loncar, Beba : 56
Londez, Guilaine : 226
London, Jack : 53
Lonsdale, Michael : 68, 74, 80, 81, 87, 97
Lopert, Tanya : 72, 73, 177
Los Brutos : 98, 140
Losey, Joseph : 154
Louise-Michel : **220**
Loussine, Gérard : 176
Loy, Nanni : 90, 92
Lubitsch, Ernst : 55, 105
Lucas, Georges : 54
Luchini, Fabrice : 167, 207, 223
Lucky Luke : 201, 206
Luisi, Jean : 112, 125
Luke, Benny : 138, 139
Luke, Jorge : 151
Lulli, Folco : 66
Lumière, Auguste et Louis : 9, 10
Lumières de la ville, Les : 224
Lumont, Roger : 96
Lux, Guy : 145
Lvovsky, Noémie : 221

M
*M*A*S*H* : 167
Ma vie est un enfer : 187
Mac, Le : 90
Mac Donough, Dolorès : 122
Macadam Cowboy : 120, 162, 185
Maccione, Aldo : 98, 99, 111, 112, 140, 147, 176
Mag, Olivier : 210
Magimel, Benoît : 171, 173
Magma : 183

Magne, Michel : 43, 52, 97, 118
Magnier, Claude : 71, 72, 94
Magnier, Franck : 216, 217
Magnifique, Le : **106-107**, 129, 212, 213
Maguelon, Pierre : 40, 67, 223
Mahieux, Alix : 74
Maillan, Jacqueline : 33, 75, 80, 160, 161, 223
Main chaude, La : 56
Maine Océan : **169**
Mairesse, Valérie : 135, 176, 177
Mais ne nous délivrez pas du mal : 123
Mais où est donc passée la 7ème compagnie : **111-112**
Mais qu'est-ce que j'ai fait au bon dieu pour avoir une femme qui boit dans les cafés avec les hommes ? : 109
Mais qui a tué Harry ? : 94
Mais qui a tué Pamela Rose ? : 201
Maison du bonheur, La : 216
Maître d'école, Le : 214
Majax, Gérard : 102
Malheurs d'Alfred, Les : 83, 84, 131, **144**, 152
Mallarmé, Stéphane : 160
Malle, Louis : 34, 35, 54
Mallet-Stevens, Robert : 26
Man With One Red Shoe, The : 103, 152
Manara, Luciano : 18
Maneri, Luisa : 138
Manon des sources : 165
Manse, Jean : 13, 23, 46
Marais, Jean : 51, 52, 57, 91, 212
Marceau, Sophie : 150
March, April : 129
Marchand, Guy : 145, 148, 159, 175
Marche à l'ombre : **162-163**, 153
Marginal, Le : 161
Mariage, Benoît : 179
Marie Poupée : 122
Marielle, Jean-Pierre : 72, 73, 95, 116, 119, 122, 123, 125, 126, 133, 149, 154, 168, 177, 179, 199
Marin, Christian : 47, 48, 80
Marin, Jacques : 30, 94, 111
Maris, les femmes, les amants, Les : **175**
Marivin, Anne : 210, 216, 218
Marker, Chris : 180
Marlier, Carla : 34
Marquet, Henri : 15, 20
Marquet, Mary : 54, 55, 62
Marsan, Jean : 60, 61
Marshall, George : 94
Marshall, Mike : 62
Marshall, Tonie : 148
Marsupilami, Le : 206
Marthouret, François : 177
Martin, Dean : 62
Martin, Jacques : 78, 95
Martin, Jean : 117
Martin, Steve : 160
Martin Circus, Les : 89
Martin-Laval, Pierre-François : 201, 203, 226
Martines, Alessandra : 226
Martinez, Olivier : 199
Marx Brothers, The : 11, 20, 24, 84, 89, 184
Marx, Groucho : 99, 222
Marx, Harpo : 84, 145
Mary, Clément : 10
Massot, Claude : 39
Matelas épileptique, Le : 10
Mathews, Kervin : 212
Matrix : 203
Matthau, Walter : 110, 152
Matthieu, Xavier : 203
Maura, Carmen : 198
Maurette, Marc : 23
Maurier, Claire : 46, 138, 188
Mauvaise foi : **226**
Mauvaise passe : 163
May, Mathilda : 150, 162, 177
Mayne, Ferdy : 94
Mazet, Arthur : 214
McLaren, Norman : 10
Medeiros, Elli : 202
Meilleure Façon de marcher, La : 162, 214
Mekas, Jonas : 173
Méliès, Georges : 9, 10, 221
Melki, Claude : 145
Melki, Gilbert : 193
Melville, Jean-Pierre : 51
Menace, La : 56
Menez, Bernard : 81, 108, 144, 169, 176
Merad, Kad : 38, 201, 216, 217, 218, 219, 226
Mercadier, Marthe : 143
Mercanton, Jacques : 15
Mercredi, folle journée : **226**
Mergault, Isabelle : 149, 167
Méril, Macha : 118, 177
Meritz, Michèle : 37
Mes chers amis : 131, 138
Mes meilleurs copains : 131, 171, **173-174**, 180, 183, 198, 228
Messieurs les ronds-de-cuir : 12
Métamorphose des cloportes, La : 33, 105
Meurisse, Paul : 43, 81, 138
Meyer, Hans : 141
Meyrand, Pierre : 186
Mickaël, Simon : 163, 164
Michael Kael contre la World Company : 179
Midler, Bette : 173
Mieux vaut être riche et bien portant que fauché et mal foutu : 109, 147
Migliari, Armando : 18
Mille, Patrick : 226
Miller, Claude : 92, 93, 162
Miller, Penelope Ann : 224
Million, Le : 12
Millot, Charles : 50
Mimran, Hervé : 201, 227
Minazzoli, Danielle : 117, 144
Minieri, Luca : 218
Miou-Miou : 97, 104, 112, 113, 119, 121, 125, 144, 168, 198
Miraculé, Le : 74, **177**
Mirande, Yves : 12, 13
Mitchell, Eddy : 182, 198
Mitchell, Gordon : 176
Mixed Nuts : 160
Mlekuz, Mathias : 211
Mnouchkine, Alexandre : 53, 58, 98, 99, 106, 107
Mnouchkine, Ariane : 53
Mocky, Jean-Pierre : 33, 40, 41, 68, 74, 80, 83, 87, 147, 177, 221
Modo, Michel : 47, 56, 62, 65, 66, 69, 154
Modot, Gaston : 22
Moi y'en a vouloir des sous : 118, 183
Moix, Yann : 201, 210
Molière : 14, 92, 188
Molinaro, Édouard : 33, 71, 72, 80, 81, 83, 110, 138, 139, 151, 152, 177, 203, 228
Molnár, Ferenc : 37
Mon curé chez les thaïlandaises : 24
Mon oncle : 21, **26-27**, 39
Mon oncle Benjamin : 138
Mon père avait raison : 13
Monca, Georges : 10
Mondy, Pierre : 24, 37, 47, 71, 80, 110, 111, 112, 138, 144, 194
Monicelli, Mario : 131
Monnet, Jacques : 176, 177
Monroe, Marilyn : 49
Mons, Maurice : 171, 172
Monstres, Les : 120
Montagnani, Renzo : 104
Montagné, Guy : 167
Montand, Yves : 17, 72, 73, 91, 92, 105, 145
Monti, Sylvia : 76
Monty Python, Les : 156
Moore, Julianne : 184
Moreau, Jeanne : 121, 122, 177
Moreau Yolande : 220
Morlay, Gaby : 22, 30
Morricone, Ennio : 126
Moschin, Gastone : 19
Mougeotte, Etienne : 74
Mouret, Emmanuel : 7, 201, 222
Mourousi, Yves : 156
Moury, Alain : 40, 68, 74, 87
Moussy, Marcel : 47, 117
Moustique : 171, 174
Moutarde me monte au nez !, La : **117**
Moynot, Bruno : 135, 153, 158, 159, 161
Mozart, Wolfgang Amadeus : 145, 168
Mr. Smith au sénat : 87
Muel, Jean-Paul : 180
Muller, Christiane : 24, 94
Munz, Michel : 193
Mur de l'Atlantique, Le : 55
Murat, Napoléon : 34
Murillo, Christine : 176
Musson, Bernard : 30, 134, 154
Muti, Ornella : 72, 202
Muyl, Philippe : 188

N

N'oublie pas ton père au vestiaire : 109
Naceri, Samy : 199
Nagatsuka, Kyozo : 118
Nakache, Géraldine : 201, 227
Nakache, Olivier : 7, 201, 214, 227
Nanty, Isabelle : 180, 198, 205, 226, 227
Natanson, Agathe : 71
Navarre, Louis : 140
Ne nous fâchons pas : 33, 50, **60-61**, 90, 113, 144
Némès, Charles : 177, 201, 203
Neubert, Julie : 130
Neuf mois : **184**
Neuf mois aussi : 184
New York Dolls, The : 173
Ni pour, ni contre (bien au contraire) : 208
Niang, Prosper : 162
Nicaud, Philippe : 80
Nichols, Mike : 139
Seydoux, Nicolas : 180
Nimier, Roger : 23
Nimoy, Leonard : 166
Niven, David : 76
No Smoking : 189
Nobel, Chantal : 97
Noblesse oblige : 80
Noël, Magali : 24, 25
Noël-Noël : 12, 14, 36
Noiret, Philippe : 34, 35, 54, 55, 67, 97, 120, 144, 163, 164, 170, 171, 179, 198, 199
Nolte, Nick : 152
Nom des gens, Le : 201, **227**
Nordey, Véronique : 40
Nos jours heureux : 201, **214**, 227
Nous irons tous au paradis : 131, 132, 173
Nous nous sommes tant aimés : 131, 173
Nouveau Jean-Claude, Le : 206
Nouvel, Jean : 26
Nuit américaine, La : 107
Nuls, Les : 179, 182, 183, 186, 206, 211

O

O'Connor, Sheila : 150
O'Grady, Rynagh : 130
O'Sullivan, Gilbert : 150
Ocean's Eleven : 124
Odeurs : 190
Œil au beur(re) noir, L' : 184
Olaf, Pierre : 120
Olivares, Maritza : 151
Olivia, Marie-Claire : 17
Olivier, Laurence : 159
On aura tout vu : 83, **125**
On connaît la chanson : 189
On n'est pas sorti de l'auberge : 44
On purge bébé : 12
Onteniente, Fabien : 179, 201, 202, 215, 228
Opération Corned Beef, L' : 180, 181, **198**
Orain, Fred : 20
Orange mécanique : 126
Orbal, Gaston : 23
Oreilles entre les dents, Les : 143
Oscar : **71-72**, 81, 94, 138, 145, 158
OSS 117 : Le Caire, nid d'espions : 183, **212-213**, 224
OSS 117 : Rio ne répond plus : 212, 213
OSS 117 n'est pas mort : 212
OSS 117 se déchaîne : 212
Otero, Isabelle : 199
Ours et la poupée, L' : **77**
Oury, Gérard : 28, 33, 55, 56, 57, 62, 63, 65, 76, 83, 91, 92, 104, 105, 128, 129, 145, 161, 176, 199, 228
Out on a Limb : 194
Ozon, François : 223

P

P.R.O.F.S : 143, **167**
Pacôme, Maria : 47, 58, 71, 84, 145, 148, 198
Page, Dominique : 71
Page, Geneviève : 142
Pagnol, Marcel : 7, 13, 33, 46, 165
Pailhas, Géraldine : 191
Pain, Didier : 180
Palladium, Sofia : 92
Palmade, Pierre : 199
Palud, Hervé : 179, 198
Papa, maman, la bonne et moi : **22**, 23, 30, 111, 158
Papa, maman, ma femme et moi : 22
Papy fait de la résistance : 55, 147, 158, **160-161**, 171, 173, 183
Par où t'es rentré... on t'a pas vu sortir : 109
Parade du temps perdu : **14**
Paradis, Vanessa : 227
Parasites, Les : 159
Parédès, Jean : 30
Pari, Le : 186, **199**
Parisy, Andréa : 62, 69, 141
Parker, Tony : 206
Parlez-moi de la pluie : 189
Party, La : 211
Pas de problème ! : **144**, 160
Pas question le samedi : **80**
Pascaud, Nathalie : 20
Pasqua, Charles : 45
Pathé, Charles : 10, 11
Pathé, Frères : 10, 11
Patronne, La : 49
Patti, Guesch : 97
Paulette, La pauvre petite milliardaire : 206
Peau d'âne : 223
Pécas, Max : 109, 124, 147
Pédale douce : 179, **199**
Pellegrin, Raymond : 51
Pennec, Claude : 74
People : 202
Pépé le Moko : 42
Perceau, Alain : 108
Père Noël est une ordure, Le : 136, 146, 147, 148, **158-160**, 161, 173, 174, 188, 228
Père tranquille, Le : 14
Perec, Marie-José : 139
Pérès, Marcel : 41, 68, 87
Perez, Jeanne : 109
Pergaud, Louis : 37, 38
Périer, François : 30
Périer, Jean-Marie : 210
Péril jeune, Le : 179, 193
Perkins, Anthony : 80
Permis de conduire, Le : **144**
Péronne, Denise : 39
Perrin, Francis : 144, 147, 150
Perrin, Marco : 121, 133
Perron, Claude : 190
Perrot, François : 177
Pétillon : 201
Petit, Jean-Claude : 210
Petit-Demange, Charles : 10
Petit baigneur, Le : **69**, 72, 100
Petit monde de Don Camillo, Le : **18-19**
Petit Nicolas, Le : 201
Petite bande, La : **177**
Petits Câlins, Les : 174, 176
Petits Chanteurs à la Croix de Bois, Les : 173
Pétrole ! Pétrole ! : 147, **154**
Pétrus : 13
Peyrelon, Michel : 120, 180
Pezet, Richard : 216
Philipe, Anne-Marie : 143
Philipe, Gérard : 30, 143
Philippe, Martin : 185
Pialat, Maurice : 96, 171, 175
Piccoli, Michel : 197
Pico, Marco : 97, 120, 127
Pieds Nickelés, Les : 206
Piège de cristal : 203
Piéplu, Claude : 47, 72, 73, 95, 104, 115, 117, 120, 122, 123, 126, 134, 144, 206
Pierre, Arthur-Emmanuel : 210
Pignères, René : 47
Pignet, Christine : 171, 172
Pineau, Patrick : 226
Pinoteau, Claude : 147, 150, 228
Pinoteau, Jack : 24
Pion, Le : **134**, 167
Pipin, Ramon : 190
Pirès, Gérard : 78, 83, 84, 92, 96, 115, 149, 199
Pitagora, Paola : 68
Playtime : 21, **81**
Pleure pas la bouche pleine : **108-109**
Plus beau que moi tu meurs : 99, 147
Podalydès, Bruno : 201, 226
Podalydès, Denis : 226
Podium : 201, **210**
Poelvoorde, Benoît : 179, 191, 201, 206, 210, 220, 226, 227
Poème de l'élève Mikovsky, Le : 101
Point Break : 211
Poiré, Alain : 14, 25, 43, 51, 76, 88, 111, 150, 151, 194, 195
Poiré, Jean-Marie : 55, 75, 86, 111, 112, 113, 119, 131, 144, 158, 159, 160, 161, 170, 171, 173, 174, 176, 179, 180, 181, 198, 228
Poiret, Jean : 24, 25, 40, 41, 61, 74, 81, 83, 138, 141, 177
Poison, La : **30**
Poisson d'avril : 56
Polanski, Roman : 162
Pollet, Jean-Daniel : 145
Polnareff, Michel : 79, 92, 132, 210
Pont de la rivière Kwaï, Le : 47, 112
Popeck : 124
Popesco, Elvire : 12
Portal, Louise : 173, 174
Porte, Régis : 143
Potiche : **223**
Poudre d'escampette, La : 106
Pouic-Pouic : 46, 47, **80**, 94
Poupées russes, Les : 208, 209
Pour 100 briques, t'as plus rien ! : **177**
Pourquoi pas nous ? : **176**
Poursuite sur les toits : 9
Pourvu qu'on ait l'ivresse : 145
Pousse, André : 60, 70, 75, 112, 113, 145, 156
Poussez pas grand-père dans les cactus : 33, 109
Powell, Eleanor : 224, 225
Poyen, René : 10
Pradal, Bruno : 112
Prat, Éric : 198
Préboist, Paul : 58, 66, 71, 84, 88, 90, 91, 94, 96, 112, 113, 118, 144, 156
Predator : 190
Préjean, Patrick : 145
Prends ton passe-montagne, on va à la plage ! : 109
Préparez vos mouchoirs : 126, **145**, 168, 214
Prête-moi ta main : **227**
Pretenders, The : 173
Pretty Woman : 182
Prévert, Jacques : 7, 12, 13, 46
Prévost, Daniel : 78, 90, 96, 115, 118, 119, 144, 145, 194, 195, 199, 206
Problèmes, Les : 83, 89
Proslier, Jean-Marie : 96, 117, 148
Pryor, Richard : 152
Psy : **176**
Psychose : 44
Pulp Fiction : 206
Pure Luck : 152
Puterflam, Michel : 203
Pyle, Missi : 224

Q

Quadrille : 13, 197
Quand tu seras débloqué, fais-moi signe ! : **155**
Quatre Cents Coups, Les : 85
Que la fête commence : 162
Quelques messieurs trop tranquilles : **112-113**, 116, 121
Queneau, Raymond : 34, 35
Quentin, Florence : 171, 173
Querelle de matelassières : 9
Quivrin, Jocelyn : 227

R

Rafal, Roger : 15
Raï : 193
Raillard, Edmond : 101
Raimu, Jules : 7, 12, 13
Ralli, Giovanna : 30
Rambal, Jean-Pierre : 36, 48
Randonneurs, Les : 179, **191**
Randonneurs à Saint-Tropez, Les : 191
Ranson-Hervé, Marcelle : 111
Raphaël le tatoué : 13
Rappeneau, Jean-Paul : 34, 53, 54, 55, 106
Réali, Christiana : 150
Redvanyi, Geza : 88
Reed, Lou : 174
Reeves, Keanu : 211
Reggiani, Serge : 116
Reghin, Cathy : 143
Régine : 163, 164
Régnier, Charles : 42
Rego, Luis : 89, 114, 144, 153, 169, 176
Reilly, Kelly : 208
Reitman, Ivan : 152
Relli, Santa : 15
Rémoleux, Jean-Claude : 41, 68, 87
Renaud : 153, 162
Renaud, Line : 137, 216, 218
Renaud, Madeleine : 72, 73, 150
Renauld, Isabelle : 198
Rencontres du troisième type : 139
Rendez-moi ma peau ! : 143
Rénier, Jérémie : 223
Reno, Jean : 177, 178, 180, 181, 198
Renoir, Jean : 12, 23
Repas de bébé, Le : 9
Resnais, Alain : 126, 164, 189
Retour de Don Camillo, Le : 19
Retour du grand blond, Le : 103, 183, 213
Retour en force : 158
Retour vers le futur : 179
Réveillon chez Bob : 159
Reuver, Germaine : 30
Revon, Bernard : 85
Rey, Gaston : 46
Reynolds, Debbie : 225
Riaboukine, Serge : 203
Ribeiro, Milton : 53
Ribes, Jean-Michel : 90
Rich, Claude : 42, 43, 68, 71, 103, 197, 199, 205, 227
Richard, Jean : 37
Richard, Pierre : 7, 67, 70, 82, 83, 84, 96, 102, 103, 117, 120, 125, 127, 128, 140, 144, 145, 147, 151, 152, 163, 170, 176, 194, 201, 222, 226, 227, 228
Richebé, Roger : 12, 13
Richer, Jean-Roger : 184
Rien à déclarer : **227**
Riens du tout : 179
Riffard, Roger : 120
Rim, Carlo : 13
Rinaldi, Gérard : 89, 114
Ripoux, Les : **163-164**
Ripoux 3 : 163
Ripoux anonymes, Les : 164
Ripoux contre ripoux : 163
Risch, Maurice : 48, 66, 81, 96
Risi, Dino : 114, 149
Rispal, Jacques : 133

Rivette, Jacques : 45
Roach, Jay : 152, 195
Robelin, Stéphane : 227
Robert, Yves : 14, 37, 38, 39, 67, 70, 80, 83, 84, 98, 991, 100, 102, 103, 120, 131, 132, 145, 152, 198, 206, 213, 228
Roberts, John : 38
Roberts, Pascale : 144
Robin, Dany : 30
Robin, Michel : 151, 175
Robin, Muriel : 181, 226
Robinet, Thierry : 101
Robins des Bois, Les : 201, 206, 226
Robinson, Edward G. : 44
Roblot, Antoine : 34
Rocco et ses frères : 86
Rochefort, Jean : 58, 59, 72, 73, 102, 103, 119, 126, 129, 131, 132, 145, 179, 199, 207
Rockwell, Norman : 35
Rodriguez, Maria-Rosa : 66
Rodriguez au pays des merguez : 109
Rohmer, Éric : 143, 164, 201
Roi de cœur, Le : 72, **81**
Roi des cons, Le : 206
Roi du cirque, Le : 11
Roi du maquillage, Le : 10
Rois du gag, Les : **177**
Rois mages, Les : 186
Rois maudits, Les : 204
Rolla, Michèle : 20
Rollet, Claude : 75
Rollis, Robert : 22
Roman d'un tricheur, Le : 13
Romans, Alain : 20, 27
Römer, Tara : 171
Romero, George : 75, 118
Roquevert, Noël : 28, 30, 50, 66, 80, 101
Rosay, Françoise : 12, 17, 75
Rosny, Jacques : 120
Rossini, Gioachino : 77
Rostand, Edmond : 55
Rougerie, Jean : 142
Rouleau, Raymond : 91
Rousseau, Stéphane : 227
Rousset-Rouard, Yves : 124, 135, 136, 155
Route de Salina, La : 90
Rouve, Jean-Paul : 204, 210, 214, 216
Rovère, Liliane : 142
Rozier, Jacques : 81, 95, 108, 140, 169
RRRrrrr !!! : 201
Rudd, Paul : 152, 195
Ruellan, André : 84
Rufus : 78, 90, 92
Rumilly, France : 47
Rupture : 39
Russo, Daniel : 177, 184
Ryck, Francis : 149
Ryher, Nelly : 191

S
Saada, Norbert : 149
Sabatier, Robert : 40
Sac de nœuds : 187
Sadoul, Georges : 20
Sagnier, Ludivine : 175, 223
Saïd, Joe : 58
Saint-Cyr, Renée : 112, 113, 125
Saint-Jacques La Mecque : **226**
Saint Laurent, Yves : 197
Saint-Tropez blues : 47
Saint-Yves, Raoul : 116
Saintes Chéries, Les : 78
Salengro, Christophe : 220
Salomone, Bruno : 211
Salvador, Henri : 23
Salvadori, Pierre : 185
Samie, Catherine : 84, 86, 97, 187
Samuell, Yann : 38
Sandler, Adam : 160
Sapritch, Alice : 91, 92, 115, 145
Sarcey, Martine : 131, 167
Sarde, Philippe : 116
Sardou, Michel : 210
Sarkozy, Nicolas : 223
Sarrus, Jean : 89, 114
Satrapi, Marjane : 221
Sattouf, Riad : 201, 221
Saudrey, Jean : 102
Saurel, Sylvia : 71
Sautet, Claude : 54, 55, 72, 131
Scarpitta, Carmen : 138
Scène d'escamotage : 10
Schell, Maria : 72
Schlesinger, John : 162
Scob, Edith : 97
Sheller, William : 79
Schiffman, Suzanne : 108
Schneider, Maria : 97
Schöner, Ingeborg : 30
Schpountz, Le : 13
Schubert, Karin : 91
Schulmann, Patrick : 83, 143, 147, 167
Schultz, Barbara : 214
Schuman, Mort : 130
Schumacher, Michael : 206
Schwarzenegger, Arnold : 198
Scola, Ettore : 131, 149, 173
Sébastien, Patrick : 177, 211
Séguéla, Jacques : 218
Séguin, Philippe : 45
Seigner, Mathilde : 38, 215
Seiler, Jacques : 89, 114
Selleck, Tom : 166
Sellers, Peter : 76, 211, 222
Séménoff, Arielle : 180
Semler, Peter : 203
Semoun, Élie : 186, 192
Sennett, Mack : 10, 11, 27
Sept ans de malheur : 11
Septième juré, Le : 90
Sergent, Marianne : 176
Séria, Joël : 83, 122, 123, 133, 147, 149
Serrault, Michel : 7, 24, 25, 33, 68, 80, 81, 83, 96, 97, 100, 101, 114, 118, 124, 138, 139, 141, 142, 144, 145, 152, 156, 160, 161, 177, 183, 198
Serrault, Nathalie : 101
Serreau, Coline : 147, 165, 166, 198, 226
Servantie, Adrienne : 26
Servais, Jean : 53
Servin, Michel : 40
Séty, Gérard : 180
Sex-Shop : 83, **95**
Seyrig, Delphine : 160
Shamir, Igal : 102
Short, Martin : 152
Si j'étais un espion : 121, 142
Signé Furax : **176**
Signes extérieurs de richesse : **177**
Signoret, Gabriel : 12
Signoret, Simone : 92
Silberman, Irène : 130
Silencieux, Le : 150
Sim : 86, 145, 183, 206
Simenon, Georges : 176
Simenon, Marc : 176
Simon, Michel : 12, 13, 24, 30, 169
Simonin, Albert : 42, 50, 116
Simplet : 13
Siné : 220
Singer, Lori : 152
Sinjen, Sabine : 42, 43
Sire, Gérard : 96, 98, 118
Sisser, Pierre : 78
Situation est grave… mais pas désespérée !, La : **145**
Skylab, Le : 201
Smaïn : 177, 186
Smith, Christophe : 179
Smith, Will : 218
Smoking : 189
Snobs : 40, 74, **80**
Soigne ton gauche : 15
Sollers, Philippe : 95
Solo, Bruno : 193, 202
Sonigo, Anthony : 221
Soral, Agnès : 170, 171
Sortie de l'usine Lumière à Lyon, La : 9
Sorrente, Sylvia : 60
Sorriaux, Thomas : 201
Soualem, Zinedine : 216, 227
Soupe au canard : 11
Soupe aux choux, La : 70, 147, 160, **176**
Soupirant, Le : **39-40**
Sous-doués, Les : 147, **148**, 163, 167
Sous-doués en vacances, Les : 147, 148, 159
Sous le soleil de Satan : 175
Souvestre, Pierre : 51
Speed : 203
Spielberg, Steven : 21, 54
Spielvogel, Laurent : 197
Stafford, Frederick : 212
Stalag 17 : 28
Stallone, Sylvester : 72, 165
Starr, Joey : 203, 206
Stéphane, Nicole : 55
Sterling, Alexandre : 150
Sterzenbach, Benno : 62
Stévenin, Jean-François : 168, 175
Sunset Boulevard : 224
Swanson, Gloria : 224
Swayze, Patrick : 211
Sy, Omar : 214, 227
Sylvia, Gaby : 131
Sylvie : 18
Syrigas, Marc : 221

T
T'empêches tout le monde de dormir : **177**
Tabet, André : 23, 56, 62
Tabet, Georges : 56, 62
Tacchella, Jean-Charles : 62
Taccini, Philippe : 148
Tais-toi quand tu parles : 109
Talchi, Vera : 18
Tandem : 145, 153
Tanguy : **204**
Tanner, Alain : 203
Tapie, Bernard : 99
Tarbès, Monique : 81, 106, 107
Tass, Nadia : 152
Tati, Jacques : 6, 7, 11, 15, 16, 18, 20, 21, 26, 27, 39, 49, 81, 84, 201, 222, 228
Tatie Danielle : 171, **198**
Tatischeff, Sophie : 16
Tatoué, Le : 72
Tautou, Audrey : 208
Tavernier, Bertrand : 162, 164
Taxi : **199**, 228
Taxi Driver : 120
Tchenko, Katia : 143
Tchernia, Pierre : 37, 49, 69, 83, 100, 101, 141, 144, 176, 205
Téléphone : 162
Téléphone sonne toujours deux fois !!, Le : **177**, 179, 186
Tellement proches : 201, **227**
Temps modernes, Les : 12
Tennberg, Jean-Marc : 80
Tenue correcte exigée : **199**
Tenue de soirée : **168**
Terminator : 182
Terry, Thomas : 62
Terzian, Alain : 180
Testot, Fred : 38, 214
Them : 61
Théron, André : 164
Thévenet, Friquette : 108, 109
Thévenet, Virginie : 101
Thibaud, Thierry : 60
Thomas, Clément : 175
Thomas, Émilie : 175
Thomas, Évelyne : 210
Thomas, Pascal : 101, 108, 109, 130, 144, 175, 176, 188, 226
Thompson, Carlos : 54
Thompson, Caroline : 150
Thompson, Danièle : 62, 76, 91, 92, 104, 105, 128, 150, 199
Three Fugitives : 152
Three Men and a Baby : 166
Three Men and a Little Lady : 166
Timsit, Patrick : 110, 198, 199, 201
Tinti, Gabriele : 91
Tintin et le mystère de la toison d'or : 53, 206
Tintin et les oranges bleues : 206
Tirard, Laurent : 207
Tissandier, Hugues : 194
Tissier, Jean : 12, 14, 40, 41, 68, 74, 95
Tissot, Alice : 13
Titanic : 65, 201, 217
To Be or Not to Be : 105
Tognazzi, Ugo : 138, 139
Toledano, Éric : 7, 201, 214, 227
Tontons flingueurs, Les : 33, **42-45**, 46, 50, 60, 61, 97, 116, 125
Top Secret : 182
Topaloff, Patrick : 78, 145
Topin, Tito : 96, 97
Tornade, Pierre : 49, 69, 111, 144, 205
Totale, La : **198**, 213
Touch' pas à mon biniou : 109
Tour Montparnasse infernale, La : 201, **203**
Touriol, Alain : 95
Tout ce qui brille : 201, **227**
Tout le monde il est beau, tout le monde il est gentil : 83, **96-97**, 98, 118, 156
Toy, The : 152
Trabaud, Pierre : 37
Trafic : 21, 27
Transamerica Express : 117
Traversée de Paris, La : 17, **30**, 56
Tréjean, Guy : 94
Tremblin, Patrick : 101
Trémolières, Alice : 221
Trésor des Pieds Nickelés, Le : 206
Treton, André : 37, 38
Tribout, Jean-Paul : 145
Tribulations d'un chinois en Chine, Les : **58-59**, 106
Tribulations d'une concierge, Les : 9
Trintignant, Jean-Louis : 98
Trintignant, Marie : 185, 192
Triporteur, Le : **24**
Tripoteuses, Les : 126
Tristan, Jean-Louis : 110
Trois font la paire, Les : 24
Trois Frères, Les : 179, **186**, 199
Trois hommes et un couffin : 121, 147, **165-166**, 198, 228
Trois Stooges, Les : 89
Tronchet, Didier : 206
Trop Belle pour toi : 187
True Lies : 198
Truffaut, François : 25, 34, 85, 95, 98, 107, 134, 209
Trust : 192
Tuel, Laurent : 210
Twist Again à Moscou : 158, **170-171**, 173, 174

U
Uderzo, Albert : 205, 206
Un air de famille : 179, **188-189**
Un après-midi de chien : 177
Un baiser s'il vous plaît : 201
Un clair de lune à Maubeuge : 56
Un crime au paradis : 30
Un drôle de paroissien : 33, **40-41**, 46, 68, 74, 177
Un éléphant ça trompe énormément : 83, **131-132**, 173, 227
Un fauteuil pour deux : 182
Un gars, une fille : 201, 211, 212
Un homme de tête : 10
Un homme et une femme : 99
Un idiot à Paris : 33, **70**, 84, 88
Un indien dans la ville : 179, **198**
Un mort récalcitrant : 94
Un nuage entre les dents : **120**, 127
Un prêté pour un rendu : 9
Un singe en hiver : **80**
Un ticket pour l'espace : 201
Une farce à la chambrée : 9
Une histoire roulante : 10
Une ravissante idiote : **80**
Une veuve en or : 86
Urgences : 184
Ustinov, Peter : 102
Uytterhoeven, Pierre : 98

V
Vacances de Mr. Bean, Les : 16
Vacances de M. Hulot, Les : **20-21**, 26
Vache et le prisonnier, La : **30**, 31
Vadim, Roger : 28
Vaillard, Pierre-Jean : 24
Valardy, André : 110, 151
Valauris, Philippe : 71
Valise, La : 61, 83, **116**
Vallée, Maine, 15
Valseuses, Les : 83, 113, **121-122,** 123, 126, 143, 145, 168, 185
Valton, Jean : 25
Van Hiel, Sylvie : 220
Van Hool, Roger : 71
Vandernoot, Alexandra : 194
Vannier, Jean-Claude : 95
Vanvelde, Christophe : 221
Vartan, Eddie : 77
Varte, Rosy : 100
Veber, Francis : 7, 27, 102, 103, 106, 107, 110, 116, 125, 127, 138, 140, 145, 147, 151, 165, 169, 179, 194, 195, 228
Vécés étaient fermés de l'intérieur, Les : 129, 135, **145**
Véga, Claude : 85
Veil, Simone : 160
Vélasquez, Diego : 92
Velle, Louis : 144
Vélo de Ghislain Lambert, Le : 201, **226**
Venantini, Venantino : 42, 43, 45, 56, 66, 78, 138, 139
Vendeuil, Magali : 111
Ventura, Clélia : 151
Ventura, Lino : 42, 43, 44, 45, 50, 60, 61, 92, 93, 98, 99, 107, 110, 151, 152
Verde, Patrick : 81
Vergne, Jean-Pierre : 177, 186
Vérité si je mens !, La : **193**, 228
Vérité si je mens ! 2, La : 193, 228
Vérité si je mens ! 3, La : 193
Vermorel, Jean : 70
Verne, Jules : 53, 58
Verneuil, Henri : 30, 31, 80, 228
Vernon, Anne : 30
Véry, Pierre : 22, 23
Vesely, Karin : 39
Viager, Le : **100-101**, 141, 144
Vialla, Andrée : 17
Viard, Henri : 75
Viard, Karin : 191, 223, 227
Vie de Brian, La : 156
Vie de château, La : **54-55**
Vie est un long fleuve tranquille, La : **171-173**, 183, 198
Vieille fille, La : **97**
Viens chez moi, j'habite chez une copine : 147, **153**, 162
Vierges, Les : 40
Vierne, Jean-Pierre : 53, 206
Vieux de la vieille, Les : **36**
Vignon, Virginie : 143
Vigo, Jean : 25, 38, 167, 169
Vilbert, Henri : 23
Vilfrid, Jacques : 24, 47, 94
Villalonga, Marthe : 131, 132, 165, 177
Villeret, Jacques : 30, 147, 151, 152, 160, 161, 165, 176, 177, 183, 194, 195, 215
Vincent, Hélène : 171, 173, 175, 190
Vincent, François, Paul… et les autres : 131
Virlojeux, Henri : 56
Visiteurs, Les : 121, 171, 178, 179, **180-181**, 198
Vive les femmes : 206
Vlady, Marina : 96, 170
Von Trier, Lars : 143
Voyage à Biarritz, Le : 46
Voyage dans la lune, Le : 10
Voyou, Le : 140
Vuillemin, Odile : 210

W
Wademant, Annette : 23
Wallach, Eli : 76
Wallé, Aïna : 130
War of the Buttons : 38
Watrinet, Hubert : 144
Wayne, John : 138, 139
Weber, André : 50, 106
Weber, Jacques : 222
Welcome to the Sticks : 218
Welles, Orson : 19
Wheeler, René : 15
Who, The : 61, 75
Wilder, Billy : 28, 110, 152
Wilder, Gene : 117, 132
Williams, Charles : 92
Williams, Robin : 139, 152, 184
Wilms, André : 171, 173, 204
Wilson, Georges : 30
Wilson, Lambert : 165, 202
Wonder, Stevie : 132
Wouassi, Félicité : 177

X
XXL : 193

Y
Y a-t-il un flic pour sauver la Reine ? : 182
Y a-t-il un pilote dans l'avion ? : 182
Yanne, Jean : 78, 79, 81, 83, 90, 92, 93, 96, 98, 118, 147, 156, 157, 161, 173, 177, 199, 228
Yanzi, Étienne : 96
Yatove, Jean : 15
Yerlès, Bernard : 185
Yonnel, Jean : 40
Yordanoff, Wladimir : 188, 226, 227
Youn, Michaël : 201, 227

Z
Zacharias, Ann : 128
Zappa, Frank : 89
Zard, Patrick : 197
Zardi, Dominique : 68, 75, 86, 94
Zauberman, Yolande : 204
Zavattini, Cesare : 23
Zazie dans le métro : **34-35**
Zeitoun, Ariel : 193
Zem, Roschdy : 226
Zéro de conduite : 167
Zidane, Zinedine : 199, 206
Zidi, Claude : 83, 84, 89, 114, 117, 128, 129, 130, 140, 144, 147, 148, 153, 159, 163, 164, 167, 177, 198, 201, 205, 213, 228
Zidi, Julien : 164
Zig-Zag Story : 143, 167
Zincone, Bruno : 206
Zitrone, Léon : 145, 156
Zola, Jean-Pierre : 26
Zombie : 118
Zoolander : 227
Zozos, Les : **101**, 108, 130
Zucker, David et Jerry : 182
Zylberstein, Elsa : 199

Remerciements

Un merci spécial à Pierre Richard, pour sa préface et son soutien.

Un grand merci également pour leurs témoignages précieux à :
Eric Assous
Christian Gion
Serge Korber
Georges Lautner
Aude Lemercier
Stéphane Lerouge
Jean-Pierre Mocky
Emmanuel Mouret
Marco Pico
Gérard Pirès
Jean-Marie Poiré
Pascal Thomas
Claude Zidi

Nous remercions aussi pour leur soutien fidèle :
Eric Andriano
Christophe Bruncher
Leila Chammout
Antoine Champagne
Benoit Chedeau
Virginie Colnel
Isabelle Crolle
Matthias Debureaux
Jean-Louis Festjens
Laris Dubois-Flavien
Franck Garbarz
Emmanuel Gauguet
Elsa Guillot
Frédéric Goaty
Patrice Jean
Vincent Kervel
Frank Kojundzic
Nathalie Lafaurie
Florine Lhuillier
Yann Marchet
Patrick Maus
Pierre Mesguiche
Frédéric Niedermayer
Alejandra Norambuena-Skira
François Plassat
Mathieu Poupon
Yann Raymond
Stéphane Robelin
Amélie Robert
Emmanuel Rossi
Bruno Tocaben
Gilles Verlant
Jérôme Witz
Les Z'Imbert & Moreau

Direction artistique : François Plassat / Nuit de Chine

Photographies : Rue des Archives et collections privées.

Éditions Fetjaine 2011
Une marque de La Martinière Groupe

ISBN : 978-2-35425-275-5
Imprimé en France en septembre 2011
Dépôt légal : octobre 2011

Ce livre est imprimé sur Satimat Green, papier couché ½ mat, 60% fibres recyclés – 40% fibres vierges FSC. Satimat Green est un produit du groupe Arjowiggins. Grâce à sa teneur élevée en fibres recyclées, ce papier éco-conçu a, lors de sa fabrication, un impact réduit sur les ressources naturelles : eau, énergie et bois.